DuMont's Handbuch
zur Pflege und Restaurierung von
ANTIQUITÄTEN

Albert Jackson und David Day

DuMont's Handbuch
zur Pflege und Restaurierung von
Antiquitäten

DuMont Buchverlag Köln

CIP-Kurztitelaufnahme der
Deutschen Bibliothek

Jackson, Albert:
DuMont's Handbuch zur Pflege
und Restaurierung von Antiqui-
täten/Albert Jackson u. David Day.
[Aus d. Engl. von Anne Sorg-
Schumacher u. Vivienne Sheridan].
– Köln: DuMont, 1985. (DuMont's
praktische Handbücher)
Einheitssacht.: The Antiques
Care & Repair Handbook ‹dt.›
ISBN 3-7701-1683-6
IE: Day, David:

© 1985 der deutschen Ausgabe
by DuMont Buchverlag, Köln
Titel der Originalausgabe:
The Antiques Care & Repair
Handbook

Aus dem Englischen von
Anne Sorg-Schumacher und
Vivienne Sheridan

Satz und Textfilme
der deutschen Ausgabe:
Fotosatz Froitzheim, Bonn
Reproduktion:
Reprocolor Lloret S. A., Barcelona
Druck und buchbinderische
Verarbeitung: Mladinska knjiga,
Ljubljana
Printed in Slovenia
ISBN 3-7701-1683-6

Inhalt

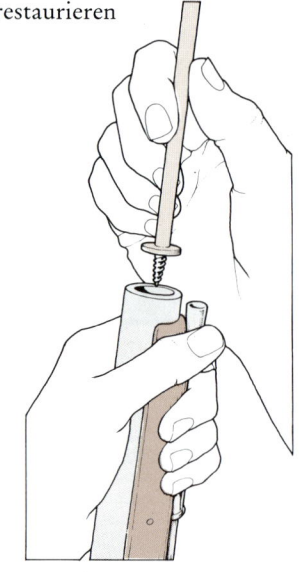

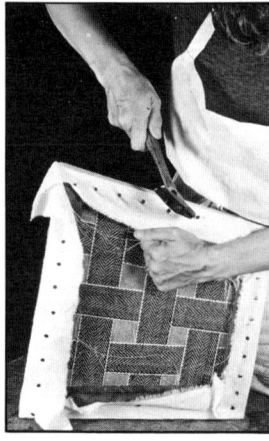
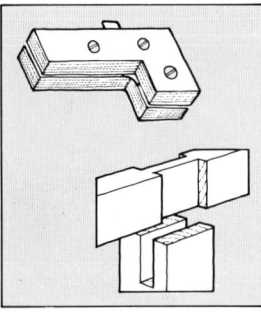

Einführung

Jeder Antiquitätensammler setzt sich als Ziel, Sammlerstücke zu finden, die in einem vorbildlichen Zustand sind, aber allein die Tatsache, daß an den Gegenständen, die sich dem Hobbysammler bieten, die Zeit nicht spurlos vorübergegangen ist, hat zur Folge, daß eine Restaurierung, welcher Art auch immer, den meisten Stücken zugute kommen würde. Die Verwandlung eines unansehnlichen Stücks vom Trödelmarkt in eine schöne Antiquität bereitet ein hohes Maß an Freude. Und tatsächlich, viele zum Kauf angebotene Stücke haben sich einer Restaurierung unterziehen müssen. Wenn Sie wie ein Antiquitätenhändler kost-

bare Stücke von weniger kostbaren unterscheiden können, werden die in diesem Buch beschriebenen Arbeitstechniken Ihnen helfen, deren ursprüngliche Schönheit wiederherzustellen.

Dieses Buch ist in Kapitel eingeteilt, die die wichtigsten Arten von Antiquitäten behandeln. Selbst wenn das Stück, das Sie restaurieren möchten, nicht eindeutig in eins der erwähnten Kapitel gehört, können Sie die Arbeitsanleitungen für ähnliche oder verwandte Stücke meistens auf Ihre Antiquität übertragen. Sie sollten sich fragen, aus welchem Material sie besteht, damit Sie wissen, welche Art der Restaurierung nötig ist. Ein beschädigtes Glied einer Porzellanpuppe kann z. B. genauso nachmodelliert werden wie das einer Porzellanfigurine (siehe S. 50). Selbst wenn das für die Restaurierungsarbeiten benötigte Werkzeug nicht in jedem Kapitel einzeln angegeben ist, dürften Sie in den Kapiteln »Metallwaren« und »Möbel« das benötigte Werkzeug finden. In dem Kapitel »Schmuck« haben wir vor allem Edelmetalle, Edelsteine und Halbedelsteine berücksichtigt; da allerdings viele andere Materialien zur Herstellung von Schmuck dienen, dürften andere Kapitel gleichfalls von Interesse für Sie sein. Das Wortregister wird Ihnen helfen, die entsprechende Information zu finden.

Was ist eine Antiquität?

Unter den Sammlern herrscht große Uneinigkeit darüber, was nun genau die Bezeichnung Antiquität verdient. Eine Zeitlang galt als »antik« ein Gegenstand, der aus der Zeit vor 1830 stammt, aber inzwischen ist man dazu übergegangen, einen Gegenstand als Antiquität zu bezeichnen, wenn er mehr als hundert Jahre alt ist. Jetzt haben Fachleute die »Grenze« auf 1930 gesetzt, das heißt, ein später hergestelltes Stück gilt nicht als Antiquität.

Diese Kriterien sind im großen und ganzen irrelevant, es sei denn, Sie sammeln die Stücke ausschließlich als Geldanlage. Wichtig ist nur, daß Ihnen ein Stück so gut gefällt, daß Sie es retten wollen. Es gibt eine Vielzahl alter Stücke,

die aufgrund ihrer Schönheit, ihrer fachmännischen Ausführung, ihres zeitdokumentarischen Werts oder einfach aufgrund ihres Seltenheitswerts bewundert werden. Wir wollen Sie dazu ermuntern, solche Stücke zu sammeln und zu restaurieren, unabhängig davon, ob sie – strenggenommen – Antiquitäten sind oder nicht.

Sollten Hobbysammler dazu angeregt werden, die Restaurierung von Antiquitäten selbst in die Hand zu nehmen?

Einiges in diesem Buch findet sicherlich das Interesse erfahrener Hobbyrestauratoren; dennoch sind wir davon ausgegangen, daß die Leserschaft zum größten Teil aus Anfängern ohne jegliche Erfahrung besteht. Deshalb haben wir uns bemüht, jeden Vorgang leicht verständlich zu erläutern und dabei weitgehend auf Fachausdrücke zu verzichten.

Wir schlagen vor, Materialien und Werkzeuge zu benutzen, die leicht erhältlich sind, und erst dann zu Spezialwerkzeugen zu greifen, wenn es nicht mehr anders geht. Im Anhang haben wir sogar die Grundtechniken der Holz- und Metallverarbeitung und des Nähens aufgenommen, für jene Leser, die nur wenig praktische Erfahrung haben. Arbeiten Sie sorgfältig und langsam, bis Sie mit der Zeit alle hier beschriebenen Restaurierungsarbeiten ausführen können. Vermeiden Sie es, ohne vorherige Praxis eine anspruchsvolle Technik anzuwenden, und wagen Sie sich erst dann an kompliziertere Restaurationsarbeiten, wenn Sie die

einfachen beherrschen. Sicherlich gibt es viele Restaurationsarbeiten, die von einem Anfänger ausgeführt werden können, ohne daß die Antiquität in Mitleidenschaft gezogen wird; aber es wäre unverantwortlich, Anfänger zur Restaurierung von kostbaren oder unersetzlichen Einzelstücken anzuregen. Wir raten Ihnen immer wieder zur Vorsicht und machen Sie darauf aufmerksam, einen Fachmann zu Rate zu ziehen, wenn Sie es mit wertvollen oder empfindlichen Antiquitäten zu tun haben, oder wenn Sie sich vor eine Aufgabe gestellt sehen, die Sie nicht mehr bewältigen können.

Wenn Sie einem Berufsrestaurator eine Antiquität anvertrauen, bringen Sie Ihre Wünsche bezüglich der Restaurierung klar zum Ausdruck. Sollten Sie selbst unsicher sein, bitten Sie den Restaurator, Ihnen zu erklären, welche Restaurierungsarbeiten er oder sie auszuführen gedenkt. Diese Absprache ist nötig, um den Umfang der Restaurierung vor Beginn der Arbeit zu klären. Manche Restauratoren möchten das Objekt in seinen Originalzustand zurückversetzen, andere wiederum wollen lediglich den vorhandenen Zustand erhalten, ohne die Spuren der Zeit unkenntlich machen zu wollen. Beide, Sammler und Restaurator, müssen sich über das Ausmaß der Restaurierung sowie den Preis einig sein, um späteren Meinungsverschiedenheiten oder Enttäuschungen vorzubeugen.

Kauf von Antiquitäten

Schäden entstehen durch achtlosen Umgang, wobei ebenfalls die Beschaffenheit des jeweiligen Stücks eine Rolle spielt. Es ist also oft möglich, die Art des Schadens, auf den Sie beim Kauf bestimmter Antiquitäten gefaßt sein müssen, im voraus zu bestimmen. Wir haben in jedem Kapitel »Kauftips« und eine »Schadensliste« aufgeführt, um Ihnen beim Kauf von Antiquitäten weiterzu-helfen.

Es gibt mehrere Möglichkeiten, Antiquitäten zu erstehen; jede birgt sowohl Vor- als auch Nachteile für den Restaurator. Das nächstliegende ist, Antiquitä-ten beim Händler zu kaufen. Die Lage der Antiquitätengeschäfte und die dort angebotenen Antiquitäten sind indes von sehr unterschiedlicher Qualität. Ein Händler, der sein Geschäft in einer teuren Gegend hat, wird größere Unkosten haben, die sich entsprechend auf die Preise niederschlagen. Wahrscheinlich hat dieser Händler auch nur wenige Stücke, die einer Restaurierung bedürfen. Vergessen Sie nicht Ihren Händler vor Ort. Er erwirbt oft beschädigte Stücke in Warenposten und ist in der Regel bereit, diese Stücke billig wieder abzugeben.

Der Besuch eines Antiquitätenmarkts wiederum macht Spaß. Aber Sie müssen viel Trödel durchsuchen, bis Sie auf etwas stoßen, das sich zu kaufen lohnt. Es ist ratsam, schon am frühen Morgen dort hinzugehen, bevor die Händler und Berufsrestauratoren bereits die besten Stücke gekauft haben.

Der Besuch von Versteigerungen rentiert sich fast immer. Sammler können davon ausgehen, mit schöner Regelmäßigkeit etwas Interessantes zu entdecken, und der Restaurator hat oft Glück, beschädigte Stücke zu finden, vor allem bei Versteigerungen vor Ort. Im Gegensatz zum Antiquitätengeschäft können Sie dort wie der Händler die Stücke zum Einkaufspreis erstehen.

Wenn Sie die Objekte besichtigen, überprüfen Sie sorgfältig jedes Stück, das Ihr Interesse weckt. Nehmen Sie eine Taschenlampe mit, so daß Sie auch in die Ecken schauen können. Mit Hilfe einer Lupe können Sie kleine Mängel aufdecken und gleichzeitig das Markenzeichen des Herstellers oder sonstige Kennzeichen überprüfen.

Aufstellen von Antiquitäten

Nachdem Sie Ihre Antiquitäten gekauft und restauriert haben, wollen Sie sie sicherlich vorteilhaft präsentieren. In vielen Kapiteln haben wir Ihnen genaue Hinweise zum Aufstellen gegeben, möchten aber dennoch folgende Informationen voranschicken:

Entscheiden Sie sich bei der Wahl des Ortes zum Aufstellen der Antiquitäten
für eine Vitrine oder einen Schaukasten. Beide eignen sich zum Aufbewahren
von kleinen Antiquitäten, z. B. aus Keramik, und für empfindliche Stücke oder
solche, die staubfrei untergebracht werden müssen. Viele Sammler jedoch, die
unsystematisch und nicht themenbezogen Antiquitäten sammeln, werden feststellen, daß ihre Stücke in einem Schaukasten fehl am Platze sind.

Offene Regale eignen sich auch zur Aufstellung von Antiquitäten. Sie können
zwischen einigen der Regalböden passende Schiebetüren aus Glas anbringen und
haben somit kleine Schaukästen, um Teile Ihrer Sammlung unterzu-
bringen. Aber vergewissern Sie sich, daß die Regale stabil sind
und nicht durchhängen, weil sonst die Türen klemmen.

Die Anordnung der Objekte auf Kaffee- oder Beistell-
tischen kann auch sehr attraktiv wirken. Das einzige
Kriterium bei Ihrer Auswahl ist, daß sich die
Stücke ergänzen. Andererseits könnten Sie Ihrer
Sammlung einen thematischen Bezug geben oder
die Objekte nach Farbe oder Material
zusammenstellen.

Damit Ihre Sammlung gut zur Geltung kommt,
sollten Sie durch die Beleuchtung Akzente setzen.
Punktlicht oder Kopflicht, die beide an der
Decke angebracht werden, kreieren über Gruppen
von Objekten oder einzelnen Bildern Lichtinseln,
während Röhren, hinter verdeckenden Leisten an
Regalböden montiert, die jeweiligen Stücke auf den
Regalen beleuchten. Mit Hilfe von Soffitenlampen
aus dem Fachhandel können Gemälde ausgeleuchtet
werden.

Sicherheitsmaßnahmen

Auf Chemikalien, die bei unsachgemäßer Anwendung gesundheitsschädlich sein können, haben wir immer wieder hingewiesen. Bei richtiger Handhabung (siehe Anwendungs- und Warnhinweise des Herstellers) sind diese Chemikalien ganz ungefährlich. Tragen Sie immer Schutzhandschuhe und eine Schutzbrille, wenn Sie korrosive und ätzende Mittel anwenden. Achten Sie darauf, daß der Arbeitsplatz gut belüftet und beleuchtet ist, um Unfälle zu verhüten. Einige Chemikalien entzünden sich leicht und sollten nie in der Nähe von offenem Feuer benutzt werden. Alle gefährlichen Chemikalien sollten deutlich beschriftet und in einem abschließbaren Schrank vor Kleinkindern sicher aufbewahrt werden.

KERAMIKEN

Keramiken bestimmen

Keramikwaren bestehen aus gebranntem Ton und werden einer Vielfalt von Bearbeitungsmethoden unterzogen, die sowohl den Wert als auch die anzuwendende Restaurierungsmethode bestimmen. Untersuchen Sie zuerst das ganze Stück, dann die Glasur und den Dekor.

Tonwaren

Diese Irdenware wird aus Ton hergestellt. Nach dem Brennen ist der Scherben porös und bedarf einer schützenden, wasserundurchlässigen Glasur.

Hartporzellan

Im 9. Jahrhundert in China entwickelt, blieb das Geheimnis seiner Herstellung in Europa bis 1705 unbekannt. Hartporzellan besteht aus einer Mischung von Kaolin (weißer Porzellanerde), Quarzen und Feldspat, wird bei 900° C gebrannt, glasiert und nochmals bei 1350° C bis 1460° C gebrannt. Die Glasur verbindet sich mit dem Scherben, der äußerst hart wird.

Weichporzellan

Vor der Kenntnis des Herstellungsverfahrens von Hartporzellan bis zum Beginn des 19. Jahrhunderts wurde in Europa Weichporzellan, bestehend aus Kaolin und einer glasartigen Mischung aus Quarz, Feldspat und Marmormehl, produziert. Die Glasur wird bei niedriger Temperatur aufgeschmolzen, so daß sie auf der Oberfläche des Scherbens aufliegt, dickflüssiger als die des Hartporzellans aussieht, weicher ist und leicht verkratzt. Eingeschlossene Luftbläschen in der Porzellanerdenmischung erscheinen gegen das Licht als helle Flecken.

Knochenporzellan

Weichporzellan wird Knochenasche zugefügt, damit es möglichst weiß wird. Knochenporzellan wurde im späten 18. Jahrhundert entwickelt.

Biskuitporzellan

Biskuit nennt man ein unglasiertes, zweimal gebranntes Porzellan. Es ist schwierig, die passenden Farbtöne zur Retusche zu erzielen.

Tonwaren oder Porzellan?

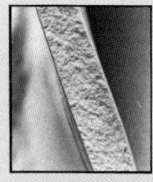 

Der Unterschied zwischen Tonwaren und Porzellan beeinflußt die Restaurierungsmethoden. An angeschlagenen Stellen von Tonwaren kommt der grobkörnige Ton zum Vorschein. Bei Tageslicht sehen Sie, daß der Glasurrand sich deutlich vom Ton abhebt. Der Porzellanscherben dagegen ist wesentlich feinkörniger und erscheint nahezu glasig, wo die Glasur sich mit dem Scherben verbunden hat. Porzellan hat in der Regel ein geringeres Gewicht und ist bei feiner Ausformung transparent.

Parian

Feinkörniges, unglasiertes Weichporzellan, mit glatterer Oberfläche als Biskuit. Farbe und Beschaffenheit prädestinieren es für Büsten und Figurinen.

Konsole aus Parian

Steinzeug

Grobe, harte, nichtporöse Tonware. Salzglasiertes Steinzeug, das eine leicht körnige Oberflächenstruktur hat, wird hergestellt, indem während des Brennvorgangs Kochsalz zugeführt wird.

Ein Wedgwoodkrug aus Steingut

Steingut

Steingut ist die Bezeichnung für eine Tonware, die bei niedrigen Temperaturen gebrannt wird. Die den cremefarbenen Scherben bedeckende Bleiglasur hält heißem Wasser nicht stand.

Schlickerware

Mit Schlickerware bezeichnet man eine mit An- oder Beguß versehene Tonware. Tonschlicker (mit Wasser verflüssigte Tonmasse) ist ein matter Überzug auf Keramiken zur Dekorierung. Durch teilweises Abtragen des Schlickers entsteht ein Muster.

Basaltware

Mit Basaltware bezeichnet man schwarzes Steinzeug unter Zusatz von Basaltmehl. Sie wurde erstmals im 18. Jahrhundert in der Wedgwood-Fabrik hergestellt.

Verschiedene Arten von Dekor

Die frühesten Tonwaren wurden verziert, indem man Muster in den weichen Ton schnitt oder preßte. Später wurden Farbglasuren eingeführt. Seit der industriellen Revolution werden Bilddekore auch maschinell auf Tonwaren aufgetragen.

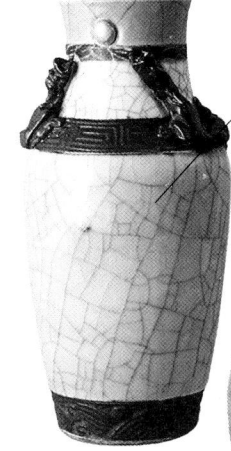

Craquelé kann beim Glasieren absichtlich erzeugt werden.

Durchbruchdekor wird erzeugt, indem der Ton im lederharten Zustand geschnitten wird.

Tonguß bedeutet, daß der Ton in einer Gußform gepreßt wird. Dieses Verfahren ermöglicht einen komplizierten, plastischen Dekor, der schnell und sauber wiederholbar ist.

Ritzmuster und -motive werden wie eine Gravur in den trockenen Ton eingeritzt.

Gemalter und gedruckter Dekor

Häufig ist Porzellan mit gemaltem oder gedrucktem Dekor verziert. Handgemalter Dekor wird auf oder unter der Glasur aufgetragen, je nachdem, ob die Farbe hohen Temperaturen standhält oder nicht. Überglasurmalerei ist äußerst empfindlich.

Seit Mitte des 18. Jahrhunderts wurden auf Seidenpapier gedruckte Motive auf das Keramikstück übertragen, zunächst nur in Schwarz, doch seit den 40er Jahren des 19. Jahrhunderts auch in verschiedenen Farben. Man kann gedruckte Dekore an ihrem flachen, fast fotografischen Erscheinungsbild erkennen, und am Dekorrand ist manchmal das Muster ungenau übertragen worden. Sie werden auch Porzellan finden, bei dem schwarze, gedruckte Konturen mit der Hand ausgemalt worden sind.

Für Goldverzierungen und Randvergoldungen wertvoller Stücke wurde echtes Blattgold verwendet, für weniger wertvolle flüssige Goldfarbe.

Handgemalter Dekor

Gedruckter Dekor

Spezialglasuren

Sahnekännchen mit Silberlüsterglasur

Lüster Metallisch glänzende Glasur auf Keramik. Hierfür werden der Glasur Metallsalze zugefügt. Die ganze Keramikoberfläche kann mit solch einem glänzenden Überzug echtes Metall vortäuschen, wie beim abgebildeten Sahnekännchen; oder ausgesparte Stellen der bereits verzierten Oberfläche werden mit Lüster glasiert.

Craquelé Jede Glasur kann im Laufe der Zeit rissig werden: Es bildet sich ein Netz von feinen Haarrissen. Mitunter wird Craquelé bei der Herstellung des Porzellans absichtlich verursacht.

Keramiken sammeln

Wenn Sie Ihre Keramiksammlung erweitern möchten, untersuchen Sie jedes Stück, das Sie kaufen wollen, sorgfältig auf Schäden. Jede noch so kleine Beschädigung mindert den Wert. Sie sollten den Verkäufer darauf aufmerksam machen, damit die Beschädigung beim Preis berücksichtigt wird. Ein gut restauriertes Stück ist teurer als ein beschädigtes, aber billiger als ein makelloses. Achten Sie beim Kauf auf Spuren einer früheren Restaurierung, und seien Sie auch bereit, mit dem Preis herunterzugehen, wenn Sie selbstrestauriertes Porzellan verkaufen.

Schadensliste

* Einfache Reparatur
** Etwas Erfahrung erforderlich
*** Facharbeit – nicht für Anfänger

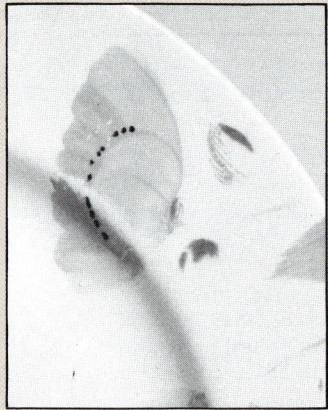

** Ist der **Dekor** beschädigt? Durch das Aufeinanderstapeln von Tellern und Untertassen entstehen Kratzspuren. Sie können diese Stellen retuschieren; je komplexer das Muster, um so schwieriger.

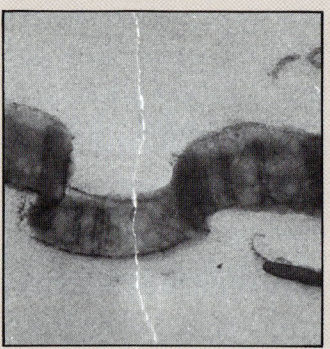

* Kommen **Haarrisse** vor? Halten Sie das Stück gegen das Licht, um sie zu erkennen. Ein anderer

Test: Das Stück auf die Handfläche stellen und mit dem Fingernagel an den Rand klopfen: »klingt« es, ist es in Ordnung.

* Die meisten **Flecken** können Sie ausbleichen, Vergoldungen aber durch Bleichmittel beschädigen.

** **Craquelierte Glasur** ist ein Merkmal alten Porzellans und nur, wenn sie fleckig ist, Grund für einen Preisnachlaß. Auf einer restaurierten Fläche müssen Sie den Craquelé-Effekt vortäuschen.

** Lohnt es sich, einen **fehlenden Henkel** zu ersetzen? Einen neuen Henkel zu modellieren ist zeitraubend. Ist ein passendes Gegenstück vorhanden, kann es als Gußmodell dienen.

* Die pulvrige Schicht abgelagerter **Salze** auf Porzellanoberflächen muß entfernt werden.

* **Angeschlagene Kanten** sind oft anzutreffen, besonders an Tellern und Untertassen. Wenn der Draht eines Telleraufhängers zu sehr auf die Tellerkante drückt, entstehen Druckstellen. Vergessen Sie dann nicht, auch auf der Rückseite danach zu suchen.

** **Schlecht retuschierte Farbe** oder **Glasur** einer früheren, unfachmännischen Restaurierung kann das Stück verunstalten. Im Zweifelsfalle halten Sie es gegen das Licht: Die schadhafte Stelle hebt sich als dunklerer Fleck ab. Sie können ihn entfernen und neu bemalen.

* **Unsachgemäß verleimte Stücke** können Sie auseinandernehmen und neu verleimen.

** **Metallklammern** wurden zur zusätzlichen Sicherung größerer Bruchstellen verwendet. Sie sind oft nur schwierig zu entfernen.

Prüfen von Figuren

Nur selten werden Sie eine unbeschädigte Figur finden. Beachten Sie die Hinweise, die wir Ihnen anhand der unten abgebildeten Figur geben.

** Fehlende Körperteile müssen nachmodelliert werden (siehe S. 29).

** Prüfen Sie an den Extremitäten, ob Finger oder Zehen fehlen.

** Untersuchen Sie den Blumendekor auf beschädigte oder fehlende Teile (siehe S. 29 und 34).

Gebrauchsporzellan und Zierstücke

Sie können die meisten Service aus dem 19. und frühen 20. Jahrhundert benutzen, solange Sie mit der Hand statt in der Maschine spülen. Bewahren Sie das Porzellan in einem trockenen Schrank auf, möglichst ohne es zu stapeln oder die Regale zu überladen. Falls Sie Teller stapeln müssen, schützt zwischengelegtes Papier den Dekor.

Ein schon einmal restauriertes Stück gebietet beim Gebrauch Vorsicht. Ein Teller mit verleimtem Haarriß müßte normalem Gebrauch standhalten; Farbe aber, die eine Restaurierung verdecken soll, verfärbt schnell oder wird leicht beschädigt. Solche restaurierten Stücke sollten Sie in der Vitrine aufbewahren.

Vitrinen eignen sich am besten für das Aufstellen von Porzellan. Viele Sammler jedoch sind der Meinung, daß Porzellan hinter Glas an Schönheit verliert, und bevorzugen offene Regale. Wenn Sie Teller auf ein Regal stellen möchten, sollte dieses eine Sicherungsleiste haben. Ansonsten können Sie Tellerständer aus Metall, Plastik oder Holz benutzen. Achten Sie darauf, daß diese einen restaurierten oder abgenutzten Oberflächendekor nicht übermäßig belasten.

Federhaken aus Draht sind praktisch, um Teller aufzuhängen. Sollten die Drahthaken unbeschichtet sein, kaufen Sie als Schutz einen weichen Schlauch aus Neopren im Bastelgeschäft, oder tauchen Sie die Haken in eine Silikonlösung, die fest werden muß, bevor Sie die Haken an die Wand bringen. Schützen Sie die Rückseite des Tellers mit einem dünnen Pappkarton.

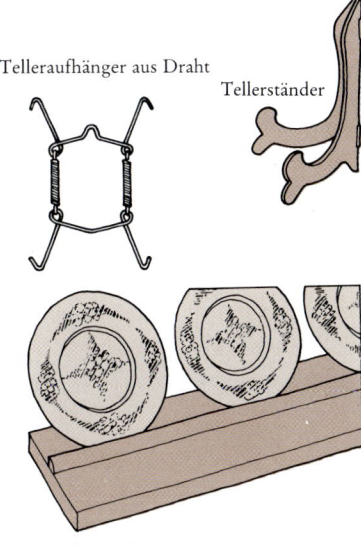

Telleraufhänger aus Draht

Tellerständer

Regal mit Abstützleiste

Porzellan datieren

Manufakturmarken sind die zuverlässigste Methode zur Datierung und Bestimmung von Porzellan. Wenn Sie eine größere Sammlung besitzen, rentiert sich die Anschaffung eines Speziallexikons.

● Manche Porzellanmanufakturen kennzeichneten das von ihnen hergestellte Porzellan mit einer Jahresmarke. Mit Hilfe entsprechender Nachschlagewerke gelingt Ihnen eine sehr genaue Datierung.

● Sie können das Herstellungsjahr anhand des Markenauftrags oder eines geänderten Markenzeichens annähernd bestimmen, da solche Änderungen meist Ortswechsel oder Fusion von Manufakturen bedeuten.

● Zusätzlich zur Manufakturmarke wurden auch Künstlermarken angebracht, die ebenfalls als Datierungshilfe dienen.

● Auch Marken, die auf das Herstellungsland hinweisen, können hilfreich sein, da sie manchmal laut Gesetzbeschluß gefordert wurden, wie zum Beispiel die amerikanischen Importgesetze von 1891 das Auftragen solcher Marken vorschrieben.

● Fehlt die Manufakturmarke, können Sie Porzellan oft anhand des Dekorstils oder anhand bestimmter unverwechselbarer Formen datieren. Allgemeine Leitlinien entnehmen Sie einem Buch über die Geschichte des Designs.

● In Bibliotheken und Museen können Sie wahrscheinlich Ausgaben berühmter Herstellerkataloge einsehen.

Datierung anhand des Stils Die geometrische Form und das Muster dieses Kaffeeservices (»Bizarre«) der englischen Designerin Clarice Cliff kennzeichnen den Art-Deco-Stil, der etwa von 1910 bis Mitte der 30er Jahre vorherrschte.

Werkzeuge und Materialien

Werkzeuge

Wenn Sie sich zum erstenmal im Restaurieren von Porzellan versuchen, brauchen Sie nicht alle auf den folgenden Seiten verzeichneten Werkzeuge zu kaufen. Zur Reparatur eines einfachen Bruchs brauchen Sie ein Minimum an Werkzeugen und Materialien – Klebstoff, ein scharfes Messer, Modelliermasse und Rasierklingen. Mit der Zeit können Sie – je nach Erfahrungsstufe – Ihre Werkzeugausstattung durch neue Anschaffungen vervollständigen.

Schaffen Sie sich einen Hobbyraum, oder arbeiten Sie in der Küche. Sie brauchen gutes Tageslicht oder Lampen derselben Lichtqualität. Der Raum sollte gut belüftet sein (da manche Chemikalien schädliche Dämpfe abgeben) und einen Anschluß für heißes und kaltes Wasser haben. Ein großer Arbeitstisch leistet Ihnen gute Dienste als Ablagefläche für Werkzeuge, Materialien und teilrestaurierte Porzellanstücke. Platzmangel und Durcheinander führen leicht zum Verschütten von Flüssigkeiten und zum Zerbrechen von Waren. Abgesehen davon, daß die Folgen recht kostspielig sein können, kann das Verschütten von Chemikalien auch gesundheitsschädlich sein. Schützen Sie die Oberfläche des Tischs mit einer abwaschbaren Plastikfolie, oder legen Sie die Arbeitsfläche mit Zeitungspapier aus.

Bewahren Sie gefährliche Chemikalien in einem verschließbaren Schrank auf.

Die meisten Restaurierungsarbeiten können Sie mit einigen wenigen Grundwerkzeugen ausführen – aber einige Spezialwerkzeuge werden Ihnen die Arbeit erleichtern.

Hobbymesser Erhältlich in Do-it-yourself-Geschäften. Sie haben auswechselbare Klingen – wählen Sie also die für die jeweilige Arbeit am besten geeignete Klinge.

Rasierklingen eignen sich gut zum Abschaben von Klebstoff und Füllmasse, zumal sie bis zu einem gewissen Grad biegbar sind für die Arbeit an gewölbten Stellen.

Modellierhölzer aus Buchsbaum Mit diesen Hölzern können Sie Epoxydharzkitt gut modellieren und glätten.

Zahnärztliches Besteck Damit erreichen Sie Stellen, an denen Sie mit anderen Werkzeugen nicht arbeiten können. Wenn Sie die notwendigen Besteckteile einem Zahnarzt nicht gebraucht abkaufen können, wenden Sie sich an ein Ärztebedarfsgeschäft.

Nadelfeilen Eine kleine Anzahl dieser feinen Feilen ist zum groben Formen von Füllmassen und zum Modellieren unerläßlich. Ihr Nadelfeilsatz sollte zumindest aus einer runden, einer Dreikant- und einer Flachfeile bestehen.

Palettenmesser mit flexibler Stahlklinge zum Mischen von Harz- und Füllmassen.

Keramikplatte Auf einer weißen Keramikplatte läßt sich Farbe gut mischen. Nehmen Sie wegwerfbare Folienbehälter zum Mischen von Klebstoffen.

Pinzette zum Halten von Wattetupfern, die mit verschiedenen Mitteln getränkt wurden.

Zange zum Formen von Draht, der zur Verstärkung nachmodellierter Teile verwendet wird.

Spitzzange Damit können Sie an schwierige Stellen heran.

Junior-Universalsäge zum Sägen des Metallstabs bei der Herstellung von Verstärkungsdübeln.

Tischschraubstock zum Einspannen von Metallstäben u. ä. beim Schneiden und Formen.

Cocktailspieße zum Auftragen von Klebstoff und Füllmasse.

Bohrmaschine Eine Bohrmaschine mit biegsamer Welle ermöglicht

Materialien

Wasserstoffsuperoxyd zum Ausbleichen von Flecken auf Keramiken.

Salmiakgeist Einige Tropfen für die Bleichlösung.

Destilliertes Wasser verwenden Restauratoren. Sie können, außer für feinstes Porzellan, Leitungswasser nehmen.

Salzsäure entfernt Kalkablagerungen.

Rostentferner Handelsübliches Mittel gegen Rostflecken.

Aceton (lanolinfrei) entfernt Fettspuren von Bruchkanten. *Achtung:* Acetondämpfe sind hochgiftig.

Farbentferner löst den Klebstoff ungenauer Klebestellen.

Klebstoffe siehe S. 25.

Titandioxyd wird Epoxydharzklebstoff zugesetzt, damit er nicht vergilbt.

Kaolin wird Epoxydharzklebstoff zur Herstellung einer Füllmasse zugesetzt.

Füllmassen siehe S. 27.

Gips als Füllmasse und zum Herstellen von Gußformen.

Zahnärztliche Füllmasse zur Herstellung von Preßabdrücken (siehe S. 28).

Schmirgelpapier zum Glätten von Klebestellen, Füllmassen, Farbe: für größere Flächen zuerst gröberes (150er Körnung), dann feineres (200er Körnung), zuletzt Karborundpapier.

Chrompolitur für gekittete Flächen und Glasuren. Erhältlich im Autobedarfsgeschäft.

Talkumpuder Damit Füllmasse nicht an der Form haften bleibt, wird diese mit Talkum bestäubt. Epoxydharzkleber mit Talkum gemischt ergibt eine Füllmasse.

Quarzsand (aus der Zoohandlung) zum Abstützen frisch geklebten Porzellans.

Modelliermasse zum Abstützen, zur Herstellung von Abdrücken und zum Nachmodellieren fehlender Teile.

Methylalkohol aus der Apotheke verwenden Sie zum Lösen speziellen Klebstoffs.

Rostfreie Stahl- bzw. Messingstäbe für Stifte oder Dübel zur Verstärkung von Klebestellen.

Watte zum Auftragen von Bleich- und sonstigen chemischen Mitteln zur Fleckentfernung.

Klebeband zum Sichern von Klebestellen.

sicheres Bohren von Porzellan. Das
Bohrfutter ist über ein flexibles
Kabel mit der Bohrmaschine verbunden. Während der Arbeit die
Bohrmaschine mit einem Schraubstock befestigen! Wenn Sie es sich
leisten können, kaufen Sie in einem
Fachgeschäft einen Miniatur-Elek-
trobohrer.

Bohrer Porzellan ist so hart, daß
Sie den Scherben ausschließlich mit
Diamantbohrern bearbeiten können. Sie sind teuer, doch benötigen
Sie höchstens ein oder zwei fein
zugespitzte Bohrer, um die Löcher
für das Einsetzen von Verstärkungsstiften bohren zu können.

Bürsten Bewahren Sie alte Zahn-
bürsten und Rasierpinsel zur Reinigung von Keramiken auf.

Lupe zur genauen Überprüfung der
jeweiligen Arbeitsvorgänge.

Schutzhandschuhe Beim Umgang
mit Chemikalien sollten Sie spezie-
le Gummihandschuhe tragen.

Schutzbrille Wenn Sie Brillen-
träger sind, brauchen Sie keine weitere Schutzbrille. Andernfalls ist es
ratsam, beim Bohren von Keramiken und beim Umgang mit Farbentferner eine Schutzbrille zu
tragen.

Gesichtsschutzmaske Sie bewahrt
Sie vor dem Einatmen
gesundheitsschädigender Dämpfe.
Haben Sie Bronchialbeschwerden,
sollten Sie einen Arzt konsultieren.

Malausstattung siehe S. 35.

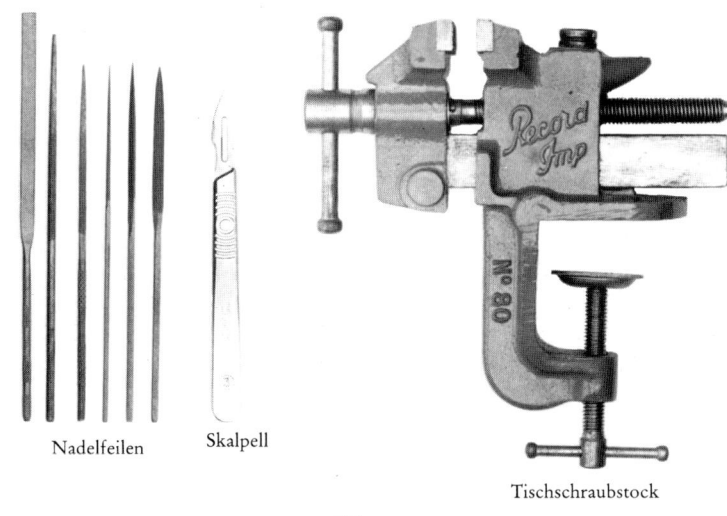

Nadelfeilen   Skalpell

Tischschraubstock

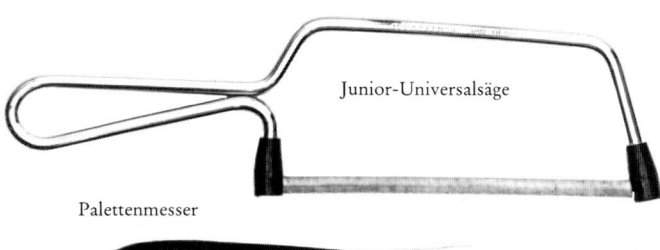

Junior-Universalsäge

Palettenmesser

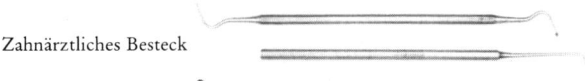

Zahnärztliches Besteck

Spitzzange

Bohrmaschine

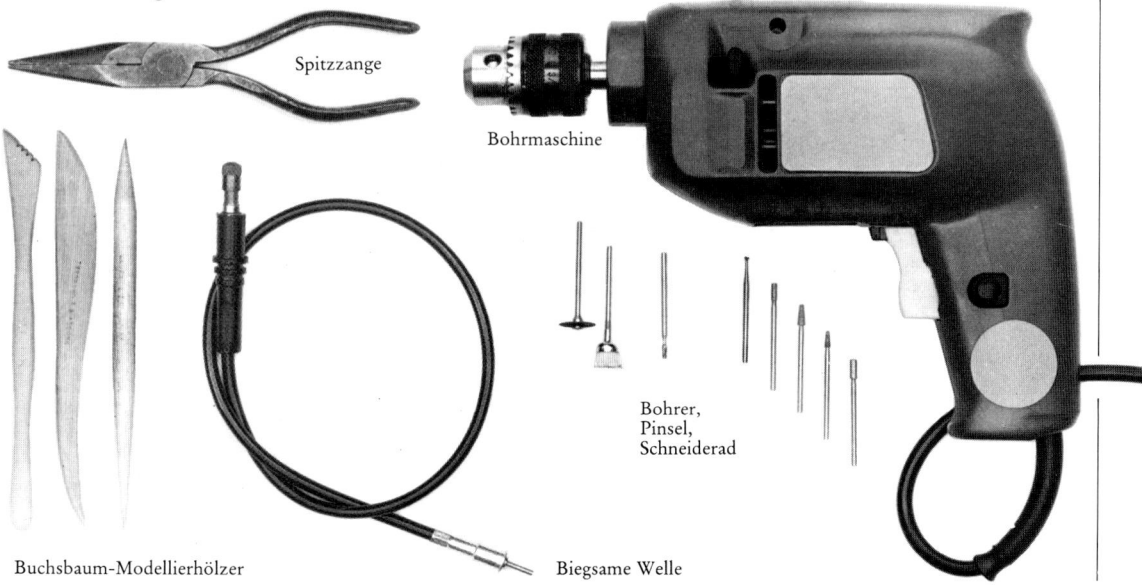

Buchsbaum-Modellierhölzer

Biegsame Welle

Bohrer,
Pinsel,
Schneiderad

Keramiken reinigen

Vor der Naßreinigung die Keramik mit einem weichen Künstler- oder Rasierpinsel abstauben, damit sich in Haarrissen kein Staub festsetzt. Antike Stücke niemals in der Spülmaschine reinigen! Statt dessen auf eine Schaumgummiunterlage oder auf ein gefaltetes Tuch auf den Boden einer Plastikschüssel mit warmem Wasser legen, dem Sie etwas flüssiges Reinigungsmittel zusetzen. Bevor Sie ein neuerworbenes Stück mit Nahrungsmitteln in Berührung bringen, sterilisieren Sie es mit einem Spezialreiniger für Babyflaschen. Mit weicher Bürste oder weichem Tuch entfernen Sie Schmutz aus plastischem Dekor, anschließend unter fließendem Wasser nachspülen. Legen Sie das Stück zum Trocknen auf ein Tuch an einen warmen Platz, oder fönen Sie es trocken. Verbliebene Fettspuren können Sie mit Aceton entfernen – hartnäckige Flecken vorsichtig mit Chrompolitur behandeln. Polieren Sie dann das Stück mit einem weichen Tuch.

Flecken entfernen

Zum Entfernen von Flecken wässern Sie das Keramikstück, bevor Sie mit einer Pinzette in Bleichmittel getränkte Watte auf den Fleck aufbringen. Bruchränder besonders sorgfältig behandeln, um perfekte Klebestellen zu bekommen.

Weniger hartnäckige Flecken entfernen Sie mit einer Lösung aus Haushaltsbleiche bzw. Wasserstoffsuperoxyd und Wasser (1 : 3), der Sie einige Tropfen Salmiakgeist zufügen. Tragen Sie Schutzhandschuhe und Schürze. Bleichmittel auf der Haut sofort mit Wasser entfernen!

Wässern Sie das Stück, bevor Sie das Bleichmittel auftragen, damit Flecken nicht vom Scherben aufgesaugt werden. Keramik ist besonders porös, so daß Sie das Stück jedesmal wässern müssen, bevor Sie erneut Bleichmittel auftragen. Mit der Pinzette in Lösung getauchte Wattetupfer einige Stunden auf den Fleck legen.

Umhüllen Sie das Werkstück mit Plastikfolie, oder verschließen Sie es in einem Plastikbehälter, damit die Tupfer feucht bleiben. Überprüfen Sie nach einigen Stunden die Bleichwirkung, und tragen Sie so lange die Bleichlösung (eventuell in stärkerer Konzentration) auf, bis der Fleck entfernt ist, was mehrere Wochen dauern kann.

Achtung: Starkes Bleichmittel kann Vergoldungen angreifen! Sobald der Fleck beseitigt ist, müssen Sie das Stück nachspülen und trocknen lassen.

Bis Anfang des 19. Jahrhunderts verwendete Glasuren sind nicht mehr stabil: Wenden Sie sich in solchen Fällen an den Fachmann!

Entfernen von Kalkablagerungen

Kalkschichten in als Blumenübertopf benutzten Keramikgefäßen lassen sich mit Salzsäure aus der Apotheke entfernen.

Achtung: Vorsicht beim Umgang mit Säure! Tragen Sie alte Kleidung, Spezial-Gummihandschuhe und und Schutzbrille. *Niemals* Wasser in Säure, sondern Säure in Wasser gießen! Übersprudelnde Säure kann schwere Unfälle verursachen.

Das Gefäß bis über den Kalkrand mit Wasser füllen, langsam die Säure hinzufügen, bis die Kalkschicht zu brodeln beginnt und sich löst. Falls notwendig, gießen Sie Säure hinzu. Schütten Sie nach dem Auflösen der Schicht die Säurelösung in den Abfluß, und spülen Sie die Schale gründlich nach.

Auswaschen von Salzen

Salze der keramischen Masse setzen sich manchmal auf der Oberfläche ab und führen womöglich zu deren Auflösung, weshalb sie ausgewaschen werden müssen. Bereits abblätternde Oberfläche sichern Sie mit einer Paste aus Polyvinylalkoholpulver und warmem destilliertem Wasser, die die angegriffene Fläche festigt, ohne das Ausschwemmen der Salze zu behindern. Stellen Sie nun das Stück in einen Plastikbehälter, und fügen Sie so viel frisches destilliertes Wasser hinzu, daß die Oberfläche nicht vollständig bedeckt ist. Wechseln Sie täglich das Wasser, bis die Salze ausgeschwemmt sind, was Sie überprüfen, indem Sie einen Kaffeelöffel des Wassers über einer offenen Flamme verdunsten lassen. Es darf sich kein Salzrückstand bilden.

Entfernen von Metallflecken

Kupfer- und Eisennieten, die einst zur Verstärkung von Klebestellen eingesetzt wurden (siehe S. 26), verursachen oft Flecken auf der umliegenden Keramikfläche. Salmiakgeist, welchen Sie mit Wattetupfern auftragen, entfernt Kupferflecken, und Rostflecken können Sie mit einem handelsüblichen Rostmittel entfernen. Sind die Flecken entfernt, spülen Sie gründlich mit destilliertem Wasser nach.

Alte Klebefugen lösen

Achten Sie beim Kauf von Porzellan auf schlecht restaurierte Stücke, deren Fugen nicht bündig abschließen und deren Oberflächen harte Klebstoffreste aufweisen. In diesen Fällen, oder wenn der Leim sich verfärbt hat, müssen Sie das Stück auseinandernehmen; entfernen Sie den alten Leim, und verleimen Sie das Stück mit einem modernen Klebstoff auf synthetischer Basis.

Klebefugen in Wasser lösen

Braune, tierische Leime quellen beim Einweichen in heißem Wasser und lösen sich. Dasselbe gilt für PVA-Leime. Um zu vermeiden, daß sich Risse bilden, müssen Sie das Stück in eine mit warmem Wasser gefüllte Schüssel tauchen; geben Sie so lange heißes Wasser dazu, bis die erhöhte Temperatur den Klebstoff löst. Entfernen Sie den Klebstoff, während er sich löst, mit einem kleinen harten Pinsel oder einer Zahnbürste. Prüfen Sie, ob die Fuge bündig schließt – wenn nicht, liegt es wohl daran, daß immer noch Klebstoffreste vorhanden sind, die Sie dann mit Wasser abbürsten oder vorsichtig mit der Spitze eines Messers abtragen können.

Klebefugen mit Methylalkohol lösen

Schellack, der ebenfalls braun ist, können Sie in Wasser zu lösen versuchen. Wenn Sie damit keinen Erfolg haben, legen Sie in Methylalkohol getränkte Watte auf beide Seiten der Fuge auf. Legen Sie so lange frisch getränkte Watte auf, bis der Methylalkohol in die Fuge eindringt. Wenn der Schellack sich immer noch nicht löst, greifen Sie zu Farbentferner.

Klebstoff mit Aceton lösen

Zellulosehaltige Klebstoffe und PVA-Leime lassen sich mit in Aceton getränkter Watte entfernen. Da Aceton sehr schnell verdunstet, sollten Sie das Stück in Plastik einschlagen, sobald Sie die Watte auf die Fuge gelegt haben.

Klebstoff mit Farbentferner lösen

Handelsübliche Farbentferner lösen moderne Klebstoffe auf Epoxydharz- und Gummibasis, aber sie greifen unter Umständen auch die Farboberfläche an. Das ist nicht weiter schlimm, solange es sich um schlechte Retuschen handelt, aber achten Sie auf handgemalten Aufglasurdekor. Tragen Sie das Mittel ausschließlich auf der nichtdekorierten Seite des Stückes auf. Spülen Sie es weg, sobald der Klebstoff sich löst. Wässern Sie Keramikstücke, bevor Sie das Mittel anwenden.

Achtung: Tragen Sie Schutzhandschuhe, halten Sie sich an die Anweisungen des Herstellers.

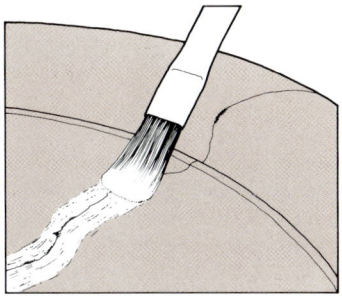

1. Tragen Sie den Entferner mit einem kleinen Pinsel auf; verwenden Sie am besten einen dickflüssigen Entferner, der nicht zerläuft.

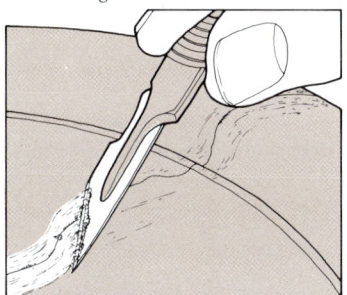

2. Sobald sich der Klebstoff löst, entfernen Sie ihn mit einem Skalpell von der Oberfläche, damit ein zweiter Auftrag des Entferners in die Fuge eindringen kann.

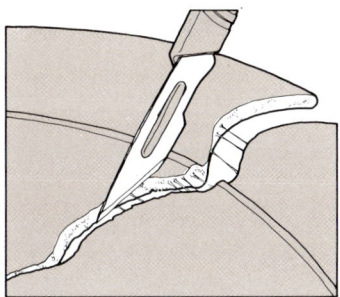

3. Wenn die Bruchstücke sich nicht von allein lösen, sollten Sie sie sachte auseinanderdrücken und die Klebstofffäden mit einem scharfen Skalpell trennen.

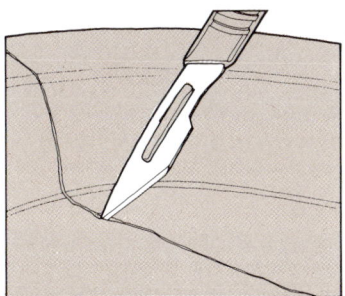

4. Es reicht vielleicht schon, die Spitze eines Skalpells in teilweise offene Fugen oder in Löcher einzuführen, um die Kleberänder auseinanderzudrücken.

5. Säubern sie den Bruch in Wasser mit einer alten Zahnbürste.

Achtung: Bürsten Sie immer von sich weg, damit Ihnen der Entferner nicht in die Augen spritzt.

Porzellan kleben

Porzellan kleben bereitet keine besonderen
Schwierigkeiten und bedarf eher der Geduld als
der Geschicklichkeit, dennoch ist es für die
Restaurierung von Porzellan sehr wichtig.
Sie sollten so lange an einer Fuge arbeiten,
bis sie perfekt ist. Andernfalls werden Sie
weitere Schwierigkeiten haben, da entweder
das nächste Stück nicht paßt oder eine gering-
fügige Unstimmigkeit trotz des Farbauftrags
sichtbar wird.

Beginnen Sie mit kleineren Klebarbeiten wie
z. B. Tassen oder Schüsseln, bevor Sie sich an
kompliziertere Stücke wagen. Obgleich ein Teller
Ihnen einfacher erscheinen mag, vermittelt Ihnen
ein Stück von komplizierterer Formgebung ein
größeres Erfolgserlebnis.

Kleben eines einfachen Bruchs

Stücke mit einem durchgehenden
glatten Bruch lassen sich leicht zusammenfügen. Reinigen Sie beide
Bruchkanten (siehe S. 22), und prüfen Sie die Paßgenauigkeit. Dann
entfernen Sie Fettreste und Fingerabdrücke von den Bruchkanten mit
acetongetränkter Seide. Bevor Sie
mit der Klebearbeit anfangen, stellen Sie den Zweikomponentenklebstoff (auf Epoxydharzbasis) auf
einen Heizkörper, damit er dünn-
flüssig wird. Vermischen Sie den
Zweikomponentenklebstoff, und
geben Sie eine kleine Menge Titandioxyd zu. Schneiden Sie mehrere
genügend lange Klebestreifen oder
gummierte Papierstreifen zum
späteren Verkleben der Bruchstücke zu.

2. Tragen Sie mit einer Messerspitze sparsam den Klebstoff auf
eine Bruchkante auf, pressen Sie
beide Bruchstellen zusammen, wischen Sie überflüssigen Klebstoff
ab.

3. Pressen Sie die Klebefuge zusammen, knicken Sie die Kleb-
streifen um, und drücken Sie sie
leicht an. Überflüssigen Klebstoff
entfernen Sie mit Methylalkohol.

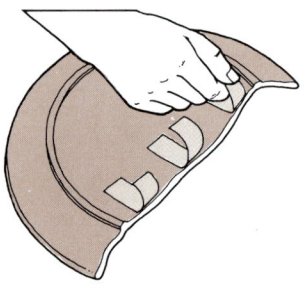

1. Kleben Sie auf beide Seiten der
einen Bruchhälfte Klebestreifen, die
Sie in der Mitte einknicken, damit
sie beim Aneinanderpressen der
beiden Bruchhälften nicht stören.

4. Spannen Sie die Klebestreifen
noch einmal nach, so daß die
Bruchkanten bündig schließen.
Prüfen Sie die Fuge mit dem
Fingernagel oder einer Messerklinge; korrigieren Sie gegebenenfalls mit leichtem Druck. Entfernen
Sie überflüssigen Klebstoff mit
Methylalkohol (nachträglich ist es
schwerer). Sobald der Klebstoff abgebunden hat, kratzen Sie eventuelle Klebstoffreste unter den Kleb-
streifen ab.

Kleben von mehrfachen Brüchen

Wenn das Stück in mehrere Teile
zerbrochen ist, markieren Sie zuerst
die Reihenfolge, in der Sie die
Bruchstücke kleben wollen, damit
Sie bei der Arbeit kein Stück übersehen. Numerieren Sie jedes Teil
mit einem Signier- oder Wachsstift
oder numerierten Klebestreifen.

Setzen Sie das Stück probeweise
mit Klebestreifen zusammen, und
achten Sie beim Auseinandernehmen darauf, durch das Abziehen
der Klebestreifen die empfindlichen
Bruchkanten nicht weiter zu beschädigen. Vor dem Kleben muß
jedes Stück schmutzfrei sein. Halten Sie sich an die Anleitung für das
Kleben einfacher Brüche, aber kleben Sie nur zwei, höchstens drei
Stücke auf einmal zusammen, und
lassen Sie den Klebstoff abbinden,
bevor Sie weiterkleben. Wischen
Sie überflüssigen Klebstoff immer
von den Kanten und Ecken ab,
denn auch der kleinste Fleck hartgewordenen Klebstoffs macht eine
perfekte Fuge unmöglich. Drücken
Sie überflüssigen Klebstoff heraus,
da jedes Zuviel das Volumen des
Stückes verändert, so daß das letzte
Bruchstück nicht mehr paßt.

Kleben eines verformten Stücks

Oft lassen sich zwei Teile eines zer-
brochenen Stückes selbst dann
nicht zusammenfügen, wenn die
Bruchkanten intakt und sauber
sind, denn die dem Keramikstück
innewohnenden Spannungen wurden beim Zerbrechen freigesetzt:
ein oder mehrere Stücke sind leicht
verformt.

Verleimen Sie erst einen Teil der
Bruchkante, dann pressen Sie das
Stück zusammen (den geleimten
Teil der Bruchkante fest, den unge-
leimten lockerer mit Klebestreifen
sichern); etwa 2–3 Tage abbinden
lassen. Entfernen Sie die Klebe-
streifen, und leimen Sie mit Hilfe einer
Messerklinge den anderen Teil der
Fuge. Den gesamten Bruch mit dem
Fön anwärmen und die fest zusam-
mengepreßten Teile stramm mit
Klebestreifen sichern.

Einen Sprung ausbessern

Reinigen Sie den Sprung mit Bleichmittel (siehe S. 22). Stellen Sie das Stück auf einen Heizkörper. Den Sprung vorsichtig mit einem Messer oder einer Rasierklinge auseinanderdrücken (Bruchgefahr!). Bestreichen Sie die Kanten mit Zweikomponentenkleber, und sichern Sie die Stelle mit Klebestreifen.

Einen Henkel ankleben

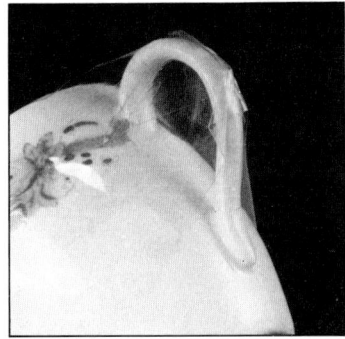

Ein abgebrochener Henkel muß sorgfältig wieder an die Tasse geklebt werden. Tragen Sie den Klebstoff beidseitig auf, und fügen Sie die Teile zusammen. Spannen Sie Klebestreifen der Länge nach und quer über den Henkel, um die Klebeverbindung zu sichern. Achten Sie auf gleichmäßige Spannung.

Porzellan abstützen

Während der Klebstoff abbindet, sollte das Stück gestützt werden, wozu sich Modelliermasse am besten eignet. Kleinere Stücke können Sie darin einbetten, größere damit aufstellen. Das heißt, Sie nehmen einen Geschirrständer aus Plastik oder Holz – keinen Metallgeschirrständer –, füllen ihn mit Modelliermasse und stellen das restaurierte Porzellan aufrecht hinein. (Die Tasse, an die Sie den Henkel ankleben wollen, betten Sie während Ihrer Klebearbeit in die Modelliermasse ein.)

Statt Modelliermasse können Sie auch Quarzsand als Stütze benutzen. Füllen Sie ihn dazu locker in eine Plastiktüte, die Sie in einen Karton legen.

Klebstoffe

Im Handel gibt es viele Klebstoffe, die nahezu alle Materialien zu binden vermögen. Die meisten eignen sich auch zum Kleben von Keramik. Die hier beschriebenen sind für die Restaurierung von Porzellan besonders zu empfehlen.

Epoxydharzkleber

Epoxydharzkleber sind Zweikomponentenkleber: Kleber und Härter, die vor der Anwendung vermischt werden. Meistens reicht ein Standardkleber, der in sechs Stunden abbindet, für kleinere Reparaturen kaufen Sie einen Kleber, der in nur fünf bis zehn Minuten abbindet. Ein dünnflüssiger Spezialkleber (im Fachhandel erhältlich) ermöglicht das Kleben einer Fuge, die so fein ist wie ein Haarriß. Beim Gießen von Ersatzstücken sollten Sie immer diesen Kleber verwenden.

Alle Epoxydharzkleber vergilben leicht. Setzen Sie etwas Titandioxyd zu, was dem entgegenwirkt, ohne die Haftfähigkeit des Klebers zu beeinträchtigen. Nehmen Sie bei bemalten Keramiken etwas (anorganisches) Pigment zum Abtönen des Klebers.

Polyvinylacetat-Kleber

Weißer Einkomponentenkleber auf Wasserbasis, der sich besonders gut für Tonwaren, Terrakotta und Keramiken eignet. Befeuchten Sie die Klebekanten mit Wasser, damit der Klebstoff nicht in den Ton eindringt, was die Haftung schwächen würde.

Cyanoacrylatkleber

Diese »Sekundenkleber« eignen sich nur für das Kleben von Hartporzellan. Sie sind mit Wasser verdünnt und tragen deshalb nicht auf, was beim Kleben von mehreren Bruchstücken von großem Nutzen ist. Die kurze Abbindezeit – 10 bis 15 Sekunden unter Fingerdruck – eignet sie hervorragend zum Kleben kleinster Bruchstücke, die nicht mit Klebestreifen gesichert werden können.

Achtung: Diese Kleber kleben auch Haut in Sekunden! Halten Sie sich genau an die Anweisungen des Herstellers!

Verstärken einer Klebung

Moderne Restauratoren benutzen Messing- oder rostfreie Stahlstifte, die zur Verstärkung einer Klebestelle in Löcher in beiden Bruchkanten eingeleimt werden. Eine solche Verstärkung mit Stiften wird erst dann vorgenommen, wenn die restaurierte Stelle durch den täglichen Gebrauch einer größeren Belastung ausgesetzt wird: z. B. ein Tassenhenkel oder eine schwere Schüssel.

Einsetzen von Metallstiften

Porzellan kann nur mit einem Diamantbohrer bearbeitet werden (siehe S. 21). Bohren Sie die Löcher mit einem kleinen Aufsatz vor, den Sie durch andere ersetzen, bis das Bohrloch groß genug ist. Stifte von mehr als 3 mm Durchmesser werden Sie selten brauchen. Dafür vorgesehene Bohrlöcher sollten nicht tiefer als 5 mm sein und ein Drittel der Scherbendicke nicht überschreiten.

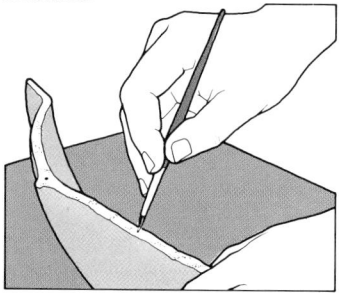

1. Markieren Sie die Position der Metallstifte mit Farbtupfern. Drücken Sie die beiden Bruchkanten vorsichtig zusammen, damit sich die Farbtupfer von der einen auf die andere Bruchkante übertragen.

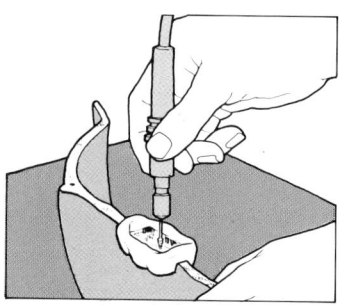

2. Der Diamantbohrer muß während des Bohrvorganges wassergekühlt sein. Gleichzeitig mit Wasser und Strom zu arbeiten ist jedoch gefährlich, weshalb Sie die Stelle, an der Sie bohren, mit einer Mauer aus Modelliermasse umgeben. In diese »Wanne« können Sie dann Kühlwasser einfüllen, ohne daß Ihre Finger oder der Motor naß werden. Prüfen Sie nach, ob das Bohrloch (es soll etwas größer als die Stifte sein) Ihren Wünschen genau entspricht, bevor Sie die Stifte einleimen.

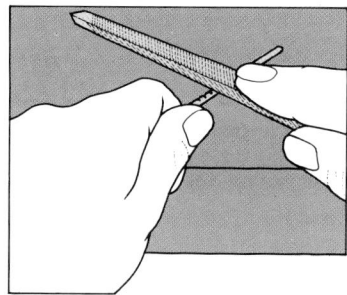

3. Rauhen Sie einen Metallstab mit der Feile an, entfernen Sie Fettspuren mit Aceton, bevor Sie mit der Metallsäge Stifte abtrennen.

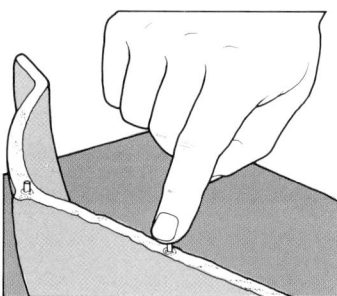

4. Streichen Sie Kleber in die Bohrlöcher beider Bruchkanten, und setzen Sie die Stifte in eine der beiden Bruchkanten ein. Ab jetzt können Sie sich der Anleitung für das Kleben eines Risses bedienen, um die Restaurierung zu Ende zu führen (siehe S. 25).

Klammern entfernen

Als es noch keine Markenklebstoffe gab, wurden Klebestellen an großen Porzellanstücken mit Klammern verstärkt. Solange die Stelle intakt ist und die Klammern das Stück nicht verunstalten, besteht kein Grund, sie unbedingt zu entfernen und damit weitere Schäden zu riskieren. Wenn die Naht jedoch unansehnlich geworden ist, müssen Sie die Klammern entfernen, um dann anschließend die Klebestelle aufs neue mit verdeckten Metallstiften zu verstärken.

Die Klammern sind meist in Gips eingebettet. Weichen Sie den Gips auf, indem Sie auf die Stelle ein Stück nasse Watte legen oder das ganze Stück in heißes Wasser tauchen. Entfernen Sie Gipsreste mit einem spitzen Werkzeug, und ziehen Sie die Klammer – ohne sie dabei zu verbiegen – mit einer Zange heraus.

Läßt sich die Klammer nicht herausziehen, sägen Sie sie mit einem feinen Metallsägeblatt durch. Halten Sie das Sägeblatt parallel zur Oberfläche, damit die Glasur bei der Sägearbeit nicht beschädigt wird. Fassen Sie mit einer Zange die Klammer, und ziehen Sie sie vorsichtig mit leicht drehender Bewegung heraus. Verfahren Sie mit der anderen Hälfte genauso. Entfernen Sie die Gipsreste in den Löchern mit einem Karborundbohrer.

Porzellan mit Kitt ausbessern

Wenige Restaurierungsarbeiten sind vollkommen problemlos. Da die Bruchkanten selten glatt sind, wird die Fuge oft nicht makellos. In den meisten Fällen sind die Kanten angeschlagen oder abge-splittert. Diese Stellen müssen Sie nach Abschluß der Klebearbeit ausfüllen, um dann anschließend den Oberflächendekor zu retuschieren (siehe S. 35 ff.).

Füllmassen

Epoxydharzkitt (erhältlich in Eisenwarenhandlungen) Benutzen Sie diesen Zweikomponentenkitt zum Ausfüllen von angeschlagenen Stellen im Porzellan. Der Inhalt der beiden Tuben wird zu gleichen Teilen miteinander vermischt. Die Masse bindet sehr hart ab, läßt sich aber mit Feilen und Schmirgelpapier glätten. Während der Abbindezeit von 45–60 Minuten ist er noch formbar.

Um Kitt selbst herzustellen (siehe S. 32), färben Sie Epoxyd-harzkleber mit Titandioxyd weiß und setzen Kaolin oder Talkum zu, bis die Mischung nicht mehr klebt und sich zu einem Kittbrei kneten läßt.

Zellulosehaltige Füll- und Spachtelmasse, in Pulverform erhältlich, nehmen Sie zum Ausbessern von Tonwaren. (Sie wird zum Füllen von Rissen in Stein- und Mauerwerk benutzt und ist in Do-it-yourself-Läden erhältlich.) Gips eignet sich aber genauso gut. Streichen Sie PVA-Kleber auf die Bruchkanten, damit das Wasser aus der Füllmasse vom Scherben nicht aufgesaugt wird.

Beim Porzellanfüllen streichen Sie Zellulosefüllmasse als letzte Schicht über die Epoxydfüllung, um eine gute Grundlage zum Bemalen zu erhalten. Wenn es sich um ein reines Ausstellungsstück handelt, können Sie zum Ausbessern kleinerer Stellen eine besonders feine zellulosehaltige Füllmasse verwenden. Nach der Herstellung der Füllmasse sollten Sie Hände und Werkzeuge mit Wasser oder Methylalkohol reinigen. Erst dann können Sie das Porzellan anfassen.

Eine Fuge ausfüllen

Ist der Bruch fertig geklebt, entfernen Sie mit scharfem Messer die Klebereste. Für verschmierten Klebstoff nehmen Sie feines Schmirgelpapier. Untersuchen Sie mit der Lupe die Bruchkanten nach angeschlagenen Stellen. Tragen Sie den Kitt auf, indem Sie ihn mit dem Palettenmesser mit leichtem Druck rechtwinklig über die Bruchkanten streichen. Befeuchten Sie Ihr Werkzeug mit Wasser oder Methylalkohol, und ziehen Sie es längs über die Fuge, um den Kitt einzuarbeiten. Schaben Sie den ausgehärteten überflüssigen Kitt mit einer Rasierklinge an ebenen und konvexgewölbten und mit einem Messer mit abgerundeter Klinge an konkaven Oberflächen ab. Schleifen Sie die Kittoberflächen mit einem fingernagelgroßen Stück feinen Schleifpapiers ab.

Tragen Sie so lange weiteren Kitt auf, bis sich die Oberfläche der Kante vollkommen glatt anfühlt. Zum Schluß empfiehlt es sich, mit Chrompolitur nachzupolieren.

Löcher füllen

Sichern Sie die Rückseite eines Loches mit Klebestreifen, damit der noch weiche Kitt nicht herausfällt. Runde Oberflächen können mit Modelliermasse abgedichtet werden, die Sie mit Talkum bestäuben, damit der Kitt nicht daran klebenbleibt. Spannen Sie zwei oder drei Klebestreifen über das Loch, und tragen Sie den Kitt zuerst an den Außenkanten auf; füllen Sie dann das Loch, bis die Füllmasse mit der Porzellanoberfläche bündig abschließt. Glätten Sie mit einem mit Wasser oder Methylalkohol befeuchteten Finger. Schmirgeln Sie den hartgewordenen Kitt ab, und polieren Sie ihn mit Chrompolitur.

Angeschlagene Stellen ausfüllen

Schüssel-, Teller- und Untertassenränder werden besonders schnell angeschlagen. Es entstehen muschelähnliche flache Vertiefungen, die manchmal schwer auszufüllen sind. Tragen Sie Klebstoff, vermischt mit Titandioxyd, auf, drücken Sie die Füllmasse an und glätten Sie sie mit der Fingerspitze. Rauhe Oberflächen erst mit einer Nadelfeile, dann mit feinem Schmirgelpapier glätten.

Um ganz abgebrochene Kanten ergänzen zu können, müssen Sie die Füllmasse mit einem Plastik- oder Kartonstreifen abstützen, der dem Kantenverlauf angepaßt und mit Klebestreifen gut befestigt wird (mit Talkumpuder bestäuben!). Entfernen Sie die Stützschablone erst dann, wenn die Masse hart ist.

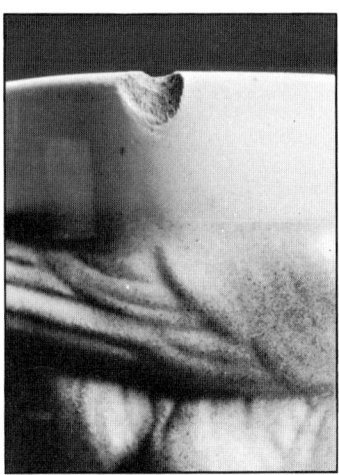

Angeschlagene Ränder Untersuchen Sie Teller- und Gefäßränder auf diese Schäden. Reparieren Sie sie, bevor sie verschmutzen.

Gießen von Ersatzteilen

Für größere fehlende Teile, zum Beispiel an Rändern oder Henkeln, brauchen Sie ein Ersatzteil. In solchen Fällen fertigen Sie mit Hilfe einer Stelle auf demselben Rand oder eines identischen Stücks eine Gußform an. Je nach Werkstück können Sie hierzu unterschiedliche Herstellungsverfahren anwenden. Das Gießen des Stücks ist dem Modellieren vorzuziehen.

Abgedrückte einteilige Formen

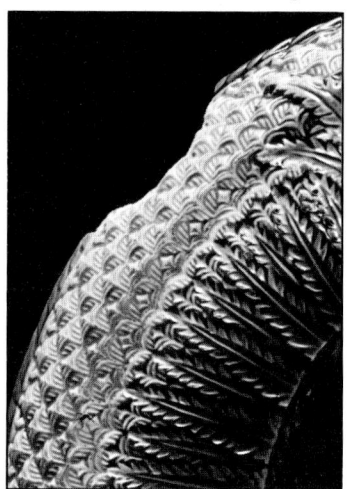

Die einfachste Methode, eine genaue Gußform zu bekommen, besteht darin, an die Fläche, von der Sie einen Abdruck machen wollen, eine weiche Modelliermasse zu pressen. Sie eignet sich dafür gut und ist außerdem preisgünstig und leicht zu erhalten.

Nachformen einer angeschlagenen Stelle

Die oben abgebildete Schüssel hat eine profilierte Außenkante und ist an der Innenseite mit einem leicht erhabenen Dekormuster versehen. Um das fehlende Stück nachgießen zu können, müssen Sie als erstes die Schadstelle ausmessen. Suchen Sie an der Kante der Schüssel eine identische, intakte Stelle aus. Befeuchten Sie diese Stelle mit Wasser, damit die Modelliermasse, die Sie andrücken, nicht haften bleibt. In dem oben abgebildeten Beispiel wurde die verzierte Innenfläche der Schüssel befeuchtet, damit das Dekormuster mit abgenommen werden konnte.

1. Rollen Sie Modelliermasse ca. 1 cm dick aus. Die ausgerollte Tonfläche sollte rundum etwa 2,5 cm größer als die Schadstelle sein.

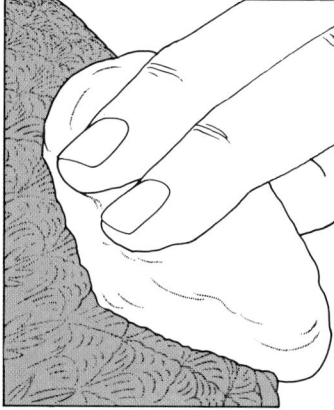

2. Pressen Sie die Modelliermasse fest gegen den unbeschädigten Rand. Biegen Sie sie gerade so weit um, daß die Wellenkontur des Tellerrandes mit abgenommen wird, Sie aber die Masse noch abnehmen können, ohne den Abdruck zu verziehen.

3. Lösen Sie mit einer Messerklinge den Abdruck sachte vom Tellerrand, bis er sich problemlos wegnehmen läßt. Nach einigen Stunden im Kühlschrank ist er fester geworden. In der Zwischenzeit mischen Sie Epoxydharzkitt für den Guß.

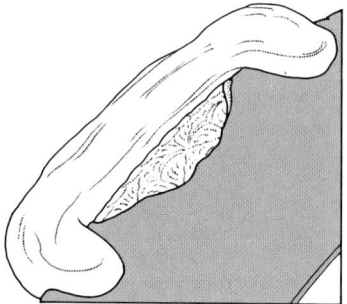

4. Passen Sie die Form an die Schadstelle des Tellerrandes an. Pressen Sie die Form fest an die Außenkante des Randes, und biegen Sie die Masse an beiden Enden der Schadstelle so über den Tellerrand, daß sie unverrückbar fest sitzt.

5. Bestäuben Sie die Form mit Talkumpuder. Mit einem Palettenmesser streichen Sie den Kitt vorsichtig in die Ecken und Verzierungen der Form. Wenn die Kittoberfläche bündig mit dem Tellerrand liegt, befeuchten Sie das Messer mit Methylalkohol und glätten den Kitt nach den Konturen des Randes.

6. Lassen Sie den Kitt über Nacht hart werden. Nehmen Sie die Gußform weg, schmirgeln Sie die Oberfläche des Kittes auf die übliche Art und Weise ab. Korrigieren Sie dabei leichte Ungenauigkeiten auf dem Innenrand.

Arbeiten mit Zahnfüllmasse

Diese Füllmasse bindet härter ab und ist dauerhafter als Modelliermasse und empfiehlt sich, wenn Sie mehr als einen Abguß machen wollen. Weichen Sie sie in heißem Wasser ein, kneten Sie sie mit den Fingern in die gewünschte Konsistenz. Diese Spachtelmasse läßt sich wie Modelliermasse anwenden, mit dem Unterschied, daß Sie die Porzellanfläche vorher weder anfeuchten noch mit Talkumpuder bestäuben müssen. Nachdem Sie einen Abdruck gemacht haben, sollten Sie warten, bis die Masse etwas fester geworden ist, um sie dann erst abzunehmen. Nun lassen Sie die Masse ganz aushärten. Für den Abguß befestigen Sie die Gußform mit Klebestreifen an der Schadstelle des Porzellans.

Einteilige Latexformen

Fehlende
Blume

Latex ist eine äußerst vielseitige Masse zur Herstellung von Gußformen. Eine fertige Gußform aus Latex ist so elastisch, daß sie sich auch von einem Stück mit »unterschnittenen« Stellen, Vertiefungen oder Erhebungen abnehmen läßt. Vorausgesetzt, daß Sie sie mit Vorsicht abnehmen, können Sie eine Latexform auch wiederholt verwenden.

Latexemulsion (nicht Latex in Form von Textilkleber) ist in Spezialgeschäften erhältlich.

Eine Blumenform

Machen Sie die Form einer fehlenden Blume z. B. an einer Figur nach einem vorhandenen Detail derselben oder einer ähnlichen Figur.

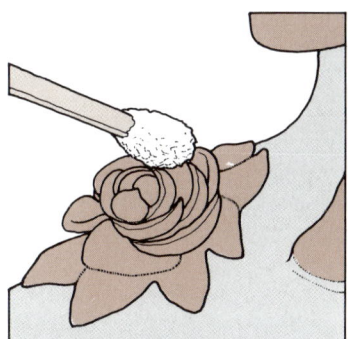

1. Reinigen Sie zuerst das Stück mit Aceton. Kaufen Sie Wattestäbchen oder machen Sie welche. Streichen Sie damit Latex auf die Blume und die umliegende Fläche. Für eine exakte Form ist der erste Auftrag ausschlaggebend. Vorhandene

Luftblasen müssen Sie vorsichtig aufstechen; achten Sie darauf, daß genügend Latex in Vertiefungen oder unterschnittene Stellen hineinfließt. Lassen Sie den Latex mehrere Stunden erhärten, bis er sich braun verfärbt.

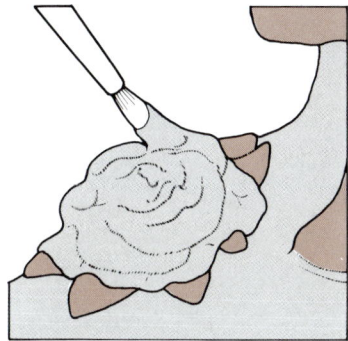

2. Tragen Sie über die erste Latexschicht fünf oder sechs weitere auf, aber lassen Sie sie jeweils trocknen, bevor Sie die nächste auftragen. Wenn es sich um ein kleines Detail handelt, ist die Gußform jetzt stabil genug, um abgenommen werden zu können. Größere Abdrücke müssen Sie durch eine zusätzliche Schicht aus mit Sägemehl vermischtem Latex verstärken. Tragen Sie diesen Brei mit einem Palettenmesser auf und lassen Sie die Schicht über Nacht hart werden.

3. Bestäuben Sie die Latexform mit Talkum, ziehen Sie sie vorsichtig ab. Bestäuben Sie sie auch von innen mit Talkum, damit der Abguß sich leicht lösen läßt. In die Gußform füllen Sie nun Epoxydharzkitt. Ist die Blume besonders fein ausgearbeitet, verwenden Sie statt dessen den dünnflüssigeren Epoxydharzklebstoff, vermischt mit etwas Titandioxyd. Er ist flüssig genug, selbst in die feinsten Details der Form einzudringen. Gießen Sie den Klebstoff langsam ein, damit keine Luftblasen entstehen, und stechen Sie trotzdem entstandene auf. Stellen Sie die Gußform so hin, daß nichts ausfließen kann, und entfernen Sie sie, sobald der Klebstoff abgebunden hat. Kleben Sie die Blume an, und bemalen Sie sie passend zu den anderen (siehe S. 35 ff.).

Einen Arm gießen

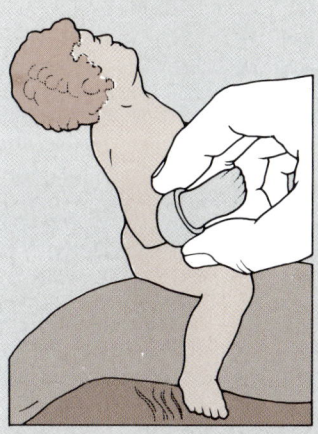

Latex ist so elastisch, daß er sich auch von Händen mit komplizierten Fingerstellungen abnehmen läßt. Tragen Sie den Latex im selben Verfahren auf wie bei der Blumenform, aber lassen Sie die letzte Sägemehlschicht weg. Bestäuben Sie die Außenfläche der Gußform – vor der Abnahme – mit Talkumpuder. Dies verhindert, daß die Form, die Sie umstülpen müssen, beim Abziehen zusammenklebt. Ziehen Sie die Form vorsichtig von den Fingern ab. Dann bestäuben Sie die Innenseite, die nun außen liegt, mit Talkum; drehen Sie die Form dann wieder um.

Füllen Sie die Form bis zur Höhe des Handgelenks mit flüssigem Klebstoff aus. Pressen Sie leicht auf die gefüllte Stelle, damit Luftblasen entweichen können. Füllen Sie nun die Form langsam bis zur Oberkante auf; lassen Sie den Klebstoff abbinden. Dann ziehen Sie die Latexform ab und kleben den Arm an die Figur. Die Klebestelle müssen Sie eventuell mit einem Stift verstärken (siehe S. 27). Passen Sie den Arm dem Stück farblich an.

Zweiteilige Gipsformen

Von manchen Gegenständen –
einem Henkel z. B. – lassen sich
keine einteiligen Gußformen herstellen. In solchen Fällen muß die
Gußform mehrteilig sein.

Die Wahl des Materials, mit der
die Gußform gemacht wird, hängt
sowohl von der Größe als auch von
der Komplexität des Gegenstandes
ab.

Gips eignet sich am besten für
Gußformen für große, einfache
Teile, wie z. B. den Henkel eines
Kruges oder eines Gefäßes wie des
hier abgebildeten. Er ist preisgünstig und steif genug, um seine Form
zu halten.

1. Bestreichen Sie die abzudrük-
kende Fläche mit Speiseöl, damit
der Gips nicht haften bleibt.

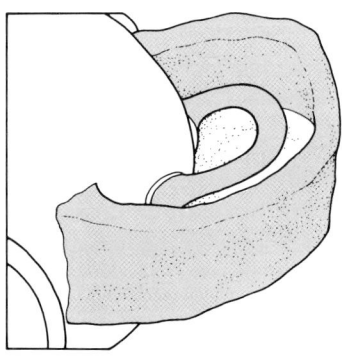

2. Legen Sie das Gefäß auf die
Seite, so daß der Henkel waagerecht liegt. Aus Modelliermasse
formen Sie rund um den Henkel
eine oben offene »Dose« im Abstand von ca. 1 cm unterhalb des
Henkels und um ihn herum. Die
Form sollte über den Henkel ragen.
Drücken Sie die Modelliermasse
rechts und links des Henkels fest an
das Gefäß, damit eingegossener
Gips nicht ausläuft.

3. Gießen Sie in eine Schüssel eine
genügende Menge Wasser, um die
Modelliermassenform zu füllen,
und rühren Sie den Gips ein, bis
eine cremige Masse entsteht. Gießen Sie sie an der Seite der Form
hinein – *nicht* in die Mitte –, damit
sich keine Luftblasen bilden. Markieren Sie schon vorher mit Bleistift die halbe Höhe des Henkels. Füllen
Sie die Form bis dahin mit Gips,
und lassen Sie ihn abbinden.

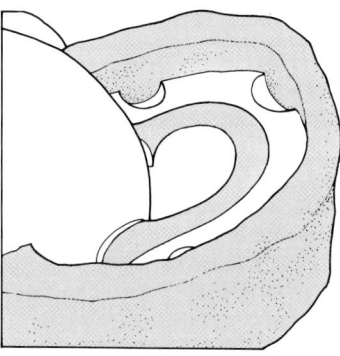

4. Bevor der Gips ganz ausgehärtet
ist, kerben Sie den äußeren Gips-
rand (wie abgebildet) ein. Diese
Kerben sichern die Paßgenauigkeit
beider Gußhälften.

5. Die Gipsoberfläche mit Vaseline
fetten (ohne den Henkel zu berühren!), die als Trennmittel zwischen
den beiden Hälften dient.

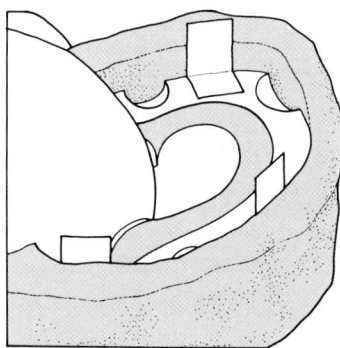

6. Schneiden Sie aus dicker Aluminiumfolie Streifen von 2,5 x 2 cm.
Legen Sie diese Streifen wie abgebildet in die Form. Sie helfen Ihnen
später, die beiden Gußformhälften
voneinander zu trennen.

7. Rühren Sie den Gips an und gießen Sie ihn in die Form wie oben
beschrieben. Lassen Sie ihn dann
hart werden.

8. Entfernen Sie die Modelliermasse und dann die Alustreifen.
Nehmen Sie zuerst die Streifen an
den Seiten der Form. Lockern Sie
diese Streifen mit einer Messerklinge, um die Form zu öffnen. Fangen
Sie nicht mit dem in der Mitte der
Form angebrachten Folienstreifen
an, denn dies kann zur Folge haben, daß Sie beim Öffnen der Form
den Originalhenkel zerbrechen.

Einen Gipsguß herstellen

Streichen Sie beide Gußformhälften
mit Vaseline ein. Dann verbinden
Sie die Hälften der Gußform mit
Gummibändern und gießen den
Epoxydharzklebstoff hinein (siehe
S. 25). Lassen Sie ihn über Nacht
abbinden. Dann nehmen Sie die
Gußform von dem gegossenen
Henkel ab. Benutzen Sie zum
Schluß eine Feile oder Schmirgel-
papier, um Unebenheiten zu glät-
ten. Schleifen Sie die Henkelenden
mit einer Karbonschleifscheibe, um
sie genau an das Gefäß anzupassen.

Zweiteilige Gußform aus Vinylkautschuk

Von feingearbeiteten oder unterschnittenen Teilen sind starre
Formen kaum abzunehmen; arbeiten Sie daher mit elastischen
Vinylkautschukformen.

1. Schneiden Sie das Vinyl in
Würfel; erwärmen Sie es vorsichtig, bis es die Konsistenz einer
dicken Suppe bekommt. Dann
können Sie es über die abzudrük-
kende Porzellanstelle gießen.

Achtung: Beachten Sie die Her-
stelleranweisungen, da überhitz-
tes Vinyl giftige Gase abgibt. Arbeiten Sie bei geöffnetem Fenster
und mit Schutzmaske.

2. Wärmen Sie den Gegenstand
auf einem Heizkörper vor. Stellen
Sie die Vinylform nach demselben
Verfahren her wie die Gipsform,
mit dem Unterschied, daß Sie
diesmal weder Trennmittel noch
Alustreifen benötigen, um später
die beiden Gußformhälften voneinander zu lösen.

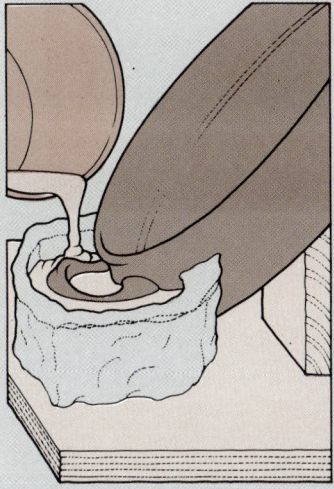

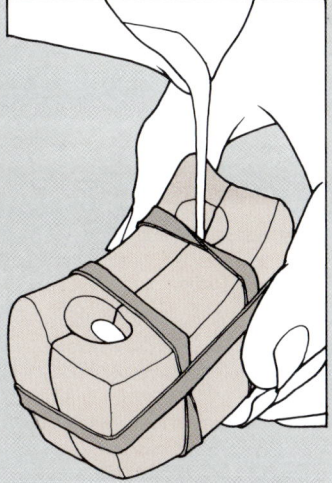

3. Gießen Sie die erste Formhälfte. Ist sie abgekühlt, brennen
Sie mit heißer Nadel Löcher ein,
bevor Sie die zweite gießen.

4. Indem Sie entlang der Naht
schneiden, trennen Sie die gehärteten Gußformhälften.

5. Für den Guß sichern Sie die
Vinyl-Hälften mit Gummibändern, gießen den flüssigen
Epoxydharzkleber gleichmäßig in
die Form (Luftblasenbildung!)
und stützen die Form in einer
Sandkiste (siehe S. 25).

Zweiteilige Latexgußformen

Für eine zweiteilige Gußform für
kleinere Stücke – wie z. B. einen
Tassenhenkel – nehmen Sie Latex
(siehe S. 29). Er ist elastisch und
läßt sich leicht von unterschnittenen Stellen abnehmen.

Achtung: Gießen Sie nie heiße
Flüssigkeit in eine restaurierte
Tasse – der Klebstoff kann mit
der Zeit an Haftfähigkeit verlie-
ren, und die Klebestelle löst sich.

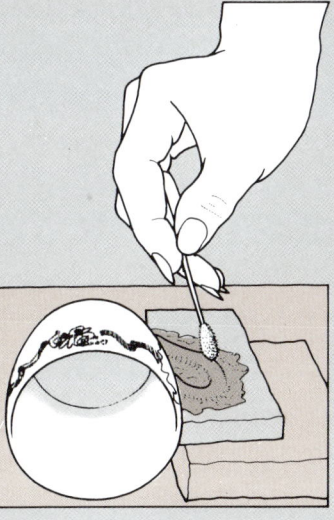

1. Rollen Sie parallel zur Werk-
bankkante Modelliermasse aus.
Betten Sie den Henkel zur Hälfte
darin ein. Stechen Sie mit einer
Stricknadel rund um den Henkel
Löcher ein. (Sie ermöglichen paß-

genaues Zusammensetzen der
Gußhälften.) Stützen Sie Tasse
und Unterlage mit zusätzlicher
Masse ab, so daß der Henkel
waagerecht liegt.

2. Tragen Sie zuerst Latex (siehe
S. 29), dann eine weitere, mit
Sägemehl vermengte Schicht auf.

3. Nach dem Aushärten wenden
Sie die Tasse, entfernen die Modelliermasse und pudern die La-
texfläche mit Talkum, bevor Sie
die zweite Formhälfte gießen.

4. Die Gußformhälften mit Talkum bestäuben, zusammenstek-
ken und mit Gummibändern sichern. Gießen Sie von einem
Ende her flüssigen Epoxydharzkleber in die leicht gekippte Gußform. Stellen Sie die Form zum
völligen Auffüllen wieder waagerecht, und stützen Sie sie zum
Abbinden in Quarzsand.

Fehlende Teile modellieren

An vielen Stücken fehlen Teile, zu denen es kein passendes Gegenstück gibt, nach dem Sie eine Gußform herstellen könnten. In einem solchen Fall bleibt Ihnen nichts anderes übrig, als das Stück selbst zu modellieren. Sie können diese Arbeit direkt am Werkstück ausführen oder das Teil separat modellieren und anschließend ankleben, sobald es hart geworden ist. Bei der zweiten Methode ist es schwieriger, eine perfekte Naht zu bekommen, aber das Modellieren des neuen Teils selbst ist einfacher.

Die Vorlage

Vor dem Modellieren versuchen Sie herauszufinden, wie das zu ersetzende Teil ausgesehen hat. In Bibliotheken, Museen und Antiquitätengeschäften, auch in den Sammlungen Ihrer Bekannten, können Sie fündig werden, falls sich dort ein Stück aus derselben Stilperiode, noch besser aus derselben Manufaktur befindet. Konzentrieren Sie sich im Museum nicht nur auf die Ausstellungsstücke, sondern sprechen Sie auch mit den Fachleuten. Besuchen Sie auch manufaktureigene Museen. Ein Gespräch mit einem Händler kann ebenfalls von Nutzen sein. Schließlich hat er im Laufe der Jahre so viele Porzellanstücke gesehen, daß er vielleicht ein identisches kennt.

Das zu restaurierende Stück weist selbst oft Spuren des fehlenden Teils auf. Sehen Sie z. B. bei einer Figur nach, ob eine Hand vielleicht auf dem Knie oder auf einem Zaunpfahl geruht oder einen Gegenstand gehalten hatte. Es nützt nichts, die Glieder und Gesichtszüge einer Figur präzise zu modellieren, wenn die Proportionen nicht stimmen oder das Teil nicht natürlich wirkt. Viele Porzellanfiguren sind stilisiert – manche, die aus viktorianischer Zeit stammen, sind ganz einfach grob. Wenn das Teil, das Ihnen als Vorlage beim Modellieren dient, noch unversehrt ist, hilft es Ihnen bei der Wiedergabe des Stils. Ansonsten müssen Sie ein ähnliches Stück aus derselben Stilperiode zu Hilfe nehmen.

Die Feinheit der Ausführung von Blumen- oder Spitzendekor ist sehr unterschiedlich und hängt von der Manufaktur ab. Wenn es sich machen läßt, sollten Sie mehrere Stücke aus derselben Manufaktur ansehen, um einen stilistischen Eindruck zu gewinnen. Wenn es offensichtlich ist, daß die Hand der Figur einen Gegenstand hielt – oft findet man am Sockel einen Hinweis darauf –, fällt es meist nicht leicht, den zu identifizieren. Im Zweifelsfall kann Ihnen die Kleidung wichtige Hinweise geben. Eine sportliche Kostümierung weist z. B. auf das Vorhandensein eines Gewehres, einer Angelrute oder eines Korbs hin.

Modelliermassen

Epoxydharzkitt ist eine ideale Modelliermasse für die meisten Keramiken. Sie können ihn fertig kaufen oder aus Epoxydharzklebstoff und Kaolin selbst mischen (siehe S. 27). Weich läßt sich der Kitt gut bearbeiten, und während des Abbindens glätten Sie die Oberfläche immer wieder mit einem in Methylalkohol oder Wasser getauchten Finger. Gehärtet läßt er sich mit Schmirgelpapier oder einer Feile glätten.

Zellulosefüllmasse Sie eignet sich farblich besser als Epoxydharzkitt für das Arbeiten an Tonwaren. Da sie spröde ist, sollten Sie die angesetzten Teile möglichst mit Metallstiften verstärken. Rühren Sie eine recht feste Masse an, und setzen Sie dem ersten Auftrag PVA-Kleber zu, um die Haftfähigkeit zu verstärken. Für den letzten Auftrag nehmen Sie am besten eine besonders feinkörnige Füllmasse.

Arme und Hände modellieren

Ein erfahrener Restaurator kann Finger, Hände, sogar ganze Arme modellieren, was sehr schwierig ist, aber mit viel Geduld und Übung können Sie es lernen.

Nach den Maßen des zu modellierenden Stücks erstellen Sie das Stützgerüst. Nehmen Sie dazu Draht oder Epoxydharzkitt. Rollen Sie den Kitt zu dünnen Stäbchen, fest werden lassen; schneiden Sie Stücke ab, die Sie dann zusammenkleben. Modellieren Sie den Arm separat auf diesem Gerüst, dübeln Sie ihn dann an die Figur (siehe S. 26). Auf diese Weise wird die Arbeit nicht durch falsch montierten Stützdraht erschwert.

Um das Stützgerüst können Sie die Rohform des Arms bis zum Handgelenk aus Epoxydharzkitt aufbauen und abbinden lassen. Dann modellieren Sie bis zu den Knöcheln, die Sie mit Kittbällchen andeuten. Nach 15 Minuten wird der Kitt fest genug sein, um ihn mit einem befeuchteten Werkzeug oder Finger zu glätten.

Für die Finger schneiden Sie Epoxydharzkittröllchen auf die erforderliche Länge. Größere, gespreizte Finger verstärken Sie im abbindenden Kitt mit feinem Draht. Feine oder zusammengehaltene Finger benötigen keine Verstärkung, ebensowenig wie Hände, die einen Gegenstand halten. Benutzen Sie ein Messer, um die Finger zu gruppieren und die Knöchellinie zu glätten. Tragen Sie auf die Knöchellinie Klebstoff auf, und richten Sie die Finger aus. Stützen Sie die Finger mit Modelliermasse ab, bis der Klebstoff eine Festigkeit erreicht hat, die es Ihnen ermöglicht, die Finger fein auszuarbeiten und in ihre endgültige Position zu biegen – die Oberfläche der Finger wird noch nicht geglättet. Bringen Sie den Daumen auf halber Höhe der Handfläche an.

Auf die gehärteten Finger tragen Sie eine letzte Schicht auf, indem Sie mit der Messerklinge Kitt von den Fingerfugen aus gleichmäßig verstreichen. Überarbeiten Sie Unebenheiten am Arm mit Kitt, bevor Sie schmirgeln.

1. Messen Sie mit dem Zirkel das Gegenstück von Schulter über Ellbogen, Handgelenk, Knöchel bis zu den Fingerspitzen ab.

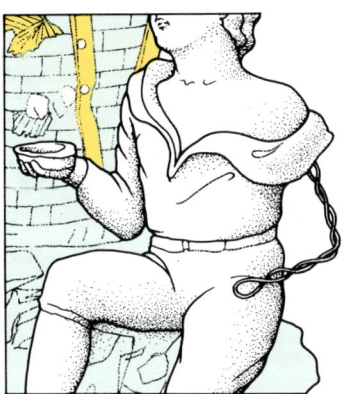

2. Leimen Sie ein Drahtende in ein vorgebohrtes Loch der Figur. Formen Sie den Draht bis zum Knöchelansatz.

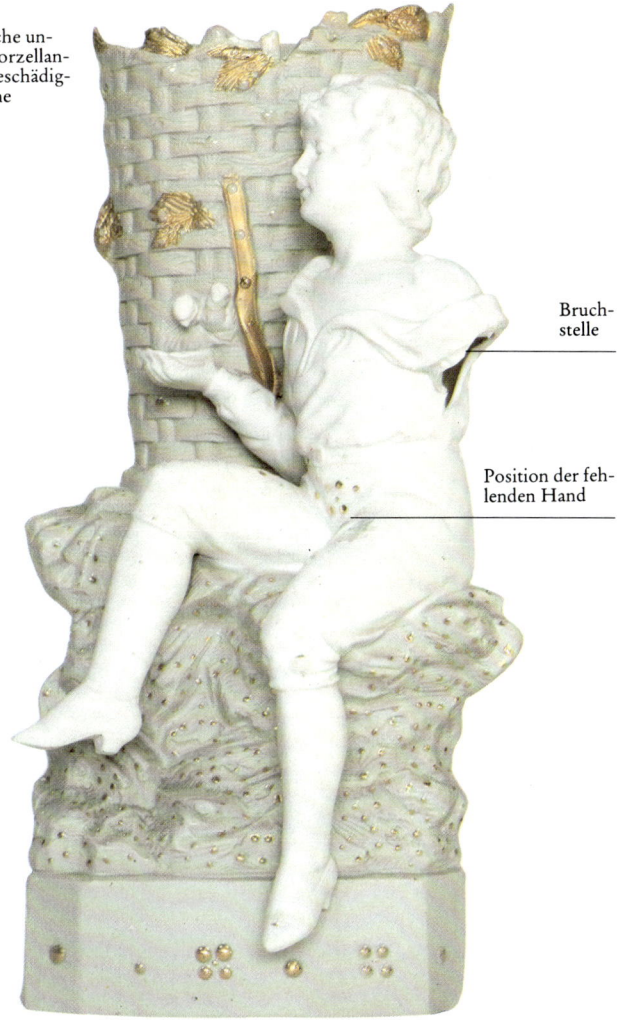

Französische unglasierte Porzellanvase mit beschädigter Figurine

Bruchstelle

Position der fehlenden Hand

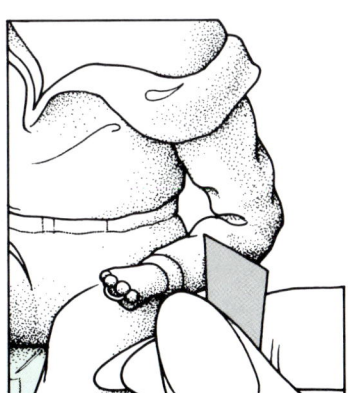

3. Bauen Sie aus Epoxydharzkitt den Arm bis zum Handgelenk auf. Sobald der Kitt hart ist, formen Sie die Hand bis zu den Knöcheln.

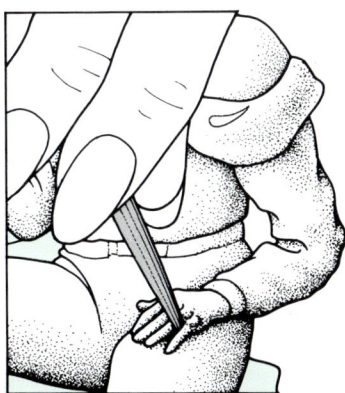

4. Gruppieren Sie die Finger vorsichtig und vergewissern Sie sich, daß alle ausreichend abgestützt sind.

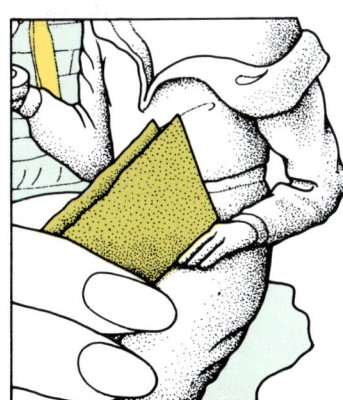

5. Schmirgeln Sie sie vorsichtig mit einem kleinen, fest zusammengefalteten Blatt Schmirgelpapier.

Eine Kannentülle reparieren

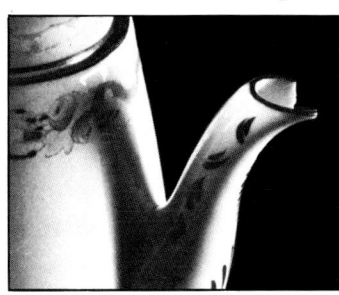

Die Spitze der Tülle ist schnell angeschlagen, und die Schönheit mancher Kanne wird dadurch beeinträchtigt. Sie nachzugießen ist schwierig, aber Sie können das fehlende Stück direkt an die Tülle anmodellieren.

Füllen Sie die Tülle mit Modelliermasse, wobei Sie an der fehlenden Stelle die innere Kontur ergänzen. Mit Talkum bestäuben! Strei-

chen Sie auf die Bruchkanten der Tülle etwas Epoxydharzkleber. Nun füllen Sie die Lücke an der Tülle mit Epoxydharzkitt auf, dem Sie die gewünschte Form geben. Stützen Sie den weichen Kitt außen mit Klebeband. Hat er abgebunden, entfernen Sie die Modelliermasse; korrigieren und glätten Sie die Oberfläche vor dem Ergänzen der Bemalung.

Ersatzteile modellieren

Zerbrechliche, frei stehende Teile, wie Henkel kleiner Tassen oder Blüten an Porzellanfiguren oder Schüsseln, brechen oft ab und gehen verloren. Sie nachzumodellieren ist oft einfacher, als Abgüsse herzustellen. Blätter werden wie Blüten angefertigt, wobei die Äderung mit einem feuchten Cocktailspieß gezeichnet wird. Legen Sie das geformte Blatt über eine Rolle Modelliermasse, um es zu wölben.

Tassenhenkel modellieren

Verfahren Sie nach den Anweisungen auf S. 33. Zeichnen Sie den Umriß des neuen Henkels auf Karton.

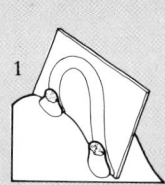

1. Passen Sie den Karton am Henkelansatz der Tassenform an.

2. Formen Sie nach der Schablone den Verstärkungsdraht.

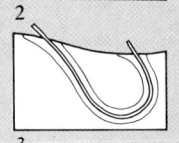

3. Bohren Sie in die Henkelstummel Löcher für den Draht. Bei empfindlichem Porzellan oder zu kleinen Stummeln müssen Sie den neuen Henkel kleben.

4. Die Drahtenden mit einer Feile aufrauhen. Füllen Sie Epoxydharzkleber in die Löcher und befestigen Sie den Draht. Stützen Sie ihn mit Modellierton. Tragen Sie auf den Stummeln Klebstoff auf, und lassen Sie ihn abbinden.

5. Bestäuben Sie Ihre Finger mit Talkum, und ummanteln Sie den Draht mit Kitt. Feinausarbeitung ist noch nicht notwendig; doch versuchen Sie, die Henkelform möglichst genau wiederzugeben, um unnötiges Nachfeilen und Schmirgeln zu vermeiden.

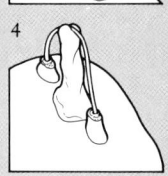

6. Auf den abgebundenen Kitt die letzte Schicht auftragen, die Sie mit dem Modellierholz oder den mit Methylalkohol bzw. Wasser benetzten Fingern glätten. Passen Sie den Henkel an; schmirgeln und polieren Sie nach dem Aushärten.

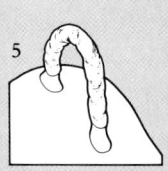

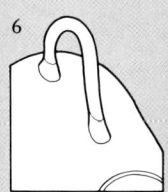

Blumen modellieren

Für fehlende Blumen können Sie eine noch vorhandene als Stilvorlage nehmen. Mit etwas Übung können Sie die meisten Blumen Blatt für Blatt mit Epoxydharzkitt modellieren.

1. Bestäuben Sie eine Glas- oder Keramikplatte und ein Rollholz mit Talkum. Rollen Sie Epoxydharzkitt dünn aus.

2. Befeuchten Sie eine Messerklinge mit Wasser oder Methylalkohol, bevor Sie die Blattformen ausschneiden und von der Unterlage abheben.

3. Befeuchten Sie Ihre Finger, damit sich keine Fingerabdrücke auf dem Kitt abzeichnen. Formen Sie das erste Blütenblatt, und setzen Sie das nächste daran.

4. Bringen Sie im rechten Winkel weitere Blätter an; wiederholen Sie diesen Vorgang so lange, bis Sie die gewünschte Anzahl von Blättern angesetzt haben.

5. Mit der angefeuchteten Spitze des Pinselstiels können Sie die Blütenblätter ausarbeiten. Glätten Sie rauhe Kanten mit einem in Wasser getauchten Pinsel.

6. Stecken Sie den Stiel der Blume in ein Stück Modelliermasse. Sobald der Kitt hart ist, schneiden Sie den Stiel ab und kleben die Blume an ihren Platz.

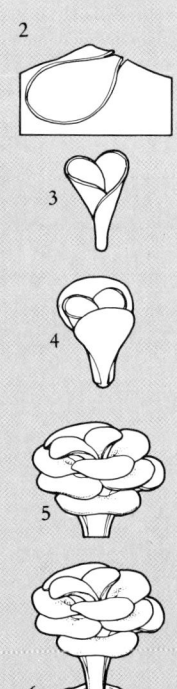

Porzellan bemalen

Selbst der professionelle Restaurator hat Schwierigkeiten, reparierte Stellen erfolgreich zu verdecken. Das Anpassen der Retuschefarbe oder Glasur an die Originalfarbe erfordert einige Erfahrung. Anfänger sollten sich an billigem Gebrauchsporzellan üben, bevor sie zu antiken Stücken übergehen. Am besten fangen Sie mit der Retuschierung von gemustertem Porzellan an, vor allem von Stücken, die mit groben Mustern verziert sind. Muster, die aus feinen, geraden Linien bestehen oder in regelmäßigen Abständen auf das Porzellan aufgetragen wurden, lassen sich nicht so leicht kopieren. Die schwierigste Aufgabe besteht in der Retuschierung eines weißen Untergrundes.

Materialien

Glasur Viele Restauratoren bevorzugen eine Glasur, die sie im Ofen brennen können, da so die besten Ergebnisse zu erzielen sind. Das Brennen stellt den Anfänger jedoch vor einige Probleme. Hitze kann zum Nachdunkeln der Klebstoffe sowie zum Schwinden der Füllmasse führen und kleinere Risse oder Craquelé verstärken. Im schlimmsten Fall kann ein repariertes Stück durch Hitze bersten. Außerdem sollten Keramiken in einem Spezialofen gebrannt werden, weil geringste Fettrückstände die Bemalung angreifen. Deshalb ist es ratsam, einen Zweikomponentenlack, den Sie in Do-it-yourself-Läden erhalten, zu verwenden. Setzen Sie den Lack mit dem Härter an. Er bindet innerhalb von zwölf Stunden ab. Für die Abschlußglasur benutzen Sie klaren Zweikomponentenlack. Sie erhalten ihn auch in Weiß, so daß Sie ihn als Grundlage zum Mischen verwenden können.

Farbpigmente Sie brauchen Künstlerfarbpigmente, um die Grundfarbe des Porzellans anzumischen. Eine große Farbauswahl ist im Fachhandel erhältlich.

Acrylfarben Am einfachsten ist es, Porzellan mit in Wasser angerührten Acrylfarben zu bemalen. Nach dem Trocknen müssen sie mit einem Klarlack versiegelt werden.

Metallpulver Wenn Sie Vergoldungen vortäuschen wollen, können Sie gold- oder silbergefärbte Pulver mit Glasur anmischen. Diese Pulver sind in Künstler- und Bastelgeschäften erhältlich.

Werkzeuge

Pinsel Kaufen Sie drei oder vier Pinsel guter Qualität in den Größen 0 bis 3. Größere Pinsel werden Sie kaum benötigen. Achten Sie beim Kauf darauf, daß sie in eine feine Spitze auslaufen. Zumindest einen Pinsel sollten Sie für Vergoldungen beiseite legen. Wenn Sie Acrylfarben verwenden, müssen Sie die Pinsel mit Wasser auswaschen. Zur Reinigung von Pinseln, mit denen Sie Lack aufgetragen haben, brauchen Sie speziellen Reiniger.

Palette Nehmen Sie zum Anmischen der Farben eine saubere Glasoder eine weiße Keramikplatte.

Spritzpistole Eine Spritzpistole ist nicht absolut notwendig, aber ein erfahrener Restaurator kann sie mit großem Erfolg zum Retuschieren der Kanten einer restaurierten Stelle verwenden. Spritzpistolen sind teuer, besonders wenn Sie dazu noch einen Kompressor kaufen. Natürlich ist es auch möglich, mit einer Druckluftflasche zu arbeiten, bis Sie sich einen Kompressor leisten können. Die Spritzpistole muß sich so fein einstellen lassen, daß Sie damit kleine Stellen mit Farbe behandeln können, ohne daß benachbarte Flächen mit besprizt werden.

Zusätzliche Werkzeuge oder Materialien für das Retuschieren von Porzellan finden Sie in diesem Kapitel unter »Werkzeuge und Materialien« (siehe S. 20 f.).

Das richtige Werkzeug
Da Pinsel sich leichter handhaben lassen, sollte der Anfänger seine ersten Versuche bei der Bemalung von Porzellan damit machen. Der erfahrene Retuscheur zieht das Arbeiten mit einer Spritzpistole vor, da sich so bessere Ergebnisse erzielen lassen.

Farbe anpassen

Die Retusche beginnt mit dem Mischen genau passender Farbe. Leider gibt es keine magische Formel, um die neue Farbe der Originalfarbe anzupassen. Auch weißer Grund muß getönt werden, da keine Keramik vollkommen weiß ist. Restauratoren empfinden Weiß entweder als warm oder kalt. Wenn Sie dem Weiß etwas braunes oder rötliches Pigment zusetzen, erhalten Sie ein warmes Weiß, mit Blau oder Grün wirkt das Weiß eher kalt.

Wenn Sie Acrylfarben als Grundfarbe benutzen, müssen Sie auf der Palette dem Weiß so lange etwas Pigment zusetzen, bis Sie den Originalfarbton möglichst genau getroffen haben. Tragen Sie etwas von dieser Mischung auf das Porzellan auf, und säubern Sie es nach jeder Farbprobe mit einem mit Farbverdünner befeuchteten Lappen.

Auch weißer Zweikomponentenlack kann als Grundfarbe dienen. Bringen Sie auf eine weiße Fliese etwas Lack. Frisch hat er die richtige Konsistenz zum Auftragen. Ist der Lack zu dickflüssig, verdünnen Sie ihn mit einem zu diesem Zweck im Handel erhältlichen Verdünner. Mischen Sie mit dem Palettenmesser Pigment unter, wobei Sie sich vergewissern müssen, daß Sie keine noch so feinen Klümpchen untermischen. Wenn Sie mit dem Farbton zufrieden sind, können Sie den Härter zusetzen.

Bemalen und lackieren

Wenn Sie in der Restaurierung von Porzellan noch keine Erfahrung haben, versuchen Sie sich nicht an Ihrem besten Meißner Porzellan. Das Stück, das wir hier verwenden, ist ein Art-Deco-Teller vom Trödelmarkt.

Zunächst müssen Sie eine farblich genau passende Grundfarbe mischen und vermalen (siehe Abb. unten). Dann werden die Dekorfarben gemischt und aufgetragen (rechts). Zum Schluß wird das Stück mit schützendem Klarlack überzogen.

Restauriertes Porzellan wird bemalt, um die Klebestellen »unsichtbar« zu machen. Aber bedenken Sie, daß eine Reparaturstelle nicht durch das Auftragen von möglichst viel Farbe verdeckt werden kann – dadurch bewirken Sie eher das Gegenteil. Der Farbübergang zwischen der Original- und der Retuschierfarbe würde allzusehr auffallen. Um ihm die Härte zu nehmen, müssen Sie mit feinen, kleinen Pinselstrichen über die Retuschierstelle fahren, bis die neue Farbe gleichmäßig in die ursprüngliche Farbe der umliegenden Fläche übergeht.

Beschränken Sie sich bei der Neubemalung auf eine möglichst kleine Fläche. Wenn Sie vorhaben, eine größere Fläche zu retuschieren oder eine getönte oder gesprenkelte Glasur wiedergeben müssen, arbeiten Sie mit einer Spritzpistole. Sobald Sie den Umgang damit beherrschen, werden Sie sehr zufriedenstellende Ergebnisse erzielen.

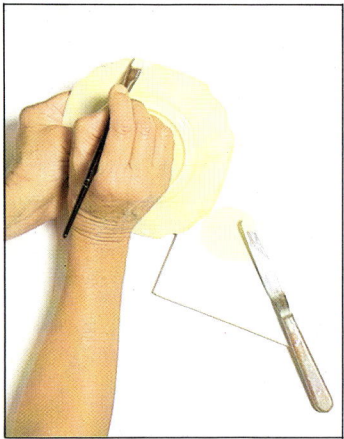

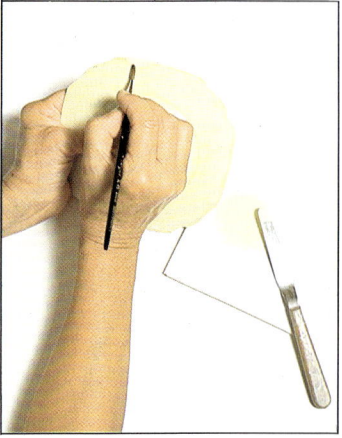

1. Bringen Sie als erstes auf die saubere Porzellanoberfläche eine Schicht getönter Glasur auf – arbeiten Sie dabei von der Mitte zum Rand. Nehmen Sie so viel Glasur auf den Pinsel, daß sie leicht fließt, aber nicht so viel, daß sie überfließt. Fahren Sie – wenn es geht – mit dem Pinsel kein zweites Mal über die restaurierte Stelle, damit sich auf der Glasur keine Pinselspuren abzeichnen. Sie müssen, kurz bevor Sie den Pinsel an den Rand der Fläche führen, überflüssige Farbe herausdrücken. Tragen Sie nun mit flachgedrücktem Pinsel die Farbe an den Rand.

2. Arbeiten Sie recht zügig, damit die Farbe nicht vorzeitig antrocknet. Tragen Sie die Farbe bis zum Rand der Reparaturstelle auf, und

übermalen Sie die Kante mit kurzen Pinselstrichen. Führen Sie den Pinsel in verschiedene Richtungen, damit sich auf der Oberfläche keine Pinselstriche abzeichnen.

3. Solange die Farbe noch feucht ist, können Sie das Verfahren wiederholen – diesmal jedoch mit Klarlack. Der Lack ebnet die Farbübergänge weiter ein. Wischen Sie Ränder, die der Lack bildet, mit einem Seidenlappen weg.

4. Sollten Sie über den Rand der Retuschierstelle hinausgemalt haben – auf eine Fläche, die nicht hätte bemalt werden sollen –, nehmen Sie einen Cocktailspieß, den Sie mit Verdünner befeuchten, und entfernen Sie die versehentlich aufgetragene Farbe.

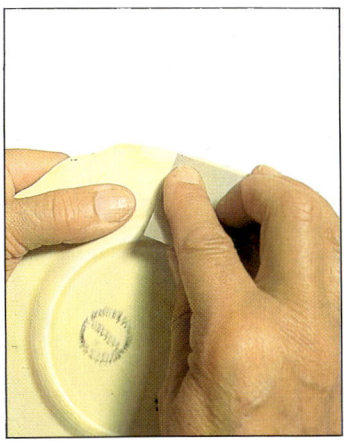

5. Sobald die Glasur trocken ist, schmirgeln Sie sie mit Karborundpapier. Üben Sie dabei nur leichten Druck aus, glätten Sie Unebenheiten und Pinselspuren. Wischen Sie Staub mit einem feuchten Tuch ab. Benutzen Sie nie Naß-und-Trokken-Schleifpapier. Tragen Sie eine zweite getönte Glasurschicht zwecks möglicher Farbkorrekturen auf. Feste Regeln über die Anzahl der aufzutragenden Lackschichten gibt es nicht, doch sollten es so wenig wie möglich sein.

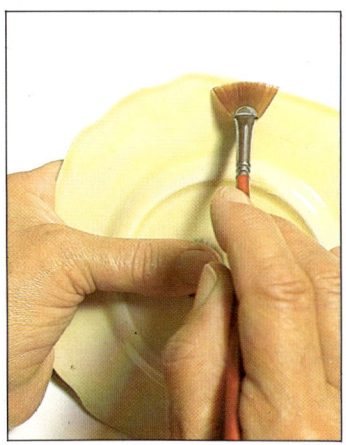

6. Wenn Sie mit der Farbe zufrieden sind, überziehen Sie die Retusche mit Klarlack. Bearbeiten Sie den Lack an den Rändern der Schadstelle mit einem mit Verdünner befeuchteten Pinsel. Schützen Sie die Schicht während des Trocknens mit einem Schuhkarton oder einer auf einen Rahmen gespannten Plastikfolie.

Dekor retuschieren

Fehlender Dekor

Bevor Sie die in der Grundfarbe retuschierte Stelle lacken können, müssen Sie fehlenden Dekor ergänzen. Nehmen Sie dazu mit Wasser verdünnte Acrylfarbe; mischen Sie die Farbe wie beschrieben. Ein Pinsel mit Spitze eignet sich am besten zum Malen, aber nützlich sind auch Farbstifte oder Cocktailspieße zum Vorzeichnen.

1. Markieren Sie mit weichem Bleistift durch Punkte das Muster auf dem Teller. Mit dem Stechzirkel übertragen Sie die Proportionen (siehe oben). Sie können Muster auch abpausen, indem Sie sie auf Pauspapier zeichnen, dessen Rückseite Sie anschließend mit weichem Bleistift einreiben. Legen Sie die Pause mit der eingeriebenen Seite nach unten auf die zu retuschierende Stelle, und übertragen Sie die Linien, indem Sie sie nochmal nachziehen.

2. Arbeiten Sie beim Auftragen der Farben vom Tellerrand nach innen. Versehentlich über die erste Farbzone hinaus gemalte Farbe entfernen Sie mit einem mit Verdünner befeuchteten Cocktailspieß.

3. Tragen Sie die anderen Farben des Dekors auf, wobei Sie sich an den gepunkteten Linien orientieren. Sobald die Farben trocken sind, sollten Sie den Dekor mit einem Klarlack überziehen (siehe nebenstehende Seite).

Vergoldung retuschieren

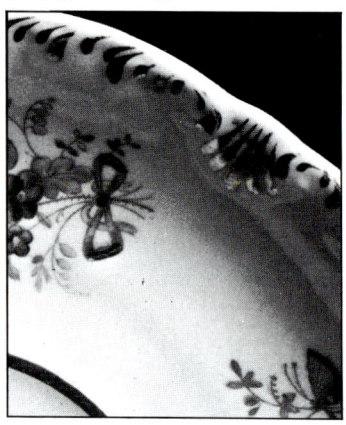

Sehr viele Porzellanstücke sind mit Goldrändern oder vergoldetem Dekor versehen. Bei besonders kostbarem Porzellan handelt es sich um echtes Blattgold. Blattgold ist allerdings teuer und schwierig zu handhaben. Wenn Sie die notwendige Erfahrung im Umgang mit Blattgold nicht haben, überlassen Sie die Retusche dem Fachmann. Porzellanstücke, die nicht mit echtem Blattgold belegt sind, können

Sie mit Metallpulver selbst retuschieren. Mischen Sie die Pulver nach und nach an. Wenn das Mischungsverhältnis stimmt, setzen Sie Klarlack zu und unmittelbar vor dem Auftrag Härter. Tragen Sie mit leichten, gleichmäßigen Pinselstrichen auf. Sie sollten kein zweites Mal ansetzen müssen.

Es ist oft leichter, die Vergoldung an den Rändern von Gegenständen wie Tassen oder Untertassen aufzutragen, indem Sie diese gegen die Spitze des Pinsels drehen. Stützen Sie den Arm, mit dem Sie malen, auf einem Stapel Bücher in einer für Sie bequemen Höhe ab.

Größere Goldretuschen bringen Schwierigkeiten mit sich: Pinselspuren zeichnen sich unweigerlich ab, Goldpartikel lösen sich. Als Erleichterung sollten Sie die Schadstelle mit getöntem Klarlack überziehen. Innerhalb dieser lackierten Fläche können Sie jetzt Ihre Goldretusche vornehmen. Lassen Sie den Lack leicht antrocknen (machen Sie dazu auf einer Keramikfliese eine Probe). Stäuben Sie mit der Spitze eines weichen Pinsels Metallpulver auf, tupfen Sie es in

den Lack ein. Nach einigen Minuten klopfen Sie überschüssiges Pulver über einen Karton ab, um es in seinen Behälter zurückzuschütten. Tauchen Sie ein Papiertaschentuch in sauberes Wasser, drücken Sie es leicht über der Retusche aus, um nicht haftendes Metallpulver zu entfernen. Letzte Reste entfernen Sie mit einem in Wasser getauchten Cocktailspieß. Lassen Sie die Vergoldung über Nacht hart werden; überziehen Sie sie zum Schutz mit Klarlack.

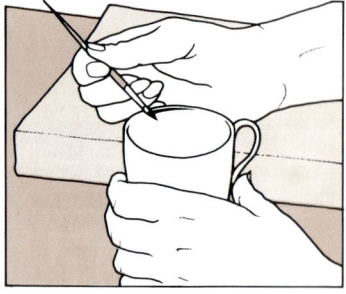

Vergolden eines Randes Stützen Sie die Hand ab, um den Pinsel still zu halten, und drehen Sie mit der anderen Hand die Tasse.

Craquelé vortäuschen

Die Glasur von altem Porzellan ist oft zum Teil oder ganz craqueliert. Ist eine retuschierte Stelle von Craquelé umgeben, müssen Sie an dieser Stelle die netzartige Rißbildung imitieren.

Die einfachste Methode besteht darin, mit einem äußerst spitzen und harten Bleistift Linien auf der Glasuroberfläche zu ziehen. Spitzen Sie den Bleistift immer wieder an, um gleichmäßige Linien zu bekommen. Zu dick gezogene Bleistiftlinien können Sie mit einem weichen Radiergummi korrigieren. Wenn das Craquelé Flecken aufweist, müssen Sie mit farbiger Tinte und einer sehr feinen Feder arbeiten, um den Craqueléeffekt möglichst realistisch wiedergeben zu können.

Versiegeln Sie das imitierte Craquelé mit Klarlack. Dafür nehmen Sie am besten die Spritzpistole, weil Sie mit dem Pinsel die Bleistiftlinien beschädigen

könnten. Wenn Sie jedoch den Lack sehr vorsichtig und leicht auftragen, können Sie auch einen Pinsel verwenden.

Craquelé Antikes Porzellan ist oft craqueliert. Retuschen täuschen das Craquelé dann durch Nachzeichnen vor.

GLASWAREN

Glaswaren sammeln

Glas entsteht aus verschiedenen Substanzen in einem Schmelzprozeß. Quarzsand stellt den Hauptanteil. Alkalien fördern die Schmelze. Sie wurden früher als Pottasche (zur Herstellung von Pottascheglas) oder als Soda (Sodaglas) beigegeben, die sich in der Hitze leicht zu Oxyden zersetzen. Im Jahre 1676 gab der englische Glashersteller George Ravenscroft Bleioxyd in die Glasmasse und erhielt das »Flintglas« oder Bleikristallglas, das bei höherem Gewicht und etwas dunklerem Schimmer eine ausgezeichnete Lichtbrechungsfähigkeit hatte. Dieses Glas bot die ideale Zusammensetzung für den späteren Glasschnitt.

Schadensliste

* Einfache Reparatur
** Etwas Erfahrung erforderlich
*** Facharbeit – nicht für Anfänger

** **Randscharten** können nicht mit Erfolg ausgebessert werden. Sind sie aber sehr klein, können Sie sie abschleifen oder ausfüllen.

** **Kratzer** können ausgebessert werden. Halten Sie das Stück gegen das Licht, drehen Sie es nach allen Seiten, um jeden kleinen Kratzer sofort erkennen zu können. Nehmen Sie das Stück in die Hand, und klopfen Sie leicht mit dem Fingernagel daran. Wenn es »klingt«, ist es intakt.

*** **Flecke** sind nicht immer leicht zu entfernen.

* Ist der **Verschluß** einer Karaffe der Originalverschluß? Er muß zu den Proportionen der Karaffe passen und denselben Dekor haben.

Glas benutzen und aufstellen

Stellen Sie antike Gläser nie in die Spülmaschine. Waschen Sie jedes Stück einzeln von Hand in frischer Seifenlauge, und reiben Sie es dann gut trocken, weil Feuchtigkeit das Glas trübt. Bei Karaffen wird das Innere am besten mit einem Fön getrocknet. Bewahren Sie Glas nicht bei zu hoher Luftfeuchtigkeit auf, um Fleckbildung zu vermeiden. In einer Vitrine bringen verborgene Lichtquellen geschliffenes Glas vorzüglich zur Geltung. Hintergrundbeleuchtung bringt Gravuren zum Vorschein.

Glas datieren

Glaswaren zu datieren und zu bestimmen kann selbst für den Fachmann äußerst schwierig sein, denn in der Regel gibt es keine Meister- oder Registriermarken, auf die man sich verlassen kann. Sie werden deshalb die Stücke nach der Qualität des Glases und nach ihrer Form datieren müssen. Leider werden auch heute weiterhin alte Gläser kopiert und im Stil vergangener Epochen ausgeführt, so daß Sie sich nicht allein auf die Form verlassen können.

Neben der Form gibt die »Heftnarbe« oft einen Hinweis auf das Alter des Glases. Während der Glaserzeugung wird die Fußplatte des Glases auf einen Eisenstab (»Hefteisen«) aufgenommen. Nach dem Abschlagen des Hefteisens bleibt eine Heftnarbe zurück, die bei modernen Gläsern restlos abgeschliffen wird, bei alten Gläsern aber zu erkennen ist. In eine Form geblasene Gläser des frühen 19. Jahrhunderts haben ebenfalls diese Heftnarbe, aber auch hier wurde sie mit der Zeit abgeschliffen.

Kelche von Trinkgläsern

Runde Kuppa
16. Jh.

Glockenkuppa
frühes 17. Jh.

Konische Kuppa
Mitte 17. Jh.

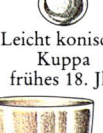

Leicht konische Kuppa
frühes 18. Jh.

Konische Kuppa
frühes 18. Jh.

Trompete
frühes 18. Jh.

S-Form
Mitte 18. Jh.

Becher
Mitte 18. Jh.

Eiförmige Kuppa
Mitte 18. Jh.

Zylinder
frühes 19. Jh.

Schaft

Umgekehrter Baluster
spätes 17. Jh.

Schaft mit Hohlkugel
spätes 17. Jh.

Schaft mit Nodus
spätes 17. Jh.

Balusterschaft
frühes 18. Jh.

Schlesischer Glasschliff
frühes 18. Jh.

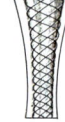

Schaft mit Luftspiralen
Mitte 18. Jh.

Facettierter Schaft
spätes 18. Jh.

Fuß

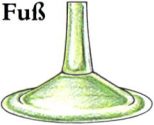

Glatter Fuß
seit dem 16. Jh.

Umgeschlagener Rand
17. bis 18. Jh.

Glockenfuß
frühes 18. Jh.

Fuß auf Sockel
spätes 18. Jh.

Die künstlerische Glasbearbeitung

Viele halten Glas für ein nichtssagendes, farbloses Material, was aber ganz und gar nicht zutrifft. Über Jahrhunderte hinweg wurden zahlreiche dekorative Oberflächenbearbeitungen entwickelt.

Glasgravur

Beim Diamantriß – einem mattweißen Motiv auf poliertem Glas – wird das Glas mit einem Diamanten geritzt. Die Technik wurde zum erstenmal Mitte des 16. Jahrhunderts angewandt. Seit dem 18. Jahrhundert werden auch Schleifräder benutzt. Eine seltenere Art der Gravur ist das »Stippen«. So nennt man das Aufklopfen eines hammerähnlichen Instruments mit einem eingesetzten Diamanten oder einer Stahlspitze auf die Glasfläche, so daß feinere und kräftige Punkte in verschiedener Dichte eine malerisch wirkende Zeichnung ergeben.

Glasmalerei und Emailmalerei

Direkt auf Glas gemalte Motive sind gefährdet, können aber leicht retuschiert werden (siehe S. 44). Bei Hinterglasmalerei ist die Farbe geschützter. Eine weitere Verzierungstechnik ist die Vergoldung (Randvergoldung). Sie kann ebenfalls retuschiert werden.

Eine der haltbarsten Veredelungstechniken ist die Emailmalerei. Beim Brennen im Ofen bei verhältnismäßig niedrigen Temperaturen verbinden sich die aufgemalten Emailfarben vollkommen mit dem Grund.

Keksdose mit Emailmalerei

Glasschliff

Beim Facettenschliff wird mit feinen Schleifrädchen gearbeitet. Durch diese Technik werden Lichtbrechungsvermögen und Durchsichtigkeit des Materials gesteigert. Bei frühen Trinkgläsern war diese Technik auf den Stiel beschränkt, der aufgrund seiner Stärke ohne Risiko geschliffen werden konnte. Mit zunehmender Geschicklichkeit wurden alle Arten von Glaswaren geschliffen.

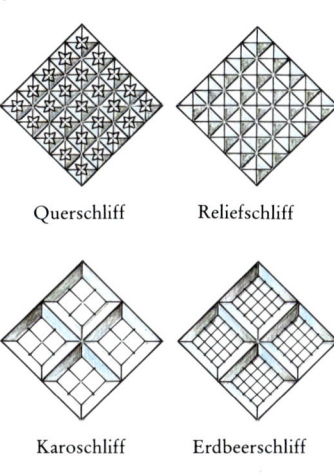

Querschliff   Reliefschliff

Karoschliff   Erdbeerschliff

Keilschliff

Glasblasen in eine Form

Neben das freihändige Formen der Glasblase trat bald das Blasen in eine Metallform. Der Glasbläser bläst in die Glasmacherpfeife, um das weiche Glas gegen die mit dem gewünschten Dekor versehene Innenseite der Form zu zwingen. Das Pressen des Glases (um 1920 entwickelt) geschieht mit Hilfe eines Stößels, der die heiße Glasmasse an die Wände einer offenen Metallform preßt. In die Form geblasene Gläser lassen sich leicht von Preßglas unterscheiden: Ihr Dekor ist an der Außen- wie an der Innenwandung zu sehen, die Innenwandung eines Preßglases dagegen ist glatt. Geschliffene Gläser haben scharfe Kanten, Preßgläser abgerundetere.

Überfangglas – Kameeglas

Hierbei wird das geblasene, einfarbige Glas in eine andersfarbige Glasmasse getaucht. Der Glasschneider schneidet Motive in die obere Schicht, so daß die untere sichtbar wird. Die kostbarsten Gläser sind schichtweise mit verschiedenfarbigem Glas überfangen, andere Gläser nur einfach in die farbige Glasmasse eingetaucht.

Überfangglas

Millefiori

Bei dieser Mosaiktechnik wurden winzige verschiedenfarbige Glasfäden zu runden Stäben zusammengeschmolzen und dann in Scheibchen geschnitten. Die Technik wurde in Venedig entwickelt und durch französische Glasmacher berühmt. Millefioriglas ist heute sehr teuer. Es gibt zahllose Fälschungen, so daß Sie beim Kauf solcher Glasgegenstände vorsichtig sein sollten.

Millefiori-Briefbeschwerer

Geätztes Glas

Zum Ätzen wird das Glas mit einer säurefesten Schicht bedeckt, in die das Motiv mit einer Nadel eingeritzt wird. Durch Eintauchen in die Säure (Fluorwasserstoffsäure) werden die gravierten oder freigelassenen Stellen geätzt.

Glas reinigen und restaurieren

Randscharten restaurieren

Glaswaren können wie Porzellan in der Regel mit Erfolg gereinigt werden, aber sie sind nicht so leicht zu restaurieren. Aufgrund der Beschaffenheit des Materials werden die meisten Reparaturen sofort ins Auge fallen. Stellen Sie Glaswaren niemals in die Geschirrspülmaschine, spülen Sie sie statt dessen von Hand. Legen Sie in eine mit warmem Wasser und Geschirrspülmittel gefüllte Plastikschüssel eine Bodenmatte aus Schaumgummi, und spülen Sie ein Stück nach dem anderen. Sollte das Glas sehr schmutzig sein, geben Sie in das Spülwasser einige Tropfen Salmiakgeist. Trocknen Sie Glaswaren sorgfältig, da Feuchtigkeit zur Bildung von Flecken führen kann. Lassen Sie das Stück auf einem Geschirrtuch abtropfen, und polieren Sie es mit einem fusselfreien Tuch. Glasgefäße trocknen Sie innen mit einem Fön. Bewahren Sie Glas an einem trockenen, gut belüfteten Ort auf.

Achtloser Umgang kann leicht zu kleinen Beschädigungen führen, z. B. zu einer Randscharte bei einem Trinkglas. Wenn Sie das Glas benutzen wollen, müssen Sie den Rand abschleifen. Bei einem Ausstellungsstück müssen Sie entscheiden, ob die Scharte das Aussehen des Glases so beeinträchtigt, daß ein Abschleifen sinnvoll ist.

Flecke entfernen

Alkohol hinterläßt auf Glas oft dunkle Flecke. Weiße, trübe Flecke sind das Ergebnis einer zu feuchten Aufbewahrung. Karaffen leiden am häufigsten – besonders dann, wenn sie geschlossen sind. Hartes Wasser hinterläßt starke Kalkflecke. Leider lassen sich nicht alle Flecke restlos entfernen, doch hat eine Behandlung mit Säure oft Erfolg.

Achtung: Geben Sie nie Wasser zu Säure, sondern immer umgekehrt. Starke Säuren können altes Glas ätzen, nehmen Sie also eine organische Säure, z. B. Essig oder Zitronensäure. Weichen Sie den Fleck mehrere Tage damit ein, spülen Sie dann das Stück gründlich mit warmem Wasser. Wenn der Fleck immer noch da ist, nehmen Sie eine Salzsäurelösung (siehe S. 22).

Kratzer entfernen

Gebrauchsspuren wie kleine Kratzer trüben die Oberfläche der Glaswaren.

Manche Sammler halten kleine Kratzer für »natürliche Abnutzungserscheinungen«, wie sie bei altem Glas eben zu erwarten sind. Kein Restaurator würde die Kratzer auf der Fußplatte eines Kruges oder einer Karaffe (siehe obiges Beispiel) entfernen. Ist der Kratzer jedoch an einer auffallenden Stelle, versuchen Sie ihn mit einer Miniaturschleifscheibe (Miniaturschwabbelscheibe) zu polieren, die Sie an eine biegsame Welle für einen Elektrobohrer anschließen. Tragen Sie mit der Schleifscheibe Polierrot auf. Achten Sie darauf, daß Sie das Glas nicht zu sehr erhitzen. Wenn es zu heiß wird, sollten Sie warten und es abkühlen lassen.

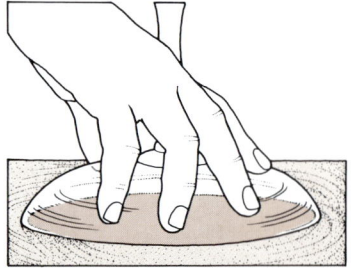

1. Kleben Sie feines Schleifpapier auf eine ebene Fläche. Reiben Sie den mit Wasser benetzten Rand des Glases darauf.

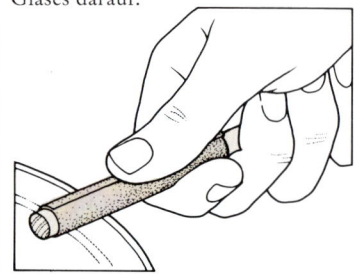

2. Wickeln Sie Naß- und Trockenschleifpapier um einen Bleistift oder Dübel, fahren Sie damit über die scharfen Kanten. Dann polieren Sie den Rand mit einer Miniaturschwabbelscheibe.

Zerbrochenes Glas kleben

Um zerbrochenes Glas zu restaurieren, modifizieren Sie die auf S. 24 f. für Porzellan beschriebenen Techniken. Seien Sie äußerst vorsichtig, da Glasbruchstücke sehr scharfe Kanten haben.

Glas kann mit Epoxydklebstoff geklebt werden, dessen Farbe jedoch die Klebefuge erkennen läßt. Nehmen Sie besser wasserklaren, luftundurchlässigen Klebstoff. Dieser härtet durch ultraviolette Strahlen in natürlichem Tageslicht aus – bei heller Sonne in zehn Sekunden, sonst in zwei Minuten. Der ideale Arbeitsplatz ist deshalb ein Tisch vor einem Fenster mit zugezogenen Vorhängen bei künstlichem Licht. Nach dem Kleben ziehen Sie die Vorhänge zurück und setzen das Stück dem Tageslicht aus.

Arbeitsvorgang: Vor dem Zusammenfügen zweier Glasbruchstücke reinigen Sie sorgfältig die Kanten mit Aceton und fixieren den unversehrten Teil mit Klebestreifen (siehe S. 25). Punktieren Sie die Kanten der Bruchstücke mit luftundurchlässigem Klebstoff, und verstreichen Sie ihn mit einem Skalpell zu einer dünnen, gleichmäßigen Schicht. Fügen Sie dann die Stücke zusammen, wobei Sie nur so stark andrücken, daß überschüssiger Klebstoff herausquillt. Auf die Fuge spannen Sie beidseitig Klebeband und fahren mit einer Messerklinge darüber, um sie genau auszurichten.

Beim Zusammenfügen der Stücke kann es vorkommen, daß sie sich verschieben, weil die Kanten völlig glatt sind. Bearbeiten mit feinem Schmirgelpapier kann helfen, ist aber bei dünnem Glas nicht leicht, und es besteht die Gefahr, die Kanten abzurunden, was das Rutschen verschlimmert. Am besten ist es, ein Minimum an Klebstoff zu verwenden.

Wischen Sie überschüssigen Klebstoff mit Aceton ab und prüfen Sie die Klebefuge, indem Sie das Stück gegen das Licht halten. Eine perfekt geklebte Verbindung ist kaum zu sehen. Eine Silberlinie zeigt Ihnen, daß Luft eingedrungen ist. Tragen Sie auf jeder Seite einer solchen Fuge Klebstoff auf, und blasen Sie ihn in die Fuge. Wischen Sie überschüssigen Klebstoff mit Aceton ab.

Abschließend setzen Sie die Fuge kurz dem Tageslicht aus und lassen sie über Nacht trocknen. Reinigen Sie die Verbindungsstelle mit einem scharfen Messer. Nicht schmirgeln – das gibt Kratzer.

Randscharten, Löcher und Risse füllen

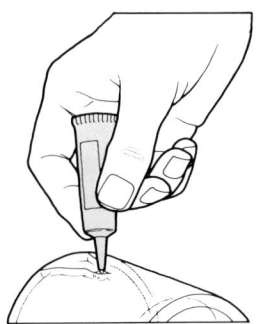

Füllstellen bei Glaswaren können nicht mit Farbe kaschiert werden, so daß größere Randscharten oder Löcher nicht gefüllt werden sollten. Kleinere Schäden können ausgebessert werden: Sie werden mit einem Tropfen luftundurchlässigem Klebstoff gefüllt. Sie hinterkleben das Loch mit farblosem Klebeband, träufeln Kleber ein und lassen ihn bei Tageslicht mindestens 24 Stunden aushärten. Danach die Füllung glätten, bis sie mit der Oberfläche bündig ist: Fahren Sie mit einer Messerklinge flach (vom Körper weg) über die Stelle. Anschließend polieren Sie die Ausbesserung mit einem Chrompoliermittel.

Einen Riß können Sie durch Hineinblasen von Klebstoff kaschieren.

Den Stiel eines Weinglases kleben

Einen abgebrochenen Stiel können Sie wieder ankleben, ohne daß dies auffällt. Gehen Sie vor wie oben beschrieben. Sie müssen das Weinglas so stellen, daß die Teile während der Aushärtungszeit zusammengehalten werden. Drehen Sie das Glas um, stützen Sie den Schaft mit Modelliermasse. Sie können auch Klebeband über den Fuß bis zum Kelch spannen (auf gleichmäßige Spannung achten). Prüfen Sie das Glas von allen Seiten, um sicherzugehen, daß der Stiel richtig paßt. Umwickeln Sie den Stiel wenn möglich mit Klebeband, damit die Stücke sich nicht verschieben.

Werkzeuge und Materialien

Bei der Pflege und Restaurierung von Glas können Sie sich an die Anleitungen halten, die wir für Porzellan gegeben haben. Meistens verwenden Sie dieselben Werkzeuge und Materialien (siehe S. 16–21). Jedes andere Spezialwerkzeug ist im Text entsprechend vermerkt.

Es wäre eine vernünftige Vorsichtsmaßnahme, einen Verbandskasten griffbereit zu haben, da Sie sich bei der Arbeit mit zerbrochenem Glas sehr leicht schneiden können.

Buntes Glas restaurieren

Buntes Glas ist sehr schön und reizvoll und bietet sich als Sammlungsgegenstand geradezu an. Kleine Restaurierungsarbeiten können von den meisten Amateuren erfolgreich durchgeführt werden. Zerbrochene Teile bei bemalten Glastafeln können entfernt und ersetzt, abgenutzte Malereien oder Vergoldungen retuschiert werden. Sie werden feststellen, daß Klebefugen bei Opakglas unauffälliger sind als bei durchsichtigem Glas.

Buntes Glas reparieren

Manche Opakfarbgläser filtern ultraviolette Strahlen aus. Bei so einem Stück können Sie keinen luftundurchlässigen Klebstoff verwenden, da er nicht aushärtet. Nehmen Sie statt dessen einen Cyanoacrylatkleber, oder tönen Sie Epoxydharzkleber (siehe S. 25). Erwärmen Sie die beiden Tuben des Zweikomponentenklebstoffs vor dem Mischen auf der Heizung, damit der Kleber auch flüssig ist.

Vergoldungen restaurieren

Die einfachste Art, Vergoldungen auf Glas zu restaurieren, ist der Gebrauch des sogenannten »flüssigen Blattgoldes«. Es ist in großer Farbauswahl in Geschäften für Bastler- und Künstlerbedarf zu erhalten. Auftragen wie bei Porzellan (siehe S. 38).

Vergoldete Menage

Glas bemalen

Die Technik der Glasbemalung ist der der Porzellanmalerei ähnlich (siehe S. 36 f.). Die Pinselführung wird nicht zu sehen sein, da diese Farben wie Beize fließen.

Glasfarben sind transparent, so daß Sie für opake Farbtöne besser Acrylfarben benutzen.

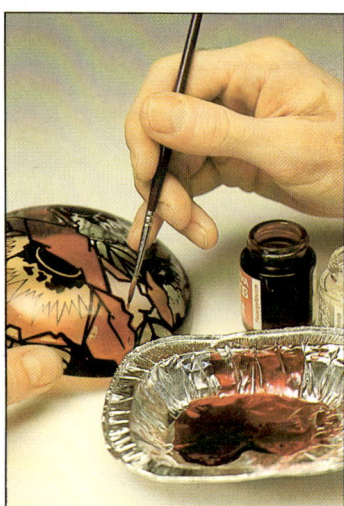

1. Zuerst müssen Sie die Farbe auf die Originalfarbe abstimmen. Mischen Sie die Farbe auf einer Palette oder in einem flachen Behälter aus Aluminiumfolie. Wenn Sie glauben, den richtigen Farbton zu haben, tragen Sie zur Kontrolle einen Tupfer Farbe neben die Originalfarbe auf. Entfernen Sie ihn anschließend mit Verdünner auf einem Stück Seidenstoff.

2. Sind Sie mit dem Ton zufrieden, fangen Sie an den Rändern mit feinem Pinsel zu malen an. Wenn Sie über den Rand malen, entfernen Sie die Farbe mit Verdünner.

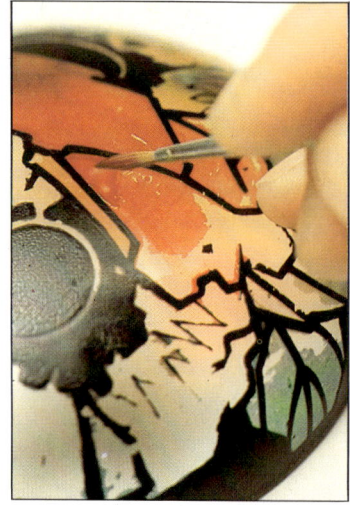

3. Tragen Sie dann die Farbe in der Mitte auf, und lassen Sie sie sternförmig ausfließen. Damit die Farben trocknen können, lassen Sie das Stück auf der Arbeitsfläche liegen.

Farbige Glastafeln restaurieren

Unrestaurierte Glastafel

Viele alte Häuser haben reizvolle bunte Glastafeln, eingefaßt in Haustüren und Fenster. Wenn Sie solch buntes Glas sammeln möchten, können Sie oft in Antiquitäten- oder Spezialgeschäften solche Tafeln aus abgerissenen Häusern erwerben. Mit einer Lösung aus warmem Wasser, dem Sie einige Tropfen Salmiak zugeben, reinigen Sie die Glastafeln mit einer weichen Bürste. Spülen Sie das Glas mehrmals nach, und trocknen Sie es gründlich ab. Wenn das Fenster sehr groß ist, reinigen Sie nach und nach nur kleine Flächen, damit Sie den Salmiak schnell abwaschen können.

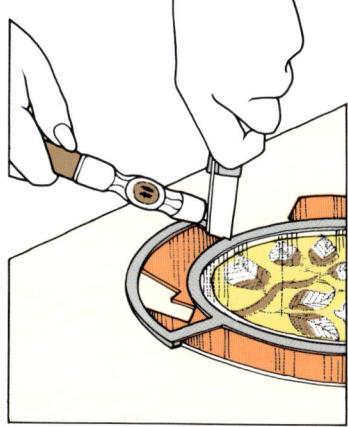

1. Bunte Glastafeln werden durch »Bleiruten« gehalten. Um ein zerbrochenes Stück herauszuheben, schneiden Sie mit einem Messer diagonal in die Ecken der Bleiränder und klopfen, falls nötig, leicht mit einem Hammer auf die Messerklinge. Sollte die Glasplatte frei stehen, legen Sie sie auf ein Brett, damit nicht die ganze Bleiverglasung verzogen wird.

2. Mit einer flachen Messerklinge drücken Sie die Bleiränder zurück; entfernen Sie Glas und Kitt.

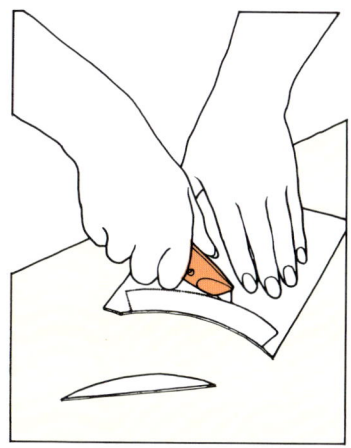

3. Fertigen Sie eine Pappschablone an, und schneiden Sie an ihr entlang das Glas. Wenn Sie beim Schneiden unsicher sind, geben Sie Schablone und Glas dem Glaser.

4. Pressen Sie Kitt in die Bleiruten, und setzen Sie das neue Glas ein. Richten Sie die Bleiruten aus, und drücken Sie sie – etwa mit dem gerundeten Griff eines Schraubenziehers – an. Schmirgeln Sie die Ecken leicht ab, und löten Sie sie an (siehe S. 227).

Restauriertes Glas

Um Ihre Arbeit voll zur Geltung kommen zu lassen, polieren Sie die Profile mit schwarzer Bleipaste, und reinigen Sie das Glas mit der Salmiaklösung. Bunte Glasplatten sehen gegen das Licht am besten aus.

Glaslüster restaurieren

Lüstervase

Ein Kronleuchter ist wohl das beste Beispiel für einen Gegenstand, der aus herunterhängenden Lüstern besteht. Aber ebenso wurden Vasen, Kerzenhalter und Lampen hergestellt. Sie müssen die Lüster, die Sie reinigen wollen, nicht extra abmachen, aber Sie sollten doch vorhandene Metallteile abnehmen oder nach der Reinigung sorgfältig trockenreiben. Sobald die Lüster trocken sind, polieren Sie sie auf Hochglanz mit Aceton oder Methylalkohol.

Einen Ersatzlüster herstellen

Manchmal können Sie fehlende Lüster durch passende Stücke aus dem Antiquitätengeschäft ersetzen. Es ist nicht leicht, das passende Stück zu finden, aber die Suche lohnt sich, weil man sicher sein kann, daß er wirklich aus Glas ist. Sie können auch einen Lüster aus farblosem Gießharz herstellen, der in seiner Wirkung allerdings dem Glaslüster nachsteht. Gießharz und der dazugehörige Härter sind in Bastelgeschäften erhältlich.

Als Gußform eignet sich Gips am besten. Beim farblosen Harz erzielen Sie das beste Ergebnis, wenn Sie zur Herstellung der Gußform einen feineren Gips verwenden (Bastelgeschäft). Um einen Lüster zu gießen, müssen Sie eine zweiteilige Gußform herstellen (siehe S. 30). Sie bestreichen den Lüster mit Speiseöl, betten ihn zur Hälfte in Modelliermasse ein und formen um ihn herum eine Mauer aus Modelliermasse. Sie schneiden von einem Plastikgolfaufsatz die Spitze ab und legen diese wie abgebildet in die Form. Dadurch entsteht in der Form ein konisches Loch, durch das Sie später das Harz gießen. Wenn der Golfaufsatz nicht ganz am Lüsterende anliegt, dichten Sie die Lücke – wie auch das Loch für die Drahtöse – mit Modelliermasse ab. Gießen Sie den Gips in die Form, lassen Sie ihn aushärten.

Danach entfernen Sie die Modelliermasse, um Form und Lüster reinigen zu können. Drehen Sie die Form um, machen Sie wie abgebildet Löcher (»Passer«) in den Gips, bestreichen Sie die Oberfläche mit Vaseline (S. 31). Um die andere Hälfte zu machen, drehen Sie die Form wieder um, legen Golfaufsatz und Lüster hinein und ummauern sie abermals mit Modelliermasse. Wieder gießen Sie Gips hinein und

lassen ihn aushärten. Entfernen Sie die Modelliermasse, reinigen Sie die Form wie oben.

Damit der Guß ganz glatt wird, sollten Sie die Gußform innen mit flüssigem Wachs, Vaseline oder PVA-Klebstoff einreiben. Binden Sie die Gußformhälften fest zusammen; dichten Sie die Naht mit etwas Modelliermasse ab. Halten Sie sich an die Anweisungen des Herstellers, wenn Sie das Harz ansetzen und eingießen. Schütteln Sie die Form leicht, damit die Luftbläschen entweichen können.

Nach dem Aushärten öffnen Sie die Form, sägen den Golfaufsatz mit der Laubsäge ab und glätten das Ende des Lüsters mit einer feinen Feile; bohren Sie für die Drahtösen ein Loch mit einem normalen Bohraufsatz.

Falls nötig, reinigen Sie die Oberfläche des Lüsters mit einem Stück feinem Silikonkarbidpapier, das auf ein flaches Brett geklebt wird, und polieren ihn anschließend.

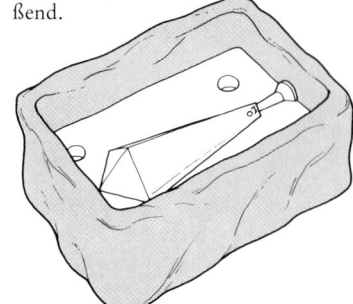

Einen Lüster gießen Gußform mit Lüster und Plastikgolfaufsatz (Herstellung einer Gußform siehe links)

STEINARBEITEN

Steinarbeiten sammeln

Nur wenige Leute sammeln alte Steinstatuen – sie sind einfach zu teuer. Während in der Vergangenheit große Sammler durchaus klassische Skulpturen erstehen konnten, befindet sich heute der Großteil dieser Stücke in öffentlichen Sammlungen, und die meisten Menschen können die astronomischen Preise der auf dem freien Markt erhältlichen römischen oder griechischen Skulpturen nicht bezahlen. Gartenskulpturen aus dem 18. und 19. Jahrhundert sind jedoch erschwinglicher. Statuen, Urnen, Pflanzentöpfe, Sitzbänke und Sonnenuhren sind bei Hobbysammlern sehr beliebt. Dies trifft auch für Innenraumdekorationen wie Büsten und gemeißelte Tafeln zu.

Marmor

Wenn Kalkstein gewaltigem Druck und großer Hitze ausgesetzt wird, entsteht Marmor. Von Natur aus ist er weiß. Aber durch Unreinheiten bekommt er ein gestreiftes, geädertes, sogar farbiges Aussehen. Weil Marmor relativ leicht zu behauen ist und sich auch gut auf Hochglanz polieren läßt, wurde er schon von Römern und Griechen zur Herstellung von Skulpturen benutzt. Im 19. und frühen 20. Jahrhundert wurde er häufig für kleine, dekorative Gegenstände des Hausgebrauchs verwendet. Aber auch größere Inneneinrichtungen, wie z. B. Kaminverkleidungen, Wand- und Bodenfliesen und Platten von Waschbecken und Tischen wurden in Marmor ausgeführt.

Behauene Marmorfigur
Marmorskulpturen wurden schon in der Antike hergestellt. Diese Merkurstatue stammt aus dem 18. Jahrhundert.

Kalkstein

Dies ist die in Nordwesteuropa am meisten für Steinarbeiten verwendete Steinart, denn er läßt sich leicht behauen und formen. Kalkstein ist gräulich-weiß bis hellbraun mit »pockennarbiger« Oberfläche.

Große Kalksteinbüste eines Edelmannes, 18. Jahrhundert

Granit

Meistens grau, rot oder weißlich. Granit ist ein extrem hartes Eruptivgestein ohne irgendein bindendes Material. Er kann auf Hochglanz poliert werden. Im 18. Jahrhundert wurden daraus Feuerstellenumrandungen sowie Tischplatten hergestellt. Im 19. Jahrhundert war er zur Herstellung von Grabmalen und Urnen weit verbreitet. In geringerem Maße wurde er auch für Gartendekorationen verwendet.

Sandstein

Ein sedimentäres Schichtgestein. Sandstein besteht aus Quarzkörnern und anderen Materialien, die zu einer festen Masse zementiert sind. Er hat eine warme Honigfarbe und ist sehr anfällig, verwittert schnell und blättert leicht ab.

Onyx

Im Aussehen ähnelt Onyx dem Marmor. Er ist ein Kalziumkarbonat, von Wasser abgelagert. Onyx kommt in verschiedenen Grüntönen vor, auch in Weiß, Rot und Goldgelb. Er wird meist für geschnitzte Ornamente, Lampen- und Art-Deco-Figurinen-Sockel sowie Tischplatten verwendet.

Scagliola

Dieser Imitationsmarmor wurde im frühen 17. Jahrhundert entwickelt. Er besteht aus Gips, vermischt mit einem Klebstoff, in den Splitter von Marmor, Granit und anderen Materialien eingebettet sind. Poliert besonders wirkungsvoll, wurde Scagliola als Marmorersatz für Tischplatten benutzt.

Speckstein

Dieser Stein ist glatt und fühlt sich leicht fettig an. Er kann rot, weiß, gelb, grün, bläulich-grau oder braun sein. Das Magnesiumsilikat ist so weich, daß es mit dem Messer geschnitten werden kann. Man sieht Speckstein oft in Form orientalischer Schnitzereien.

Gips

Obgleich Gipsgüsse keine echten Steinarbeiten sind, können sie damit verwechselt werden. Gips ist sehr weich und neigt zum Zerbrechen, so daß jeder Splitter den kreidigen Kern bloßlegt. Angemalte Gipsarbeiten sollten lieber konserviert als neu bemalt werden. Diese Arbeit müssen Sie von einem Experten ausführen lassen.

Alabaster

Echter Alabaster, wie er bei den alten Ägyptern, im Mittleren Osten und China verwendet wurde, ist ein Kalziumkarbonat. Als Alabaster wird auch ein weicheres Kalksulphat bezeichnet, und Gegenstände daraus sind häufiger. Wie Marmor ist Alabaster glatt und durchscheinend und läßt sich auf Hochglanz polieren. Aber er ist weit weniger widerstandsfähig und verkratzt leicht. Er kommt in vielen Farben vor – Weiß, Gelb, Rosa und Hellbraun – und ist oft geädert. In Europa findet er seit Jahrhunderten für Grabsteinreliefs und Sakralplastik Verwendung. Seit dem 18. Jahrhundert wurden daraus auch Uhrengehäuse, Vasen, Lampenfüße und Aschenbecher hergestellt.

Kunststein

Der erste Kunststein oder »Ersatzstein« wurde 1760 von Eleanor Coade entwickelt, dem größten Hersteller von Figurinen und Ornamenten in England. Ab 1840 waren verschiedene andere billige künstliche Materialien erhältlich. Kunststein besteht aus verschiedenen, mit Zement verbundenen Steinfragmenten.

Kunststeinvase aus dem späten 19. Jahrhundert im klassischen griechischen Stil

Kauftips

Das größte Problem, vor dem potentielle Skulpturenkäufer stehen, ist die Frage, ob ein Stück eine echte antike Steinarbeit ist oder eine gegossene Reproduktion.
● Überprüfen Sie jede abgesplitterte Stelle; vielleicht offenbart sich ein Gips- oder Zementkern.
● Schauen Sie unter die Stellfläche der Skulpturen. Wenn sie offen ist, zeigt sich vielleicht ein Gußhohlraum. Wenn die Stellfläche unbehandelt ist, verrät sie, daß der Rest bemalt oder bronziert ist, um eine qualitätvollere Ausführung vorzutäuschen.
● Trennlinien – erhabene Linien, die die Nahtstelle zwischen zusammengesetzten Teilen einer Form markieren – gibt es bei behauenem Stein nicht.
● Selbst wenn Abgüsse, die von einem originalen, verwitterten antiken Stück gemacht wurden, überzeugende Risse oder angeschlagene Stellen aufweisen, ist es unwahrscheinlich, daß sie durch über längere Zeit angesammelten Schmutz verfärbt sind, wie es z. B. bei einem echten Stück der Fall wäre.
● Sehen Sie sich die Adern genau an – aufgemalte Adern sind ein Hinweis auf eine Reproduktion.

Steinarbeiten pflegen

Im Freien aufgestellte Steinarbeiten leiden unvermeidlich unter der Luftverschmutzung. Ruß, Säuren und Schwefel verursachen Streifen und verfärben den Stein so sehr, daß Waschen allein nicht mehr genügt. Auch in ländlichen Gegenden hinterlassen Algen und Flechten auf Gartenskulpturen ihre Spuren. Seien Sie bei der Reinigung von Stein nicht zu eifrig, da er mit der Zeit eine Patina ansetzt, die die Farbe des frisch geschnittenen Steins abtönt – was man erhalten sollte. Weiche Steine bilden eine Kruste, die den weichen Kern schützt.

Werkzeuge

Sie benötigen Pinsel, Borsten- oder Drahtbürsten zur Reinigung, ferner Polierscheibe und Bohrmaschine, um eingewachsenen Stein zu polieren (siehe S. 57). Für die Reparatur schwerer Stücke kaufen Sie einen Steinbohrer, um Löcher für Verstärkungsstifte zu bohren.

Materialien

Salmiak Mit Salmiaklösung können Sie das meiste Gestein reinigen.

Alkohol können Sie zur Reinigung von Alabaster und Speckstein verwenden. Ein damit angesetzter Papierbrei wirkt als Zugpflaster, das Öl- und Wachsflecke aus dem Gestein zieht.

Löschpapier wird zur Herstellung von Papierbrei verwendet.

Destilliertes Wasser Papierbrei, mit destilliertem Wasser angesetzt, saugt Flecken auf.

Bleichmittel entfernt Flecken aus weißem Marmor.

Farbentferner entfernt Fettspuren von weißem Marmor.

Wachspolitur Weiße Möbel- oder handelsübliche Marmorpolitur schützt Stein vor Schmutz und Flecken.

Steinversiegler schützt poröse Steine vor Fleckenbildung.

Bienenwachs Weißes Bienen- oder Kerzenwachs festigt abblätternde Steinoberflächen.

Kleber siehe S. 52.

Klebestreifen werden während der Abbindezeit zum Befestigen der frisch geklebten Teile verwendet.

Messing- oder rostfreie Stahlstäbe Davon können Sie Stifte absägen, die zur Verstärkung von Klebestellen verwendet werden.

Füllmassen siehe S. 52.

Steinarbeiten reinigen

Als erstes müssen Sie die Steinart bestimmen. Manche Steine sprechen auf das Waschen besser an als andere, manche sollten überhaupt nicht gewaschen werden.

Kalkstein und Sandstein

Diese Steine sollten Sie nicht kräftig scheuern. Ablagerungen werden unter fließendem Wasser aufgeweicht. Stellen Sie das Stück im Freien (am besten nahe einem Abfluß) auf. Richten Sie einen Schlauch darauf, und lassen Sie das Wasser mit mäßigem Druck etwa 5–6 Stunden darüberlaufen. Drehen Sie in Abständen den Stein, oder bewegen Sie den Schlauch, um den Strahl gleichmäßig zu verteilen. Mit Gummihandschuhen und Schutzbrille schütten Sie eine halbe Tasse Salmiak in einen Eimer warmen Wassers und scheuern die Ablagerungen mit einer harten Bürste ab. Das Stück gut abspülen, dann draußen trocknen lassen.

Waschen einer weichen Steinart Unter fließendem Wasser aufgeweichte Ablagerungen werden sanft abgebürstet.

Basalt und Granit

Diese harten, nichtporösen Steine absorbieren anders als weiche keinen Schmutz und reagieren meist sofort auf heißes Seifenwasser, dem etwas Salmiak zugefügt wurde. Nehmen Sie eine harte Borsten-, wenn nötig, eine Messingdrahtbürste.

Marmor

Marmor sollte regelmäßig gereinigt werden, weil er so porös ist, daß Staub und Schmutzwasser eindringen können. Bevor Sie Marmor waschen, entfernen Sie mit einem weichen Malerpinsel losen Staub und Schmutz. Benutzen Sie ein weiches Tuch zum Auftragen des Seifenwassers mit etwas Salmiak. Waschen Sie von unten nach oben, um Streifenbildung zu vermeiden. Spülen Sie gründlich mit klarem Wasser nach; dann mit weichem Tuch trocknen.

Waschen von Marmor Nach dem Abstauben wischen Sie den Stein mit einem weichen, feuchten Tuch und heißem Seifenwasser ab, und zwar von unten nach oben.

Onyx

Wie Marmor ist Onyx porös und muß vor dem Waschen (warmes Seifenwasser) staubfrei sein.

Gips

Gipsgüsse sollten nicht mit Wasser gewaschen, sondern nur mit weicher Bürste entstaubt werden. Benutzen Sie kein Tuch, weil damit Schmutz in die Oberfläche gerieben werden kann. Wischen Sie Fettspuren mit klarem Methylalkohol auf einem Lappen ab.

Flecken entfernen

Ein poröser Stein wird schnell fleckig. Wischen Sie deshalb verschüttete Flüssigkeit so schnell wie möglich ab. Es gibt je nach Hartnäckigkeit des Flecks verschiedene Entfernungsmethoden. Nehmen Sie aber niemals Säure für weiche Steine wie Marmor, Alabaster und Speckstein.

Allgemeine Verschmutzungen

Ein feuchter Papierbrei ist ein gutes Fleckentfernungsmittel. Weichen Sie weißes Zeitungs- oder Löschpapier in warmem Destillierwasser ein, bis es zu Brei wird. Wenn nötig, zerdrücken Sie es mit einem Stock. Nehmen Sie kein bedrucktes Papier, weil das das Problem vergrößern würde.

Verteilen Sie eine Breischicht von etwa 2 cm über den Fleck oder über das ganze Objekt, wenn es nicht zu groß ist. Zuerst saugt der Stein das Wasser auf, dann aber, während der Brei austrocknet, entsteht die umgekehrte Wirkung: Der Fleck wird mit dem Wasser in den Brei eingezogen. Danach entfernen Sie den Brei, spülen mit Destillierwasser nach und polieren mit weichem Tuch trocken.

Papierbrei auftragen Verteilen Sie den Brei über den Fleck, drücken Sie ihn an. Hat er den Fleck aufgesaugt, nehmen Sie ihn ab und spülen mit destilliertem Wasser.

Entfernen von Öl und Wachs

Sie können mit Papierbrei auch Öl- und Wachsflecken beseitigen. Lassen Sie dabei aber den Brei nach dem Anrühren trocknen, tränken Sie ihn mit Terpentinersatz, und tragen Sie ihn dann auf.

Entfernen von Algen und Schimmel

Diese Flecken lassen sich gewöhnlich mit milder Salmiaklösung abwaschen. Hilft das nicht, tragen Sie Papierbrei auf.

Bleichmittel anwenden

Benutzen Sie Bleichmittel nicht auf farbigen oder geäderten Steinen, wohl aber auf weißem Marmor. Tragen Sie dabei immer Schutzhandschuhe. Versuchen Sie es zuerst mit mildem Bleichmittel, z. B. 2 % Chloramin T in Destillierwasser. Lassen Sie danach klares Wasser über den Stein laufen, bis das Mittel gründlich weggespült ist. Bei hartnäckigen Flecken arbeiten Sie mit einer Lösung von einem Teil Wasserstoffsuperoxyd auf drei Teile Wasser und 1–2 Tropfen Salmiak.

Arbeiten mit Farbabbeizer

Diese Beizmittel entfernen fettige Ablagerungen von weißem Marmor. Befolgen Sie die Anweisungen des Herstellers, und streichen Sie das Mittel auf den Marmor. Tupfen Sie es in jeden Riß und Hohlraum. Sie lassen es etwa eine Stunde einwirken lassen. Dann waschen Sie den Stein mehrmals mit Wasser ab.

Das Säubern von Alabaster und Speckstein

Arbeiten Sie vorsichtig, wenn Sie Flecken von Alabaster oder Speckstein entfernen. Befeuchten Sie ein Tuch mit Terpentinersatz, wickeln Sie es um die Fingerspitzen, reiben Sie die Oberfläche kräftig. Eine andere Möglichkeit besteht darin, eine Paste aus Schlämmkreide mit Methylalkohol anzumischen und sie mit einem Wattebausch in Kreisbewegungen aufzutragen. Wischen Sie die Paste anschließend mit Terpentinersatz ab.

Schutz von Steinwerk

Ist der Stein einmal sauber, ist es ratsam, ihn vor Schmutz und weiteren Flecken zu schützen. Eine gute weiße Möbelpolitur kann ohne weiteres auf jeden Stein aufgetragen werden, der etwas glänzen soll. Mit Marmorwachspolitur erhalten Sie eine widerstandsfähigere Oberfläche. Versiegeln Sie poröse Steine gegen Öl und Schmutz, indem Sie einen Marken-Steinversiegler aufpinseln. Sehr weiche Steine benötigen einen zweiten Auftrag. Eine gute Versiegelung unterstreicht auch die Farbe des Steins.

Entfernen löslicher Salze

Von porösen Steinen wie Sand- oder Kalkstein absorbierte Salze erscheinen als weiße Kristalle auf der Steinoberfläche. Sie können leicht abgebürstet werden, aber dann doch wieder in Erscheinung treten und schließlich die Oberfläche auflösen. Entfernen Sie sie mit einem Brei aus Löschpapier und destilliertem Wasser. Bedecken Sie das ganze Stück mit einer 1 cm dicken Schicht, wickeln Sie es in Plastik ein, und lassen Sie es etwa drei Wochen so. Wenn nötig, erneuern Sie den Brei.

Binden abblätternden Steins

Wenn die Oberfläche eines Steins abblättert, sollten Sie ein bindendes Material auftragen. Museumskonservatoren imprägnieren oder »konsolidieren« Stein mit weißem Bienen- oder Kerzenwachs. Dadurch wird weißer Marmor unvermeidlich dunkel oder trüb. Alabaster und Speckstein bekommt eine solche Konsolidierung ebensowenig.

Der Stein muß langsam erwärmt werden. Plazieren Sie ihn etwa 1 m entfernt von einem elektrischen Heizofen; drehen Sie ihn von Zeit zu Zeit, so daß er gleichmäßig erwärmt wird. Inzwischen mischen Sie das Wachs mit Terpentinersatz bis es butterweich ist und streichen es auf. Wenn das Lösungsmittel verdunstet ist, erhitzen Sie den Stein vorsichtig, um das Wachs hineinzubringen. Wiederholen Sie den Vorgang so lange, bis kein Wachs mehr eindringt. Wischen Sie Reste weg, und polieren Sie mit einem weichen Tuch oder einer Lammfellscheibe auf einem Bohrer.

Steinarbeiten reparieren

Sie können sogar schwere Steinarbeiten mit Zuversicht reparieren, wenn Sie einen geeigneten, modernen Kleber verwenden. Sie müssen die gebrochenen Teile fest mit Klebeband, Schnur oder Draht zusammenbinden und warten, bis der Klebstoff abbindet.

Kleben von Stein

Setzen Sie die Bruchstücke zunächst probeweise zusammen, so daß die Flächen genau passen. Überlegen Sie sich auch die beste Methode zum Sichern der Bruchstücke während der Abbindezeit. Bei kleinen Stücken spannen Sie Klebeband über die Fuge, bei großen können Sie die beiden Hälften verbinden, indem Sie sie mit Schnur oder Draht umwickeln.

Bürsten Sie lose Staubkörnchen von den Bruchstellen, und reinigen Sie sie dann gründlich mit Terpentinersatz oder Aceton, um Fettspuren zu entfernen. Die Oberfläche der meisten Steine ist rauh genug, um Klebstoff aufzunehmen, aber Sie können glatte Bruchkanten auch mit grobem Schleifmaterial aufrauhen.

Tragen Sie den Klebstoff spärlich und gleichmäßig auf eine Hälfte auf. Drücken Sie die Stücke zusammen, wobei Sie sie so lange hin und her bewegen, bis sie perfekt aufeinanderliegen. Klammern Sie die Verbindungsstelle fest, damit überflüssiger Klebstoff entweichen kann, den Sie mit dem entsprechenden Lösungsmittel sofort abwischen.

Stützen Sie den Stein so, daß das Eigengewicht die Stücke mit zusammenhält, bis der Klebstoff abgebunden hat.

Verstärken einer Verbindung

Um eine Verbindungsstelle an einem schweren Gegenstand zu verstärken, benutzen Sie Messing- oder rostfreie Stahlstifte. Nehmen Sie niemals normale Stifte, die rosten können. Markieren Sie mit einem Farbklecks die Löcher für die Stifte an einer Bruchhälfte, dann drücken Sie die Hälften zusammen. Dadurch werden die Farbpunkte exakt übertragen.

Mit einem Steinbohrer bohren Sie nun in beide Seiten Löcher, die etwas größer sein müssen als die Stifte. Überprüfen Sie, ob die beiden Hälften genau passen, bohren Sie die Löcher gegebenenfalls nach. Schneiden Sie Stifte von einem geeigneten Metallstab, feilen Sie Kerben ein, damit der Klebstoff besser haftet. Leimen Sie die Stifte in eine Hälfte ein; dann leimen Sie die andere. Sichern Sie die Verbindung straff mit Klebeband. Hat der Klebstoff abgebunden, entfernen Sie das Band.

Klebstoffe

Epoxydharzkleber Diese Kleber eignen sich am besten für das Leimen von Stein. Sie werden als Zweikomponentenkleber verkauft – der Klebstoff und ein Härter. Sobald diese beiden Teile vermischt werden, setzt die Haftfähigkeit des Klebstoffs ein. Standard-Epoxydkleber aus Do-it-yourself-Geschäften binden in etwa sechs Stunden ab. Es gibt aber auch schneller wirkende, die schon innerhalb von 5–10 Minuten abbinden. Dieser Klebstoff ist aber nur für kleine Stücke geeignet, die Sie unmittelbar nach dem Kleben klammern können. In anderen Fällen sollten Sie die Standardmischung benutzen.

Epoxydkleber sind sehr dickflüssig, deshalb sollten Sie vor dem Anmischen den Kleber auf einem Heizkörper erwärmen, damit er flüssiger wird. Dies erleichtert das Kleben. Versuchen Sie die Farbe des Klebstoffs an die des Steins anzupassen, indem Sie dem Kleber kleine Mengen von Titandioxyd oder anderen Farbpigmenten zufügen (siehe S. 20).

Wischen Sie entweichenden Klebstoff mit Methylalkohol ab. **PVA-Kleber** Sie können mit weißem Holz-PVA-Kleber auch Alabaster und Speckstein kleben. Tragen Sie den Klebstoff sparsam auf beide Hälften mit einem Pinsel auf, und binden Sie dann das ganze Stück fest zusammen. Wischen Sie danach überflüssigen Klebstoff mit Aceton ab, und lassen Sie ihn abbinden.

Füllmassen

Epoxydfüllmasse eignet sich gut für die meisten Steine. Nicht überstrichen, hält sie Witterungseinflüssen stand, übermalt ist sie nur für Innenräume geeignet. Es gibt fertige Epoxydfüllmasse zu kaufen, aber Sie können auch selbst welche herstellen, indem Sie Epoxydkleber mit Kaolinpulver mischen. Um die Füllmasse farblich anzupassen, nehmen Sie Pigmente. PVA-Klebstoff mit Kaolin oder Schlämmkreide ergibt eine besonders widerstandsfähige Masse.

Gips und Zellulosefüllmasse eignen sich zur Reparatur von Stücken in Innenräumen; sie sind jedoch weich und deshalb nicht für Stücke im Freien zu verwenden. Bei diesen Füllmassen müssen Sie die Verbindungsstelle zuerst mit Wasser befeuchten, damit die Feuchtigkeit in der Füllmasse nicht vom Stein aufgesaugt wird, was die Füllmasse schwächen würde.

Keine dieser Füllmassen ist für Alabaster oder Speckstein geeignet; nehmen Sie dafür eine Mischung aus gefärbtem Wachs.

Verwenden Sie Füllmasse wie bei Porzellan (siehe S. 27). Wenn Sie fest ist und geglättet wurde, imitieren Sie Äderungen mit Acryl- oder Ölfarbe. Gehen Sie dabei ähnlich vor wie für Holzmaserungen beschrieben (siehe S. 110).

METALLWAREN

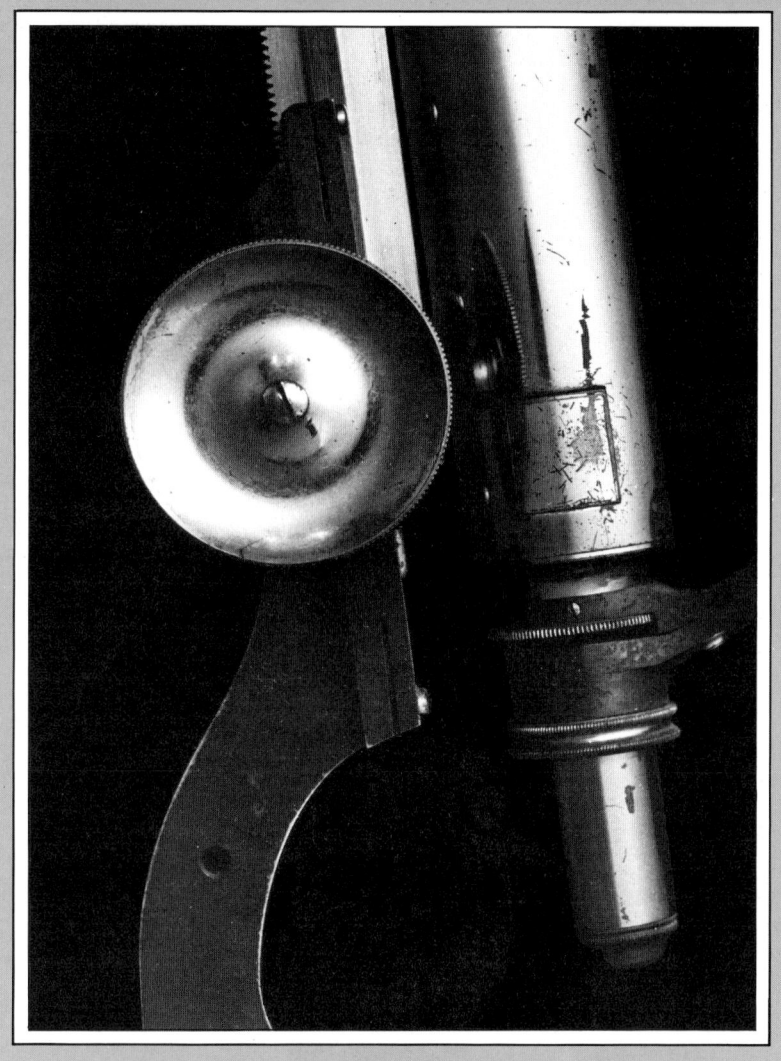

Metallwaren sammeln

Aus Metall werden die verschiedensten Gebrauchs- und Ziergegenstände hergestellt. Die Metalle unterscheiden sich in Eigenschaften und Wert sehr – angefangen vom teuren Silbertablett bis zu billigen Kaminböcken aus Gußeisen. Im allgemeinen kann man Metalle anhand der Farbe und des Gewichts identifizieren. Manche Legierungen sind jedoch nicht auf Anhieb zu bestimmen.

Silber

Zwischen einem Stück, das zu 90 % aus Silber besteht, und einem, das einen höheren Prozentsatz unedler Metalle enthält, besteht ein beträchtlicher Wertunterschied. Mit bloßem Auge läßt sich erst dann ein Unterschied feststellen, wenn die Legierung fast zur Hälfte aus unedlem Metall besteht. Um dies Problem in den Griff zu bekommen, haben die Bundesrepublik Deutschland und andere Länder eine gesetzliche Regelung getroffen, durch die Silberschmiede angehalten werden, ihre Sachen mit einem Feingehaltsstempel zu kennzeichnen. Dieser Stempel wird zusätzlich zur Marke des Herstellers angebracht.

In den USA z. B. gibt es eine solche Regelung nicht. Dort werden Silberwaren lediglich mit der Marke des Herstellers bezeichnet.

Prüfung der Reinheit von Silber

Wenn der Feingehaltsstempel an Ihrem Silberstück fehlt, können Sie zur Untersuchung der Reinheit des Stücks von einem Apotheker einen einfachen Test durchführen lassen. An einer unauffälligen Stelle wird ein kleiner Kratzer gemacht, der ein eventuell vorhandenes Grundmetall sichtbar werden läßt. Wenn auf diesen Kratzer ein Tropfen Salpetersäure aufgeträufelt wird, gibt es drei verschiedene Reaktionsmöglichkeiten: Wird das Metall grün und fängt an zu schäumen, handelt es sich um ein unedles Metall; wenn sich die Säure dunkelgrau färbt, beträgt der Silbergehalt weniger als 92,5 %; verfärbt sich die Säure zu einem hellen Grau, sind Sie im Besitz eines Stücks aus Sterlingsilber. Nach Ausführung des Tests sollte die Säure unter fließendem Wasser abgespült werden.

Gold

Siehe Schmuck S. 75 ff.

Kupfer

Poliertes Kupfer ist rötlich-braun, läuft aber zu einem trüben Braun an. Teekannen, Krüge und Kochtöpfe werden daraus hergestellt. Sie sind innen oft verzinnt, um Kupfervergiftungen vorzubeugen. Auch viele Reproduktionen werden aus Kupfer angefertigt.

Bronze

Bronze – eine Kupfer-Zinn-Legierung – wird mit der Zeit tiefbraun. Sie ist ideal zum Gießen; deshalb gibt es so viele Statuetten aus Bronze. Früher wurden auch Waffen daraus hergestellt. Es gibt zwei Gußverfahren: Das Wachsausschmelzverfahren ist dem Teilformverfahren in feinem Sand überlegen. Reproduktionen werden meist aus Zink hergestellt (mit 3 % Blei). Bei näherer Betrachtung läßt sich dies billigere Metall erkennen.

Bronzestatuette aus dem 19. Jahrhundert

Messing

Messing ist eine verbreitete, gelbfarbige Kupfer-Zink-Legierung. Es ist leicht zu erkennen, außer es ist stark angelaufen und hat sich zu Braun- oder Grünschwarz verfärbt. Eine Vielfalt von Gegenständen wird daraus angefertigt.

Tombak

Der Kupfergehalt dieser Legierung überwiegt den von Messing erheblich. Tombak wurde im 18. Jahrhundert von dem Uhrmacher Christopher Pinchbeck entwickelt. Es diente zur Herstellung von Schmuck und anderen kleinen Gegenständen. Früher das »Gold des armen Mannes«, wird es heute gern gesammelt.

Plattiertes Silber

Die Sheffield-Plattierung wurde ab Mitte des 18. Jahrhunderts etwa 100 Jahre lang bis zur Erfindung des Galvanisierverfahrens hergestellt. Kupferblech wurde von einer Seite mit einer dünnen Schicht Silber überzogen. Um 1770 gelang die beidseitige Plattierung, und diese Stücke sahen massiven zum Verwechseln ähnlich. Die Kanten wurden mit einer Folie aus Silber verdeckt. Schauen Sie deshalb nach der dünnen Zinn-Lötlinie.

An Sheffield-Waren wurden weder Feingehalts- noch Datumsstempel angebracht, aber der Stempel des Herstellers ist meistens vorhanden.

Galvanisieren

1840 wurde ein elektrolytisches Verfahren entwickelt, das das Aufbringen einer Silberschicht auf ein anderes Metall ermöglicht: das Galvanisieren. Dabei wird wesentlich weniger Silber verwendet als bei der Sheffield-Plattierung. Nicht alle diese Waren tragen eine Marke, dafür oft Buchstaben.

Nickel

Der Glanz des Nickels ähnelt dem des Silbers. Bis zum Aufkommen der Verchromung wurde es zum Plattieren verwendet.

Neusilber

Diese Legierung aus Nickel, Kupfer und Zink – auch »deutsches Silber« genannt – wurde oft elektrolytisch versilbert.

Zinn

Zinn sieht silbrig aus und bildet oft die (ungiftige) Innenseite von Puddingformen, Reibeisen oder Kochutensilien. Stahl wird auch oft mit Zinn überzogen, um Rost zu verhindern.

Blei

Angelaufenes Blei hat eine mattgraue Farbe. Aber wenn man es schneidet, sieht es silbrig aus. Antike Stücke aus Blei kommen selten vor, aber als Material für voll- und hohlgegossene Spielzeugsoldaten war es beliebt.

Stahl

Stahl ist eine äußerst harte Eisen-Kohlenstoff-Verbindung. Mit Stahl lassen sich sehr scharfe Kanten erzeugen. Er wird seit Jahrhunderten für Werkzeuge und Waffen verwendet. Schwerter wurden oft damasziert (siehe S. 56).

Britanniametall

Diese Zinn-Kupfer-Antimon-Legierung, im 18. Jahrhundert erfunden, ähnelt Hartzinn (englisch: pewter), ist aber härter und in der Farbe silbriger. Britanniametall wurde ein billiger Hartzinnersatz. Viele Haushaltswaren daraus wurden elektrolytisch versilbert.

Chrom

Chrom findet man als Plattierung auf anderem Metall. Wenn es gereinigt wird, bekommt es einen hellen, weißen Glanz. Es ist äußerst hart und diente als Schutzüberzug bei Art-deco-Gegenständen, Cocktailmixern und Möbelbeschlägen.

Pewter

Pewter besteht hauptsächlich aus Zinn, wurde aber verschiedentlich durch Beimengungen von Blei, Kupfer, Antimon und Wismut verändert. Diese Legierung hat im allgemeinen eine graufarbene Patina und einen leichten Glanz. Pewter wurde jahrhundertelang zur Herstellung von Tischgeschirr verwendet. Es trägt meistens den Stempel des Herstellers.

Zinnkrug aus dem 18. Jahrhundert

Eisen

Sie sollten zwischen Schmiede- und Gußeisen unterscheiden können. Schmiedeeisen wird in eine zweidimensionale Form gehämmert, oft geschnörkelt und gedreht, und die Teile werden zusammengeschweißt. Gußeiserne Stücke werden einzeln in einer Form hergestellt. Mehrere größere Stücke werden oft durch Bolzen miteinander befestigt, so daß vollplastische Gebilde entstehen. Gußeisen ist spröde, Bruchflächen sind grau und rauh.

Schmiedeeiserner Wandleuchter

Kaminschirm aus Gußeisen

Metallverzierungen

Abgesehen von reinen Gebrauchsgegenständen sind die meisten Metallwaren verziert. Im folgenden werden einige der beliebtesten Dekorarten erläutert.

Gravieren

Linien werden mit Graviernadeln in das Metall eingeschnitten (geritzt). Unter einer Lupe sehen diese Linien wie dreieckige Furchen aus.

Detail eines gravierten Weinservierbretts aus vergoldetem Silber

Ätzen

Die Verzierung wird durch eine Wachsschutzschicht hindurch in das Metall eingeritzt. Aufgetragene Säure dringt in die geritzten Linien ein. Der Wachsüberzug wird entfernt und das ungeätzte Metall poliert. Geätzte Linien sind nicht so scharf wie gravierte.

Damaszieren

Hierbei wird Metall in eingravierte Rillen eingelegt. Das eingelegte Metall wird festgehämmert.

Niello

Gravierte oder geätzte Rillen werden durch das Einfüllen von schwarzem Pulver aus Silber, Blei, Kupfer und Schwefel betont. Durch Einschmelzen verbindet das Pulver sich mit dem Metall. Das Linienwerk hebt sich stark von der polierten Metallfläche ab.

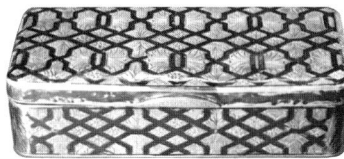

Silberne Schnupftabaksdose in Niellotechnik

Repoussieren

Metall wird von der Rückseite getrieben, so daß das Motiv auf der Vorderseite erhaben erscheint.

Bossieren

Strenggenommen bedeutet Bossieren das gleiche wie Repoussieren, aber wird diese Bezeichnung für alle Reliefarbeiten benutzt.

Ziselieren

Erhabener Dekor wird mit Punzen und Meißel an der Vorderseite des Metalls ausgearbeitet. Diese Technik wird oft in Verbindung mit dem Repoussieren verwendet.

Durchbrucharbeit

Das Metall wird mit Säge oder Punzen ganz durchschnitten oder durchgestanzt.

Bemalen und Bedrucken

Handgemalte Metallwaren können Sie gewöhnlich an dem relativ freien oder manchmal groben Muster erkennen. Dies läßt sich bei amerikanischer, gelackter Metallware *(toleware)* auf Volkskunsteinflüsse zurückführen, auch auf die Massenproduktion der Fabriken. Bei einer anderen Technik wird bemaltes Blech im Ofen gebrannt, so daß eine dauerhafte, hitzebeständige Farboberfläche entsteht.

Fortschritte in der Drucktechnik machten es möglich, feine Dekore auf billige, gepreßte Spielzeuge und Dosen zu drucken. Die Blechplatte wird erst bedruckt, dann geformt; deshalb stimmt der Druck nicht immer mit der gepreßten Form überein. Druckdekor ist glatt und gleichmäßig in den Farben und oft sehr detailliert.

Bemalter Melassenbecher *(toleware)*

Kauftips

● Wenn Sie einen gußeisernen Kaminschirm erwerben wollen, fragen Sie, ob er längere Zeit im Freien gestanden hat. Gußeisen ist porös und kann Wasser aufsaugen; es sollte vor der Schlußbearbeitung völlig trocken sein.
● Einen abgenutzten plattierten Gegenstand können Sie abziehen und neu plattieren lassen. Da dies teuer ist, sollte der Kaufpreis des Stücks nicht zu hoch sein.
● Kleine Stücke, die durch Unachtsamkeit beschädigt worden sind, können manchmal billig erworben werden. Mit Geduld sind sie zu restaurieren; vergewissern Sie sich aber, daß nichts fehlt.

Schadensliste

  * Einfache Reparatur
 ** Etwas Erfahrung erforderlich
*** Facharbeit – nicht für
    Anfänger

** Flache **Dellen** können ausgebeult werden; Knicke lassen sich nicht mehr korrigieren.
** **Löcher** im Walzblech sind nicht einfach zu reparieren, es sei denn, sie können von hinten verstärkt werden (siehe S. 63). Löcher in Güssen können gefüllt werden, aber das Verdecken der Reparaturstellen braucht Erfahrung.

*** **Tiefe Dellen,** besonders bei Messing, treten manchmal mit parallel verlaufenden Rissen auf. Diese entstehen durch Korrosion und lassen sich nur sehr schwer ausbessern.
* Kleine **Kratzer** können meist auspoliert werden. Kaufen Sie aber keine verkratzten Bronze- oder Hartzinnstücke, es sei denn, Kratzer stören Sie nicht. Sie können nämlich nicht ohne Zerstörung der Patina entfernt werden.
* **Dosen und Spielzeug aus Blech** halten oft durch umgebogene Kanten zusammen. Aufgebogene Kanten kann man löten oder kleben.

Werkzeuge und Materialien

In einer Garage können Sie Werkzeuge und Werkbank gut unterbringen. Wenn Sie die Werkbank auch für das Auto benutzen, entfernen Sie alles Öl, bevor Sie Antiquitäten reparieren. Legen Sie eine Holzplatte auf die Werkbank. Wenn die Platte fleckig wird, ersetzen Sie sie. Werkzeug gehört hinter die Werkbank – in einen Werkzeugkasten oder ein Wandregal. Wenn die Werkbank nicht direkt vor einem Fenster steht, installieren Sie darüber eine Neonröhre, und benutzen Sie zusätzlich eine verstellbare Lampe.

Werkzeuge

Da jedes Metall entsprechendes Werkzeug verlangt, ist es schwierig, einen Werkzeugbestand für alle Fälle zu empfehlen. Sie brauchen allgemeine Metallwerkzeuge, wie Sägen, Punzen, Markierstifte, Zangen, Scheren und Klempnerhämmer, ferner wohl einige der folgenden Spezialwerkzeuge.

Polierbürste Eine weiche Haarbürste eignet sich gut zum Polieren von verziertem Metall.

Ledertuch Benutzen Sie zum Polieren weiches Leder.

Polierscheibe Für Hochglanz sorgt eine Polierscheibe auf einer Bohrmaschine (an der Werkbank). Eine 150-mm-Scheibe ist günstig.

Nagelbürste Diese Bürste ist hart genug, um Schmutz gründlich und ohne Kratzer zu entfernen.

Spritzpistole zum Aufsprühen von Lacken (siehe S. 35).

Holzstab Mit einem passenden Holzstab können Sie gedellte Metalle glätten. Hartholz ist ideal, aber Weichholz tut es auch.

Gummihammer Plastik- oder Gummihämmer verschiedener Größen hinterlassen keine Spuren auf Metall.

Lötkolben Wählen Sie einen langen, elektrischen Lötkolben mit zugespitztem Kopf.

Propangas-Lötkolben Er produziert eine sehr heiße Flamme, die Metall zum Hartlöten erhitzt. Sie können auch eine einfache Lötlampe verwenden, aber mit einer fein einstellbaren sind die Ergebnisse besser.

Mechanikerschraubstock Größere Schraubstöcke werden in der Werkbank fest verankert, kleinere an der Kante festgeklemmt.

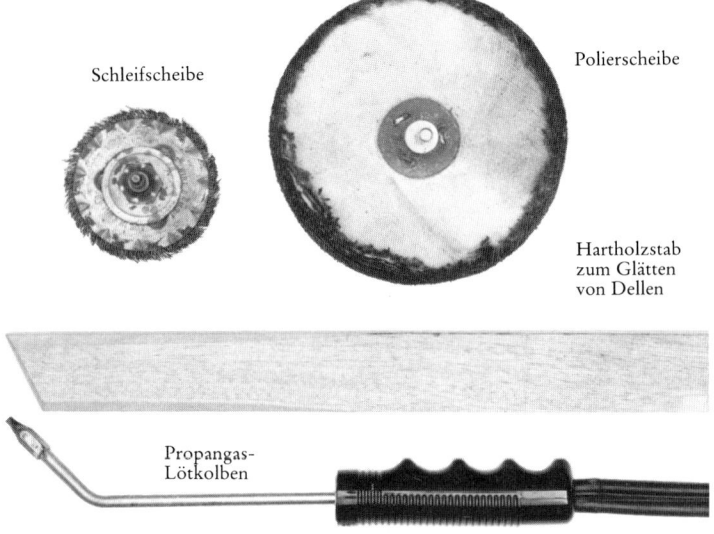

Schleifscheibe

Polierscheibe

Hartholzstab zum Glätten von Dellen

Propangas-Lötkolben

Materialien

Rostentferner zur Behandlung von Stahl und Eisen.

Farbentferner beseitigt Lack und Farbe von Messing, Kupfer oder Gußeisen.

Paraffin Damit lösen Sie Rost von Metall. Paraffin dient auch zur Herstellung von Schleifpaste.

Soda In einem elektrochemischen Verfahren wird Soda zur Entfernung von Korrosion verwendet.

Schlämmkreide Mit diesem feinen Pulver entfernen Sie winzige Kratzer.

Polierrot Siehe oben.

Schmirgelpapier und -leinen Hartes, schwarzes Papier wird zum Wegschmirgeln tiefer Kratzer benutzt. Für Silber oder Kupfer ist es zu grob.

Salmiak Mit einer milden Lösung können Sie Blei reinigen.

Methylalkohol entfernt Fett und Epoxydharzkleber-Reste.

Polierseife Eine Mischung aus feinem Schleifmittel und Wachs; mit der Schleifscheibe auftragen.

Metallpolierer ist erhältlich als Flüssigkeit, Paste und Watte.

Lack Klarer Acrylharzlack schützt poliertes Metall.

Epoxydharzkleber Damit bekommen Sie feste Verbindungen.

Cyanoacrylatkleber bindet in Sekunden ab. Für kleinere Metallteile geeignet.

Lötzinn und Flußmittel Lötzinn ist ein Metall mit niedrigem Schmelzpunkt. Das Flußmittel verhindert Oxydierung, die die Lötung schwächen würde.

Stahlwolle Nehmen Sie sehr feine Stahlwolle, um korrodiertes Metall zu reinigen und um Klebungen oder Lötungen vorzubereiten.

Metallpasten und -pulver dienen der Kaschierung mit Füllmasse ausgebesserter Stellen.

Metallwaren reinigen

Stellen Sie Metallwaren beim Reinigen immer auf ein weiches Tuch. Wenn Sie weiches Metall direkt auf den Tisch stellen, kann es beschädigt werden. Wenn Sie aus verschiedenen Materialien zusammengesetzte Gegenstände reinigen wollen, bedenken Sie, daß ein Mittel, das für Metall geeignet ist, bei dem anderen Material Schäden hervorrufen kann. Auch kann Einweichen zur Folge haben, daß sich der Kleber, der die anderen Materialien am Metall befestigt, auflöst. So dürfen Sie z. B. Besteck mit Horn- oder Elfenbeingriffen nie in heißem Wasser einweichen.

Pflege von Silber

Silber ist ein sehr schönes Metall, das durch eine langfristige Pflege sogar an Attraktivität gewinnt. Es entwickelt eine feine, leicht bläuliche Patina. Es läuft aber schnell in der Luft an, so daß sich eine Schicht aus Silbersulfid bildet, die braun oder manchmal sogar purpurn ist. Salz- oder schwefelhaltige Luft beschleunigt das Anlaufen von Silber.

Silber waschen

Nach Gebrauch sollten Sie Silber immer waschen, ebenso vor dem Polieren, um allen Staub zu entfernen, denn schon kleinste Partikel können beim Polieren das Metall verkratzen. Milde Säuren, wie z. B. Fruchtsaft, Weinessig oder Salatdressing, aber auch Reste von Eiern oder Salz müssen vom Speisegeschirr sobald wie möglich entfernt werden, um dem Anlaufen des Silbers vorzubeugen. Waschen Sie Silberstücke einzeln in heißem Seifenwasser, und wischen Sie dabei mit einem weichen Tuch darüber. Spülen Sie mit frischem, heißem Wasser nach, trocknen Sie sorgfältig ab, damit sich keine Flecken bilden. Polieren Sie mit einem weichen Tuch auf Hochglanz. Ist das Silber angelaufen, müssen Sie eine der handelsüblichen Polituren verwenden.

Silber polieren

Die Sitte, beim Polieren von Silber weiße Handschuhe zu tragen, ist keine Geziertheit; vielmehr vermeiden Sie damit das Verkratzen des Silbers mit den Fingernägeln. Außerdem wird verhindert, daß die Säure Ihrer Haut das Silber anlaufen läßt. Es gibt verschiedene Produkte zum Silberpolieren: imprägnierte Tücher, Cremes, Schaumpaste und flüssige Poliermittel. Am besten ist vielleicht eine Silberpolitur mit Langzeitwirkung – sie läßt eine chemische Barriere entstehen, die den Glanz länger als eine normale Politur bewahrt. Zum Auftragen nehmen Sie ein weiches Tuch. Wenn eine Stelle des Tuchs schmutzig geworden ist, polieren Sie mit einer sauberen Stelle weiter. Haben Sie die Trübung entfernt, polieren Sie noch einmal mit einem frischen, weichen Tuch. Säubern Sie verziertes Silber mit einer weichen Nagelbürste, und polieren Sie es mit einer weichen Haarbürste. Nochmaliges Waschen entfernt alle Spuren des Poliermittels. Polieren Sie das Stück mit einem trockenen Tuch oder Chamoisleder.

Plattiertes Silber läßt sich genauso reinigen. Jedoch trägt jedes Polieren einen kleinen Teil der Plattierung ab, bis diese eines Tages ganz verschwunden ist. Berücksichtigen Sie besonders Kanten, die sich sehr schnell abnutzen. Tauchen Sie plattierte Gegenstände besser in ein Bad, das Sulfid entfernt, ohne das Silber anzugreifen (siehe re.).

Silber aufbewahren

Damit Ihr Haushaltssilber immer glänzt, wickeln Sie es in trockenes Seidenpapier. Zu diesem Zweck können Sie auch speziell imprägnierte Tücher oder Papier beim Juwelier kaufen. Bewahren Sie das Silber in luftdichten Plastiktüten auf. Wenn Sie es in einer Schublade oder im Schrank aufheben, fügen Sie dem Verpackungsmaterial Kieselsäurekristalle in Mullsäckchen hinzu. Diese absorbieren Feuchtigkeit und halten das Silber trocken.

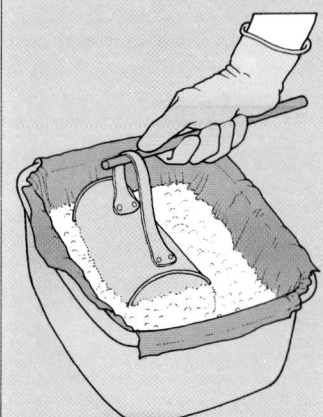

Anwendung eines Chemiebades

Chemisch können Sie, ohne das Metall anzugreifen, Kupfer, Messing und Silber reinigen. Reinigen Sie unterschiedliche Metalle nicht in demselben Bad, und baden Sie niemals Einlege- und Emailarbeiten.

Legen Sie Alufolie auf den Boden einer Plastikschüssel, und stellen Sie den Metallgegenstand darauf. Ziehen Sie Handschuhe an, lösen Sie eine halbe Tasse Natriumkarbonat (Soda) in einem Liter sehr heißem Wassers, und gießen Sie es über das Metall. Die Lösung wird kräftig brodeln, weil die aufgelöste Korrosionsschicht in die Alufolie eindringt. Nach ein oder zwei Minuten nehmen Sie das Stück mit einer Holzzange aus dem Bad. Es sieht vielleicht noch angelaufen aus, aber nachdem Sie es unter heißem Wasser abgespült und mit einem weichen Tuch getrocknet haben, sehen Sie, daß das Metall sauber ist. Verbliebene Spuren werden mit einer Lösung zur Reinigung korrodierten Messings behandelt (siehe S. 59). Wenn nötig, tauchen Sie das Stück nochmals ein.

Silber muß sofort nach dem Abspülen getrocknet und poliert werden, damit Wasserflecken vermieden werden. Fassen Sie es nicht mit Gummihandschuhen an – sie könnten schwarze Flecken hinterlassen. Sie können auch silberplattierte Stücke in die Lösung tauchen, aber wenn Grundmetall durchscheint, nur ganz kurz.

Messing pflegen

Messing wird nicht aufgrund seiner Patina bewundert, aber poliert wirkt es sehr ansprechend. Mit Ausnahme lackierter Stücke läßt sich Messing mit Wasser allein nicht reinigen. Sie müssen Metallpolitur auftragen und zuweilen ein Aufweichmittel. Poliertes Messing kann man lackieren, damit es seinen Glanz behält.

Korrosion entfernen

Wenn normale flüssige Politur oder imprägnierte Watte die Korrosion nicht beseitigen, gehen Sie folgendermaßen vor: Lösen Sie einen gestrichenen Eßlöffel Salz in einem viertel Liter Wasser, dem Sie einen Eßlöffel Weinessig zugefügt haben. Tragen Sie diese Lösung mit ganz feiner Drahtwolle auf das Messing auf. Festes Reiben ist nicht nötig, weil die Korrosion sich in diesem Bad von allein löst. Wenn das Messing klar ist, waschen Sie es in heißem Seifenwasser. Spülen Sie nach, trocknen Sie ab, tragen Sie Politur auf. Messing, das schon Grünspan aufweist, sollte in ein Bad (siehe li.) getaucht oder mit Rostentferner behandelt werden.

Kupfer pflegen

Kupfer korrodiert von einem wunderschönen Rötlichbraun, wenn es sauber ist, zu einem matten Graubraun. Bei Vernachlässigung bilden sich mit der Zeit helle Grünspanflecken. Kupfer wird wie Messing gereinigt und poliert, aber vermeiden Sie zur Schonung der Patina grobe Reinigungsmethoden. Chemische Bäder können Sie bedenkenlos zur Reinigung anwenden, aber Stahlwolle sollten Sie erst dann verwenden, wenn die angelaufenen Stellen sich als besonders hartnäckig erweisen. Statt dessen sollten Sie ein grob gewebtes Tuch – z. B. Jute – benutzen, um die Salz-/Weinessiglösung aufzutragen, worauf dann Metallpolitur mit einem weichen Tuch aufgerieben wird.

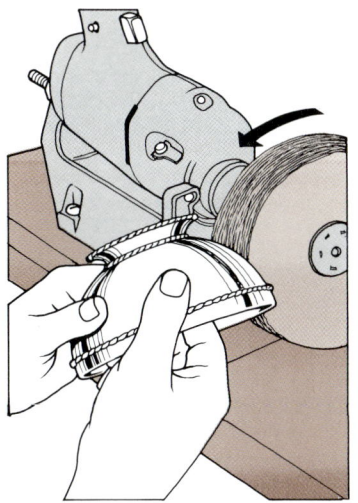

Messing polieren

Obgleich Sie Messing von Hand polieren können, lassen sich einfache Gegenstände mit einer Polierscheibe leichter auf Hochglanz bringen. Verzierte oder empfindliche Gegenstände werden jedoch mit der Hand poliert. Während der Polierarbeit führen Sie der rotierenden Scheibe Polierflüssigkeit zu, und zwar sparsam, damit sich auf dem Metall keine dicke Politurschicht bildet, die schwer zu entfernen wäre. Drücken Sie den Gegenstand unterhalb der Mitte der rotierenden Scheibe leicht an. Bewegen Sie ihn so, daß der Rand immer nach unten zeigt. Polieren Sie an der Maschine keine Objekte, die schwer zu halten sind.

Metall lackieren

Schützen Sie polierte Ziergegenstände aus Silber, Kupfer und Messing mit Klarlack auf Acrylharzbasis, der auf Dauer klar bleibt. Polyurethan dagegen vergilbt mit der Zeit.

Lackiertes Metall bleibt in Innenräumen jahrelang ungetrübt. Sie brauchen es nur ab und zu zu waschen. Sollte eine Neulackierung nötig sein, entfernen Sie die Lackreste mit Aceton oder, sollte das Stück mit Polyurethan bzw. Acrylharz lackiert gewesen sein, mit einem Farbentferner. Polieren Sie das Metall, dann waschen Sie es in warmem Seifenwasser. Entfernen Sie alle Reste von Metallpolitur mit einer Nagelbürste, denn diese würden nach einer Neulackierung als weiße Stellen sichtbar. Dann spülen und trocknen Sie das Stück. Tragen Sie den Lack mit einem weichen Flachpinsel oder einer Spritzpistole auf (siehe S. 35). Bei empfindlichen oder kompliziert gearbeiteten Stücken ist die Spritzpistole vorzuziehen. Arbeiten Sie in warmer, staubfreier Umgebung.

Wenn Sie mit dem Pinsel arbeiten, müssen Sie darauf achten, daß Sie nasse Ecken wegtupfen, bevor der Lack fest wird – schnelles Arbeiten ist also erforderlich. Überstreichen Sie dieselbe Stelle kein zweites Mal, sehen Sie zu, daß der Lack sich nicht in Vertiefungen sammelt. Sollten beim Trocknen noch Pinselspuren zu sehen sein, stellen Sie das Stück an einen Heizkörper, dessen Wärme die Spuren verfließen läßt.

Bronze pflege

Bronzepatina sollte unbedingt erhalten werden, da das Stück ansonsten beträchtlich an Wert verliert. Benutzen Sie niemals Schleifmittel oder Metallpolitur. Sie waschen das Stück nur in warmem Seifenwasser und trocknen es dann gründlich ab. Wenn Sie das Stück im Freien aufstellen, schützen Sie das Metall durch eine dünne Schicht Wachspolitur.

Die »Bronzekrankheit« – grüne pulvrige Flecken – ist eine Korrosionserscheinung bei sehr alten Bronzegegenständen; die Beschreibung ihrer Entfernung sprengt den Rahmen dieses Buches. Ein solches Stück gehört in die Hände eines Experten.

Chrom restaurieren

Sehr oft werden Sie verchromte Stücke aus dem 20. Jahrhundert finden. Obwohl sie, strenggenommen, keine Antiquitäten sind, sind sie bei Sammlern und Händlern sehr gefragt. Art-Deco-Figurinen werden besonders geschätzt.

Zur Entfernung von Fett und Schmutz von einer verchromten Oberfläche nehmen Sie einen weichen Pinsel und Seifenwasser. Wenn das Chrom leicht verfärbt ist, fügen Sie dem Wasser etwas Salmiak zu. Benutzen Sie kein Schleifmittel, das die dünne Plattierung beschädigen könnte. Spülen Sie das Metall mit Wasser, und trocknen Sie es ab. Dann tragen Sie eine Chrompolitur auf, um den Glanz wiederherzustellen.

Chrom rostet nicht, aber wenn die Plattierung dünn geworden ist, kann das Grundmetall (Kupfer, Eisen oder Stahl) korrodieren. Ein solches Stück muß von einem Fachmann behandelt und neu plattiert werden.

Pflege von verrostetem Eisen und Stahl

Luftfeuchtigkeit führt bei Eisen und Stahl zu schlimmer Korrosion. Wenn die Rostschicht nicht rechtzeitig behandelt wird, entsteht eine pockenartige Oberfläche, die mit der Zeit das Metall zerfrißt. Um Rost entgegenzuwirken, legen Sie leicht korrodierte Gegenstände einige Stunden in Paraffin. Reiben Sie den aufgeweichten Rost mit feiner Stahlwolle ab. Wenn es schneller gehen soll, besonders bei Gegenständen, die stark verrostet sind, nehmen Sie einen der üblichen Rostentferner. Um weiteres Rosten zu verhindern, überziehen Sie die Stücke mit Wachspolitur oder einem leichten Maschinenöl.

Schmiedeeisen

Schmiedeeisen wird für Tore, Geländer und Gartenmöbel verwendet, gelegentlich auch für Ziergegenstände in Innenräumen. Entfernen Sie abblätternde Farbe mit einem chemischen Farbentferner, und behandeln Sie das Metall mit Rostentferner. Schmiedeeisen kommt schwarz angemalt am besten zur Geltung. Dafür gibt es eine Spezialfarbe zu kaufen. Für Gegenstände, die im Haus stehen, kann man normale Farbe benutzen. Zuerst müssen Sie das Metall mit Bleimennige grundieren.

Kamine aus Gußeisen

Verschiedene Firmen bearbeiten das Gußeisen mit Sandstrahl, um ein Silbergrau zu bekommen. Manchmal werden die Kaminplatten poliert und lackiert.

Gußeisen

Das Gußverfahren erlaubt eine Feinheit der Ausführung, die die Schmiedekunst nicht zuläßt. Das kommt bei Türbeschlägen, Kochherden und Kaminbestecken zur Geltung. Kaminvorsätze, Dreifüße, Kaminböcke, Feuerroste und Kaminverkleidungen werden auch aus Gußeisen hergestellt, sogar Kaminsimse, komplett mit Spiegel.

Behandeln Sie Rost mit einem Entferner; wenn ein Stück längere Zeit im Freien war, sollten Sie sich vor der Schlußbehandlung vergewissern, daß es ganz trocken ist.

Viele Gegenstände aus Gußeisen haben mehrere Farbschichten, und beim Abbeizen kommen manchmal Einzelheiten zutage, die durch Farbe verdeckt waren. Entweder grundieren und bemalen Sie Gußeisen, oder Sie lackieren es, um Korrosion zu verhindern.

Pewter pflegen

Zinn (Pewter) entwickelt eine graue Patina, die viele Sammler anspricht. Andere wiederum bringen das Metall mit Poliermittel zu silbrigem Glanz. Obwohl poliertes Zinn sehr eindrucksvoll wirkt, riskieren Sie einen Wertverlust.

Leichte, matte Oxydflecke entfernen Sie mit einem milden Schleifpulver, z. B. Schlämmkreide oder Bimsmehl. Tragen Sie es mit einem öligen Lappen auf, oder machen Sie daraus eine Paste mit Paraffin. Bei schwerer Korrosion legen Sie das Stück einige Tage in Paraffin. Wischen Sie Paste bzw. Paraffin mit Methylalkohol ab, waschen Sie das Stück in warmem Seifenwasser, spülen und trocknen Sie es gründlich.

Pewter sollte nicht in der Nähe von Eichenholz stehen, weil dessen Säure das Metall angreift.

Pflege von Bleigegenständen

Möbelbeschläge, Figürchen und Spielsachen sind oft aus Blei. Bemalte Stücke, z. B. Bleisoldaten, sollten nicht ohne den Rat eines Experten ausgebessert werden.

Blei oxydiert blaßgrau. Die Oxydation ändert sich nicht und verlangt keine Behandlung. Leichte Flecken entfernen Sie mit Bimsmehl und einem öligen Tuch. Danach säubert man das Stück mit Methylalkohol. Fortgeschrittene Korrosion sieht wie weißes Pulver aus. Behandeln Sie sie in einer sehr milden Essig-Wasser-, anschließend, um die Säure zu neutralisieren, in milder Soda-Wasser-Lösung. Danach waschen Sie das Blei ein paarmal in Wasser.

Pflege von Gold und Ormolu

Nur wenige Sammler können es sich leisten, Gold zu kaufen, es sei denn Goldschmuck. Daher ist die Reinigung von Gold im Kapitel über Schmuck beschrieben (siehe S. 76).

Ormolu reinigen

Ormolu – vergoldetes Messing oder Bronze – findet sich an Möbeln, Uhren, Porzellan und Glas. Der Goldüberzug ist äußerst fein und daher an den Kanten oft abgenutzt. Es ist besser, dies hinzunehmen, als solche Stellen mit billigem Metall zu retuschieren.

Nehmen Sie das Ormoluteil zur Reinigung ab, merken Sie sich, wie es befestigt war, und achten Sie auf Befestigungsstifte oder -schrauben. Ziehen Sie Schutzhandschuhe an, und waschen Sie das Teil in einer milden Salmiaklösung, wobei Sie Schmutz abbürsten. Spülen Sie mit klarem Wasser, und reiben Sie das Stück sanft trocken. Wenn Sie das Ormolu nicht abnehmen können, decken Sie umliegende Flächen ab und benutzen Sie in Salmiaklösung getunkte Wattestäbchen. Niemals Metallpolitur nehmen!

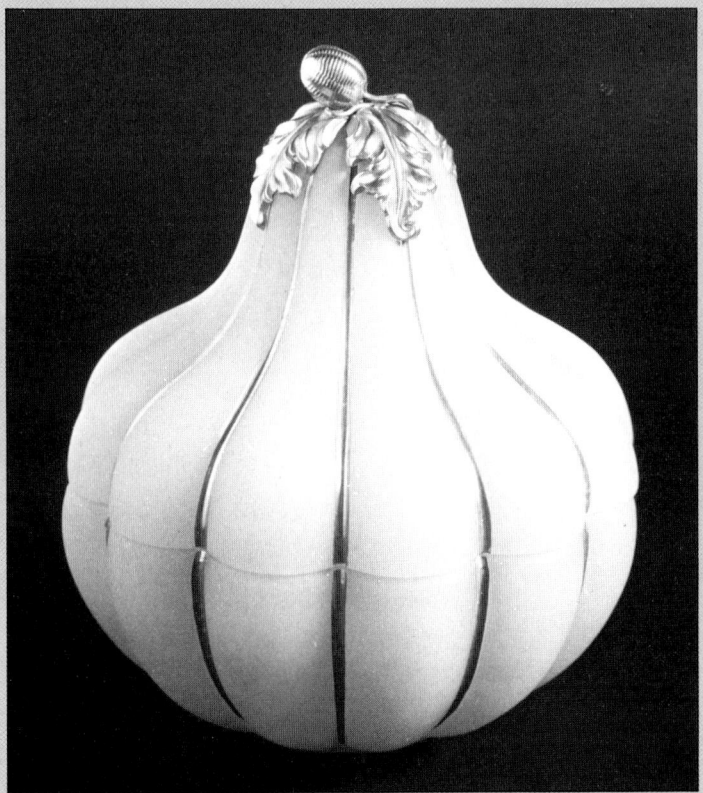

Opalinglasbehälter mit Ormoluaufsatz

Metallwaren restaurieren

Sie sollten Metallwaren – wie alle Antiquitäten – nur restaurieren, wenn Sie die Arbeit sicher beherrschen. Gehen Sie niemals an sehr kostbare Stücke. Es gibt viele einfache Arbeiten, die Sie durchführen können, und an billigem Metall können Sie üben und Erfahrung sammeln.

Bevor Sie mit der Restaurierung beginnen, sollten Sie sicher sein, daß das Stück die Reparatur lohnt. Kleinere Schäden kann man hinnehmen, denn eine schlecht ausgeführte Reparatur sieht oft schlimmer aus als der eigentliche Schaden.

Kratzer entfernen

Zum Entfernen von Kratzern benötigen Sie ein feines Schleifmittel, um das Metall bis unterhalb der Schadstelle abzuschleifen. Metallpolitur genügt dazu oft nicht. Versuchen Sie es dann mit einer Paste aus Schlämmkreide und Methylalkohol, Paraffin oder Terpentinersatz. Mit um die Fingerspitzen gewickeltem Lappen tragen Sie die Paste mit kreisenden Bewegungen auf. Danach waschen und polieren.

Schlimme Kratzer in Messing und Kupfer schmirgeln Sie mit grobem, dann mit feinerem Schleifpapier ab. Öl dient dabei als Schmiermittel. Zum Schluß Schlämmkreide und Metallpolitur anwenden.

Achtung: Benutzen Sie nie grobe Mittel auf weichen Metallen wie Silber und Zinn. Und selbst milde Mittel beschädigen Bronzepatina.

Löcher füllen

Zum Füllen von Löchern in bemaltem Gußeisen können Sie handelsübliche Füllmasse benutzen, z. B. Epoxydharzkitt. Für unbemalte Metalle mischen Sie eine Füllmasse aus Epoxydharzkleber und Metallpulver (in Geschäften für Künstlerbedarf). Verdicken Sie die Mischung mit etwas Kaolin, und tönen Sie sie mit Pigmenten in Pulverform farblich ab. Lassen Sie sie über Nacht hart werden, schleifen Sie sie dann mit feinem Schleifpapier.

Ist eine weitere Kaschierung nötig, versuchen Sie es mit Metallpaste für Bilderrahmen (in Geschäften für Künstlerbedarf). Tragen Sie die Paste mit den Fingerspitzen oder – verdünnt mit Alkohol – mit dem Pinsel auf.

Löcher in dünnem Metall hinterlegen Sie zunächst mit Modelliermasse (siehe S. 34). Wenn die Füllmasse fest geworden ist, entfernen Sie die Modelliermasse und verstär-

ken die Innenseite des Stückes mit dünnem Fiberglas (aus Autozubehörgeschäften).

Ausklopfen von Beulen

Metall formen (schmieden) verlangt Erfahrung. Deshalb sollten Sie wertvolle stark verbeulte Stücke zu einem Fachmann bringen, besonders, wenn das Metall Knicke hat, denn unsachgemäße Behandlung kann zu Rissen führen. Dennoch können Sie aus weichem Metall kleine Beulen selbst entfernen.

Hämmern kann Schäden hervorrufen. Dann wird das Metall »planiert«, d. h. mit einem breiten Hammer abgeklopft, um kleinere Unebenheiten zu entfernen. Benutzen Sie einen Plastik- oder Kugelhammer, halten Sie den Gegenstand fest an ein Holzstück, und hämmern Sie leicht auf das Metall.

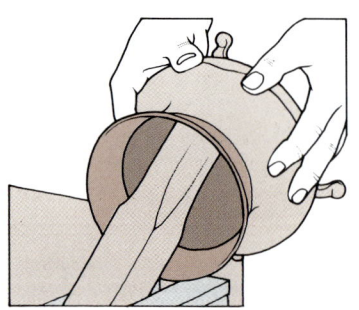

Entfernen von Beulen in Kupfer und Messing Formen Sie das Ende eines Hartholzstabs passend zur Wölbung des Metallstücks. Klemmen Sie den Stab in den Schraubstock, und halten Sie das Stück so darüber, daß die Beule richtig sitzt. Drücken Sie das Stück mit beiden Händen gegen die Holzform, bis das Metall wieder glatt ist.

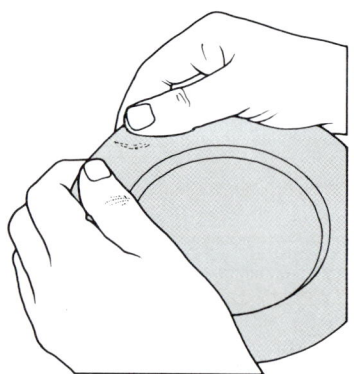

Ausklopfen von Beulen in Zinn und Blei Zinn und Blei sind so weich, daß sie sich leicht mit den Fingern formen lassen. Legen Sie ein verbeultes Stück auf eine dicke Schicht Zeitungspapier, und drücken Sie Beulen mit dem Daumen wieder ein.

Restaurieren eines verbeulten Bodens Einen Metallgegenstand mit verbeultem Boden stellen Sie auf eine harte Unterlage. Hat der Boden einen Rand, müssen Sie ihn mit einer Holzform abstützen. Drücken Sie von oben her einen Holzstab auf die Beule, und klopfen Sie sie mit dem Hammer aus.

Zerbrochene Metallwaren reparieren

Die Methode zur Reparatur von Brüchen wird von Ihrer Erfahrung, von der Art des Bruchs und den Eigenschaften des jeweiligen Metalls bestimmt. Wenn Sie nur wenig praktische Erfahrung haben und die reparierte Stelle keiner Belastung ausgesetzt wird, ist Kleben wohl die geeignetste Methode. Wird die Reparaturstelle besonders beansprucht, sollten Sie – vorausgesetzt, Sie beherrschen die Technik – löten (siehe S. 64).

Reparieren eines zerdrückten Gegenstandes

Schnupftabakdosen, Schmuckkästchen oder Fingerhüte bestehen oft aus weichen, sehr dünnen Edelmetallen und sind deshalb schnell beschädigt. Viele sind billig zu haben.

Zur Restaurierung benötigen Sie einen wie ein Brieföffner geformten Holzstab – allerdings mit abgerundeten Kanten. Glätten Sie das Werkzeug mit Schleifpapier, und wachsen Sie es leicht. Führen Sie es ein (siehe Abb. unten), bewegen Sie es leicht hin und her, und versuchen Sie so, das Stück grob in Form zu bringen. Danach stellen Sie noch ein genau in den Metallgegenstand passendes Holzstück her. Überziehen Sie es mit Wachs und schmiegen Sie das Metall langsam darüber, indem Sie mit der Handfläche klopfen. Sitzt der Former richtig, können Sie das Metall mit den Fingern nachbearbeiten und Falten glätten.

Den ersten Former einführen Durch vorsichtiges Hebeln und Hinundherbewegen führen Sie das Holz ein.

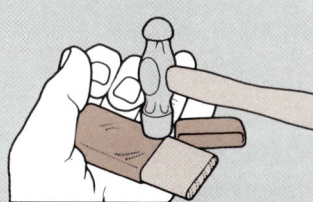

Entfernen von Falten Klopfen Sie den Gegenstand mit dem Holzformer darin vorsichtig mit einem leichten Hammer.

Klebstoff anwenden

Moderne Klebstoffe ermöglichen die Reparatur zerbrochener Metallstücke, die früher irreparabel waren. Kleber sind besonders geeignet für Metalle, die keine große Hitze vertragen, wie z. B. Zinn oder Blei. Außerdem beschädigt Hitze die Patina von Metallgegenständen, Intarsien und Beschlägen, etwa an Holz und Elfenbein. Da Klebstoffe sicher und einfach anzuwenden sind, eignen sie sich gut für Anfänger.

Wenn die Reparaturstelle stark beansprucht wird, sollten Sie mit Zinn löten, ebenso wenn kleine Oberflächen verbunden werden müssen. Dünnes Blech können Sie z. B. nicht Kante an Kante kleben, es sei denn, Sie verstärken es von hinten mit einem Metallstreifen.

Cyanoacrylatkleber eignen sich für kleinere Reparaturen, aber Zweikomponentenepoxydkleber ist stabiler.

Reparieren einer zerbrochenen Kaminverkleidung

Gußeiserne Kaminverkleidungen werden gewöhnlich mit zwei Haltevorrichtungen unterhalb des Simses an der Wand befestigt. Lockern Sie die, um die Verkleidung von der Wand abzunehmen. In manchen Fällen ist die Kaminverkleidung zusätzlich – durch die Scheuerleiste verdeckt – verankert. Wenn Sie das übersehen, kann die Metallverkleidung an der Seite brechen.

Eine zerbrochene Kaminverkleidung läßt sich mit Kleber gut reparieren, denn an der Wand wird sie keiner starken Beanspruchung ausgesetzt. Außerdem wäre sie schwer zu schweißen, obwohl eine Autowerkstatt das für Sie tun könnte.

Schrubben Sie die Reparaturstelle und die Innenseite der Verkleidung mit warmem Seifenwasser, entfernen Sie Fettspuren mit Aceton oder Methylalkohol. Stellen Sie die Verkleidung so auf, daß das kleinere Bruchstück oben ist. Setzen Sie den Kleber an, und tragen Sie ihn sparsam auf eine Kante auf. Positionieren Sie das Bruchstück bis es richtig sitzt. Sichern Sie die Teile mit Klebeband. Wischen Sie Klebstoffreste mit Methylalkohol weg, lassen Sie über Nacht abbinden. Verstärken Sie die Fuge von der Rückseite mit Fiberglas (erhältlich in Autozubehörgeschäften).

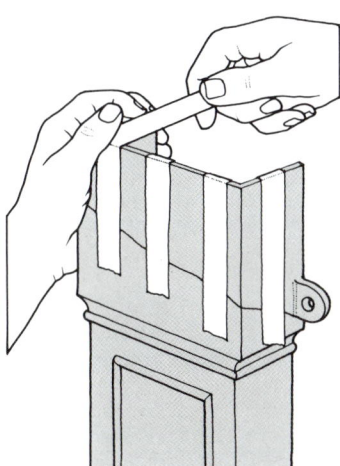

Kleben gebrochener Metallteile Nachdem Sie die gebrochenen Teile gesäubert und geklebt haben (siehe oben), befestigen Sie die Klebestellen zusätzlich mit Klebeband. Lassen Sie den Klebstoff abbinden.

Reparieren von Metall mit weichem Lötzinn

Metalle schmelzen bei unterschiedlichen Temperaturen. Den Moment, an dem das Metall flüssig wird, bezeichnet man als Schmelzpunkt. Dieser liegt bei Lötzinn niedriger als bei den meisten anderen Metallen. Daher kann Lötzinn Metalle mit höherem Schmelzpunkt verbinden. Sobald das Lötzinn abgekühlt ist, bildet es eine starke Naht.

Weiches Lötzinn ist eine Mischung aus Blei und Zinn. Sein Schmelzpunkt ist so niedrig, daß Sie die Hitze mit einem Lötkolben an einem Punkt ansetzen können, ohne Materialien wie Holz oder Elfenbein zu beschädigen, es sei denn, diese liegen direkt an der Lötstelle.

Vorausgesetzt, das Metall ist sauber, ist eine Lötnaht stärker als eine Klebung und deshalb bei stärker beanspruchten Stücken vorzuziehen.

Reinigen Sie die Teile und entfernen Sie die sich auf der Oberfläche bildende Oxydation mit einem Flußmittel. Manche aktiven Flußmittel wirken ätzend, wenn sie nicht nach Abkühlen der Lötstelle abgespült werden. Verwenden Sie deshalb nach Möglichkeit passive Flußmittel.

Für eine Weichlötung müssen die Teile eine genügend große Lötfläche bieten und eng aufeinanderliegen, wie z. B. eine Faltnaht. Das Metall muß ferner ein guter Hitzeleiter sein. Am leichtesten lassen sich Zinn, Kupfer, Messing und Blei löten. Geben Sie acht, daß Sie beim Löten von Blei dieses nicht mit schmelzen. Zinn ist noch empfindlicher und erfordert eine besonders niedrige Löttemperatur, weshalb Sie es nur mit viel Erfahrung selbst löten, andernfalls einem Fachmann überlassen sollten.

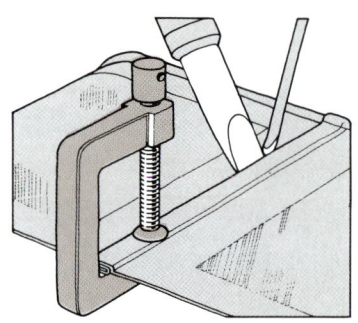

Reparatur einer Blechnaht Weiches Lötzinn eignet sich gut zur Reparatur von Faltkanten an Metallspielzeugen und -behältern. Zwingen Sie die Teile zusammen, fahren Sie dann mit dem Lötkolben entlang der Naht (s. S. 227). Da die Hitze Bemalungen beschädigen kann, ist Kleben dann sicherer. Die Lötstelle muß vorher mit um eine Schraubenzieherspitze gewickelter feiner Stahlwolle gereinigt werden.

Reparieren von Metall mit Hartlöter

Die verschiedenen zum Hartlöten benutzten Metalle haben alle einen höheren Schmelzpunkt als die Weichlöter und produzieren wesentlich stabilere Nähte. Aber die höhere Temperatur ruiniert die Patina, und brennbare Materialien, wie zum Beispiel Holz- oder Elfenbeinintarsien müssen Sie vorher abnehmen.

Erhitzen Sie das Lötmetall mit einer Lötlampe. Auch wenn Sie versuchen, die Hitzeeinwirkung auf eine Stelle zu beschränken, wird dennoch das Gesamtstück heiß.

Aus mehreren verschiedenen Teilen zusammengesetzte Gegenstände sind mit Lötmaterialien unterschiedlichen Schmelzpunktes verbunden, und zwar wurden die Nähte nacheinander mit Lot von jeweils niedrigerem Schmelzpunkt gemacht. Wenn Sie also bei einem solchen Stück eine Naht reparieren, besteht die Gefahr, daß sich beim Erhitzen andere Nähte lösen. Fragen Sie daher zunächst einen Fachmann, zumal wenn es sich um Silber handelt.

Löten eines hohlen Messingkerzenständers

Hohle, gegossene Kerzenständer brechen oft an schmalen Stellen der Säule wegen des dort dünnen Metalls. Da sie aus einem Guß sind, brauchen Sie keine Bedenken zu haben, daß sie durch Hitze auseinanderfallen. Messing läßt sich nach dem Löten auf Hochglanz polieren.

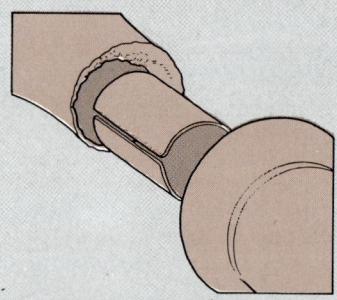

1. Verbinden Sie die Hälften mit einer Manschette, die Sie aus einer Messingplatte so zurechtbiegen, daß sie fest im Kerzenständer sitzt. Die Manschette vergrößert die Oberfläche der Lötstelle und verhindert ein seitliches Verrutschen.

2. Wenn die Manschette fest sitzt, benötigen Sie keine Zwinge. Beschweren des Kerzenständers oder Zusammenbinden mit Draht (an beiden Enden Holzstücke zwischenlegen) genügt.

3. Nach dem Löten (siehe S. 227) müssen Sie die Lötstelle mit einer feinen Feile und um einen Holzstab gewickeltem Schmirgelpapier säubern. Nach abschließendem Polieren wird man die graue Lötlinie kaum noch sehen.

FEUERWAFFEN

Feuerwaffen sammeln

Die meisten zum Kauf angebotenen alten Feuerwaffen sind Steinschloß- oder frühe Perkussionswaffen. Sie sind relativ einfach gebaut, und auch ein Amateur kann sie recht leicht restaurieren. Spätere Waffen sind komplizierter, und für viele benötigt man einen Waffenschein. Vor der Erfindung des Steinschlosses gebaute Waffen sind äußerst kostbar und sollten nur einem Waffenrestaurator anvertraut werden. Natürlich gibt es auch wertvolle Steinschloß- und Perkussionswaffen, aber man kann noch immer welche zu vernünftigen Preisen finden.

Kauftips

- Eine Waffe in überraschend gutem Zustand ist vielleicht eher ein Nachbau als eine echte Antiquität. Sie sollten eine Expertise verlangen, besonders wenn der geforderte Preis hoch ist.
- Schauen Sie nach dem Beschuß- und Herstellerstempel. Achten Sie darauf, daß Sie solche Stempel beim Restaurieren eines stark verrosteten Gewehrlaufs nicht versehentlich entfernen; sie können beim Datieren der Waffe helfen und den Wert beeinflussen.
- Prüfen Sie nie ein Gewehr, indem Sie den Hahn ohne Erlaubnis des Verkäufers spannen; eine schwache Schlagfeder könnte brechen.
- Wenn möglich, lassen Sie sich den Schloßmechanismus zeigen, um seinen Zustand überprüfen zu können (besonders bei teuren Waffen).
- Mit Dellen und Kratzern im hölzernen Schaft antiker Waffen muß gerechnet werden. Sie mindern den Wert nicht, es sei denn, sie sind sehr schwerwiegend.

Gesetzliche Bestimmungen

Wenn Sie wie die meisten Sammler mit Ihrer antiken Schußwaffe nicht schießen wollen, brauchen Sie auch keinen Waffenschein. Nach dem Gesetz gelten als Antiquitäten über hundert Jahre alte und nicht zum Schießen mit Metallpatronen geeignete Waffen.

Sollten Sie jedoch mit der Waffe schießen wollen, sollten Sie den Lauf vorher von einem Büchsenmacher nochmals beschießen lassen. Bei einem wertvollen Stück ist dies jedoch nicht ratsam, da der Lauf beim Beschuß Schaden erleiden kann. In jedem Fall erhält die Waffe einen neuen Beschußstempel, was einige Sammler nicht als wünschenswert erachten. Sie brauchen auch einen Waffenschein, um Munition kaufen zu können.

Aus diesen Gründen schießen viele Waffenfreunde lieber mit einem funktionstüchtigen Nachbau. Das sind natürlich neue Waffen, für die Sie einen Waffenschein brauchen. Sie werden die Behörden davon überzeugen müssen, daß Sie einen guten Grund haben, ein Gewehr besitzen zu wollen, und einen sicheren Platz, um es zu benutzen. Im Normalfall heißt das, daß Sie Mitglied eines Schützenvereins mit einem Schießstand werden. Wenn Sie die Waffe erstanden haben, wird Ihnen ein Schein ausgestellt, der Sie zum Kauf von Schwarzpulver zum Laden des Gewehrs berechtigt. Wenn Sie nicht sicher sind, welchen gesetzlichen Bestimmungen Sie unterliegen, fragen Sie am besten in einem renommierten Waffengeschäft. Die gesetzlichen Bestimmungen in Deutschland ändern sich ständig und sind länderspezifisch. Wir empfehlen, sich über die lokalen Modalitäten zu informieren.

Schadensliste

---

* Einfache Reparatur
** Etwas Erfahrung erforderlich
*** Facharbeit – nicht für Anfänger

Überprüfen Sie jede Waffe, die Sie kaufen wollen, sorgfältig nach folgenden Punkten:

Der Schaft

** **Risse** treten am ehesten an den schwächsten Stellen auf: entweder am Schafthals oder wo die Holzfaserung kurz ist (am Vorderschaft).
** Ein **alter Riß**, der geklebt oder zusammengebunden wurde, ist relativ einfach zu reparieren. Wurde er genagelt, sollten Sie nach Metallflecken suchen und mit Beschädigungen rechnen, während Sie die Nägel entfernen.
** Das **Holz unter der Aussparung für das Schloß** ist oft durch eine gebrochene Schlagfeder zersplittert.
* **Holzwurm** ist leicht zu behandeln, es sei denn, der Schaft ist sehr stark befallen (siehe S. 129).

Das Schloß

* Eine **verrostete Außenseite** ist leicht zu reinigen. Und ein gut sitzendes Schloß kann innen noch gut erhalten sein.
* Überprüfen Sie die **Schraube** und **obere Klemmbacke**, die den Feuerstein hält. Sie können fehlen oder unpassend ersetzt sein. Restaurierung ist möglich.
** Ist am **Schloßmechanismus** oder der Aussparung dafür augenscheinlich gearbeitet worden, um das Schloß anzupassen, ist vielleicht das ganze Schloß nicht original.

Der Lauf

* Nicht zu starke **Rostflecken** sind leicht zu entfernen. Bei Anzeichen von Brünierung sollten Sie einen Experten zu Rate ziehen.
* **Fehlende** oder **beschädigte Visiereinrichtung** kann ersetzt oder repariert werden.
* Ist der **Ladestock** gebrochen? Entfernen Sie ihn zur Kontrolle. Reparieren ist möglich.
* Fehlendes oder unpassendes **Zubehör** ist zu ersetzen.

Waffen datieren

Beschuß- und Herstellerstempel
können Hinweise auf das Alter der
Waffe geben, wenn nicht das Her-
stellungsdatum nennen. Aber auch
verschiedene Stil- und Konstruk-
tionsmerkmale bestimmen den Ter-
minus post quem – z. B. kann ein
englisches Gewehr mit einem Beschußstempel aus Birmingham
nicht vor 1813 gebaut worden sein.
Sie sollten diese Merkmale jedoch
nur als grobe Richtschnur verwenden, da viele über sehr lange Zeit
beibehalten wurden. Außerdem
waren manche Konstruktionsmerk-
male in technisch rückständigen
Ländern noch üblich, nachdem sie
in Industrieländern bereits überholt
waren.

In der Vergangenheit vorgenom-
mene Umbauten können die Datierung zusätzlich erschweren. Ein
Steinschloß kann z. B. zu einem
Perkussionsschloß umgearbeitet
worden sein zu einer Zeit, als ein
Steinschloß einfach als altmodisch
gegolten hätte. Gewisse Änderungen sind leicht zu erkennen: z. B.
der auf einer Steinschloßplatte an-
gebrachte Piston. Es wäre dumm,
heutzutage eine alte Waffe umzu-
bauen, aber zeitgenössischen Um-
gestaltungen sind wertvolle Beispiele für eine Übergangszeit und
durchaus sammelnswert.

Gezogener Lauf

Die gewundenen Rillen bzw. Züge
geben einer Kugel oder einem Ge-
schoß einen Drall, um den Flug zu
stabilisieren und somit Treffsicher-
heit und Reichweite zu verbessern.
Sie können die Züge und Felder
erkennen, indem Sie in die Mündung schauen. Eine brauchbare Visiereinrichtung läßt ebenfalls auf
einen gezogenen Lauf schließen, da
das Visier sonst sinnlos wäre.

Jedes Gewehr kann einen gezogenen Lauf haben, denn diese gibt
es seit Ende des 15. Jahrhunderts.
Sie blieben jedoch bis zur Erfindung des Perkussionsschlosses im
19. Jahrhundert selten.

Zweiläufige Waffen

Doppelläufige Flinten oder Vogel-
flinten setzten sich ungefähr um
1810 durch, als die verbesserte
Kammerkonstruktion es ermöglichte, die Länge des Laufs und
folglich das Gewicht zu reduzieren.

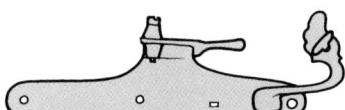

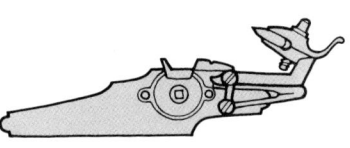

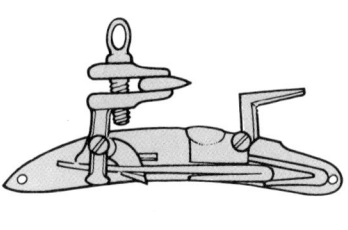

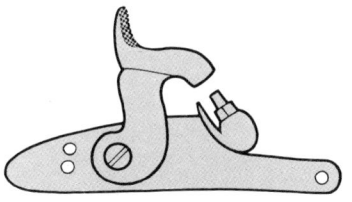

Luntenschloß

Mitte des 15. Jahrhunderts tauchten
mit einer Lunte zu zündende
Handbüchsen auf. Durch Drücken
des Abzugs bewegt sich die Serpen-
tine mit der glühenden Schnur in
die Zündpfanne und zündet die Ladung. Luntenschlösser waren einfach herzustellen und deshalb noch
im 17. Jahrhundert in Gebrauch.

Radschloß

Die ältesten Radschloßwaffen stammen aus dem frühen 16. Jahrhundert. Bei Betätigung des Abzugs
wird durch eine Schlagfeder das
Rad gedreht und schlägt aus Schwe-
felkies Funken, die das Pulver in
der Pfanne entzünden. Jede alte
Radschloßwaffe ist wertvoll.

Schnappschloß

Diese Form des Steinschlosses wurde in den meisten Ländern bis Mitte
des 16. Jahrhunderts konstruiert, in
Marokko bis 1885. Im Gegensatz
zum echten Steinschloß funktionieren Feuerstein und Zündpfannendeckel separat (siehe S. 71).

Miqueletschloß

Diese Steinschloßversion ist erst
nach 1600 konstruiert worden. Sie
hat einen kombinierten Stahl- und
Zündpfannendeckel (siehe S. 71),
unterscheidet sich aber vom echten
Steinschloß durch ihre große,
außenliegende Schlagfeder.

Steinschloß

Das Steinschloß wurde von Marin
le Bourgeoys zwischen 1610 und
1615 entwickelt. Es kombiniert die
Vorteile des Schnapp- und des
Miqueletschlosses: mit kombinier-
tem Stahl- und Zündpfannendeckel
und innenliegender Schlagfeder. Es
war der Nachfolger des Lunten-
schlosses für militärische Zwecke
und wurde mit wenigen Veränder-
ungen bis ungefähr 1830 verwendet.

Perkussionsschloß

Im frühen 19. Jahrhundert experi-
mentierten Büchsenmacher mit
Zündsystemen unter Verwendung
von Piston und Zündhütchen. Ein
System wurde in den 30er Jahren
des 19. Jahrhunderts unter dem
Namen Perkussionswaffe bekannt.

Werkzeuge und Materialien

Sie benötigen zur Restaurierung früher Feuerwaffen relativ wenige Werkzeuge, obwohl darunter einige Spezialwerkzeuge sind. Feuerwaffen sind im wesentlichen eine Kombination aus Metall und Holz, und man braucht jeweils entsprechende Werkzeuge. Der Zusammenbau von Waffen jedoch, die nach der Steinschloß- und Perkussionswaffe entwickelt worden sind, ist ein so komplizierter Vorgang, daß Sie Fachbücher lesen oder einen erfahrenen Restaurator über Werkzeuge und Arbeitsmethoden um Rat fragen sollten.

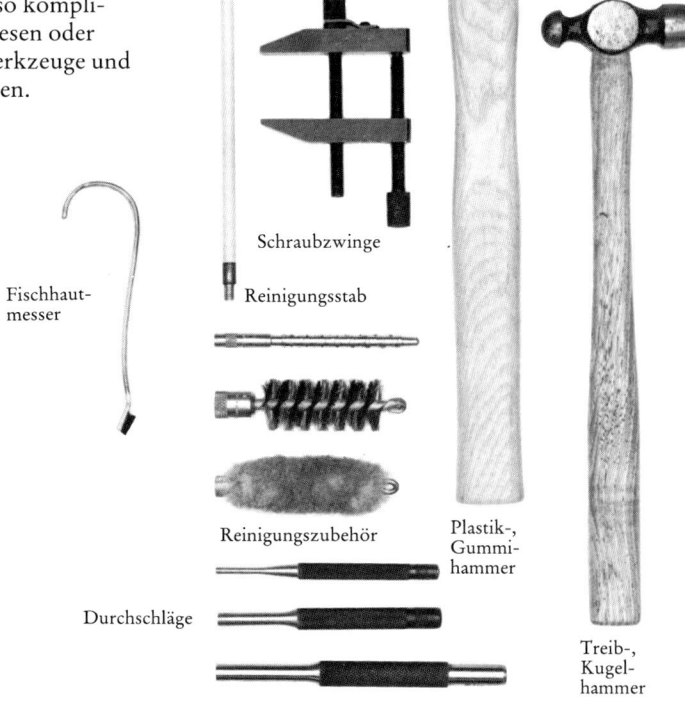

Fischhautmesser

Reinigungsstab

Schraubzwinge

Reinigungszubehör

Durchschläge

Plastik-, Gummihammer

Treib-, Kugelhammer

Werkzeuge

Schraubenzieher Zum Abmontieren von Schlössern und Beschlägen brauchen Sie einige Schraubenzieher, die genau passen müssen, damit der Schraubenschlitz nicht beschädigt wird.

Durchschlag und/oder ähnliche Metallstäbe, um konische Metallstifte herauszuschlagen.

Messingdrahtbürste reinigt zuverlässig verrosteten Stahl.

Zangen Sie brauchen je eine Kombinations-, Flach- und Spitzzange.

Zwinge zum Zusammendrücken der Schlagfeder, während Sie das Schloß auseinandernehmen.

Feilen Glatte Feilen für die Reinigung verkratzten Metalls.

Laubsägeblatt zum Säubern der Schraubenschlitze.

Schraubstock mit weichen Backen zum schonenden Festhalten des Gewehrs.

Hämmer Verwenden Sie einen leichten Hammer für allgemeine Arbeiten, einen mittelschweren, um den Durchschlag einzuschlagen, und einen Plastikhammer bei Teilen, die der normale Hammer beschädigen würde.

Werkzeuge für Holzarbeiten Ein Werkzeugkasten für Holzarbeiten (siehe S. 98 ff.), um den Schaft zu reparieren.

Fischhautmesser zum Aufrauhen der Fischhaut auf dem Schaft.

Reinigungswerkzeug Sie brauchen einen Reinigungsstock, Bürsten, Wollwischer und Lappenhalter, um den Lauf zu reinigen; beim Büchsenmacher erhältlich.

Gasschweißbrenner oder Lötlampe zum Erhitzen des Metalls, um durch Expansion und Kontraktion den Rost aufzubrechen.

Werkbank Eine feste Bank mit Schraubstock. Metall- und Holzteile werden auf Zeitungspapier ausgelegt, um sie vor Metallspänen zu schützen.

Elektrowerkzeug braucht man bei der Waffenrestaurierung, aber es ist mit Vorsicht zu benutzen. Ein Elektrobohrer eignet sich bestens zum Bohren kleiner, präziser Löcher, wobei mäßiger Druck ausgeübt werden kann. Beim Metallbohren von Hand jedoch ist viel Druck nötig. Ein Stahllauf kann mit einer elektrischen Polierscheibe oder sogar einer Drahtbürste gereinigt werden, aber nur, wenn er keine Gravuren und Intarsien hat.

Materialien

Rostentferner siehe S. 57.

Öl Ein leichtes Maschinenöl zum Einölen und zur Rostverhütung. Nehmen Sie ein graphitfreies Öl (Petroleum), um rostige Teile zu lösen.

Drahtwolle in den Stärken 00 und 000 zur Reinigung von Metall und Holz.

Leinöl ist für den Schaft das beste Poliermittel, wobei gekochtes Leinöl schneller trocknet.

Schmirgelpapier für stark verrosteten Stahl. Achten Sie darauf, vorhandene Gravuren, Intarsien oder Stempelmarken nicht zu entfernen.

Ist die Waffe geladen?

Beim Kauf einer alten Waffe ist es äußerst wichtig, herauszufinden, ob die Waffe noch geladen ist. Bei Vorderladerwaffen können Sie das dadurch feststellen, daß Sie die Innenlänge des Laufs mit der Außenlänge vergleichen. Um die Innenlänge zu messen, fahren Sie mit einem Holzstab in den Gewehrlauf, bis er hinten am Verschluß anliegt.

Markieren Sie den Stock an der Mündung, und ziehen Sie ihn wieder heraus. Halten Sie den Stock außen an den Lauf, und vergleichen Sie das Innenmaß mit der Außenlänge. Wenn das entfernte Ende des Stocks bis ans Zündloch (Steinschloß) bzw. an das Piston (Perkussionsschloß) reicht, ist die Waffe nicht geladen.

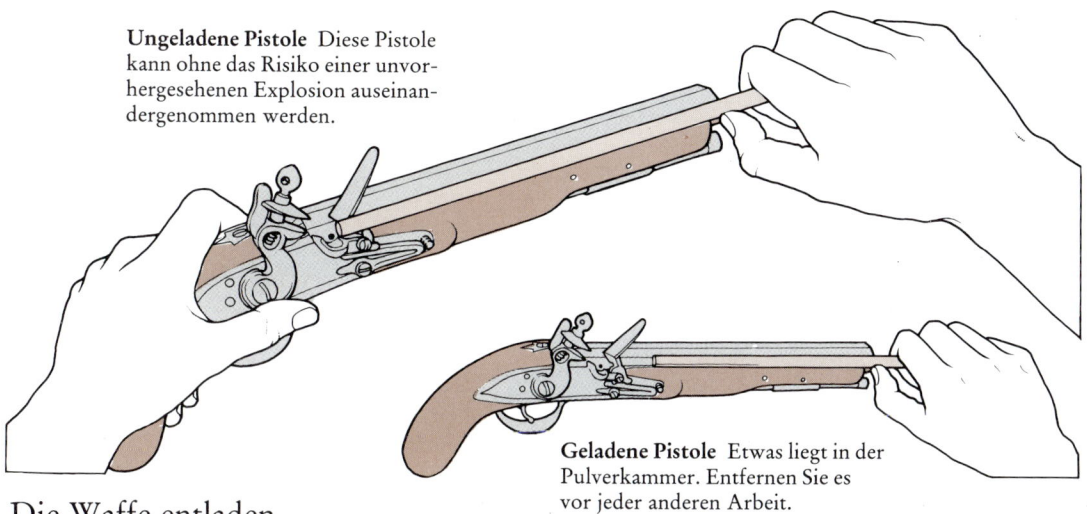

Ungeladene Pistole Diese Pistole kann ohne das Risiko einer unvorhergesehenen Explosion auseinandergenommen werden.

Geladene Pistole Etwas liegt in der Pulverkammer. Entfernen Sie es vor jeder anderen Arbeit.

Die Waffe entladen

Wenn die Ladung lange in der Pulverkammer sitzt, können Stahl, Blei und Salze im Schießpulver Rost verursacht haben. Das Entfernen solcher Ladung ähnelt dem Entkorken von Flaschen: Mit richtigem Werkzeug sorgfältig ausgeführt, ist es einfach, aber jeder Fehler macht die Sache doppelt schwierig.

Das Gewehr kann am Ende des Ladestocks einen sogenannten Wurm bzw. eine Schraube haben, die zum Entfernen der Ladung dient. Wenn nicht, machen Sie einen Auszieher, indem Sie eine gewöhnliche Holzschraube ohne Kopf in ein Ende eines Messing- oder Stahlrohrs einschweißen. In das andere Ende löten Sie eine Bohrspitze so, daß sie zentriert ist.

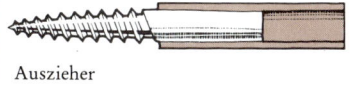

Auszieher

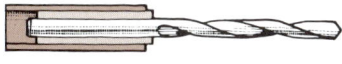

Zentrieren der Bohrspitze

1. Stecken Sie die Schraube durch eine Pappscheibe mit dem Durchmesser des Kalibers Ihrer Waffe, und führen Sie sie in den Lauf ein, wobei Sie sie in den »Verdämmungspfropfen« (ein Papier- oder Stoffpfropfen auf der Kugel) schrauben. Die Scheibe wird die Schraube zentrieren. Versuchen Sie den Verdämmungspfropfen herauszuziehen. Wenn die Kugel nicht herausrollt, benutzen Sie die Bohrspitze. Umwickeln Sie das Rohr mit Klebeband, damit Sie besser greifen können.

2. Bohren Sie in die Kugel ein kleines Loch. Dann ziehen Sie die Bohrspitze heraus und drehen die Schraube in das Loch, wobei Sie sie mittels der Pappscheibe zentrieren.

3. Ziehen Sie die Kugel heraus, und klopfen Sie loses Pulver aus der Kammer. Führen Sie die Schraube noch einmal ein, um sicherzugehen, daß kein Pfropfen hinter der Kugel sitzt. Messen Sie nochmal Innen- und Außenlänge des Laufs (s. o.).

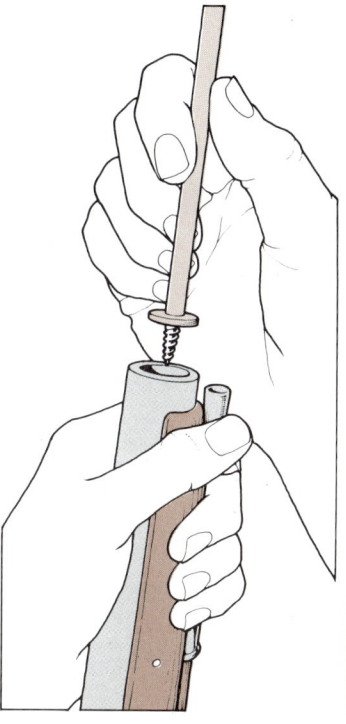

Waffen reinigen und restaurieren

Bevor Sie mit der Restaurierung der Waffe anfangen, zerlegen Sie sie und untersuchen Sie jedes Teil nach Beschädigungen und Abnutzungserscheinungen. Ersatzteile gibt es zu kaufen. Das hier gezeigte Verfahren eignet sich für Langlaufwaffen und Pistolen, wobei bei einem Perkussionsschloß ähnlich verfahren wird wie bei einem Steinschloß.

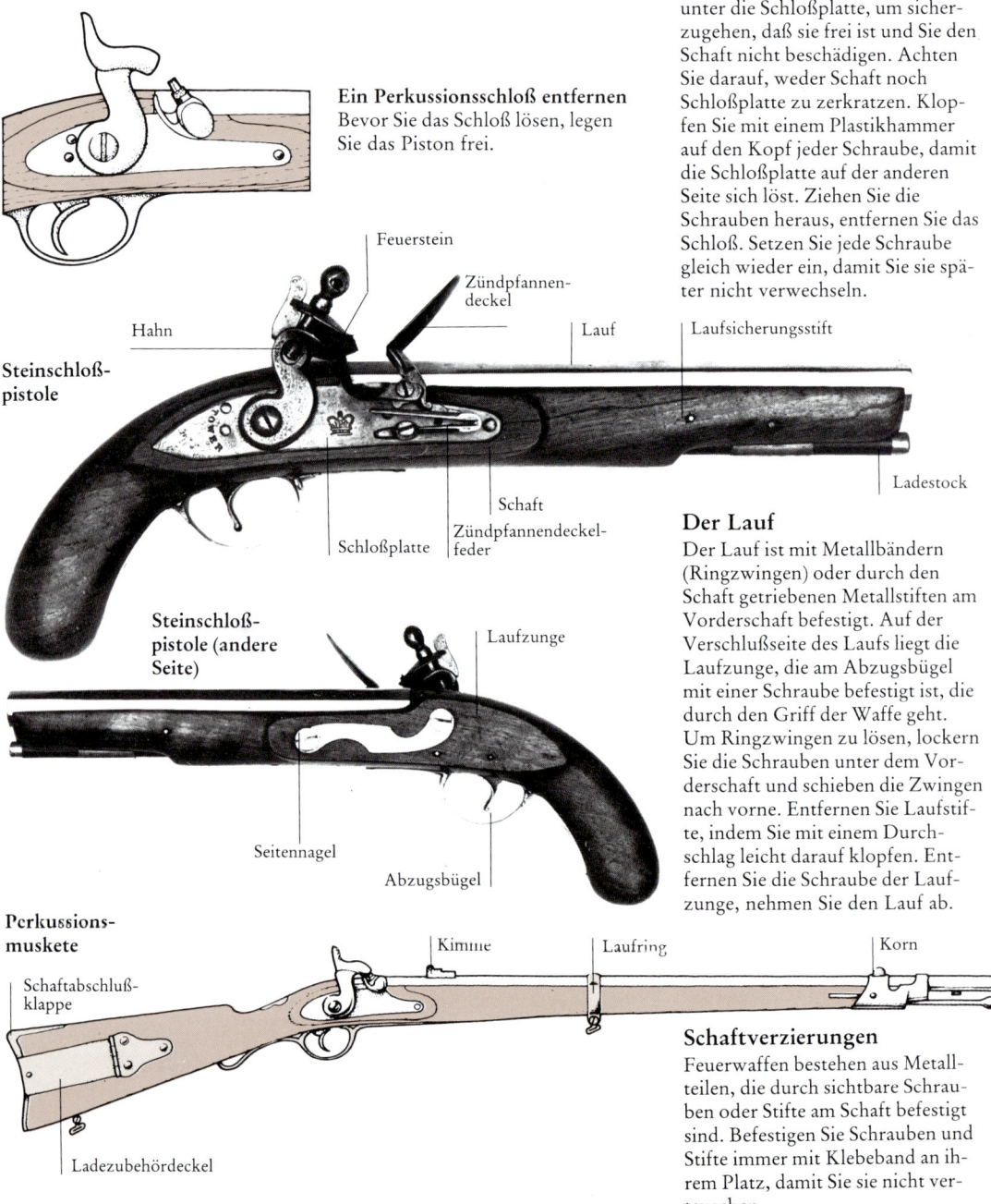

Das Schloß

Das Schloß ist mit Schrauben oder »Seitennägeln« befestigt, die durch den Schaft in die Schloßplatte eingeschlagen sind. Reinigen Sie die Schlitze, drehen Sie die Schrauben mit einem passenden Schraubenzieher. Fahren Sie mit einer Klinge unter die Schloßplatte, um sicherzugehen, daß sie frei ist und Sie den Schaft nicht beschädigen. Achten Sie darauf, weder Schaft noch Schloßplatte zu zerkratzen. Klopfen Sie mit einem Plastikhammer auf den Kopf jeder Schraube, damit die Schloßplatte auf der anderen Seite sich löst. Ziehen Sie die Schrauben heraus, entfernen Sie das Schloß. Setzen Sie jede Schraube gleich wieder ein, damit Sie sie später nicht verwechseln.

Ein Perkussionsschloß entfernen
Bevor Sie das Schloß lösen, legen Sie das Piston frei.

Steinschloß-pistole

Hahn · Feuerstein · Zündpfannendeckel · Lauf · Laufsicherungsstift · Schloßplatte · Schaft · Zündpfannendeckelfeder · Ladestock

Steinschloß-pistole (andere Seite)

Laufzunge · Seitennagel · Abzugsbügel

Der Lauf

Der Lauf ist mit Metallbändern (Ringzwingen) oder durch den Schaft getriebenen Metallstiften am Vorderschaft befestigt. Auf der Verschlußseite des Laufs liegt die Laufzunge, die am Abzugsbügel mit einer Schraube befestigt ist, die durch den Griff der Waffe geht. Um Ringzwingen zu lösen, lockern Sie die Schrauben unter dem Vorderschaft und schieben die Zwingen nach vorne. Entfernen Sie Laufstifte, indem Sie mit einem Durchschlag leicht darauf klopfen. Entfernen Sie die Schraube der Laufzunge, nehmen Sie den Lauf ab.

Perkussionsmuskete

Schaftabschlußklappe · Kimme · Laufring · Korn · Ladezubehördeckel

Schaftverzierungen

Feuerwaffen bestehen aus Metallteilen, die durch sichtbare Schrauben oder Stifte am Schaft befestigt sind. Befestigen Sie Schrauben und Stifte immer mit Klebeband an ihrem Platz, damit Sie sie nicht vertauschen.

Das Schloß reinigen

Selbst wenn das Schloß außen stark verrostet ist, kann der Mechanismus im Inneren wie neu sein, wenn das Schloß genau sitzt. Ist die Waffe jedoch vernachlässigt worden, müssen Sie mit Rost rechnen. Bevor Sie das Schloß betätigen oder auseinandernehmen, entfernen Sie den Feuerstein, sofern vorhanden, und tauchen Sie dann den Schloßmechanismus in Petroleum.

Als erstes lockern Sie die Schlagfeder. Spannen Sie den Hahn, um die Feder zusammenzudrücken, wobei Sie weder den Abzug noch die Unterseite des Hahns oder Hammers berühren dürfen. Dann spannen Sie die Feder mit einer Zwinge. Vorsicht, die Feder könnte brechen, wenn sie aus der Zwinge rutscht und auseinanderschnellt. Lassen Sie den Hahn oder Hammer vorsichtig herunter, entfernen Sie die übrigen Schrauben, bevor Sie die Schlagfeder herausnehmen.

Dann entfernen Sie die Zentralschraube (Hahnschraube) und heben den Hahn oder Hammer aus seinem quadratischen Schaft. Bevor Sie die Abzugstange entfernen, sollten Sie sich vergewissern, daß sich ihre Schraube dreht. Wenn nicht, schmieren Sie sie mit Petroleum ein. Mit einer Flachzange drücken Sie die Abzugstangenfeder zusammen. Jetzt entfernen Sie die Schraube und lassen die Abzugstangenfeder los.

Kein anderes Innenteil ist nunmehr unter Spannung, weshalb Sie die Teile auseinandernehmen können, indem Sie die Schrauben entfernen und auf ihre Position achten. Als letztes entfernen Sie den Zündpfannendeckel, indem Sie seine Feder mit einer Zange zusammendrücken oder die Unterseite des Zündpfannendeckels mit einem Schraubenzieher hochheben. Wenn die Waffe wertvoll ist, umwickeln Sie das Werkzeug mit Klebeband, um das Metall zu schützen. Entfernen Sie die Schrauben, um den Zündpfannendeckel abzunehmen und dann die Feder zu lösen.

Bearbeiten Sie alle Teile mit Rostentferner; sparen Sie etwaige Herstellerstempel auf der Schloßplatte aus. Ölen Sie die Teile leicht ein, bevor Sie sie in umgekehrter Reihenfolge zusammenbauen.

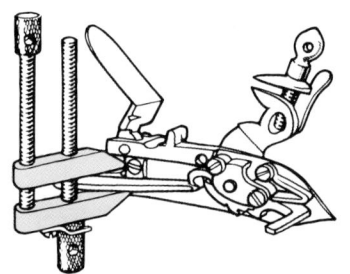

Werkzeugmacher-Zwinge

Ein Steinschloß auseinandernehmen Bevor Sie die Hauptfeder vom Schloß entfernen können, müssen Sie sie einzwingen, am besten mit einem Spezialwerkzeug vom Büchsenmacher. Sie können auch eine Werkzeugmacher-Zwinge benutzen.

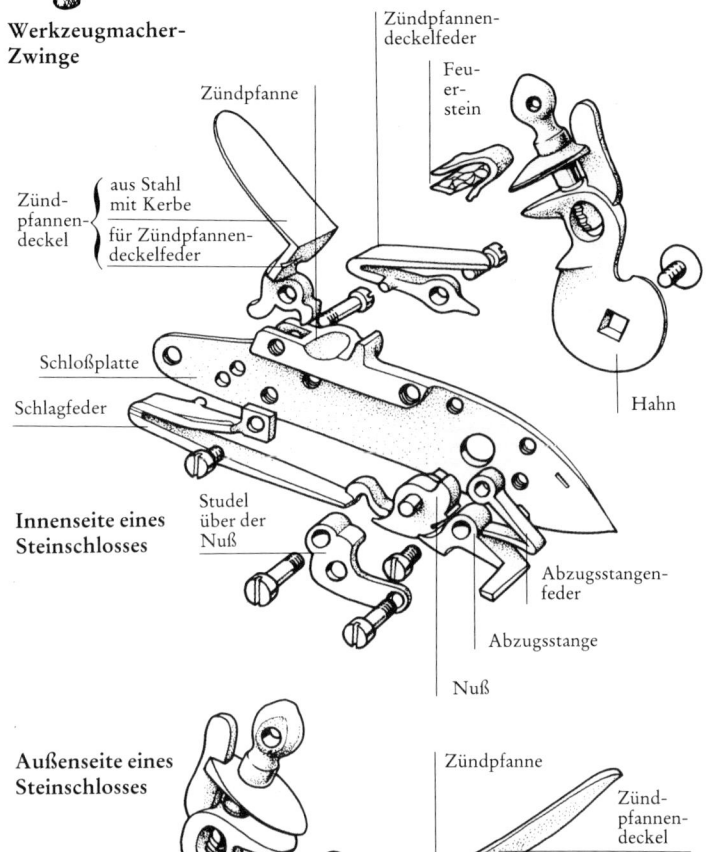

Zündpfannendeckelfeder

Feuerstein

Zündpfanne

Zündpfannendeckel { aus Stahl mit Kerbe / für Zündpfannendeckelfeder

Schloßplatte

Schlagfeder

Hahn

Innenseite eines Steinschlosses

Studel über der Nuß

Abzugsstangenfeder

Abzugsstange

Nuß

Außenseite eines Steinschlosses

Zündpfanne

Zündpfannendeckel

Zündpfannendeckelfeder

Hahn

Ein Perkussionsschloß auseinandernehmen Man nimmt ein Perkussionsschloß genauso auseinander wie ein Steinschloß. Ein Perkussionsschloß hat anstelle des Hahns einen Hammer, und es hat keine Zündpfanne.

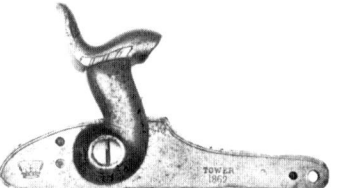

Den Lauf restaurieren

Zuvor entfernen Sie Visiereinrichtung, Piston sowie die Verschlußschraube am hinteren Ende des Laufs. Hierfür stellen Sie den Lauf in eine Kanne Petroleum und gießen etwas in den Lauf, damit sich das Gewinde löst. Klemmen Sie die Verschlußschraube in einen Schraubstock, und versuchen Sie sie durch Drehen des Laufs zu lösen. Es geht besser mit Gummihandschuhen. Wenn die Schraube festsitzt, benutzen Sie auf dem Lauf einen Treibriemen oder erwärmen sie ihn, damit er sich ausdehnt und dadurch den Rost sprengt.

Wenn das Innere rostig ist, benutzen Sie eine Messingbürste (beim Büchsenmacher erhältlich). Stecken Sie die Bürste auf den Reinigungsstock, tauchen Sie sie in Rostentferner, und machen Sie damit den Lauf sauber. Waschen Sie ihn mit warmem Wasser aus und wiederholen Sie es, falls nötig. Säubern Sie das Zündloch mit einem Cocktailspieß oder mit einem Stück Messing- oder Aluminiumdraht.

Die Außenseite behandeln Sie mit Rostentferner, den Sie mit einer Nagel- oder feinen Messingdrahtbürste einreiben. Spülen und trocknen Sie den Lauf. Mit Hilfe eines Lappenhalters reinigen Sie ihn innen mit einem Tuch. Säubern Sie die Außenseite mit feiner Drahtwolle und Schmirgelpapier. Achten Sie darauf, dekorative Flächen und Meistermarken nicht zu beschädigen. Reinigen und trocknen Sie den Lauf erneut, reiben Sie die Außenseite mit einem öligen Lappen ab, innen wischen Sie mit einem leicht geölten Wollwischer durch.

Ölen Sie die Verschlußschraube, und bringen Sie sie wieder an. Sie muß ganz eingedreht werden, sonst paßt der Lauf nicht in seine Fassung.

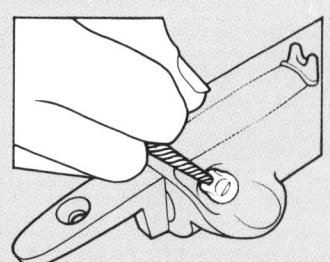

Die Verschlußschraube anbringen Vergewissern Sie sich, daß das Gewinde sauber ist. Drehen Sie die Schraube vorsichtig ein, damit sie sich nicht verkantet.

Schaftbeschläge restaurieren

Schaftbeschläge werden aus Messing, Stahl oder Edelmetallen hergestellt und sollten vor der Reinigung abgemacht werden. Wie Metallbeschläge gereinigt und restauriert werden, entnehmen Sie den Seiten 58 ff. Außer Beschlägen kann der Schaft auch Einlegearbeiten haben. Da diese äußerst empfindlich sein können, sollten Sie behutsam vorgehen, wenn Sie eine solche Waffe restaurieren.

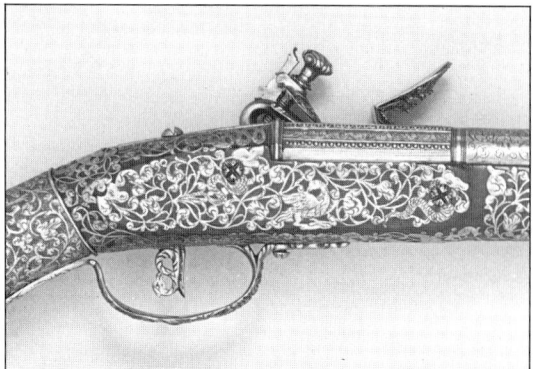

Schaft mit Einlegearbeiten Der Schaft dieser Pistole aus dem späten 17. Jahrhundert ist mit durchbrochenen Messing- und Stahleinlagen verziert; das Schloß weist Reliefgravur auf.

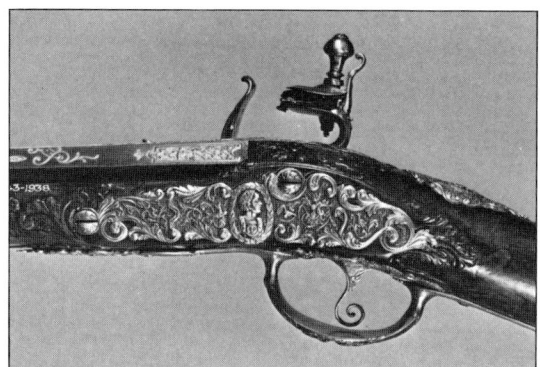

Schaft mit silbernen Beschlägen Eine Waffe aus dem 17. Jahrhundert mit silbernem Beschlagwerk

Ein gebrochenes Piston ersetzen

Wenn das Piston einer Perkussionswaffe aufgrund starken Rosts im Innern gebrochen ist, ersetzen Sie es. Sie können bei einem Werkzeugmacher ein neues anfertigen lassen. Weichen Sie das Piston in Petroleum ein, und versuchen Sie es dann mit einem Pistonschlüssel zu bewegen. Erhitzen Sie wenn nötig das Piston auf der Schloßgegenseite. Wenn die flachen Seiten des Pistons leicht gerundet sind, können Sie es mit einem Schloßentferner herausziehen. Schlagen Sie ihn fest in das Pistonloch ein, und ziehen Sie ihn mit dem Piston heraus.

Anwendung eines Schloßausziehers Mit einem Bohrer öffnen Sie das Loch im Piston und lassen für das Werkzeug genügend Metall stehen. Drehen Sie den Auszieher gegen den Uhrzeigersinn.

Den Schaft aufarbeiten

Der hölzerne Schaft weist die Abnutzungserscheinungen auf, die mit der Zeit bei Holz auftreten. Wie Dellen, kleine Risse, Löcher behoben und Holzwurm bekämpft werden, entnehmen Sie den Seiten 105 und 129. Bevor Sie das Holz bearbeiten, entfernen Sie möglichst die Schaftbeschläge. Schützen Sie Verzierungen, die Sie nicht abnehmen können, mit Kreppband.

Kratzer sind auf Feuerwaffen eher hinzunehmen als auf guten Möbeln. Sollte das Ausmaß der Beschädigungen jedoch größer sein, sind Ausbesserungsarbeiten angebracht. Löcher können Sie mit dem passenden Holz flicken (siehe S. 224). Wenn Ihnen billige und stark beschädigte Waffen angeboten werden, sollten Sie sie nicht zurückweisen, da sie Ihnen Holz und Ersatzteile liefern können.

Den ausgebesserten Schaft ölen Sie mit Leinöl ein (siehe S. 68); anschließend mit einem weichen Tuch nachwischen.

Fischhaut reinigen

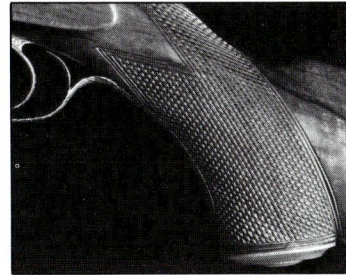

Fischhaut, einander kreuzende V-förmige Linien, findet man auf Pistolengriffen, an der dünnsten Stelle des Schafts und am Vorderschaft von Gewehren. Sie hilft die Waffe besser festzuhalten. Ständiger Gebrauch nutzt sie ab, die Einschnitte füllen sich mit Schmutz und Fett. Mit einer alten Zahnbürste und einer Mischung aus vier Teilen Alkohol auf ein Teil Leinöl reinigen Sie sie.

Wenn Sie das rohe Holz freigelegt haben, können Sie die Fischhaut mit dem Fischhautmesser nachschneiden. Sie können auch selbst ein Werkzeug herstellen: Sie nehmen ein kurzes Stück einer rela-

tiv groben, dreieckigen Feile und schleifen die Spitze sichelförmig zu. Löten Sie ein Stück flachen Stahldraht an die Spitze, und biegen Sie das andere Ende so um, daß es in Ihren Handballen paßt.

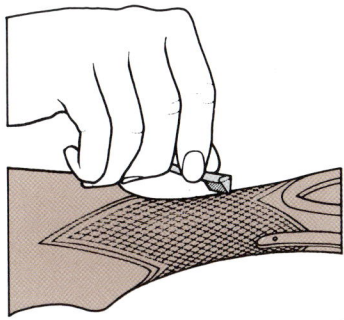

Reinigungsvorgang Machen Sie mit dem Fischhautmesser kurze Schnitte, um die Fischhaut nachzuschneiden. Beginnen Sie in relativ sauberen Rillen, damit Sie das Grundmuster sehen.

Waffen ausstellen

Nach jedem Anfassen sollten Sie die Waffe mit einem geölten Lappen abreiben, da die Hautfeuchtigkeit auf Metallteilen Fingerabdrücke hinterlassen kann. Wenn der Schaft trocken aussieht, tragen Sie etwas Leinöl auf; ölen Sie

ebenfalls von Zeit zu Zeit das Schloß.

Um Gewehre zur Schau zu stellen und auch vor Staub zu schützen, stellen Sie sie in einem Gewehrschrank mit Glastür auf.

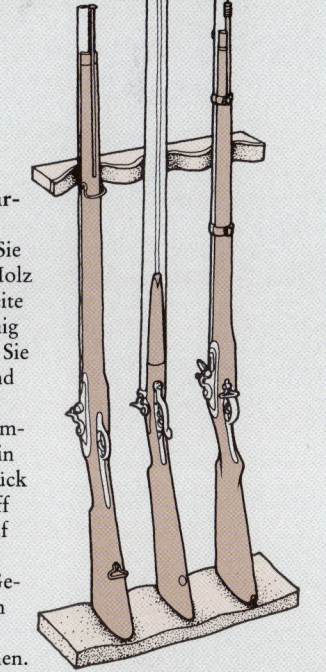

Ein Gewehrständer Schneiden Sie ein Stück Holz auf einer Seite wellenförmig aus, kleben Sie anschließend eine dünne Lage Schaumstoff auf. Ein dickeres Stück Schaumstoff legen Sie auf den Boden, damit die Gewehrkolben nicht nach vorn rutschen.

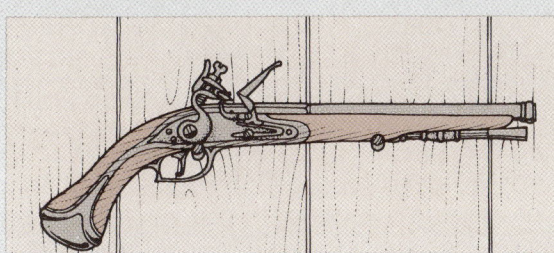

Waffen an die Wand hängen Geölte Waffen können Tapeten beschmutzen. Sie können sie jedoch an eine Holzwand hängen, wo sie auf nach oben stehenden Stiften liegen.

Taschenpistolen restaurieren

Wie der Name sagt, sind Taschenpistolen kleine Waffen, die Frauen und Männer zu ihrem persönlichen Schutz mit sich führten. In der Regel wurde ein besonderer Schloßmechanismus verwendet, das sogenannte Kastenschloß. Dieser Mechanismus war mit einem zentral eingebauten Hammer oder Hahn ausgerüstet. Aber es gibt auch Perkussionstaschenpistolen mit seitlich angebrachtem Hammer. Die meisten Taschenpistolen haben einen abschraubbaren Lauf. Die Waffe wurde erst nach Abschrauben des Laufs geladen. Eine Pulverladung wurde in den nach oben gerichteten Verschluß gesteckt, die Kugel daraufgesetzt und der Lauf wieder festgeschraubt.

Ein Kastenschloß auseinandernehmen

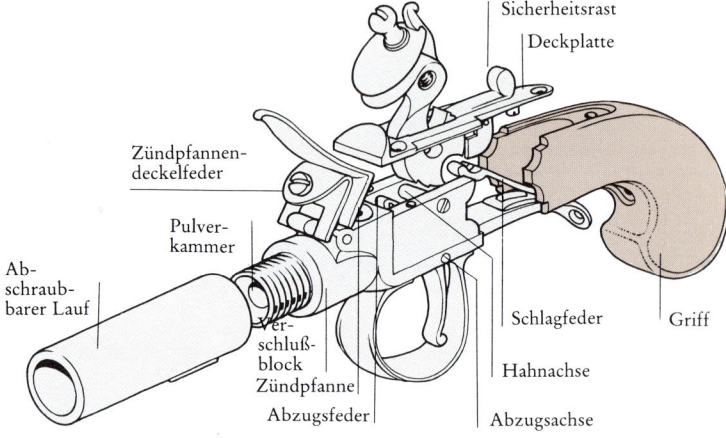

Eine Steinschloßpistole wird genauso auseinandergenommen wie eine Perkussionspistole, außer daß beim Steinschloß zuerst der Zündpfannendeckel und beim Perkussionsschloß das Piston abgenommen werden müssen. Das Piston sollte geradeaus gerichtet abgenommen werden. Die Abnahme des Zündpfannendeckels wird durch eine Feder etwas erschwert. Diese wird vor der Pulverpfannenschraube gelöst. Öffnen Sie die Schraube langsam, um die Feder zu entspannen, und entfernen Sie erst dann die Schraube ganz. Anschließend entfernen Sie Zündpfannenachse und Zündpfanne.

Öffnen Sie die Schrauben, die die Griffschale halten. Die erste befindet sich oben an der Laufzunge, die andere an der Unterseite des Kolbens. Ziehen Sie die Griffschale nach hinten ab. Verkanten Sie sie nicht. Ihre Seiten sind sehr dünn, weil für den Schloßmechanismus oft sehr viel Holz ausgestochen werden muß. Dadurch splittern sie leicht.

Jetzt kommt der Schloßmechanismus. Versuchen Sie nie, den Hahn zu entfernen, ohne vorher die Schlagfeder zu entspannen. Durch Abnehmen der Deckplatte kommen Sie an die Feder heran. Zuerst lösen Sie die beiden Schrauben an den vorderen Ecken der Deckplatte. Spannen Sie den Hahn, um die Feder zusammenzudrücken. Heben Sie die Deckplatte, so daß Sie die Feder mit einer Zwinge greifen können; nicht weiter zusammendrücken.

Ziehen und entspannen Sie den Abzug, wobei Sie gleichzeitig den Hahn nach vorne drücken, um ihn von der Schlagfeder zu lösen. Entfernen Sie die Hahnachsenschraube an der Seite. Heben Sie Hahn und Deckplatte heraus; sie können jetzt getrennt werden. Markieren Sie die Lücke zwischen den Klemmbacken der Zwinge. Lösen Sie die Zwinge, nehmen Sie die lockere Feder aus ihrem Gehäuse.

Entfernen Sie die Abzugsachse mit dem Durchschlag. Nehmen Sie den Abzug heraus. Die Abzugsfeder ist durch einen Vorsprung in einer Aussparung auf der Vorderseite des Schlosses verankert. Ziehen Sie sie mit einer Spitzzange heraus.

Entfernen Sie den Abzugsbügel, indem Sie zuerst die hintere Schraube lösen, die durch den Boden des Kastens geht. Durch Drehen des Abzugsbügels schrauben Sie ihn vom Schloß unten ab.

Den Lauf entfernen

Runder Lauf mit Vorsprung   Achteckiger Lauf   Runder Lauf mit sternförmiger Mündung

Der abdrehbare Lauf einer Taschenpistole ist auf den Verschlußbock geschraubt. Ein Spezialschlüssel wird gebraucht, um den Lauf extra fest zu schrauben, damit er das Abbrennen der Pulverladung aushalten kann. In den meisten Fällen rutscht der Schlüssel über den Lauf. An einem runden Lauf ist für die Kerbe des Schlüssels ein Vorsprung. Ein Schlüssel für einen achteckigen Lauf dürfte eine Kerbe haben, damit er über das Korn paßt. Bei einigen runden Läufen jedoch wird ein Schlüssel verwendet, der in die Mündung paßt; die Mündung hat eine sternförmige Einkerbung, in die ein viereckiger Schlüssel paßt. Entfernen Sie den Lauf mit dem entsprechenden Schlüssel. Wenn der Lauf sehr fest sitzt, klopfen Sie kurz und fest mit einem Gummihammer auf den Schlüssel. Sobald der Lauf locker ist, drehen Sie ihn ab.

SCHMUCK

Schmuck sammeln

Gold, Silber und Juwelen sind in der Regel teuer, wogegen Schmuckmaterial organischen Ursprungs zu recht erschwinglichen Preisen erhältlich ist. Am ehesten auftretende Probleme sind etwa: kaputte Teile, Fassungen oder Verschlüsse.

Aus diesem Grund sollten Sie prüfen, ob die Verschlüsse in Ordnung sind, bevor Sie ein antikes Stück anlegen. Da Schmuckgegenstände leicht verlorengehen oder gestohlen werden, ist eine Vollversicherung dringend geboten.

Kauftips

● Manche Broschen werden mit einer überlangen Nadel befestigt. In der irrigen Annahme, daß es sich um eine schlecht passende Ersatznadel handele, feilen manche Leute solche Nadeln kürzer, was aber eine Wertminderung bedeutet.
● Echte Perlen sind rauher als Imitationen.
● Wenn Sie von einer Kette wissen, daß die Perlen noch auf dem Originalfaden aufgereiht sind, sollten Sie sie nur wenn unbedingt nötig neu aufziehen – sie ist mit dem Originalfaden mehr wert.
● Signierte Stücke sind selten. Es lohnt sich aber trotzdem, bei Artnouveau-Stücken nach Signaturen Ausschau zu halten. Zeigen Sie signierte Stücke dem Fachmann – sie sind u. U. von großem Wert.

Schadensliste

   * Einfache Reparatur
  ** Etwas Erfahrung erforderlich
*** Facharbeit – nicht für
    Anfänger

*** Bei großen Steinen ist das **Fehlen eines Steins** augenfällig, Schmuckstücke mit kleinen Steinen sollten mit einer Lupe untersucht werden. Sie werden die Reparatur wohl vom Goldschmied machen lassen müssen.
** Vor dem Kauf prüfen Sie **Nadeln und Verschlüsse,** denn sie sind besonders anfällig.
** **Große Glasperlen** an Halsketten haben mitunter scharfe Ränder an den Aufziehlöchern. Diese scheuern den Faden durch. Bei einem solchen Stück sollten Sie rauhe Lochränder mit einer Diamantnadel in einem Nadelbohrer glattschleifen, bevor Sie die Perlen wieder auffädeln.

Edelmetalle

Gold

Reines Gold wird für Schmuck kaum verwendet, da es sehr weich ist. Es wird also mit anderen Metallen legiert. Den Feingoldgehalt der Legierung bezeichnet man mit »Karat«, Feingold wird als 24karätig bezeichnet. Es gibt zur Zeit vier Karatmaßeinheiten für Gold – 8, 14, 18 und 20. Die Zahl gibt den Goldanteil aus der Gesamtzahl von 24 Einheiten an. Vor 1932 wurde sowohl 12- als auch 15karätiges Gold anerkannt.

Goldschmuck trägt zuweilen sowohl die Marke des Herstellers als auch das Prüfzeichen des Ursprungslandes. Manche Länder stempeln eingeführte Waren zusätzlich.

Gefärbtes Gold

Art und Menge des dem Feingold zugesetzten Metalls bestimmen Farbe und Eigenschaften der Legierung. Ein Silberzusatz etwa hat zur Folge, daß das Gold sich leichter bearbeiten läßt und heller wird. Die Beimengung von Kupfer verleiht dem Gold einen Rotstich und macht es härter.

Gold-Doublé

Gold-Doublé wird hergestellt, indem man eine dünne Massivgoldplatte auf eine dickere Schicht anderen Metalls walzt. Die Platte wird ganz dünn ausgerollt und zur Herstellung des Gegenstandes verwendet. Es gibt keine Qualitätsvorschriften für das verwendete Gold, so daß es nicht gestempelt wird.

Vergoldung

Vergoldete Gegenstände bestehen aus einem Metall mit sehr dünnem Goldüberzug (dünner noch als beim Gold-Doublé), der elektrolytisch aufgetragen wird. Solche Stücke tragen keinen Stempel, dafür oft das Etikett »gold plated«.

Silber

Silber ist härter und widerstandsfähiger als Gold. Einzelheiten über seine Zusammensetzung im Kapitel »Metallwaren« (siehe S. 54).

Fassungen

Fassung meint das Metall, das den Stein eines Schmuckstücks festhält. Wenn der Stein unten und rundherum von Metall umfaßt ist, spricht man von einer »geschlossenen«, ist unterhalb des Steins Metall ausgespart, damit das Licht durchscheinen kann, von einer »offenen Fassung«. Bei einer geschlossenen Fassung ist oft unter dem Stein Metallfolie angebracht, um den Lichteffekt nachzuahmen.

Encabochon

Der Stein wird in ein Metallkästchen gefaßt, dessen umgebogene Kanten ihn festhalten.

Kastenfassung

Der Stein wird in Massivmetall eingelassen, dessen Ränder fest um den Stein gedrückt werden.

Körnerfassung

Winzige Metallkörner werden als Fassungsrand hochgeschoben. Die Fassung ist so fein, daß das Licht fast ungehindert durchscheint.

Krallenfassung

Metallkrallen halten facettierte Steine fest. Die Krallen werden über die breiteste Stelle des Steins gebogen.

Edelsteine

Der Wert eines Edelsteins hängt sowohl von seiner Seltenheit als auch von der individuellen Größe und Schönheit ab. Edelsteine werden in zwei Kategorien aufgeteilt: in Edelsteine und »Halbedelsteine«, je nach Härte in einer Skala von 1 bis 10. Der Diamant ist der härteste Edelstein. Er hat die Härtestufe 10. Steine der Stufen 9 und 10 sind Edelsteine, z. B. Saphire oder Rubine. Steine wie Granate oder Opale gelten als »Halbedelsteine«.

Organische Materialien und Email

Bernstein

Bernstein ist fossiles Harz von Nadelbäumen. Die Farbe geht von Rot bis Gelb, der Stein kann durchsichtig oder trüb sein. Heute gelten Stücke mit Insekteneinschlüssen als wertvoller; früher galten sie als zweitklassig, und Bernstein wurde rekonstruiert (eingeschmolzen, gefiltert, neu gegossen), um Perlen von gleichmäßiger Farbe zu bekommen.

Rekonstruierter Bernstein ist echt und sollte entsprechend behandelt werden. Viele Imitationen aus Plastik und Glas lassen sich nicht auf Anhieb als solche erkennen. Machen Sie die auf Seite 84 erläuterte Probe.

Koralle

Korallenschmuck wird aus dem Skelett winziger Meerestierchen hergestellt. Korallen sind meist dunkelrosa, gelegentlich auch blaßrosa oder weiß. Zu Schmuck verarbeitet findet man sie als polierte Perlen oder als Zweigkoralle – kleine unregelmäßige Stöckchen, zu Halsketten oder Armbändern aufgereiht. Koralle wird auch zu Einlegearbeiten verwendet. Plastikimitationen sind bei Armbändern leicht auszumachen, gefälschte Perlen verlangen sorgfältige Prüfung.

Schildpatt und Horn

Schildpatt, aus dem Panzer der Meeresschildkröte gewonnen, ist braun oder schwarz gesprenkelt. Das billigere Horn, das manchmal gefärbt wurde, reicht von Beige bis zu dunklerem Braungrau.

Perlmutt

Perlmutt, die innere Schicht der Schalen der Molluske, besteht aus demselben Material wie Perlen.

Elfenbein und Bein

Elefantenstoßzähne liefern Elfenbein, das in mancher Hinsicht dem Holz ähnelt. Auf seiner blaßcremigen Oberfläche hat es eine unverwechselbare Maserung dunklerer Linien. Bein und Elfenbein sind oft schwer auseinanderzuhalten. Bein ist nicht so glatt und hat u. U. dunkle Flekken, die parallel verlaufen.

Jet

Dieser polierte schwarze Stein (fossiles Holz) war als Trauerschmuck während der viktorianischen Epoche beliebt. Vorsicht vor Glas- und Hartgummiimitationen.

Jade

Echte Jade ist sehr hart und fühlt sich kalt an. Sie kann grün, gelb, blau oder weiß sein und wird seit vorgeschichtlicher Zeit zur Schmuckherstellung und für Schnitzarbeiten verwendet – vor allem im Fernen Osten.

Email

Email kann opak oder durchscheinend sein und zeigt meist komplizierte Ornamente. Es entsteht, indem man einer dünnen Metallplatte gefärbtes Glaspulver aufschmilzt. Mitunter werden die Farbfelder mit dünnen Drähten eingegrenzt, die vorher auf den Grund gelötet werden. Diese Technik bezeichnet man als Cloisonné. Bei der Champlevé-Technik graviert man das Metall, füllt das Muster mit geschmolzenem Glas aus. Bei einer dritten Technik wird Email direkt auf das Metall geschmolzen, Ornamente mit zusätzlichem Email aufgetragen und das Ganze ein zweites Mal gebrannt.

Schliffarten

Cabochon

Bevor Goldschmiede das Schleifen von Edelsteinen entwickelten, wurden sie gewölbt und poliert.

Tafelschliff

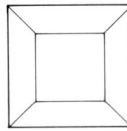 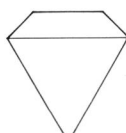

Ein einfacher Facettenschliff für weichere Steine.

Rosenschliff

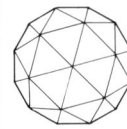 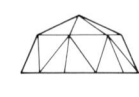

Dieser Schliff wurde im 16. Jahrhundert entwickelt, um den Glanz von Edelsteinen zu unterstreichen. Die Facetten sind dreikantig, und der Stein hat eine flache Unterseite.

Brillantschliff

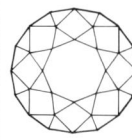 

Dieser Schliff stammt aus dem 17. Jahrhundert und hat 58 mathematisch errechnete Facetten. Der Schliff macht sich die Lichtbrechung zunutze. Die meisten Diamanten werden so geschliffen.

Treppenschliff

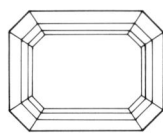 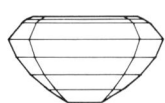

Spröde Steine, wie Smaragd oder Aquamarin, werden rechteckig geschliffen, um den Stein möglichst vor Beschädigungen zu bewahren.

Werkzeuge und Materialien

Wertvoller Schmuck sollte nur vom Juwelier repariert werden. Sie können ihn aber unbesorgt selbst reinigen. Weniger wertvolle Stücke können Sie durch eine Reparatur in begehrte Ziergegenstände verwandeln.

Benutzen Sie als Arbeitsfläche einen kleinen Tisch, und arbeiten Sie bei gutem Tageslicht. Da kleine Teile leicht verlorengehen, sollten Sie auf einem Tablett mit erhabenen Kanten arbeiten. Noch besser ist ein an drei Seiten umsäumtes Arbeitsbrett, an dem Sie vorne eine Auffangleiste für Perlen anbringen.

Reinigen Sie Schmuckstücke nie über dem Waschbecken. Stellen Sie statt dessen eine Untertasse mit Wasser auf den Arbeitstisch, so daß Steine, die sich bei der Reinigung lösen, nicht verlorengehen. Ersatzteile und teilreparierte Stücke sollten in deutlich etikettierten Tütchen aufbewahrt werden.

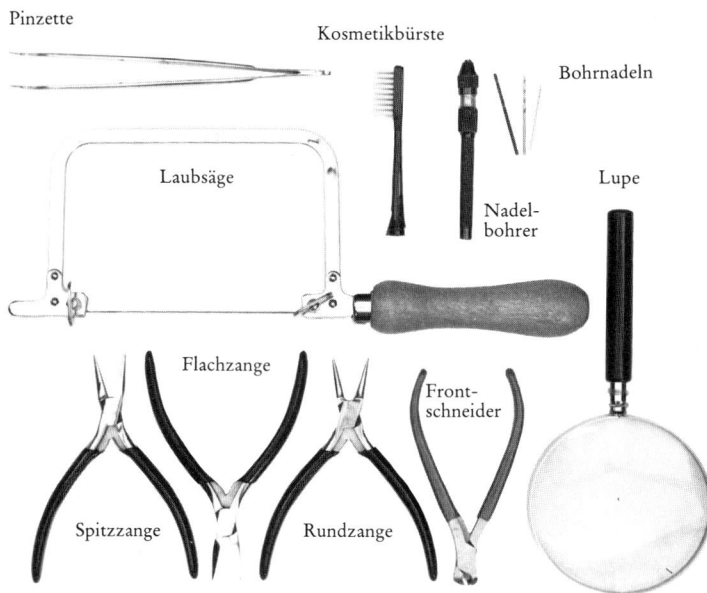

Pinzette
Kosmetikbürste
Bohrnadeln
Laubsäge
Nadelbohrer
Lupe
Flachzange
Frontschneider
Spitzzange
Rundzange

Werkzeuge

Kleine Zangen Wählen Sie Zangen mit glatten Backen, weil gezahnte Backen sich auf weichem Metall abdrücken. Bei der Reparatur von Schmuck benötigen sie Flach-, Spitz- und Rundzange.
Beißzange zum Schneiden von Draht. Frontschneider eignen sich am besten.
Nadelfeilen für feine Formarbeit und Reparaturen.
Laubsäge Wenn Sie an der Laubsäge ein feines Goldschmiede-Sägeblatt anbringen, können Sie damit weiches Metall, Elfenbein, Horn und Schildpatt (bei Einlegearbeiten) schneiden.
Kosmetikbürste Eine kleine, recht harte Bürste zum Abbürsten von Gravuren und Fassungen. Sie können auch eine Zahnbürste nehmen.
Lupe Sie brauchen entweder eine

Goldschmiedelupe oder ein Vergrößerungsglas, um Schmuck auf Schäden zu überprüfen und besonders feine Präzisionsarbeiten auszuführen.
Scharfes Messer Sie brauchen ein Messer mit auswechselbaren Klingen.
Eine Pinzette mit feinen, zugespitzten Backen ist nützlich.
Nadelbohrer Benutzen Sie zum Einsetzen von Verstärkungsstiften einen kleinen Handbohrer mit feinen Nadeln.
Künstlerpinsel zur Reinigung von Zweigkorallen und feinen Rillen, beispielsweise bei Jet.
Perlenaufreihnadel Um Schmuckperlen neu aufzufädeln, benötigen Sie diese äußerst feine und lange Nadel; in Bastel- oder Schmuckgeschäften erhältlich.

Materialien

Schmuckbad zur chemischen Reinigung von Metallen. Sie bekommen es in nahezu jedem Juweliergeschäft.
Methylalkohol und Aceton Sie können die Mehrzahl von Edelsteinen – Jade eingeschlossen – mit Methylalkohol reinigen. Nehmen Sie Aceton zur Reinigung von Email.
Pulverisierte Magnesia Dieses Pulver wird zur Trockenreinigung von Perlen, Opalen und Türkisen verwendet.
Mandelöl Ein Öl zum Reinigen und Auffrischen von Elfenbein, Horn und Bein. In den meisten Apotheken erhältlich.
Wasserstoffsuperoxyd (20 Vol.-%) In seltenen Fällen bleicht man damit Elfenbein.
Zweikomponentenlack und Farben zur Restaurierung von Email.
Wachsmalstifte Daraus können Sie Füllungen beliebiger Farbe anmischen.
Kleber Sie benötigen Epoxydharz-, PVA-, Cyanoacrylat- und luftundurchlässige Kleber (siehe S. 25 und S. 43).
Ersatzteile Ersatzbroschierungen, Halskettenverschlüsse, Ohrclips und Drähte sind im Spezialgeschäft für Schmuckbedarf erhältlich.
Nylon- oder Seidenfaden zum Neuauffädeln von Halsketten.

Edelmetalle pflegen

Antiker Schmuck wurde fast nie aus Feingold hergestellt. Da Gold weich ist, setzten ihm Goldschmiede andere Metalle zu, um eine für Gebrauchszwecke genügend harte Legierung zu erhalten (siehe S. 76).

Antiker Schmuck besteht auch oft aus massivem oder plattiertem Silber, aber hier wird der Feingehalt anders bezeichnet als bei Gold (siehe S. 54). Silber ist härter und aus diesem Grund auch robuster als Gold. Es dient sehr oft als Grundmetall für vergoldete Stücke.

Schmuck aufbewahren

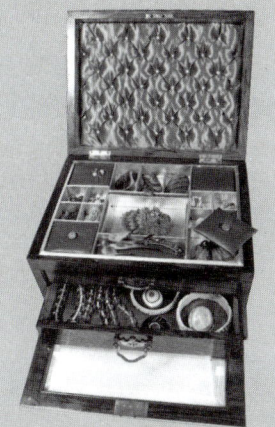

Wenn Schmuckstücke durcheinander aufbewahrt werden, können harte Steine weichere Steine und Metalle verkratzen; andere Steine sind spröde und rasch angeschlagen. Daher sollten Sie Schmuckstücke einzeln in Fächern oder Kästchen aufbewahren, oder jedes in säurefreies Seidenpapier oder Watte einwickeln. Ketten sollten Sie an Haken hängen oder einzeln in säurefreies Seidenpapier rollen, womit Sie auch verhindern, daß sie sich verheddern.

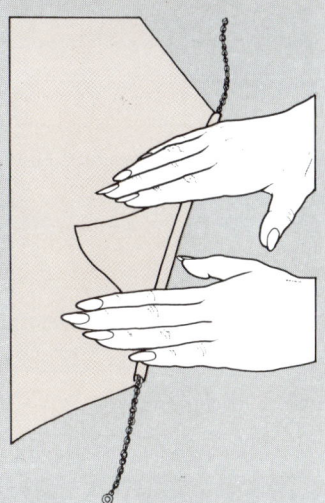

Ketten einwickeln Ketten bewahren Sie am besten einzeln in säurefreies Seidenpapier eingerollt auf.

Reinigung von Gold und Silber

Anders als andere Metalle läuft Gold nicht an. Sie können es durch Polieren mit weichem Tuch reinigen. Tauchen Sie das Stück ein paar Minuten in ein Schmuckbad (in Juweliergeschäften erhältlich), um Fettspuren auf Gravuren und Kettengliedern zu entfernen. Stücke mit Steineinlagen sollten Sie nicht in einem Schmuckbad reinigen, da es den Steinen schaden könnte.

Hartnäckigen Schmutz entfernen Sie mit einem weichen Bürstchen, aber seien Sie vorsichtig, daß Sie das Metall nicht beschädigen. Polieren Sie das Stück mit einem sauberen Tuch trocken. Sie können Gold auch mit warmem Seifenwasser waschen. Schmutz entfernen Sie mit einer neuen Wimpern- oder einer ganz kleinen Zahnbürste.

Goldüberzug kann sehr leicht abgerieben werden – trocknen Sie solche Stücke behutsam ab. Silber läuft an der Luft an; Sie können es im Schmuckbad reinigen oder sanft polieren (siehe S. 58).

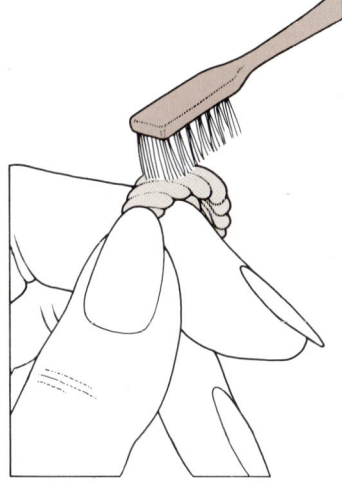

Reinigen von Edelmetall Leichtes Bürsten mit einer kleinen, weichen Bürste entfernt den Schmutz aus den Rillen. Wenn er sich als besonders hartnäckig erweist, müssen Sie das Stück vielleicht in warmes Seifenwasser eintauchen.

Münzen und Medaillen

Sie sollten Münzen und Medaillen nur mit einem Tuch oder mit Watte, nie mit Politur oder Scheuermittel reinigen. Bewahren Sie sie in Spezialfächern, Plastikhüllen oder Etuis auf, damit sie nicht anlaufen. Fassen Sie Münzen und Medaillen nur an den Rändern an. Eine in Schmuck umgearbeitete Münze verliert als Münze an Wert und kann dann ruhig mit der dem Material entsprechenden Methode gereinigt werden.

Britische Silbermedaille aus dem 1. Weltkrieg

Schmuck reparieren

Sie sollten Ihren Schmuck von Zeit zu Zeit auf Schäden oder schwache Stellen – die plötzlich nachgeben könnten – prüfen. Schließen Sie aufgebogene Ösen, und lassen Sie sie von einem Goldschmied löten, wenn sie aus weichem Gold sind. Ersetzen Sie provisorische Draht- oder Fadenverbindungen. Prüfen Sie, ob alle Verschlüsse funktionstüchtig sind und ob Broschen- und Krawattennadeln fest schließen. Vielleicht sollten Sie Broschen und Armbänder mit einer Sicherheitskette versehen. Verschlüsse, Ösen und Ketten gibt es beim Schmuckhändler.

Reparatur von Verschlüssen

Verschlüsse können intakt aussehen und doch bei plötzlicher Belastung nachgeben. Ein Schraubverschluß läßt sich schlecht reparieren. Ist das Gewinde einmal abgenutzt, so ist es nur eine Frage der Zeit, bis der ganze Verschluß verlorengeht. Ersetzen Sie also solche Verschlüsse rechtzeitig.

Federring

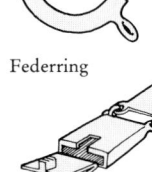

Kastenschloß

Gewindeschloß

Federring Prüfen Sie, ob der Bolzen vielleicht auf dem Rand des Federrings hängenbleibt. Wenn er leicht verbogen ist, biegen Sie ihn mit dem Fingernagel wieder zurecht, läßt aber die Feder nach, ist es besser, den Federring zu ersetzen.

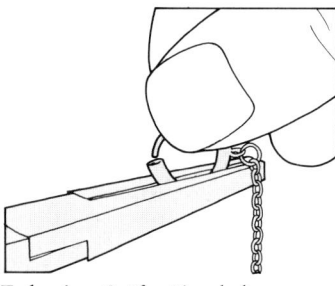

Kastenschloß Eine deformierte V-Feder sitzt nicht mehr fest in ihrem Kasten. Drücken Sie die Feder mit einer Messerklinge auf, bis sie wieder gut sitzt. Manchmal bricht die Feder dabei an ihrer Falzlinie. Wenn das Kastenschloß wertvoll ist, lassen Sie die Feder von einem Juwelier löten. Ansonsten kaufen Sie eine neue Feder.

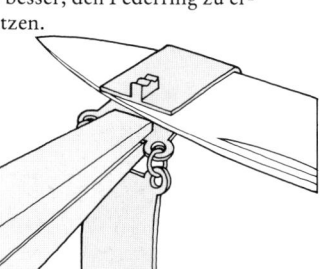

Ohrringe reparieren

Manchmal müssen Sie mit einer Rundzange den Drahthaken, der in Ohrlöcher eingeführt wird, zurechtbiegen. Bei Clips kontrollieren Sie, ob sie fest genug schließen. Stellen Sie die Spannkraft des Verschlusses so lange ein, bis er stramm sitzt.

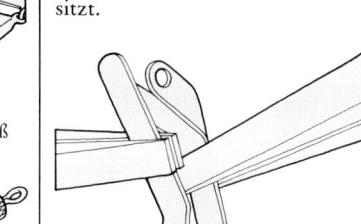

Drahthaken

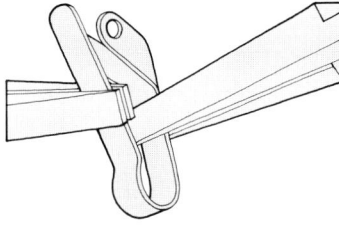

Clips

Einstellen von Clips Weiten Sie vorsichtig mit Flachzangen den untersten Teil des Clips.

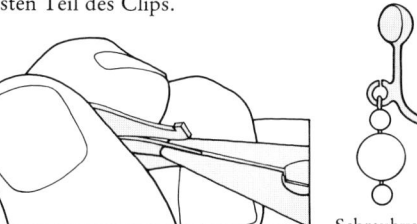

Reparieren verbogener Clips Eine verbogene Zunge biegen Sie mit einer Rundzange zurecht.

Schraubverschluß

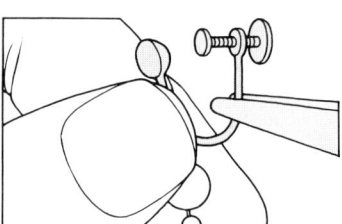

Einstellen von Schraubverschlüssen Den Bügel mit einer Spitzzange biegen, bis die Schraube sich fest gegen das Ohrläppchen schraubt. Eine festsitzende Schraube wird geölt. Prüfen Sie, ob sie nicht verbogen ist.

Ersetzen von Ösen

Wenn Sie keine passende Öse kaufen können, stellen Sie aus hartem Gold- oder Silberdraht eine her.

1. Winden Sie Draht für die gewünschte Anzahl Ösen fest um einen Nagel – für ovale Ösen um einen mit ovalem Querschnitt.

2. Streifen Sie den Draht vom Nagel. Kneifen oder sägen Sie die Ösen einzeln ab.

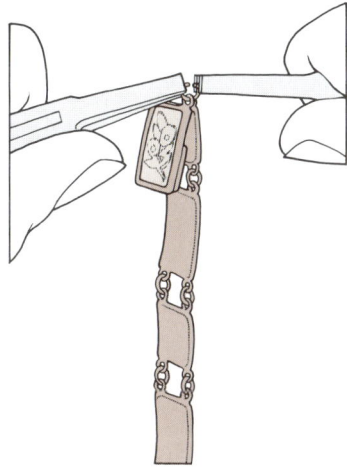

3. Benutzen Sie zwei Zangen, um eine Öse durch seitliches Biegen zu öffnen. Haken Sie sie ein, und schließen Sie sie wieder. Drücken Sie die Öse so lange, bis beide Enden fest aufeinandersitzen.

Befestigen einer Sicherheitskette

Eine Sicherheitskette verhindert den Verlust eines wertvollen Schmuckstücks. Wenn ein Armband oder eine Brosche mit einer solchen Kette befestigt werden, können sie nicht mehr unbemerkt zu Boden fallen. Sie können fertige Sicherheitsketten kaufen, die an beiden Enden ein Bindeglied haben, das jeweils an den Endösen des Verschlusses des Schmuckstücks befestigt wird. Ketten zum Sichern von Broschen haben eine zusätzliche Sicherheitsnadel zum Festmachen an Kleidern.

Reparatur von Broschierungen

Nadel, Haken und Scharnier sind die Bestandteile der Verschlußvorrichtung auf der Rückseite der Brosche. Diese Teile müssen alle so abgestimmt sein, daß die Nadel richtig federt.

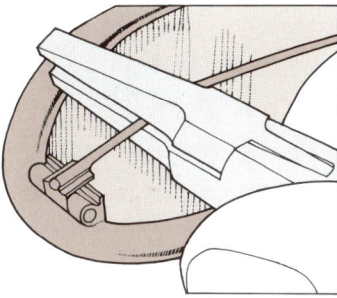

Verbogene Nadel Biegen Sie eine solche Nadel nicht in Form – das schadet dem Scharnier. Packen Sie sie mit einer glatten Flachzange, fahren Sie damit an der Nadel, die Sie dabei drehen, auf und ab.

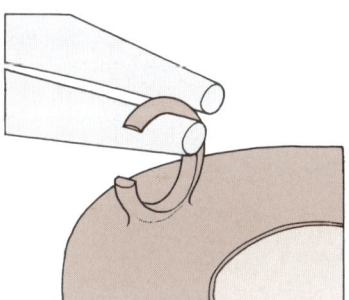

Verformter Haken Biegen Sie einen verformten Haken mit einer Rundzange behutsam in Form. Um einen Bruch zu vermeiden, gehen Sie wie bei der verbogenen Nadel vor. Ein Juwelier kann einen kaputten Haken löten.

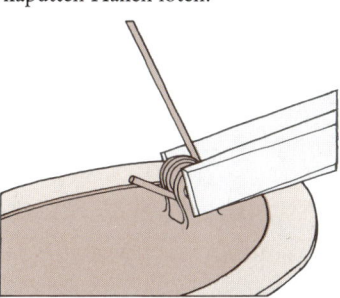

Flachgedrücktes Scharnier Gestanzte Metallscharniere sind manchmal ausgeleiert. Drücken Sie die Flansche an den Seiten der

Nadel an, und justieren Sie sie mit einer Zange.

Korrigieren der Stoppfeder

Eine Stoppfeder am Scharnier gibt der Nadel genügend Spannung, um fest im Haken zu sitzen.

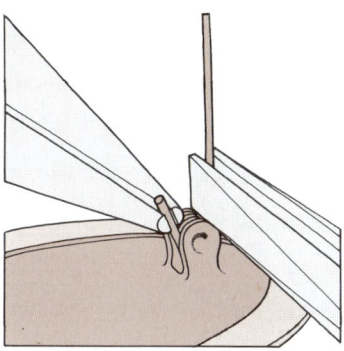

Aufbiegen der Drahtfeder Wenn der auf der Scharnierwalze aufgerollte Draht verbogen ist, müssen Sie ihn mit einer Rundzange aufbiegen, bis er an der Basis des Scharniers aufliegt.

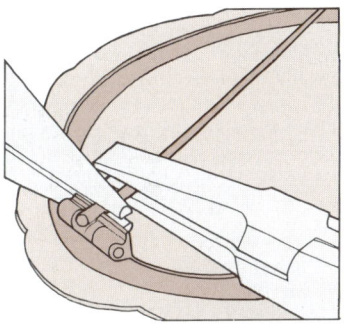

Verstärken der Nadelbiegung Wenn die Nadel zu flach ist, erhöhen Sie die Spannkraft der Nadel durch Hochbiegen direkt am Scharnier. Führen Sie diese Arbeit vorsichtig mit einer Flachzange aus.

Edel- und Halbedelsteine

Bevor Sie an Schmuckstücken mit Steineinlagen arbeiten, überprüfen Sie mit einer starken Lupe, ob keiner der Steine locker ist. Versuchen Sie nie, wertvolle Steine selbst neu einzufassen. Sie können aber opake Halbedelsteine mit Epoxydharz oder Cyanoacrylat kleben.

Vor der Reinigung stellen Sie fest, ob die Fassung offen oder geschlossen ist. Bei maschinell gefaßten Steinen mit offener Rückseite können Sie Schmutz und Fett abwaschen. Tauchen Sie das Stück zwei Minuten in ein Schmuckbad, und lösen Sie den Schmutz mit einer Schminkbürste. Mit weichem Tuch trockentupfen. Steine in geschlossener Fassung sollten Sie nicht eintauchen – benutzen Sie statt dessen ein in das Bad getunktes Wattestäbchen. Hartnäckigen Schmutz entfernen Sie mit einem in Methylalkohol getauchten Pinsel. Wischen Sie mit in Wasser getauchter Watte nach, und reiben Sie das Stück sorgfältig trocken. Wenden Sie diese Methode ebenfalls bei aufgefädelten Ketten an, nie aber bei echten Perlen.

Muschelkamee (Brosche)

Ring mit Mondstein-gemme

Kameen und Gemmen

Geschnitzt aus Halbedelsteinen, bringen Kameen und Gemmen die verborgenen Farbschichten des Steins zum Vorschein. Kameen werden auch aus Muscheln gemacht. Für Ringe, Broschen und Medaillons werden beide Arten in Metall gefaßt. Kameen tragen ein Bild – normalerweise ein Portrait – als Hochrelief. Bei Gemmen wird die Zeichnung in den Stein hineingeschnitten. Zur Reinigung nehmen Sie ein in Seifenwasser getauchtes Wattestäbchen. Entfernen Sie hartnäckigen Schmutz aus den Rillen mit einer Wimpernbürste. Waschen Sie das Stück mit einem in klares Wasser getauchten Wattestäbchen nach, trocknen Sie es ab.

Auffädeln einer Perlenkette

Daß eine kaputte Perlenkette neu aufgefädelt werden muß, ist klar. Aber auch bei einer noch heilen sollten Sie den Faden erneuern, wenn er abgenutzt aussieht. Kaufen Sie Perlseide so stark wie der Halbmesser des Perlenlochs. Knoten Sie qualitätvolle Perlen einzeln, damit Ihnen, sollte der Faden einmal reißen, nur eine verlorengeht. Vor dem Auffädeln legen Sie die Perlen in der richtigen Reihenfolge hin. Sie können etwa zur Mitte hin größer werden oder in Muster und Farbe variieren.

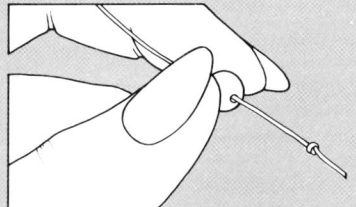

1. Machen Sie etwa 8 cm vor dem Fadenende einen Knoten. Fädeln Sie die erste Perle auf, bis zum Knoten.

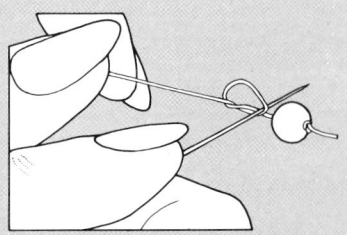

2. Ziehen Sie den nächsten mit einer Nadel an die Perle heran. Schieben Sie ihn mit dem Daumennagel ganz dicht an die Perle. So knoten Sie alle Perlen ein.

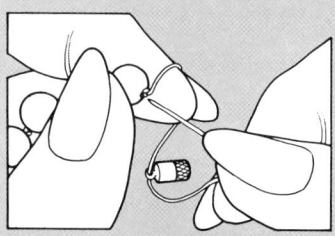

3. Nach dem letzten Knoten führen Sie den Faden durch eine Öse des Verschlusses und durch die letzte Perle zurück. Hierzu nehmen Sie eine Nadel oder versteifen das Fadenende mit Klebstoff.

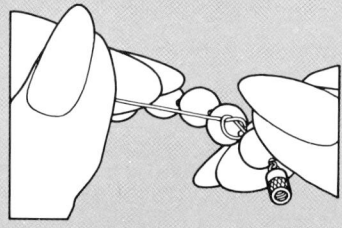

4. Machen Sie hinter dieser Perle einen Knoten.

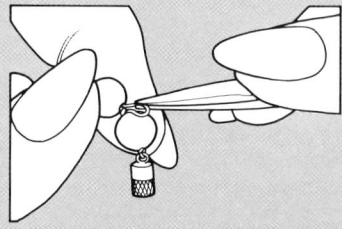

5. Schneiden Sie den Faden etwa 5 mm hinter dem Knoten ab. Reiben Sie ihn mit Klebstoff ein, und schieben Sie ihn in die zweite Perle. Befestigen Sie die Verschlußhälfte am anderen Ende genauso.

Organische Schmuckmaterialien

Organische Schmuckmaterialien werden seit Jahrhunderten wegen ihrer schönen Farbe und Textur bewundert und zur Herstellung von Schmuck der verschiedensten Art verwendet. Da sie in größeren Mengen vorhanden sind als Edelsteine, benutzte man sie auch zur Herstellung von dekorativen Gegenständen.

Pflege von Elfenbein und Bein

Elfenbein reagiert auf Feuchtigkeit und Hitze, indem es aufquillt oder schrumpft. Ungleichmäßige Spannungen führen zu Sprüngen und Rissen. Daher sollten Sie Elfenbein nie direktem Sonnenlicht aussetzen und es nicht nahe an Heizkörper bringen. Sonnenlicht wirkt außerdem bleichend.

Obwohl nicht so kostbar wie Elfenbein, sollten Sie mit beinernen Gegenständen behutsam umgehen. Hitze und Feuchtigkeit schaden auch ihnen. Pflegen Sie Bein wie Elfenbein.

Bewahren Sie beides in trockenes, farbloses und säurefreies Seidenpapier eingewickelt auf – an einem Ort, der belüftet ist, um Schimmelbildung zu vermeiden.

Reinigungsverfahren

Vor der Naßreinigung von Elfenbein sollten Sie losen Staub mit einem weichen Malpinsel entfernen, damit er nicht in die winzigen Risse gewischt wird. Da Elfenbein porös ist, darf es nie in Flüssigkeit getaucht werden. Wenn es in gutem Zustand ist, können Sie es waschen, indem Sie Watte in warmes Seifenwasser tauchen, sehr gut ausdrücken und das Stück damit abreiben. Wischen Sie mit klarem Wasser und Watte nach, trocknen Sie das Stück mit weichem Tuch ab.

Eine bessere Methode – vor allem für Gegenstände mit Sprüngen oder Haarrissen – besteht darin, Mandelöl aufzutragen; es entfernt Oberflächenschmutz und frischt den natürlichen Schimmer des Materials auf. Wischen Sie Oberflächenschmutz ab, reiben Sie dann das Öl mit Watte ein. Zum Schluß mit saugfähigem Tuch polieren.

Elfenbein vergilbt mit der Zeit – beschleunigt dann, wenn das Stück über längere Zeit im Dunkeln aufbewahrt wird. Bleichen Sie Elfenbein nie ohne fachmännischen Rat; die Patina alten Elfenbeins wird geschätzt. Manchmal ist es auch künstlich gefärbt, um geschnitzte oder gravierte Stellen hervorzuheben. Bleichmittel hätten dann katastrophale Auswirkungen. Hat Elfenbein aber Flüssigkeit absorbiert, die ernsthafte Flecken hinterläßt, müssen Sie ein Bleichmittel anwenden. Rühren Sie Schlämmkreide mit 20%igem Wasserstoffsuperoxyd an; verteilen Sie die Paste mit einem Palettenmesser gleichmäßig über das ganze Stück. Nach etwa einer Stunde bürsten Sie die Paste ab; entfernen Sie Reste mit Watte und Wasser von der Oberfläche. Trocknen Sie das Elfenbein ab, und ölen Sie es ein.

Reparaturen

Sie können Epoxydharzkleber oder PVA-Kleber verwenden. Die reparierte Stelle mit Klebestreifen befestigen oder beschweren, bis der Leim abgebunden hat. Leimen Sie kleine Zapfen aus Abfallelfenbein oder Streichhölzer in Löcher, um die Reparaturstelle zu verstärken. Füllen Sie Löcher und Absplitterungen mit passend abgetöntem Epoxydharz (siehe S. 27). Manche Restauratoren füllen damit auch Risse aus, aber da Elfenbein porös ist, gibt es keine Garantie, daß der Riß nicht wieder aufgeht. Bei hartem Füllmaterial wie Epoxyd könnte er sich sogar vergrößern. Besser ist es, Risse mit gefärbtem Wachs auszufüllen (siehe S. 78).

Pflege von Jet

Bürsten Sie losen Schmutz mit einem weichen Pinsel ab, und waschen Sie den Stein anschließend mit in warmes Seifenwasser getauchtem Wattebausch oder Schminkpinsel. Danach spülen Sie ihn mit einem in klares Wasser getauchten Wattebausch ab und trocknen ihn mit weichem Tuch. Reiben Sie mit der Innenseite einer Brotkruste hartnäckige Fettspuren ab. Hängengebliebene Brotkrümel entfernen Sie mit einem Malpinsel.

Sie können Brüche in Jet fast unsichtbar kleben, wenn Sie schwarzes Pigment mit Epoxydkleber vermischen. Für kleinere Brüche nehmen Sie Cyanoacrylat. Ist die Epoxydfüllung nicht glänzend genug, retuschieren Sie sie mit schwarzem Lack; füllen Sie kleine Löcher mit schwarzem Wachs.

Pflege von Jade

Waschen Sie Jade mit warmem Seifenwasser. Schmutz und Fett mit einer Zahn- oder einer Kosmetikbürste vom Schnitzwerk entfernen. Achten Sie darauf, geleimte Fassungen nicht zu tränken. Trocknen Sie den Stein mit weichem Tuch, polieren Sie ihn glänzend. Wischen Sie mit Methylalkohol darüber, um Fingerabdrücke zu entfernen und zusätzlichen Glanz zu erzielen.

Schwere Jadegegenstände verleimen Sie am besten mit Epoxydharz, selbst wenn der Kleber bei transparentem Stein sichtbar wird. Leichtere Jadestücke können Sie mit Cyanoacrylat verleimen. Epoxydharzfüllungen täuschen die Farbe opaker Jade vor. Angeschlagene Stellen bei durchscheinenden Jadearten lassen sich mit Tropfen von Anaerobic-Kleber ausbessern (siehe S. 43).

Opale, Türkise und Perlen reinigen

Feuchtigkeit ist für diese Materialien schädlich. Wenden Sie deshalb ein Trockenreinigungsverfahren mit pulverisierter Magnesia an. Geben Sie das Stück in ein magnesiagefülltes Schraubglas. Schütteln Sie es ein paar Minuten, und lassen Sie es über Nacht stehen. Entfernen

Sie die Magnesia mit einem weichen Tuch oder einem Pinsel.

Pflege von Bernstein

In der Farbe rot bis gelb, kann Bernstein transparent oder opak sein. Er wiegt wenig, »klingelt« nicht wie Glas und fühlt sich warm an. Durch Reiben auf Wollstoff können Sie die Echtheit prüfen: Echter Bernstein lädt sich dabei auf und zieht Faser- oder Staubpartikel an; außerdem riecht er leicht nach Kiefern.

Zur Reinigung sollten Sie weder Alkohol noch chemische Lösungen benutzen – Bernstein wird dadurch stumpf. Sie sollten mit Parfüm und Haarspray vorsichtig sein, weil auch sie für Bernstein schädlich sind. Auch Eintauchen in Wasser trübt ihn. Zur Reinigung reiben Sie ihn am besten mit in warmes Seifenwasser getauchter Watte ab und trocknen ihn dann sofort. Mit Brotkruste oder Mandelöl kann man Bernstein gut reinigen; und oft frischt schon sanftes Polieren mit Leder oder Tuch seinen Glanz auf.

Reparatur von Bernstein

Klarer Cyanoacrylatkleber ist dem Epoxydharzkleber vorzuziehen. Eine Epoxydharzklebefuge kann in durchsichtigem Bernstein sichtbar sein. Und da Sie überflüssigen Leim mit Methylalkohol oder Aceton abwischen müßten, riskieren Sie eine Beschädigung des Bernsteins.

Pflege von Perlmutt

Perlmutt wird oft in Schmuckstücke und Knöpfe geschnitten oder als Intarsien in dekorativen Gegenständen verwendet. Benutzen Sie zur Reinigung nie starke Lösungen, und tränken Sie es nie in Wasser. Bereits Reiben mit den Fingern entfernt dank des natürlichen Hautfetts beinahe allen Schmutz. Wenn nötig, wischen Sie Perlmutt mit einem milchgetränkten Lappen ab; dann mit weichem Tuch trocknen.

Sie können abgesprungene Stellen mit Cyanoacrylat ausbessern. Leimen Sie lose Intarsien mit einer dünnen Schicht Epoxydharzkleber fest. Sichern Sie die Stellen mit Klebeband; beschweren Sie sie, bis der Leim abgebunden hat.

Pflege von Korallen

Korallen sollen nicht in Flüssigkeit getränkt werden, können aber mit in warmes Seifenwasser getunkter Watte abgewaschen werden. Größere Stücke sollten Sie mit Brotkrümeln abreiben.

Zweigkorallen sind schwierig zu reinigen, da sie aus unregelmäßig geformten Stückchen bestehen. Tränken Sie die Schnur nicht, da sie womöglich morsch wird. Waschen Sie jeweils einige Zweige mit einem in warmes Seifenwasser getauchten Malpinsel. Trocknen Sie sie sofort mit einem Pinsel – der die Flüssigkeit aufsaugt – ab.

Reparaturen

Den meisten Korallenschmuck können Sie mit Cyanoacrylatkleber reparieren. Beim Kleben winziger Stückchen sind eine Pinzette und eine Handstütze aus Modelliermasse hilfreich. Kleben Sie große Stücke mit getöntem Epoxydharzkleber.

Pflege von Email

Opakes oder transparentes Email findet sich als Einlage in Metall. Es wurde zu Schmuck, Kästchen und anderen kleinen Ziergegenständen verwendet. Email kann sehr wertvoll sein, besonders, wenn es fein ausgemalt ist. Machen Sie sich also nie ohne fachmännischen Rat an die Arbeit.

Reinigung

Untersuchen Sie mit einer Lupe, ob Anzeichen früherer Restaurationen vorhanden sind. Falls ja, bringen Sie das Stück zu einem Fachmann, da die Gefahr besteht, daß Sie beim Reinigen die restaurierte Stelle entfernen. Seien Sie besonders vorsichtig, wenn das Email abzublättern beginnt. Im Zweifel zeigen Sie das Stück dem Juwelier.

Die sicherste Methode, intaktes Email zu reinigen, besteht in sanftem Abwischen mit einem weichen, acetongetränkten Lappen. Fangen Sie an einer wenig auffallenden Stelle an. Passen Sie auf, daß Sie den Schmutz nicht in Risse oder Craquelé reiben.

Pflege von Schildpatt und Horn

Beide Materialien wurden zu Artikeln des Haus- und persönlichen Gebrauchs verarbeitet: Kämme, Schuhlöffel, Schmuck, Knöpfe, Schnallen. Auch als Einlagen in Kästchen, Möbeln und Toilettengarnituren fanden sie Verwendung.

Wischen Sie Horn und Schildpatt mit Watte und warmem Seifenwasser ab. Nehmen Sie Mandelöl zum Reinigen und Auffrischen.

Reparaturen

Schildpatt und Horn können Sie mit Epoxydkleber reparieren. Bei Intarsien tragen Sie den Leim sparsam und gleichmäßig auf und beschweren die Stelle oder sichern sie mit Klebeband, bis der Leim abgebunden hat.

Kleine Fehlstellen bei Intarsien können Sie mit farblich passend gemischtem geschmolzenem Wachs füllen.

Reparaturen

Durch unvorsichtige Behandlung oder Fallen kann Email absplittern. Versuchen Sie nicht, Dellen im Metall auszubeulen, da dann vielleicht noch mehr Email abblättert. Füllen Sie Dellen mit Epoxydkitt aus.

Opakes Email wird wie Porzellan restauriert (siehe S. 27 und S. 35 ff.). Wagen Sie sich erst dann an durchsichtiges Email, wenn Sie umfassende Erfahrungen haben. Farbe und Glanz lassen sich schlecht angleichen, und es ist sehr schwierig, die Nahtstelle zu verdecken. Bei einer gelungenen Reparatur sollte höchstens ein Haarriß zu sehen sein. Das Trägermetall reflektiert Licht durch das Email. Um diesen Effekt zu erzielen, schaben Sie das Metall mit einer Messerspitze, oder kleben Sie ein Streifchen lackierter Silberfolie hinter die Reparaturstelle an. Sie können das Metall auch mit Perlmuttnagellack bemalen. Nach dem Trocknen tragen Sie passende Tusche auf und füllen dann etappenweise die Stelle mit Klarlack.

UHREN

Uhren sammeln

Alte Uhren sind schöne und nützliche Besitz-tümer, die wegen ihrer Konstruktion, ihrer Materialien und der handwerklichen Qualität für Sammler von großem Reiz sind.

Ist für Sie das Äußere einer Uhr wichtiger als ihre Funktionsfähigkeit, kaufen Sie ruhig eine Uhr mit beschädigtem Werk nur wegen ihres Gehäuses. Sie könnten versuchen, ein zeitgenössisches Werk einbauen zu lassen. Weisen Sie keine Uhr mit beschädigtem Gehäuse zurück, denn Holzprofile und Messingbeschläge können vom Uhrmacherlieferanten bezogen werden.

Kauftips

● Wenn Sie eine Uhr als Kapitalanlage kaufen möchten, sollten Sie einen angesehenen Händler aufsuchen, der für Funktionsfähigkeit und Echtheit der Uhr garantieren kann. Käufe auf Auktionen können riskant sein. Geben Sie Ihr Geld erst aus, wenn Sie solide Kenntnisse erworben haben.

● Haben Sie etwas Erfahrung mit Uhren gesammelt, sollten Sie Auktionen besuchen. Schauen Sie sich nach irreparablen Uhren oder Werken um, da diese eine Quelle für Ersatzteile sein können. Fehlende Teile sollten Sie nicht vom Kauf abhalten, da Ersatzteile im Fachhandel zu haben sind.

Schadensliste

* Einfache Reparatur
** Etwas Erfahrung erforderlich
*** Facharbeit – nicht für Anfänger

** **Allgemeine Beschädigungen am Gehäuse** sind leicht zu erkennen. An Farbunterschieden oder Löchern können Sie erkennen, ob Teile fehlen.
** Das **Uhrwerk** ist schwer zu überprüfen, wenn es im Gehäuse sitzt; es sei denn, es ist ein Glasgehäuse. Aufziehen ist ein zuverlässiger Test; eine Anzahl Schlüssel ist zu empfehlen. Läßt sich die Feder aufdrehen, ist sie wahrscheinlich in Ordnung.
*** Wenn die Uhr **nicht geht,** versuchen Sie das Räderwerk von Hand zu betätigen. Wenn sich der Schlüssel ohne Widerstand drehen läßt und Sie ein Rasseln hören, ist die Feder wahrscheinlich kaputt. Sie kann ersetzt werden; wenn aber das Räderwerk ebenfalls beschädigt ist, kaufen Sie die Uhr nicht.

Uhren datieren

Datieren und Schätzen von Uhren kann schwierig sein, weil viele Stile reproduziert und alte Werke später verändert wurden, um die Ganggenauigkeit zu verbessern. »Marriagen« wurden ebenfalls vorgenommen: So bekamen alte Werke ein Gehäuse, das nicht ihrer Stilepoche entspricht. Die Entwicklung der Uhr in bezug auf Stil und Technik ist ein komplexes Thema, so daß Sie Fachbücher heranziehen sollten, besonders, wenn Sie Uhren als Kapitalanlage sammeln.

Beim Kauf alter Uhren sind folgende Punkte wichtig: Größe, Form, Konstruktion und Bearbeitung des Zifferblatts; Stil der Zeiger, Art und Material des Gehäuses; Qualität des Werks; vorhandene Gravuren und ihre Qualität; Art der Hemmung (siehe S. 87); Art des Antriebs. Namen und Daten erleichtern die kunstgeschichtliche Einordnung, aber nicht alle Stempel sind echt.

Französische Uhr Diese Uhr aus Ormolu und weißem Marmor aus dem 19. Jahrhundert hat ein zusätzliches Aufzugsloch für das Schlagwerk.

Amerikanische Uhr Diese Uhr der Jahrhundertwende war einst nicht sehr teuer, ist heute aber ein begehrtes Sammelobjekt.

Englische Uhr Diese Uhr mit Eichengehäuse hat drei Aufzugslöcher: Gehwerk- und Schlagwerk sowie Glockenspiel.

Wie eine Uhr funktioniert

Eine Uhr, die nur die Zeit angibt, ist genau-genommen als Zeitmesser zu bezeichnen. Das Werk besteht aus einem Räderwerk aus inein-andergreifenden Zahnrädern und Trieben, die zwischen Platinen gelagert sind. Im Gehwerk wird an einem Ende Kraft angewendet, die am anderen Ende des Räderwerks durch den Gang-regler reguliert wird. Eigentlich müßte jede Uhr einen Stundenschlag haben. Ein separates Zahn-radgetriebe, das Schlagwerk, wird verwendet, um die Glocke zu betätigen.

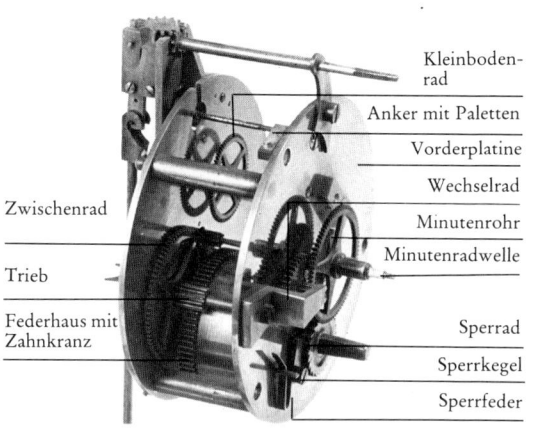

Kleinboden-rad
Anker mit Paletten
Vorderplatine
Wechselrad
Minutenrohr
Minutenradwelle
Zwischenrad
Trieb
Federhaus mit Zahnkranz
Sperrad
Sperrkegel
Sperrfeder

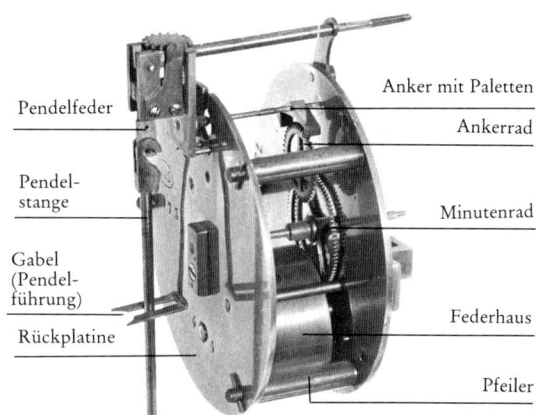

Pendelfeder
Anker mit Paletten
Ankerrad
Pendel-stange
Minutenrad
Gabel (Pendel-führung)
Rückplatine
Federhaus
Pfeiler

Räderwerkantrieb

Die Antriebskraft setzt am größten und sich am langsamsten drehen-den, dem »großen Rad« an. Bei Stand- und manchen Wanduhren wird der Antrieb durch Gewichte erzeugt. Diese sind bei einer 30-Stunden-Uhr an einer Schnur oder Kette aufgehängt, die über ein An-triebsrad führt, wohingegen bei einer 8-Tage-Uhr das Gewicht an einer um eine Walze gewickelten Darmsaite hängt.

Die Einführung der aufgewunde-nen Feder (Triebfeder) ermöglichte den Bau tragbarer Uhren; jedoch war die Antriebskraft nicht kon-stant.

Antriebsregulierung

Um dieses Problem zu lösen, hatten englische Uhren eine »Schnecke«, eine konische Spindel, die am gro-ßen Rad befestigt ist. Eine Darm-saite oder eine feine Kette ist spiral-förmig auf der Schnecke aufgewun-den und mit einem Ende an der Federtrommel befestigt. Voll aufge-zogen, wirkt die Feder auf die enge-ren, bei fortschreitendem Ablaufen auf die weiteren Windungen der Schnecke. Dadurch wird das Nach-lassen der Antriebskraft ausgegli-chen.

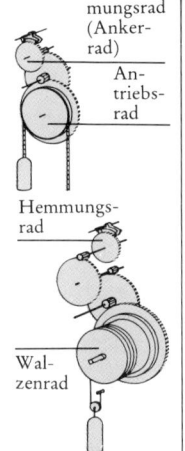

Hemmungsrad (Anker-rad)
Antriebs-rad
Hemmungs-rad
Walzenrad

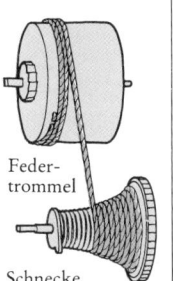

Federtrommel
Schnecke

Federhaus

Französische Uhren sind ebenfalls federgetrieben; jedoch sind Feder-trommel und großes Rad in einem Teil, dem Federhaus, zusammenge-faßt. Aufgrund einer Sperrung (Malteserstellung) im Gehäuse wird nur die Federmitte verwendet.

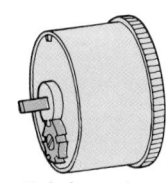

Federhaus mit Malteserstellung

Die Hemmung

Die Vorrichtung, die den Ablauf des Werks hemmt und mit Hilfe des Gangreglers dosiert erfolgen läßt, wird Hemmung genannt. Sie wirkt auf das letzte Rad, das schwächste im Räderwerk, welches Hem-mungsrad (Ankerrad) genannt wird. Es wäre das schnellste Rad, wenn es ungehindert laufen könnte; durch die Hemmung aber wird es unterbrochen. Der in das Hem-mungsrad eingreifende Teil der Hemmung heißt Anker. Er trägt Stifte und Paletten. Die Gabel, an der Ankerwelle befestigt, führt zum Pendel. Das Schwingungsrad (Un-ruh), das mittels einer Spiralfeder (Unruhfeder), in Schwingung ver-setzt wird ist durch einen Hebelarm (Anker mit Gabel) mit dem Hem-mungsrad verbunden. Sobald die Gabel durch Pendel oder Unruh in Bewegung versetzt worden ist, ra-

Anker-hemmung (für Pendel-uhr)
Stiftanker-hemmung (für Unruhuhr)

stet jede Palette in einen Zahn des Hemmungsrades ein. Die Paletten und die Zähne des Hemmungsrades sind so geformt, daß der Anker, sobald er sich vom gehemmten Zahn wegbewegt, einen kleinen Stoß oder »Impuls« bekommt, so daß Pendel oder Unruh in Bewegung bleiben. Das Hemmungsrad wird jeweils in der Mitte des Zahns von der sich nach unten bewegenden Palette arretiert. Die Hin- und Herbewegung des Ankers verleiht der Uhr ihren typischen Ticktackton.

Das Zeigerwerk

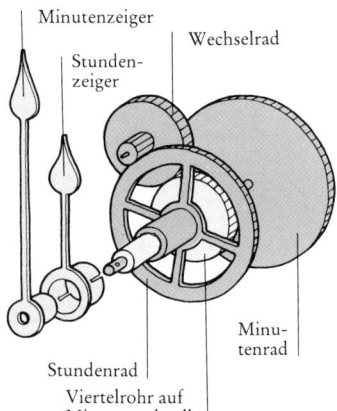

Minutenzeiger
Wechselrad
Stunden-
zeiger
Minu-
tenrad
Stundenrad
Viertelrohr auf
Minutenradwelle

Die Zeiger sitzen auf einem separaten Räderwerk zwischen Zifferblatt und vorderer Platine, dem Zeigerwerk. Das Minutenrohr (Viertelrohr) hält den Minutenzeiger und bildet eine Reibungsfläche mit der Minutenradwelle, die das Zeigerwerk in Bewegung setzt. Es dreht sich einmal pro Stunde.

Der Stundenzeiger ist am Stundenrad befestigt, das sich um die Minutenrohrwelle dreht, wodurch eine konzentrische Drehung der Zeiger ermöglicht wird. Ein drittes Zahnrad, auch Wechselrad genannt, verbindet die beiden miteinander. Der Stundenzeiger wird so angetrieben, daß er sich innerhalb von zwölf Stunden einmal dreht. Durch die Reibung im Zeigerwerk, die entweder durch eine Stern- oder Wendelfeder oder eine andere konische Einpassung entsteht, können die Zeiger gestellt werden, ohne daß das Räderwerk beeinflußt wird.

Werkzeuge und Materialien

Für die hier behandelten Uhrenreparaturen werden nur wenige Spezialwerkzeuge gebraucht, die nachfolgend aufgeführt werden. Einige Werkzeuge zum Reinigen des Werks können in Do-it-your-self-Geschäften gekauft werden, wohingegen andere nur beim Lieferanten des Uhrmachers erhältlich sind.

Werkzeuge

Werkbank Für solche Feinarbeiten ist am besten eine Werkbank geeignet, an der es sich bequem im Sitzen arbeiten läßt.

Leuchtstofflampe mit verstellbarem Arm für ein gutes Arbeitslicht.

Schraubstock Ein kleiner Schraubstock reicht meist aus.

Handschraubstock für kleinste Teile und zum Abspannen von Federn.

Zangen Flach- und Spitzzangen sind am nützlichsten.

Vergrößerungsglas für die Arbeit an kleinen Teilen. Wählen Sie die passende Stärke.

Schraubendreher Ein Set Uhrmacherschraubendreher (1–3 mm) ist generell zu empfehlen.

Pinzetten Spitze Pinzetten zum Packen kleinster Teile.

Pinsel Eine Auswahl an feinen Dekorateur- oder Künstlerpinseln zum Reinigen von Teilen mit Benzin und Reinigungslösungen.

Messingdrahtbürste zur Reinigung der Ankerwellen aus Stahl.

Handbürste Eine mittlere und eine weiche Uhrmacherborstenbürste zum Säubern des Werks.

Gefäße und Teller für die Reinigungsmittel.

Materialien

Benzin zur Entfernung von Schmutz und Öl im Werk. *Achtung:* Benzin ist leicht entflammbar; nicht in der Nähe von offenem Feuer gebrauchen. Der Arbeitsraum muß gut belüftet sein.

Salmiak Mit Wasser und flüssiger Seife gemischt, ergibt es ein Reinigungsmittel. Unangenehme Dämpfe; deshalb Arbeitsraum gut lüften.

Reinigungstuch Nur fusselfreie Tücher verwenden.

Kreide zum Polieren von Messing.

Putzholz Für die Reinigung von Fassungen und kleinsten Einzelteilen. Erhältlich beim Uhrmacherlieferanten.

Feine Stahlwolle zur Reinigung von Stahlteilen.

Feines Schmirgelpapier zum Glätten von Stahlzeigern vor dem Neulackieren.

Metallpoliermittel für die Reinigung von Messing.

Silberpuder zum Versilbern von Messingzifferblättern.

Klarlack zum Schutz polierten Metalls vor dem Anlaufen.

Blauer Lack Farblack für Zeiger.

Emailfarben zum Aufmalen oder Ausbessern der Ziffern auf dem Zifferblatt.

Künstlerölfarbe zum Aufmalen fehlenden Dekors auf dem Zifferblatt.

Schwarzes Polierwachs zum Füllen eingravierter Ziffern.

Darmsaite zum Aufhängen der Gewichte an 8-Tage-Uhren.

Litzenschnur zum Aufhängen der Gewichte an 30-Stunden-Uhren.

Konische Vorsteckstifte zum Befestigen der Teile des Werks. In Packungen erhältlich.

Uhrenöl zum Einölen von Zapfen und Radlagern.

Etiketten Aufklebbare Etiketten, zur Markierung der auseinandergenommenen Einzelteile.

Wartung und Reparatur von Uhren

Uhren verlangen sehr sorgsame Behandlung. Bestimmt kennen Sie die Grenzen Ihrer praktischen Fähigkeiten selbst am besten; wenn Sie sich des Werts Ihrer Uhr nicht sicher sind, sollten Sie allerdings einen Fachmann aufsuchen.

Vorbereitung zur Restaurierungsarbeit

Die gründliche Reinigung des Werks ist Voraussetzung für die Ganggenauigkeit der Uhr. Auf den Arbeitstisch legen Sie Löschpapier und darüber einfaches Papier. Weiterhin benötigen Sie Schraubgläser, kleine Glas- oder Porzellanschüsselchen und ein flaches Tablett, fusselfreie Tücher, einige Reinigungspinsel und ein Wildledertuch in Reichweite. Zum Schutz der Hände sollten Sie Gummihandschuhe tragen und Hautkontakt mit öligen Metallteilen vermeiden. Nach der Reinigung (siehe S. 90 f.) schauen Sie nach Abnutzungserscheinungen an Radlagern, Zahnrädern, Getrieberädern und Bohrlöchern. Achsen können sich durch Unachtsamkeit verbiegen und durch Abnutzung Rillen bekommen. Ausgeweitete Zapfenlager brauchen eine neue Buchse, beschädigte Zahnräder müssen repariert oder ersetzt werden.

Gehäuse restaurieren

Uhrengehäuse aus Holz werden wie Möbel (siehe S. 104–111) repariert, gereinigt und poliert. Abgesplittertes Furnier kann ausgebessert werden (siehe S. 107). Ersetzen Sie fehlende Intarsien, indem Sie die Form durchreiben und ein Ersatzstück zuschneiden. Angelaufene Messing- oder Ormolubeschläge werden für die Reinigung am besten abgenommen. Ziehen Sie die Nägel vorsichtig heraus bzw. entfernen Sie die Schrauben. (Reinigung siehe S. 58 ff.)

Warum bleibt eine Uhr stehen?

Alle nachfolgend aufgeführten Probleme verursachen ein Stehenbleiben der Uhr. Die mit einem Kästchen markierten Reparaturen können Sie selbst ausführen, solche mit zweien müssen von einem Fachmann vorgenommen werden.

Ursache	Notwendige Reparatur
Nicht aufgezogene Triebfeder	☐ Triebfeder aufziehen
Schmutz und getrocknetes Öl im Werk	☐ Auseinandernehmen und reinigen
Gebrochene Triebfeder	☐ Feder ersetzen
Verbogene Antriebsräder	☐☐ Neue Räder anfertigen lassen
Abgenutztes Zahnrad	☐☐ Neues Rad anfertigen lassen
Abgenutzte Zapfen oder Radlager	☐☐ Lager mit Buchsen versehen
Pendelhemmung aus dem Takt	☐ Pendelgabel biegen
Beschädigte Spiralfeder in der Ankerhemmung	☐☐ Neue Hemmung einbauen lassen
Verbogene Zeiger, die hängenbleiben	☐ Abnehmen und geradebiegen

Eine Uhr aufziehen

Eine Uhr mit Federantrieb sollte regelmäßig aufgezogen werden: eine 8-Tage-Uhr z. B. jede Woche. So wird immer derselbe Teil der Feder benutzt, wodurch der Antrieb gleichmäßig und die Ganggenauigkeit verbessert wird.

Verwenden Sie nur einen genau passenden Schlüssel. Halten Sie die Uhr in einer Hand, und ziehen Sie die Feder mit einer bestimmten Anzahl Umdrehungen auf; in der Regel ist sie mit sechs bis acht vollen Umdrehungen ganz aufgezogen. Bei manchen Uhren erlaubt die Malteserstellung (Stoppwerk) nur vier oder fünf Umdrehungen.

Ein französisches Federhaus, das im Gehäuse mit einer Rückplatine verschraubt ist, neigt dazu, sich beim Aufziehen leicht im Gehäuse zu drehen. Dadurch wird der Pendelschlag unregelmäßig. Halten Sie die Uhr am Zifferblatt oder Gehäuse fest. Ziehen Sie Schrauben an der Rückplatine fest.

Bei Uhren mit Gewichtsantrieb ist regelmäßiges Aufziehen für die Genauigkeit nicht so wichtig, da die Antriebskraft konstant ist.

Eine Pendeluhr in Takt bringen

Um genau zu gehen, muß eine Pendeluhr »im Takt« sein und gleichmäßig ticken. Die Paletten sollten, wenn das Pendel vertikal hängt, zum Hemmungsrad ausgeglichen sein. Biegen oder bewegen Sie die Pendelgabel etwas nach der einen bzw. anderen Seite, damit sie gleichmäßig schwingt. Dabei sollten Sie sie oben festhalten, damit die Paletten nicht belastet werden. Falls die Uhr nicht geradesteht, können Pappstücke unter die eine oder andere Seite gelegt werden; aber dies sollte keine Dauereinrichtung werden.

Pendelregulierung

Eine Pendeluhr geht je nach Länge des Pendels schneller oder langsamer. Ein verkürztes Pendel läßt die Uhr schneller, ein verlängertes läßt sie langsamer gehen. Justieren Sie die Länge unten mit der Reguliermutter. Bei manchen französischen Uhren dient ein Schlüssel oben am Zifferblatt zur Feinjustierung.

Eine Uhr auseinandernehmen

Entfernen Sie zuerst das Pendel, bei Uhren mit Gewichtsantrieb jedoch zuvor die Gewichte. Dann kommen die Zeiger. Ziehen Sie den konischen Haltestift heraus, und nehmen Sie sie vorsichtig ab. Wenn Sie sie herausheben müssen, schützen Sie das Zifferblatt mit dünnem Holz oder Plastik. Seien Sie bei Emailzifferblättern besonders vorsichtig.

Lösen Sie die Befestigungsschrauben des Werks und nehmen Sie dieses aus dem Gehäuse. Bei Stand- und frühen englischen Stockuhren war das Werk mit Schrauben oder Bolzen an der Auflagefläche befestigt, bei manchen Standuhren stand es einfach auf der Auflagefläche. Später wurden die Werke der englischen Stockuhren mit Metallsockeln an der hinteren Platine und den Gehäuseseiten befestigt. Entfernen Sie das Zifferblatt, wenn es am Werk befestigt ist (siehe S. 92).

Eine Feder abspannen

Bevor Sie das Werk einer Uhr mit Federantrieb auseinandernehmen, muß die Triebfeder abgespannt werden. Dies kann durch das in Bewegung versetzte Laufwerk geschehen. Wenn die Paletten der Hemmung entfernt werden, läuft die Feder ungehemmt. Bei feinen alten Werken ist dies allerdings nicht zu empfehlen, da Schmutz in den Radlagern Abnutzung verursachen kann.

Besser ist es, die Feder bei gelöster Sperre mit einem fest auf den Vierkant des Federkerns gesetzten Vierkant langsam abzudrehen. Passen Sie sehr auf, da eine wegschnellende Feder Zahnräder beschädigen kann. Drehen Sie den Schlüssel

leicht, als wollten Sie die Feder aufziehen, und lösen Sie den Sperrkegel vom Sperrad.

Feder abspannen Bei gelöster Sperre drehen Sie die Feder vorsichtig ab. Lassen Sie den Sperrkegel jeweils einrasten, bevor Sie den Schlüssel neu ansetzen, dabei je einen oder zwei Zähne freigebend.

Abspannen einer Feder mit Malteserstellung

Bei manchen Werken hat das Federhaus eine Sperrung, die verhindert, daß sich die Feder ganz abwickelt oder ganz aufgezogen werden kann. Spannen Sie die Feder bis zur Arretierung ab, nehmen Sie das Federhaus aus dem Werk, nun kann sie ganz abgespannt werden.

Benutzung eines Schraubstocks Klemmen Sie den Vierkant ins Ende des Schraubstocks. Drehen Sie die Befestigungsschraube der Sperrung ab, und entfernen Sie das Malteserkreuz. Lassen Sie das Federhaus sacht in der Hand gleiten, um die Feder ganz abzuspannen.

Herausnehmen der Räder

Schauen Sie sich das Werk sorgfältig an, machen Sie eine Skizze von der Lage der Teile. Dies ist wichtig, da beim Zusammenbau kein Teil verwechselt werden darf. Schrauben Sie die Unruh an der Rückplatine ab, heben Sie Paletten und Gabel heraus bzw. entfernen Sie die Ankerhemmung. Nehmen Sie die Zeigerwerksräder und deren Kloben von der vorderen Platine.

Legen Sie das Werk auf den Rücken; entfernen Sie die Nägel oder Schrauben, die die Vorderplatine an den Pfeilern befestigen, nehmen Sie die Platine ab, und heben Sie die Räder heraus. Stecken Sie die Räder mit Zapfen in ihre ungefähre Position in den Deckel einer Pappschachtel. Die anderen Teile bewahren Sie in der Schachtel auf. Beim Zusammenbau der Uhr gehen

Sie in umgekehrter Reihenfolge vor (siehe S. 94).

Entfernen von Öl und Schmutz

Benzin entfernt Öl und Schmutz aus dem Werk, ohne daß sich dabei die Farbe des Messings verändert. Füllen Sie ein Glas halb mit Benzin, und gießen Sie etwas in eine Schüssel. Weichen Sie die Teile im Glas ein; sehr kleine Teile können mit einem Stück feinem Draht zusammengebunden werden.

Nehmen Sie die Teile heraus, und waschen Sie in der Schüssel Öl und Schmutz mit weichem Borstenpinsel ab; bei Rädern und rauhen Flächen mit einem härteren Pinsel.

Reinigen Sie Löcher, schwer zugängliche Ecken oder Gravuren mit spitzen Putzhölzern (siehe S. 88). Danach müssen Sie die Teile eventuell erneut mit Benzin abwaschen. Dann mit fusselfreiem Tuch trocknen, komplizierte Teile mit einem Fön.

Für wertvolle Uhren lohnt sich der Kauf salmiakfreier Reinigungsmittel zur Entfernung von Schmutz und angelaufenen Stellen.

Mit Salmiak und flüssiger Seife können Sie selbst ein Mittel zur Entfernung angelaufener Stellen und alten Lacks herstellen. Lösen Sie Salmiak mit heißem Wasser im Verhältnis 1 : 4, geben Sie ein paar Spritzer Spülmittel dazu, und verrühren Sie alles. Für leichte Flecken darf die Lösung schwächer sein. Stellen Sie so viel Reiniger her, daß die Teile ganz damit bedeckt sind. Lassen Sie Messing nie teilweise eingetaucht liegen, da sich ein dunkler Rand bilden kann, der nur schwer zu entfernen ist; langes Einweichen und Polieren wären nötig.

Weichen Sie die Teile so lange wie nötig in dem schmutzlösenden Reiniger ein. Nehmen Sie jeweils ein Teil heraus und bürsten Sie den Schmutz in einer Schüssel mit Reiniger vollends ab.

Mit Benzin oder klarem Wasser spülen Sie alle Spuren der Lösung ab. Reinigen Sie Löcher und Rillen mit spitzen Putzhölzern. Trocknen Sie jedes Teil mit einem fusselfreien Tuch. Das Messing sollte nun fleckenlos sein; es ist relativ matt und kann poliert werden.

Reinigen von Stahlteilen

Waschen Sie gebläute Stahlteile in Benzin. Für blanke Stahlteile nehmen Sie eine Messingdrahtbürste; leichte Rostflecke können mit sehr feiner Stahlwolle (0000) entfernt werden. Drehen Sie die Wellen der Stahlräder in einem kleinen Stahlwollbausch zwischen Zeigefinger und Daumen. Achten Sie darauf, daß die Zapfen nicht beschädigt werden. Bei hartnäckigem Rost benutzen Sie Rostentferner gemäß Gebrauchsanweisung des Herstellers. Nach gründlichem Abwaschen mit Wasser bearbeiten Sie die Teile mit Drahtbürste oder Stahlwolle.

Federn reinigen

Entfernen Sie den Deckel des Federhauses, indem Sie ihn sanft mit Hilfe eines Schraubenziehers aus der Nut hebeln oder – noch besser – das hintere Ende der Welle leicht auf den Arbeitstisch klopfen. Untersuchen Sie die Feder, und wenn sie frei von dickem, zähem Öl ist, tragen Sie etwa zehn Tropfen Uhrenöl auf und bringen den Deckel wieder an. Bei Rost sollte die Feder ersetzt werden. Ist sie verklebt, muß sie gereinigt werden. In beiden Fällen muß die Feder herausgenommen werden.

Spannen Sie das Federhaus zwischen passende Holzzulagen in den Schraubstock. Haken Sie das innere Federende mit einer Zange vom Federkern (Welle), und heben Sie diesen dann heraus. Mit leichter Drehbewegung, als ob Sie die Feder aufziehen wollten, ziehen Sie sie langsam heraus und nehmen dann die Hände zu Hilfe. Tragen Sie dabei Lederhandschuhe. Haken Sie das äußere Federende von der Wand des Federhauses aus. Belasten Sie nie die Feder, indem Sie sie strecken.

Reinigen Sie die Feder mit einem benzingetränkten Tuch; ziehen Sie sie – locker spiralig gerollt – durch das Tuch, das Sie mit einer Spitzzange halten. Trocknen Sie sie genauso mit einem sauberen Tuch. Reinigen Sie dann Federhaus und Welle. Das äußere Ende der Feder haken Sie nun wieder ins Federhaus ein. Ziehen Sie Handschuhe an, und bringen Sie die Feder Windung um Windung wieder ins Federhaus. Bringen Sie den Federkern an,

überprüfen Sie, daß er richtig sitzt, und haken Sie die Feder ein. Ölen Sie die Feder, befestigen Sie den Deckel. Bei kleinen Federhäusern rastet er mit leichtem Handdruck ein, bei größeren oder sehr fest schließenden nehmen Sie Holzzulagen, um ihn mit Hilfe eines Schraubstocks zu schließen. Ölen Sie Wellenlager im Federhaus.

Unruhfedern sind sehr empfindlich und sollten am Gangregler (Unruh) oder an der Unruhscheibe befestigt bleiben. Loser Schmutz kann mit einem feinen Künstlerpinsel (Zobel) entfernt werden. Diese Federn dürfen nicht geölt werden. Mit handelsüblichen Reinigungsmitteln können gemäß Gebrauchsanweisung Schmutz und Öl entfernt werden.

Federn entfernen Tragen Sie dabei Lederhandschuhe.

Zeiger reinigen

Die Zeiger werden in Benzin gewaschen, dann mit einem Tuch getrocknet. Fleckige oder rostige Zeiger werden mit sehr feinem Papier geschmirgelt, poliert und neu gebläut. Mit blauem Stahllack, mit dem Pinsel aufgetragen, werden gebläute Zeiger retuschiert oder polierte Stahlteile neu bemalt.

Zum Bläuen nach der herkömmlichen Methode legen Sie die Zeiger auf eine Messingplatte oder auf trockenen Sand in einer flachen Büchse und erhitzen sie, bis der blaue Farbton erreicht ist. Nun die Zeiger mit einer Pinzette schnell herausnehmen und in sauberes Maschinenöl tauchen. Das Öl mit Benzin abwaschen und die Zeiger trocknen. Bei einer anderen Methode wird ein bläuendes Salz benutzt (beim Uhrmacher erhältlich). Erhitzen Sie die Kristalle, bis sie flüssig sind, und tauchen Sie die polierten Zeiger hinein. Erhitzen bis die Zeiger blau sind. Dann spülen Sie sie mit kaltem Wasser ab.

Platinen, Zahnräder und andere Teile polieren

Für die klassische Technik zum Polieren von Messingteilen braucht man Uhrenbürste und Kreideblock. Die Bürste wird über den Kreideblock gezogen und dann das Kreidepulver auf das Metall aufgetragen. Durch das Einreiben der feinen Kreidepartikel entsteht ein Hochglanz.

Putzholz, im Fachhandel erhältlich, ist an einem Ende spitz, um Löcher und Triebräder zu reinigen. Die Ränder größerer Löcher werden mit einem Tuch oder Velourleder gereinigt. Sie spannen das Tuch an einem Ende in den Schraubstock, ziehen das andere Ende durch das Loch und reinigen mit gespanntem Tuch oder Leder die Löcher.

Sie können auch handelsübliches Metallpoliermittel nehmen. Achten Sie darauf, daß keine Spuren des Poliermittels übrigbleiben, da diese trocken einen weißen Belag bilden.

Eine alte Standuhr muß nicht auf Hochglanz poliert werden, da viele der handgefertigten Teile eine strukturierte Oberfläche besitzen und nicht auf Hochglanz poliert werden sollen. Französische Werke (besonders in Karossenuhren), die durch Glas zu sehen sind, werden jedoch auf Hochglanz poliert.

Fassen Sie polierte Teile mit Seidenpapier oder noch besser mit Baumwollhandschuhen an. Für kleine Teile nehmen Sie eine Pinzette. Fingerabdrücke, besonders auf Platinen, sind unansehnlich, und durch das Fett der Haut läuft das Metall schnell an. Setzen Sie die Zahnräder wieder in die entsprechenden Löcher des Schachteldeckels, und bewahren Sie die anderen Teile in Seidenpapier eingewickelt in der Schachtel auf.

Zifferblätter reinigen und reparieren

Frühe Zifferblätter waren fast quadratisch. Drei Elemente bildeten das Zifferblatt: eine Metallscheibe, ein Zifferring und Ziermessingstücke, sogenannte Zwickel. In der Regel war die Mitte der Zifferblattgrundplatine aufgerauht und hatte einen matten Glanz. Die Ecken, in denen die Zwickel angebracht wurden, waren glatt und poliert. Manche Zifferblätter hatten in der Mitte Gravuren. Die Stunden wurden gewöhnlich mit römischen, die Minuten mit arabischen Ziffern angezeigt. Der Zifferring war in der Regel versilbert, eingravierte Ziffern waren mit schwarzem Wachs gefüllt.

Im frühen 18. Jahrhundert bekam das quadratische Zifferblatt noch einen halbrunden Aufsatz, der zusätzliche kleinere Zifferblätter oder Verzierungen trug. In der Mitte des 18. Jahrhunderts wurden runde und bemalte Zifferblätter hergestellt. Die bemalten Zifferblätter hatten einen einfachen weißen Hintergrund oder waren mit Blumen oder Bildern ausgeschmückt. Ganz weiße Emailzifferblätter mit schwarzen Ziffern findet man ab dem frühen 18. Jahrhundert bei französischen und später bei englischen Uhren.

Emailzifferblatt Zifferblatt einer französischen Uhr

Massenproduziertes Zifferblatt Ein Zifferblatt für in Serie hergestellte Uhren

Rundbogenzifferblatt Reproduktion eines Messing-Rundbogenzifferblatts mit Mondphasenanzeige für Standuhren

---

Zifferblätter auseinandernehmen und reinigen

Meist ist das Zifferblatt durch einen Zifferblatt»fuß« und mit konischen Stiften auf der vorderen Platine des Uhrwerks befestigt. Der Fuß kann an der Rückseite des Zifferblatts verschraubt oder fest vernietet sein (siehe rechts). Legen Sie das Werk auf die Arbeitsfläche, ziehen Sie mit einer Spitzzange die konischen Stifte aus dem Fuß. Manchmal ist ein Stift etwas verbogen. Einen festsitzenden Stift ziehen Sie vorsichtig mit einer Drehbewegung heraus.

Messingzifferblätter mit Zifferring und Zwickeln werden am besten mit einer Reinigungslösung für Uhren gereinigt und anschließend poliert. Verwenden Sie bei versilberten Teilen kein Reinigungs- und Poliermittel. Zifferblätter, die teilweise oder ganz versilbert, bemalt oder emailliert sind, werden nur mit milder Seife und lauwarmem Wasser abgewaschen, gründlich gespült und dann mit einem weichen, sauberen Tuch trockengerieben.

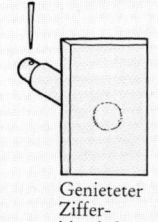

Genieteter Zifferblattfuß

Zifferblattsockel (»Falsches« Zifferblatt) Bei zerbrechlichen Emailzifferblättern wird der Zifferblattfuß von einem Sockel gehalten. Damit sich das Zifferblatt nicht dreht, sind kleine Stifte angebracht, die aus dem Sockel herausragen oder vor dem Emaillieren an die Rückseite des Zifferblatts gelötet werden.

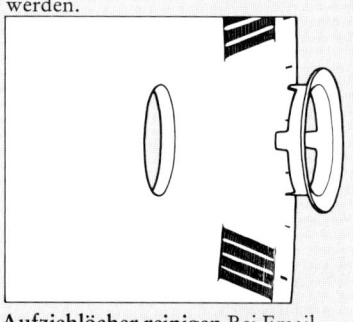

Aufziehlöcher reinigen Bei Emailzifferblättern sind die Aufziehlöcher oft mit dünnem Messing eingefaßt. Reinigen Sie es sehr behutsam.

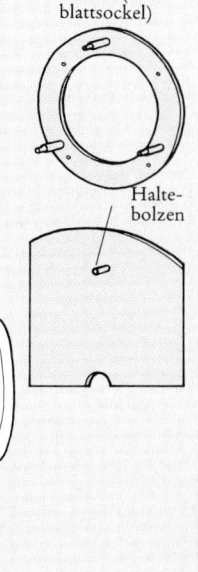

»Falsches« Zifferblatt (Zifferblattsockel)

Haltebolzen

Zifferblätter reparieren

Vor Reparaturen am Zifferblatt sollten Sie den Wert der Uhr bedenken. Mitunter ist es besser, Abnutzungserscheinungen hinzunehmen, anstatt das Zifferblatt reparieren oder restaurieren zu lassen. Bedarf ein wertvolles Stück einer Reparatur, suchen Sie einen Fachmann auf. Neuere, in Serie hergestellte Uhren sind wahrscheinlich nicht wertvoll; hier können Sie das Zifferblatt selbst reparieren.

Versilberte Zifferblätter

Die Silberschicht auf dem Zifferblatt ist sehr dünn und kann durch zu eifriges Reinigen abgerieben werden. In diesem Fall können Sie mit Silberchloridpulver das Messing neu versilbern. Die Oberfläche wird mit Benzin entfettet, dann mit Wasser und Seife gereinigt. Tragen Sie Gummihandschuhe.

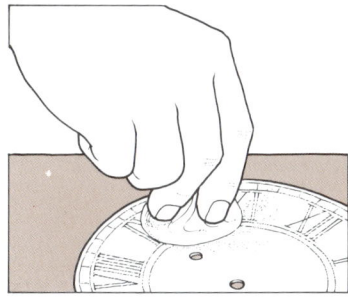

1. Ein feuchtes, weiches Tuch oder ein Wattebausch wird in das Pulver getunkt und das Messing damit in kreisender Bewegung bearbeitet, bis seine Farbe ebenmäßig ist. Spülen Sie mit klarem Wasser nach. Ein Fixierpulver wird genauso aufgetragen. Alternativ können Sie auch Klarlack (siehe S. 88) verwenden. Ziffern werden mit Emailfarbe retuschiert.

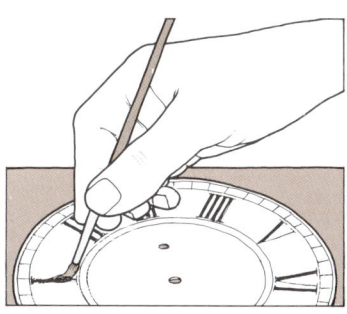

2. Für ein Zifferblatt, dessen Wachs ganz abgegangen ist, neh-

men Sie schwarzes Polierwachs. Mit einem Fön wird das Metall erwärmt, Wachs in einem Teller geschmolzen und in die Vertiefungen gemalt. Nach dem Festwerden überschüssiges Wachs mit Methylalkohol abwischen.

Bemalte Zifferblätter

Im Zuge der Massenproduktion wurde das Bemalen von Zifferblättern ein eigenständiges Gewerbe. Da das Zifferblatt immer gleichblieb, konnten die Künstler schnell arbeiten. Mit Grundierung wurden Unebenheiten der Oberfläche ausgeglichen; Ziffern und Dekor wurden auf die Untergrundfarbe aufgetragen. Für diese Arbeit brauchen Sie künstlerische Fertigkeiten.

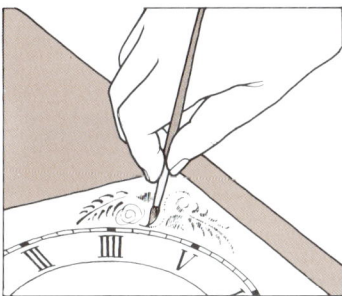

Ziffern aufmalen Ziffern können mit einem feinen Zobelpinsel und Emailfarben aufgetragen werden; beides erhalten Sie in Hobbyläden. Von abgeriebener Farbe sind in gutem Licht vielleicht noch Spuren zu erkennen, an denen Sie sich beim Malen orientieren können. Zum Aufmalen von Dekor verwenden Sie Ölfarben.

Emailzifferblätter

Diese Zifferblätter sind sehr zerbrechlich. Vorsicht, besonders beim Abnehmen der Zeiger. Beim klassischen weißen Emailzifferblatt mit gut lesbaren Ziffern wurde das Email auf eine Kupferplatte aufgeschmolzen. Manchmal sind die Ziffern direkt aufgemalt oder später auf das polierte Zifferblatt aufgetragen, bevor es gebrannt wurde.

Reparaturen sind schwierig. Ein gesprungenes Emailzifferblatt kann nie perfekt restauriert werden. Oft wird ein Ersatz gebraucht; trägt das Zifferblatt den Namen eines berühmten Meisters, ist Auswechseln

nicht angebracht. Wenn Sie bei einer irreparablen Uhr das gleiche Zifferblatt finden, haben Sie Glück. Sie können auch ein gedrucktes Faksimile-Zifferblatt im Stil des Originals verwenden (beim Lieferanten des Uhrmachers erhältlich). Dadurch wird selbstverständlich der Wert Ihrer Uhr nicht gesteigert.

Ein angeschlagener Rand kann mit passend getöntem Epoxydklebstoff und Kaolinpuder repariert werden (siehe S. 84 und 88).

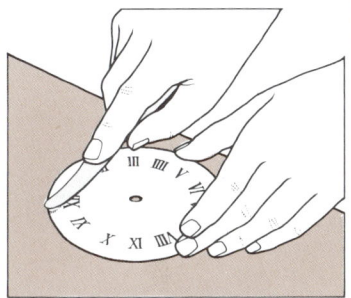

Einen angeschlagenen Rand reparieren Mischen Sie Epoxydkleber, Kaolinpuder und Titaniumdioxyd zu einer Paste, die der Farbe des Emails nahekommt. Tragen Sie sie mit dem Messerrücken auf, und schmirgeln Sie sie nach dem Aushärten fein ab. Anschließend polieren Sie mit Poliercreme. Dann folgt der Farbanstrich. Ziffern können mit feinem Zobelpinsel und schwarzer Emailfarbe retuschiert werden.

Fehlende Zeiger ersetzen

Uhrenersatzteillieferanten haben Zeiger verschiedener Stile und Größen vorrätig. Abbildungen in Büchern können Ihnen bei der Wahl des passenden Zeigers helfen. Zeichnen Sie die Abbildung ab, und versuchen Sie so einen Zeiger zu finden. Wahrscheinlich müssen Sie einen Kompromiß machen. Die Größe der Zeiger ist wichtig, da der Minutenzeiger den Minutenring erreichen und der Stundenzeiger die Ziffern decken soll. Wenn Sie das Zifferblatt nicht zum Lieferanten mitnehmen können, fertigen Sie eine Schablone an.

Eine Uhr zusammenbauen

Ist die Uhr gereinigt, repariert oder restauriert, setzen Sie das Werk in der umgekehrten Reihenfolge wieder zusammen. Bringen Sie die Eckpfeiler wieder an der hinteren Platine an, befestigen Sie Zahnräder und Federhaus in den entsprechenden Löchern. Die vordere Platine befestigen Sie vorsichtig mit neuen konischen Spitzen. Befestigen Sie Zeigerwerksräder, Gesperr, Kloben, Ankerhemmung und Pendelgabel. Geben Sie nur auf die Zapfen einen Tropfen Uhrenöl.

Eine Schnecke zusammenbauen

Eine alte Darmsaite kann reißen und die Räder schwer beschädigen. Erneuern Sie sie, solange das Werk auseinandergenommen ist. Auch Draht wird verwendet bzw. bei besseren Werken eine feine Stahlkette. Entfernen Sie den Radkranz (am Ende der Schnecke). Ziehen Sie ein Ende der Saite durch das einzelne Loch der Schnecke, verknoten Sie es, stumpfen Sie es mit einem Löteisen ab. Bringen Sie den Radkranz an.

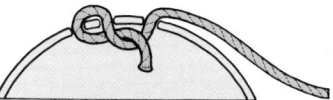

1. Das unverknotete Ende der Darmsaite wird durch die drei Löcher des Federhauses gezogen und wie zuvor abgestumpft. Setzen Sie Schnecke und Federhaus wie beschrieben zwischen die Platinen. Bauen Sie das Gesperr außen an der Vorderplatine ein, ohne es ganz zu befestigen. Winden Sie die Darmsaite langsam auf das Federhaus, wobei Sie sie straffen.

2. Spannen Sie die Feder, indem Sie die Federwelle um eine halbe Umdrehung drehen. Befestigen Sie das Gesperr, ziehen Sie die Schraube an. Die Triebfeder ist nun eingebaut. Bringen Sie die Hemmung an, und ziehen Sie die Feder auf. Führen Sie die Darmsaite dabei auf die Schneckenspirale.

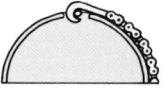 

3. Die Stahlkette hat an jedem Ende einen Haken. Der runde Haken gehört in das Loch der Schnekke, der »Widerhaken« in das Federhaus.

Gewichte anbringen

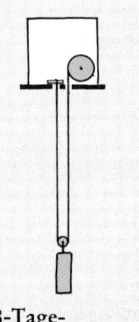 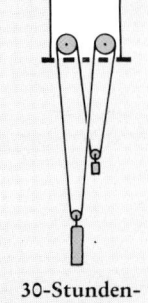

8-Tage-Uhr   30-Stunden-Uhr

Bei einer 8-Tage-Uhr verknoten Sie ein Ende der Schnur, an der das Gewicht hängt, im Federhaus. Befestigen Sie das Werk im Gehäuse. Führen Sie das andere Schnurende um die Rolle des Gewichts, und befestigen Sie es an der Auflagefläche. Manchmal wird dazu ein Knebel verwendet. Bringen Sie das Gewicht an, und ziehen Sie das Federhaus mit dem Schlüssel auf. Die Schnur muß sich gleichmäßig auf der Außenseite des Federhauses aufwinden und darf nicht so lang sein, daß das Gewicht den Boden berührt.

30-Stunden-Uhren mit Schlagwerk haben eine fortlaufende Schnur oder Kette, für die Gewichte. Führen Sie ein Stück Schnur wie gezeigt über die Rollen des Werks und über die Rollen der Gewichte. Die Schnur sollte im Uhrzeigersinn ziehen. Schließen Sie die Kette bzw. spleißen Sie die Schnur (siehe links). Befestigen Sie Gewicht und Gegengewicht an den entsprechenden Rollen. Ziehen Sie das Gegengewicht nach unten, um Geh- und Schlagwerk aufzuziehen.

Eine Schnur spleißen

Weiche geflochtene Schnur wird zum Aufhängen von Gewichten verwendet. Sie besteht aus zwölf um einen Mittelstrang gewundenen Strängen. Es ist schwierig, die Schnur zu spleißen, aber mit Geduld klappt es.

Die Schnur auf gewünschte Länge zuschneiden und über die Gewichtsrollen legen. An beiden Enden ungefähr 5 cm mit Gummiband abbinden. Die Schnur wird bis zu den Gummibändern aufgedröselt. Dann werden die Stränge Ende gegen Ende gelegt.

sich etwa 1 cm überlappen sollen, und rollen Sie die Verbindung zwischen den Fingern. Wenn der Leim abgebunden hat, machen Sie in den Mittelstrang einen Reffknoten, um so die Schnur bis an die Gummis zusammenzuziehen.

2. Mit einer Stopfnadel wird eine der Schlingen langsam durch die Schnur gezogen, wobei der Verlauf der Stränge berücksichtigt wird. Die nächste Schlinge wird entgegengesetzt gezogen. So werden alle Schlingen abwechselnd in die eine oder andere Richtung durchgezogen, und zwar verschieden weit. Dann schneiden Sie sie bündig ab.

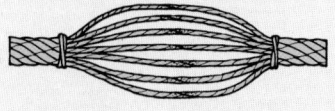

1. Tragen Sie auf die Stränge Klebstoff auf, kleben Sie je zwei Enden zusammen, wobei diese

MÖBEL

Antike Möbel kaufen

Nur wenige Leute kaufen Antikmöbel aus purer Sammelleidenschaft. Die meisten von uns kaufen oder erben ganz normale, solide alte Stücke, die wir weiterhin als Gebrauchsgegenstände verwenden. Viele Reparaturen an einem solchen Möbel können Sie selbst vornehmen; bei einem besonders alten oder wertvollen Stück sollten Sie sich zuvor von einem Restaurator beraten lassen.

Wenn Sie unsere Pflegehinweise beachten und Ihre Möbel regelmäßig polieren, bleiben sie Ihnen auf Jahre hinaus erhalten und bewahren ein gepflegtes Aussehen.

Original oder Reproduktion?

Beim Kauf eines Möbelstücks sollten Sie wissen, ob Sie es mit einer Reproduktion, einer Fälschung oder einem authentischen Stück zu tun haben. Eine Reproduktion ist eine als solche bezeichnete und verkaufte Kopie eines antiken Stücks. Es kann freilich vorkommen, daß sie von einem späteren Besitzer als antik ausgegeben wird. Eine Fälschung dagegen wird von vornherein in betrügerischer Absicht hergestellt und verkauft. Meist kann nur ein Experte eine geschickte Fälschung erkennen, da eben auch die Altersmerkmale vom Fälscher nachgeahmt werden. Reproduktionen jedoch sind, da nicht in betrügerischer Absicht hergestellt, gewöhnlich leicht zu erkennen.

Erster Anhaltspunkt ist die Gesamterscheinung des Möbels. Ein altes Stück zeigt Abnutzungsspuren, wogegen die Ecken, Profile, Beine und Laufleisten einer Nachbildung gänzlich unversehrt sind. Als nächstes schauen Sie sich die Holzoberfläche an. Der Farbton einer Nachbildung ist gleichmäßig, während alte Stücke leicht ausgeblichene Stellen haben können. Außerdem ist die Politur an Schnitzwerk oder besonders beanspruchten Teilen, z. B. Armlehnen, oft abgenutzt. Angeschlagenes oder blasiges Furnier deutet ebenfalls auf Echtheit, weil so etwas von modernen Möbelschreinern nicht nachgeahmt wird. Ferner zeigt das Holz eines gepflegten alten Stücks einen tiefen, satten Glanz, die Patina, die nachzumachen nahezu unmöglich ist.

Die Fähigkeit, ein echtes Stück zu erkennen, ist eine Frage der Erfahrung und Kenntnis. Sie bekommen mit der Zeit ein Auge dafür, ob ein Stück echt ist.

Umgearbeitete Möbel und Marriages

Wenig gefragte große alte Möbel werden von manchen Händlern billig eingekauft und zu Stücken von höherem Wert umgearbeitet, die dann die Patina und Spuren des Alters zeigen. Wie stellt man nun fest, ob sie zusammengeschustert worden sind oder nicht? Schauen Sie nach Stellen, an denen neu aufgeleimtes Furnier zu erwarten ist, z. B. an der Rückseite eines Schreibtischs, an der früher ein Frisierspiegel befestigt war. Auch nachgeschnittenes Holz ist ein Hinweis; schauen Sie nach frisch gebeizten Kanten.

»Marriage« ist ein ähnliches Verfahren: Nicht zusammengehörende Teile werden zu einem neuen Möbel vereint. Überprüfen Sie, ob die Holzart bei Ober- und Unterteil übereinstimmt. Einlege- oder Schnitzarbeiten müssen an beiden Teilen gleich vorhanden sein, und die Proportionen müssen harmonieren.

Beispiel einer »Marriage«

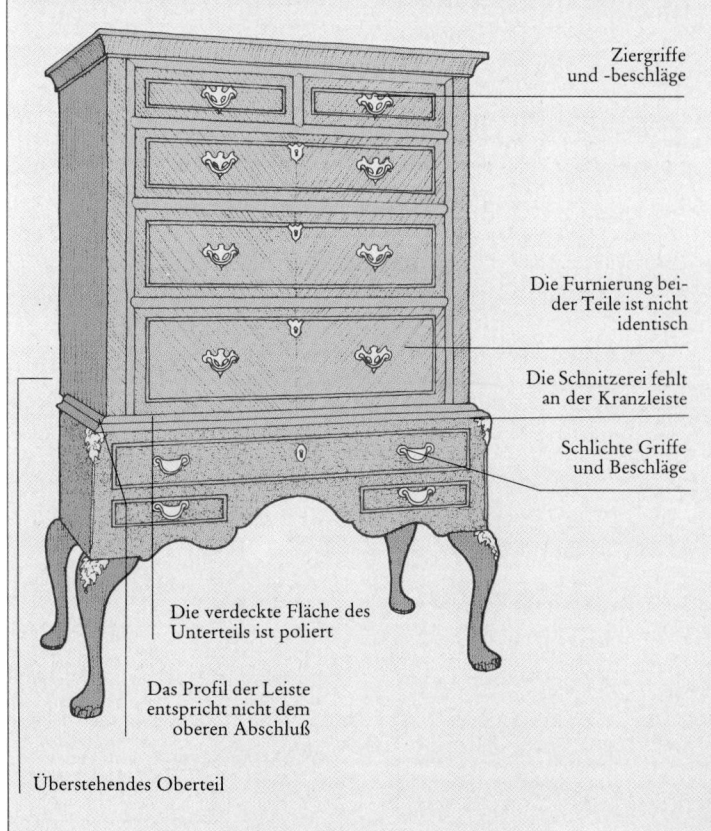

Ziergriffe und -beschläge

Die Furnierung beider Teile ist nicht identisch

Die Schnitzerei fehlt an der Kranzleiste

Schlichte Griffe und Beschläge

Die verdeckte Fläche des Unterteils ist poliert

Das Profil der Leiste entspricht nicht dem oberen Abschluß

Überstehendes Oberteil

Pflege antiker Möbel

Licht und Hitze können dem Holz schaden; überlegen Sie sich also, wo Sie Ihre Möbel aufstellen. Setzen Sie ein Möbelstück nie zu lange der Sonne aus. Läßt sich Sonnenlicht nicht vermeiden, stellen Sie das Möbel hin und wieder um, damit es nicht ausbleicht. Plazieren Sie es auch nicht nahe der Heizung, weil das Holz sonst austrocknet und schrumpft. Zentralheizungsluft ist in der Regel für antike Möbel zu trocken und kann ihnen schaden; sorgen Sie daher mit Wasserverdunstern für eine höhere Luftfeuchtigkeit.

Empfindliche Schellackoberflächen verlangen besonders behutsame Behandlung. Benutzen Sie hitzefeste Unterlagen für heißes Geschirr, stellen Sie Gläser auf Untersetzer. Wischen Sie verschüttete Flüssigkeit sofort ab.

Überprüfen Sie die Möbel ab und zu auf Holzwurm. Kontrollieren Sie vor allem die unbearbeitete Rück- und Unterseite.

Holzarten bestimmen

Zur Möbelherstellung werden zahllose Holzarten verwendet, die nur ein Experte alle bestimmen kann. Hier eine Liste seit Jahrhunderten beliebter Möbelhölzer:

Eiche Dieses Holz ist von beigefarbener bis blaßgrauer Tönung mit dunkelbrauner, gefleckter Maserung. Es ist sehr hart und hat offene Poren.

Kiefer Dieses Holz ist gelblich-cremefarben mit beigefarbener, zuweilen sehr lebhafter Maserung. Furniere haften gut daran, und daher wurde Kiefer – nach Eiche – am häufigsten für Tischlerarbeiten verwendet. Heute wird Kiefer oft sichtbar verarbeitet und nur mit Klarlack überzogen, während sie früher in der Regel angemalt oder furniert wurde.

Nußbaum Dieses Holz von cremig-braunem Grundton mit sehr ausgeprägter, dunkelbrauner bis schwarzer Maserung wurde vorwiegend als Furnier für Truhen und Schränke, aber auch als Massivholz für Stühle und Tische verwendet.

Ulme Da das Holz der Ulme nur wenig splittert, wurde es mit Vorliebe für geschnitzte Massivholzsitzflächen verwendet. Es ist hellbeige.

Ahorn Dieses helle Holz hat eine dichte, starkgemusterte Maserung, manchmal mit dunklen Flecken wie Vogelaugen. Es wird seit Jahrhunderten für dekorative Furniere benutzt.

Mahagoni Seit Anfang des 18. Jahrhunderts ein beliebtes Möbelholz. Die frühesten und besten Sorten kamen aus Kuba, dann aus Honduras. Die Farbe reicht von Rötlich- bis Dunkelbraun. Nicht so stark gemustert wie Nußbaum, ist es ein festes Holz mit gleichmäßiger Maserung. Ganz besonders eignet es sich für Möbel mit geschnitzten Verzierungen.

Satinholz Helles, gelbliches Holz, mitunter mit lebhafter Maserung. Es wurde bis ins frühe 20. Jahrhundert häufig als Furnierholz verwendet, später mit billigeren Hölzern, die gebeizt oder mit getönter Politur bearbeitet wurden, imitiert.

Einige Hölzer

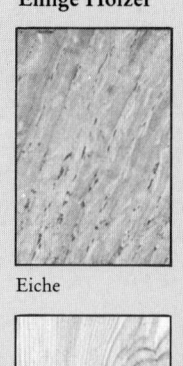
Eiche

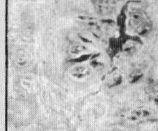
Pollardeiche

Ulme

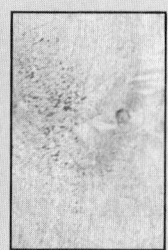
Ahorn

Schottische Kiefer

Amerikanische Kiefer

Mahagoni

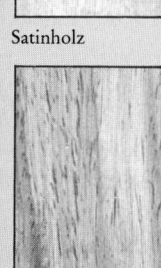
Satinholz

Amerikanisches Nußbaumholz

Englisches Nußbaumholz

Ebenholz

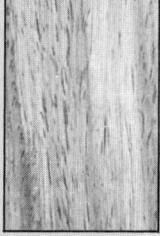
Padouk

Werkzeuge und Materialien

Sie brauchen eine geräumige Werkstatt, in der Sie nicht nur Werkbank, Werkzeug und Materialien unterbringen können, sondern auch ausreichend Platz für das zu restaurierende Möbelstück haben. Eine Garage oder ein Kellerraum eignen sich hervorragend als Werkraum, Voraussetzung ist allerdings, daß Ihnen ausreichendes Tageslicht und gutes künstliches Licht in den Abendstunden zur Verfügung steht. Bei schlechtem Licht können Sie leicht kleinere Mängel übersehen, die später, wenn das Stück an einem gut ausgeleuchteten Platz steht, die fertige Restaurierungsarbeit erheblich beeinträchtigen können.

Sie sollten hinter Ihrer Werkbank genügend elektrische Anschlüsse haben. Da Poliermittel, Lacke und Hobelspäne leicht entzündlich sind, ist ein Feuerlöscher in der Werkstatt ratsam. Alle gefährlichen Materialien sollten in einem abschließbaren Schrank vor Kindern sicher aufbewahrt werden.

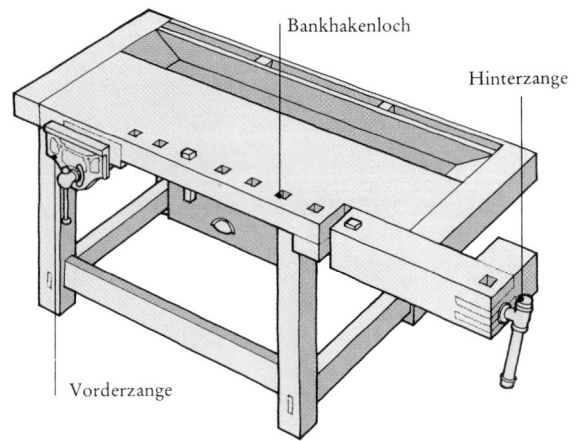

Schreiner-Hobelbank Für eine gute massive Schreiner-Hobelbank mit Vorder- und Hinterzange gibt es keinen Ersatz.

Werkzeuge

Die Aufgaben der Möbelrestaurierung sind so verschiedenartig, daß sie eine Reihe unterschiedlichster Werkzeuge erfordern. Auch wenn Sie schon über einiges Werkzeug zur Holzbearbeitung verfügen, werden Sie kaum daran vorbeikommen, Ihre Ausrüstung durch das eine oder andere Spezialwerkzeug zu vervollständigen.

Rollbandmaß und Zollstock zum Abmessen gehören unbedingt zur Grundausstattung.
Anschlagwinkel für rechte Winkel. Mit dem Universalwinkel, der auch als Anschlagwinkel verwendet wird, können Sie Winkel von 45° abmessen; manche Ausführungen haben zusätzlich eine Wasserwaage und dienen als Tiefenmaß.
Stahl- oder Zimmermannswinkel Für große Flächen ist er unersetzlich.
Winkelschmiege und Winkelmesser Benutzen Sie sie, wenn Sie schräge Linien ziehen müssen, die nicht im rechten Winkel liegen.
Streichmaß zum Markieren von Linien parallel zur Maserung. Wenn Sie Nadel und Schieber eingestellt haben, fassen Sie das Streichmaß am Schieber und drükken es gegen die Holzkante. Beim

Anreißen wird es vom Körper weggeführt.
Zapfenstreichmaß Dem Streichmaß ähnlich; es hat aber zwei Nadeln zum Anreißen doppelter Linien.
Schneidmaß Im Gegensatz zum Streichmaß hat das Schneidmaß eine flache Klinge zur Markierung von Linien quer zur Maserung.
Zirkel werden zum Einteilen von Strecken und zum Anreißen von Bögen, Kreisen, Ellipsen verwendet. Um wertvolle Möbelstücke vor dem Einstich der Nadel zu schützen, befestigen Sie ein Stück Pappe auf der Oberfläche.
Greifzirkel für Innen- und Außenmessung.
Profilschablone (Nadelschablone) für das maßgerechte Übertragen von erhaben gearbeiteten Werkstücken.
Universalmesser zum Anreißen von Linien.
Vorstecher zum Markieren von Bohrlöchern für ein exaktes Ansetzen der Bohrmaschine.
Versenker Damit können Sie die Schraubenköpfe bis unter die Holzoberfläche eintiefen.
Fuchsschwanz Die Zähne sind grob und stehen auf Stoß; zum Zuschneiden großer Platten.

Schrot-, Quer- und Zugsägen haben eine besonders feine Verzahnung.
Paneelsäge Diese kleine Handsäge ist ein unentbehrliches Allzweckwerkzeug und wird zum Quer- und Zuschneiden gebraucht.
Rückensäge Die kleinen, leicht auf Stoß stehenden Zähne ermöglichen einen feinen Schnitt; der messing- oder stahlverstärkte Rücken versteift das Sägeblatt.
Feinsäge Kleine Rückensäge mit besonders feiner Bezahnung. Sie wird gerne für feine Holzverbindungen und Gehrungsschnitte verwendet.
Laubsäge Damit können Sie problemlos Bögen sägen und Feinheiten ausarbeiten.
Schweifsäge Eine Gestellsäge zum Schneiden von Schweifungen. Damit auch innerhalb einer Fläche Schnitte möglich sind, die nicht bis zur Außenkante durchgehen, können Sie das Sägeblatt leicht aushängen.
Stichsägen Sie werden hauptsächlich zum Schneiden von Rundungen innerhalb großer Flächen benutzt und dienen vor allem zum Erweitern auch der kleinsten Öffnungen.

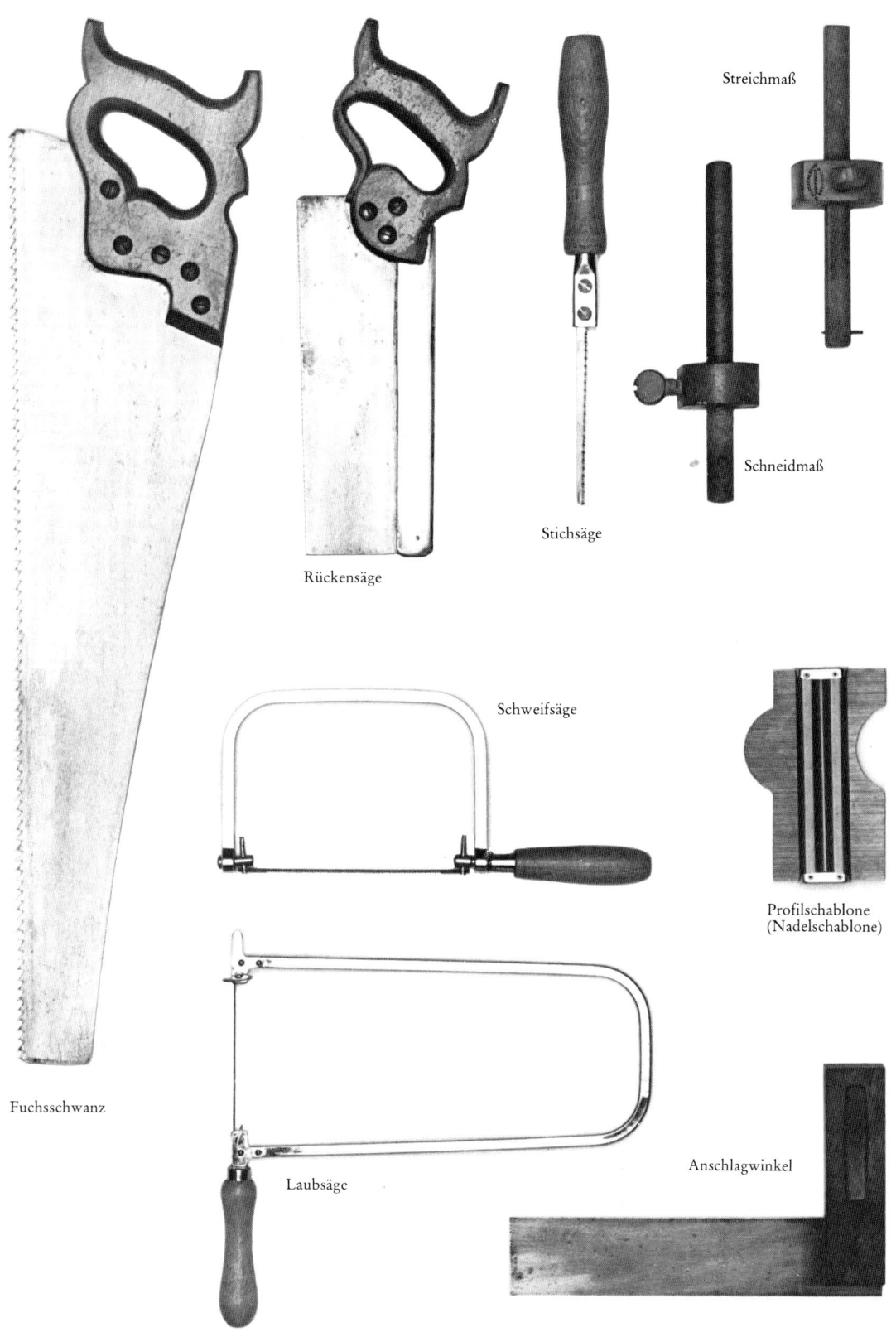

Streichmaß

Schneidmaß

Stichsäge

Rückensäge

Schweifsäge

Profilschablone
(Nadelschablone)

Fuchsschwanz

Laubsäge

Anschlagwinkel

Bankhaken Zum Einspannen und Unterstützen schwerer und langer Stücke wird er an der Hobelbank befestigt.

Gehrungsschneidlade Die Schlitze in den Seitenteilen ermöglichen ein exaktes Zusägen von Gehrungsschnitten.

Hobel und Schaber braucht man, um Holz abzutragen und Flächen zu glätten. Fausthobel gibt es in drei verschiedenen Arten unterschiedlicher Länge, von 200 bis 750 mm. Wenn Ihnen die Anschaffung mehrerer Hobel zu aufwendig ist, reicht für den Anfang der vielseitige Putzhobel.

Taschenhobel sind kleiner als Fausthobel, und ihr Eisen steht in einem flacheren Winkel.

Simshobel Damit bearbeitet man die Seiten von Falzen und Zapfen.

Ziehklingenhobel Mit einer richtig geschärften Ziehklinge kann man Flächen ganz fein glätten. Es gibt auch abgerundete Klingen für plastische Arbeiten. Mit Doppelgriff heißen sie Ziehklingenhobel und lassen sich besser führen.

Schabhobel für kleinere, gewölbte Flächen.

Schropphobel Er eignet sich besonders gut für die erste grobe Arbeit und nimmt viel Holz ab.

Schlichthobel Er glättet eine Oberfläche mittelfein.

Kombinationshobel Dieses vielseitige Werkzeug hat eine verstellbare Führung und auswechselbare Eisen zur Erstellung unterschiedlicher Profile.

Feilen und Raspeln Für grobe und schnelle Arbeiten verwendet man eine Raspel. Es gibt sie in verschiedenen Größen, Formen und Stärken. Eine glattere Oberfläche liefert die Feile. Sie können wählen zwischen Flach-, Halbrund- und Rundfeilen.

Stemmwerkzeuge werden nach Länge und Form ihrer Klinge unterschieden. Es sind Werkzeuge für die groberen Vorarbeiten. Der Beitel wird mittels eines Holzhammers getrieben.

Sie werden, je nach der Arbeit, die die Reparatur Ihres Möbelstücks erfordert, eine größere Anzahl unterschiedlicher Stemmeisen (Stechbeitel) benötigen. Ein rechteckiger, vorn einseitig abgeschrägter Stechbeitel dient zum Ausstem-

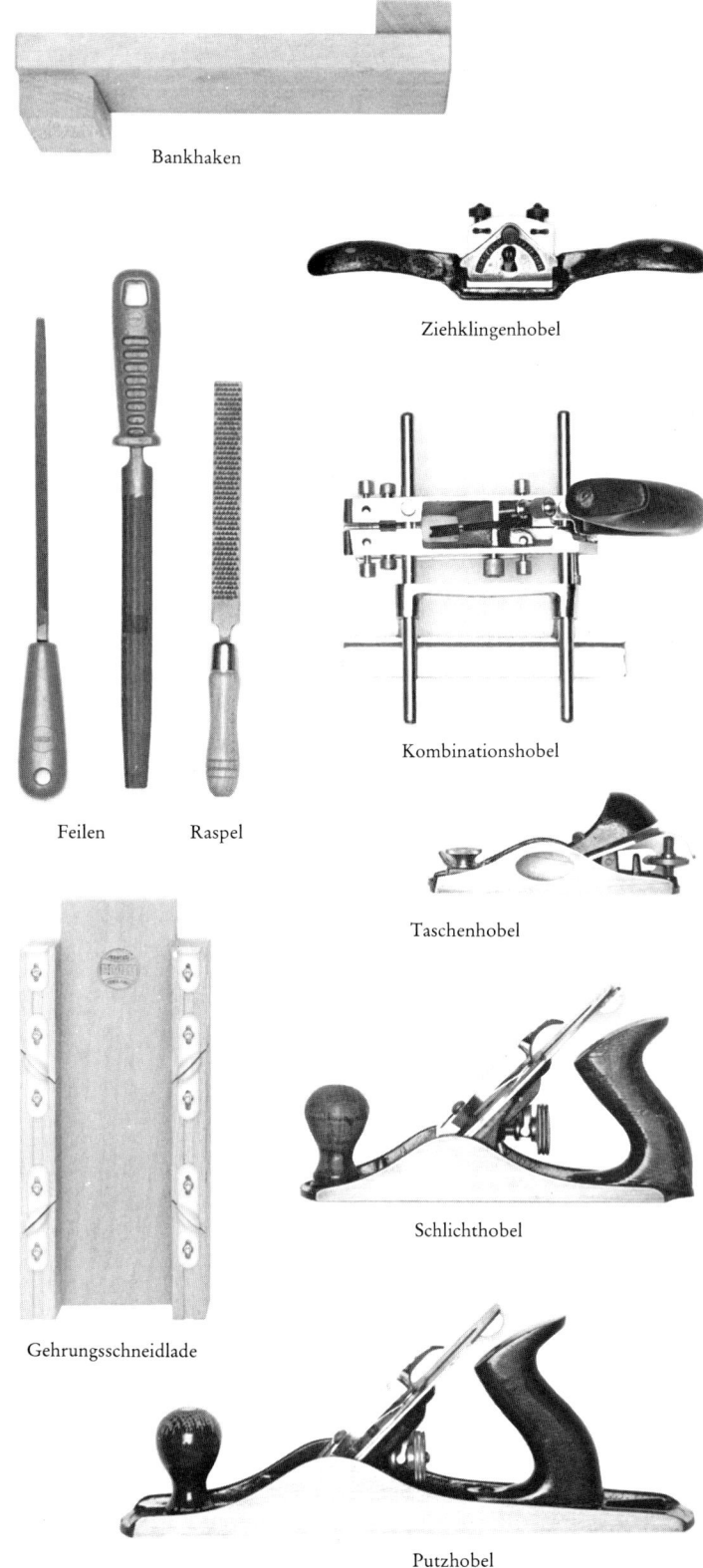

Bankhaken

Ziehklingenhobel

Kombinationshobel

Feilen   Raspel

Taschenhobel

Schlichthobel

Gehrungsschneidlade

Putzhobel

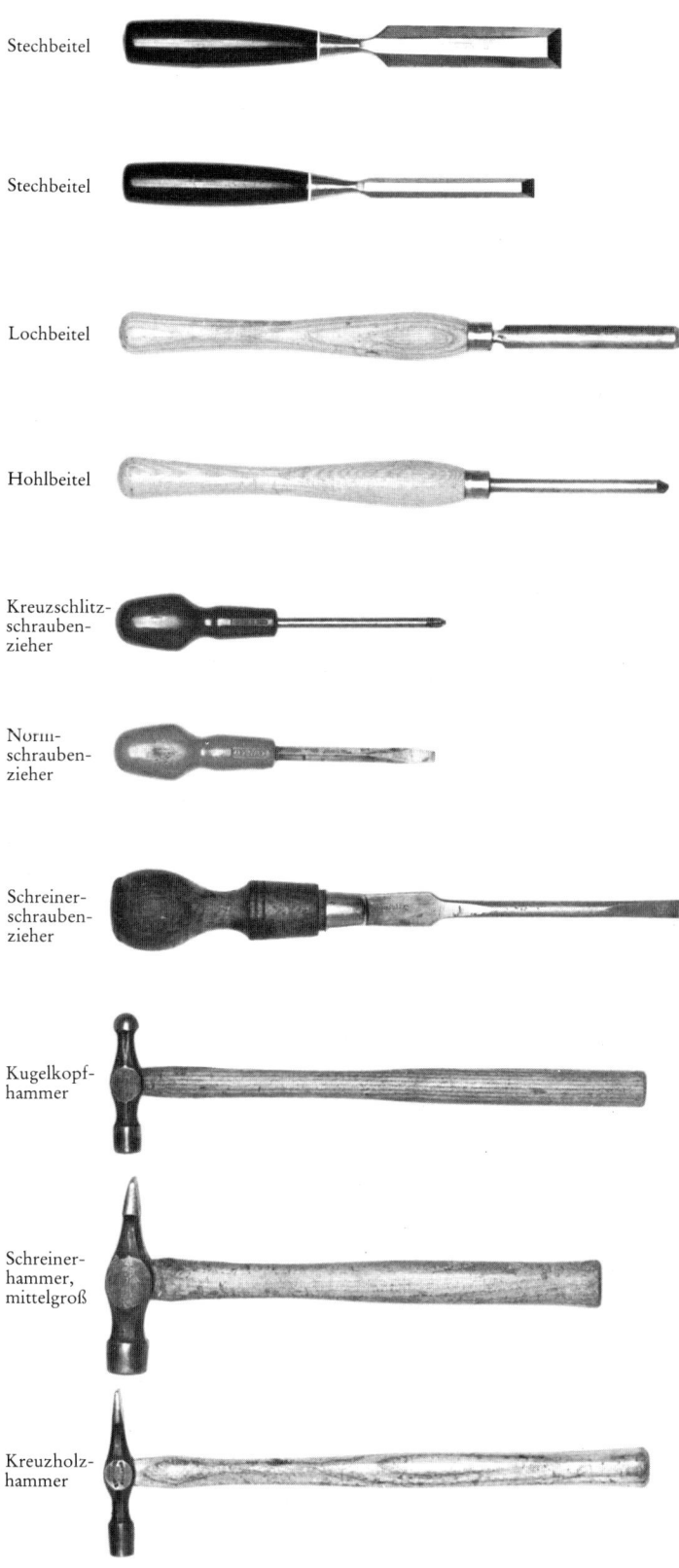

Stechbeitel

Stechbeitel

Lochbeitel

Hohlbeitel

Kreuzschlitz-
schrauben-
zieher

Norm-
schrauben-
zieher

Schreiner-
schrauben-
zieher

Kugelkopf-
hammer

Schreiner-
hammer,
mittelgroß

Kreuzholz-
hammer

men der Positiv- wie der Negativ-
formen von Holzverbindungen wie
etwa der Schwalbenschwanzzin-
kung, ist aber auch zur Herstellung
von Falzen einzusetzen.

Für leichtere, feinere Arbeiten
(insbesondere bei Weichholzmö-
beln) können Sie gutes, scharfes(!)
Schnitzwerkzeug nehmen. Auch
hier steht Ihnen eine größere Auswahl an unterschiedlichen Profilen
zur Verfügung: Je nach den Erfor-
dernissen Ihres Werkstücks nehmen Sie einen geraden, runden oder
V-förmigen Bildhauerbeitel.

Drehwerkzeuge Zum Drechseln
verwendete Werkzeuge haben längere Griffe, um sie beidhändig führen und so dem Druck des sich
drehenden Holzstücks besser
standhalten zu können. Mit dem
Hohlbeitel, auch Drechslerröhre
genannt, können Sie langdrehen
(parallel zur Drehachse), aber auch
Hohlkehlen (rechtwinklig zur
Drehachse) arbeiten. Mit dem vorne beidseitig abgeschrägten Drechs-
lermeißel gehen Sie in das Holzstück und stechen es ab.

Schraubenzieher Die Klinge des
Schraubenziehers muß genau in den
Schlitz der Schraube passen, sonst
lassen sich Schrauben schwer oder
gar nicht lösen; Sie brauchen mindestens einen großen Normschrau-
benzieher und einen Kreuzschlitz-
schraubenzieher.

Hämmer Mit dem Klauenhammer
können Sie auch Nägel entfernen;
ein kleiner und ein größerer Schrei-
nerhammer sollten zu Ihrer Grundausstattung gehören.

**Zimmermannsklüpfel (Vierkant-
holzhammer)** zum Anschlagen von
Stemmwerkzeugen, die zu diesem
Zweck am Ende des Griffs mit
einem Eisenring verstärkt sein müssen. Außerdem können Sie den
Holzhammer auch dazu benutzen,
mit leichten, vorsichtigen Schlägen
Holzverbindungen zu lösen.

Zangen Die Kneifzange dient vor
allem zum Herausziehen von
Nägeln, die Zwickzange zum Ab-
zwicken größerer Nägel. Ein paar
Flachschienenzangen in unterschiedlichen Größen können sehr
brauchbar sein, etwa wenn Sie kleinere Metallstreifen zurechtbiegen
müssen. Verwenden Sie für kleinere
Werkstücke Zangen mit runden
oder spitzen Backen.

Einspannvorrichtung Einfache Schraubzwingen und Hilfsschraubzwingen mit Schnellverstellung halten das Werkstück auf der Arbeitsfläche fest. Sie sollten mehrere Schraubzwingen unterschiedlicher Größe besitzen, denn Sie werden feststellen, daß es ratsam ist, eher eine Zwinge zuviel als eine zuwenig anzusetzen. Denken Sie auch daran, die Oberfläche Ihres Möbelstücks ausreichend zu schützen. Schnellspanner halten Bretter und Rahmen beim Leimen zusammen. Wenn Ihre Grundausrüstung zwei mittelgroße Schnellspanner umfaßt, so sollte das für die meisten anfallenden Arbeiten genügen. Große Schnellspanner sollten Sie, wenn erforderlich, ausleihen können, da sie sehr kostspielig sind.

Zuschneidemesser mit verstellbarer, rasiermesserscharfer Klinge; alternativ können Sie auch ein Skalpell mit scharfen Ersatzmessern verwenden.

Bohrwinde zum Bohren von großen Löchern; sie kann mit unterschiedlich großen Bohrern verwendet werden.

Schraubstock Er ist ein Teil der Hobelbank (die Vorderzange) und hat breite, glatte Backen und Präzisionsführung. Sie können auch einen kleineren Schraubstock verwenden, der an der Werkbank oder dem Arbeitstisch befestigt wird.

Elektrowerkzeuge Solche Einrichtungen sind teuer, ermöglichen aber schnelles und präzises Arbeiten. Zumindest eine Bohrmaschine sollten Sie sich anschaffen, denn sie wird durch spezielle Aufsätze sehr vielseitig und kann dann auf andere Arbeitsgänge umgestellt werden. Eine Handkreissäge ist nur dann zu empfehlen, wenn Sie viel Holz schneiden müssen, während eine Stichsäge für Kurvenschnitte und zum Aussägen von Ausschnitten gute Dienste leistet.

Eine elektrische Schleifmaschine kann den Kraftaufwand zum Schmirgeln großer Holzflächen erheblich verringern. Als Vorbereitung zur Lackierung sollte man sich allerdings auf Schmirgelpapier verlassen, da eine Schleifmaschine winzige runde Kratzer hinterläßt, die die Wirkung der fertigen Lackschicht beeinträchtigen.

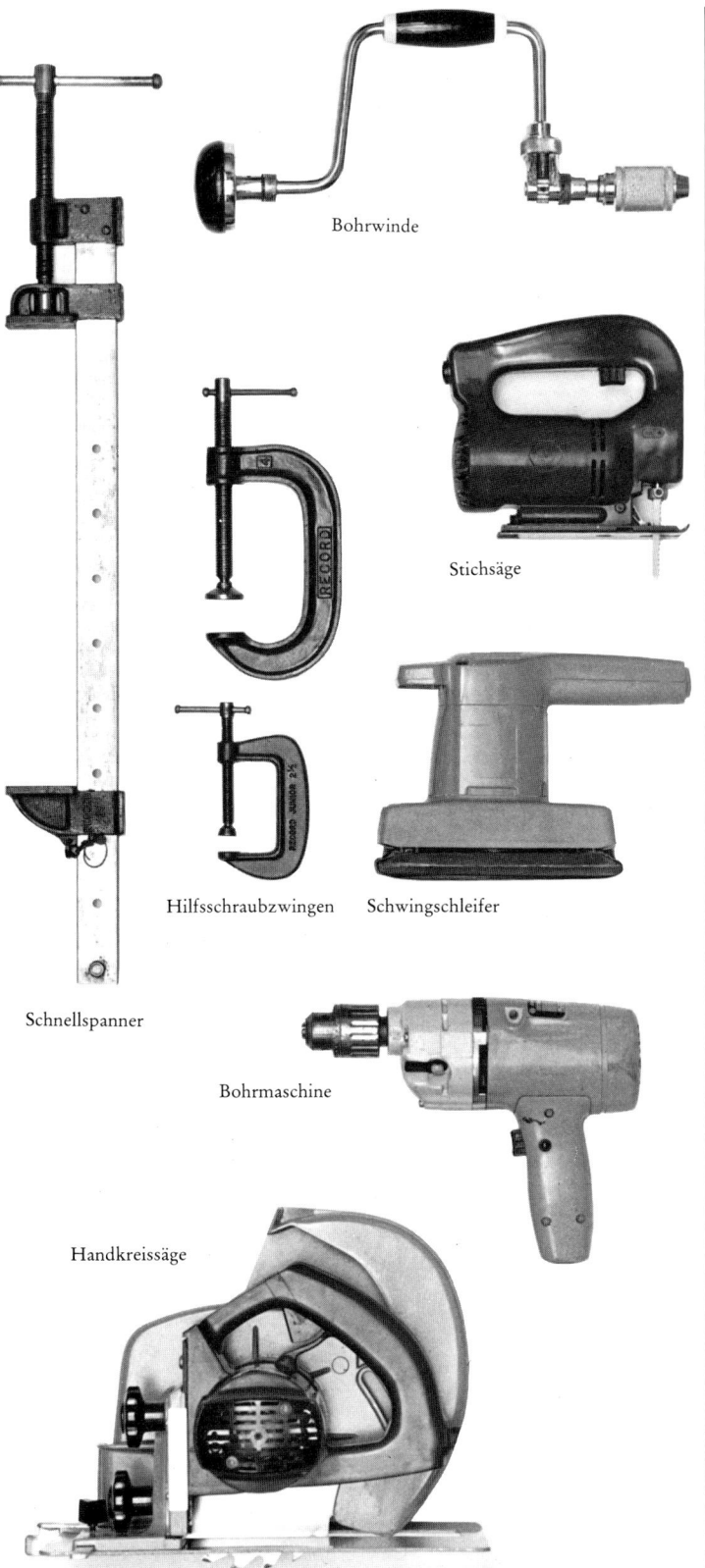

Bohrwinde

Stichsäge

Hilfsschraubzwingen

Schwingschleifer

Schnellspanner

Bohrmaschine

Handkreissäge

Materialien

Terpentinersatz zum Verdünnen von Lacken und zur Reinigung von Möbeln.

Leinöl Gemischt mit Terpentinersatz, ist es ein Reinigungsmittel für Möbel. Ursprünglich wurde es zum Einölen von Holz verwendet. Es trocknet allerdings sehr langsam, und heute gibt es andere, bessere Öle für Oberflächenbehandlung (siehe S. 111).

Drahtwolle (Stahlwolle) zum Schleifen mattierter, polierter oder lackierter Flächen.

Reinigungsmittel Handelsübliche Politur, Autolackreiniger und Metallpolitur sind stark genug, um Flecken zu entfernen und einer matt gewordenen Politur wieder neuen Glanz zu geben.

Oxalsäure gibt es in Kristallform in der Apotheke. In Wasser gelöst ein ausgezeichnetes Bleichmittel. Sehr giftig! Arbeiten Sie daher nur mit Schutzmaske, speziellen säurefesten Schutzhandschuhen und bei geöffnetem Fenster.

Zweikomponentenbleiche vermag sogar Holzbeize auszubleichen.

Methylalkohol zum Entfernen von Tintenflecken und zum Abbeizen von Schellackpolitur. Er wird auch benutzt, um Leinöl aus der Schellackpolitur herauszuziehen.

Wachsmalstifte Geschmolzen können Sie sie zum Ausfüllen kleiner Löcher verwenden.

Holzkitt zum Ausfüllen angeschlagener Kanten. Es gibt ihn in verschiedenen Farbtönen, passend zum Holz.

Holzwurmmittel sind in großer Auswahl im Fachhandel erhältlich.

Bienenwachs Klemmende Türen und Schubladen werden damit eingerieben.

Chemische Abbeizmittel zum Entfernen von Farbe und Lacken (siehe S. 108).

Füllmasse/Porenfüller aus Kaolin, Schlämmkreide und Farbpigmenten mit Terpentinersatz und Leinöl füllt offenporiges Holz.

Holzbeizen werden auf S. 109 f. genannt.

Holzoberflächenbearbeitungen werden auf S. 110 f. genannt.

Schleifpapiere und Schleifgewebe gibt es in den Körnungen fein, mittel, grob; außerdem wird zwischen dichter, halboffener, offener und weiter Streuung unterschieden, je nach Abstand der Schleifkörper voneinander.

Glaspapier ist ein relativ weiches, gelbes Papier und eignet sich nur zum Vorschleifen. Oft wird es irrtümlicherweise als Sandpapier bezeichnet, das aber nicht mehr erhältlich ist. Granatpapier ist ein rötliches Schleifpapier von besserer Qualität, zum Feinschleifen.

Silikonkarbidpapier ist blaßgrau und mit Zinkoxyd versetzt. Besonders für Naß- und Trockenschliff geeignet.

Schleifpapier teilen Falten Sie das Papier an der gewünschten Stelle, reißen Sie es an der Tischkante ab.

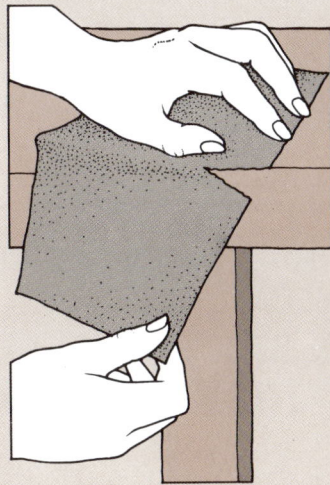

Leime

Tierleim werden Sie am häufigsten in alten Verbindungen finden. Er ist noch heute erhältlich in Form von Riegeln oder Kugeln, die Sie in einem speziellen Leimtopf im Wasserbad schmelzen müssen. Heutzutage gibt es für das Verleimen von Holz bessere Leime, Tierleim wird aber noch immer für Furnierarbeiten verwendet.

Polyvinylacetat-(PVA-)Leim bzw. Kalt- oder Weißleim ist ideal zum Verleimen von Holzwerkstoffen (erhältlich in allen Bastelgeschäften).

Leimfilm zum Leimen von Furnier. Ein Blatt dieses Leims wird zwischen Furnier und Unterholz gelegt (siehe S. 221).

Epoxydharz können Sie zum Anleimen von Intarsien verwenden; sonst ist es für die Restaurierung von Möbeln nicht sehr gebräuchlich.

Schellackpolitur

Schellack ist eine von Insekten ausgeschiedene Substanz, die in Alkohol gelöst wird. Es gibt verschiedene Arten für unterschiedliche Verwendungszwecke.

Knopflack Um seine Qualität zu prüfen, wird er tropfenweise auf Marmorplatten aufgetragen und erkaltet so zu dünnen Scheiben. Die Händler halten diese »Knöpfe« dann gegen das Licht, um so die Klarheit des Lacks besser prüfen zu können.

Weißlack Unter dieser Bezeichnung wird gebleichter Standardlack für helle Hölzer angeboten.

Transparentlack ist ideal für hellere Hölzer. Er entsteht aus Weißlack, dem das Wachs entzogen wird.

Granatlack Schellack mit wärmerer Tönung; er wird vorwiegend für Mahagoni und ähnliche Hölzer verwendet.

Möbel reinigen

Mit der Zeit bilden Schmutz und altes Möbel-wachs auf dem Holz einen trüben Film; Sie sollten ihn entfernen, damit Farbe und Maserung wieder in ihrer ursprünglichen Schönheit zur Geltung kommen.

Wenn das Möbelstück Flecke hat, hängt die Behandlung davon ab, ob der Schaden sich nur auf die Politur beschränkt oder in das Holz selbst eingedrungen ist.

Holz reinigen

Entfernen Sie Schmutz mit einer Mischung von Terpentinersatz und Leinöl (4 : 1), mit einem Tuch auf-getragen. Alte Wachspolitur wird zusammen mit dem angesammelten Schmutz durch die Lösung ent-fernt. Das Furnier wird nicht ange-griffen.

Falten Sie das Tuch von Zeit zu Zeit neu, um stets mit einer saube-ren Stelle zu arbeiten. Ist das Holz besonders verschmutzt, können Sie die Lösung mit feiner Stahlwolle (000) einreiben. Üben Sie nur mäßi-gen Druck aus, und arbeiten Sie stets in Faserrichtung, damit Sie nichts verkratzen. Dann wischen Sie mit einem sauberen, mit Ter-pentinersatz angefeuchteten Tuch noch einmal nach. Zum Schluß soll-ten Sie eine neue Schicht Wachs- oder Schellackpolitur auftragen.

Bemalte Möbel reinigen

Wischen Sie fettige Ablagerungen auf bemaltem oder lackiertem Holz mit einem in warmes Seifenwasser getauchten Tuch ab, ohne die Oberfläche so sehr zu befeuchten, daß Wasser in die Fugen dringt und sie zum Aufquellen bringt. Bei grö-ßeren Möbeln sollten Sie nur je-weils kleinere Flächen bearbeiten, und zwar von unten nach oben, um Streifenbildung zu vermeiden. Wischen Sie zum Schluß sorgfältig mit frischem Wasser nach, und rei-ben Sie das Holz dann mit einem sauberen, weichen Tuch trocken.

Entfernen weißer Flecken

Weiße Flecken entstehen, wenn weiche Polituren – wie Schellack – anfangen sich aufzulösen. Die Ursachen dafür sind verschieden. Wenn Sie etwa ein nasses Glas über Nacht auf einem Tisch stehenlassen, entsteht auf der Politur ein ringförmiger Fleck. Auch Alkohol oder Nagellack-entferner lösen die Politur auf; Hitze bringt sie zum Schmelzen. Zum Glück liegen solche Flecke meist nur in der oberen Schicht. Sie können mit flüssiger Metall-politur oder Autolackreiniger auf einem weichen, feuchten Tuch entfernt werden. Sehen Sie sich die gereinigte Stelle genau an, um sich zu vergewissern, daß keine Spuren verblieben sind. Dann tra-gen Sie neue Politur auf.

Behandlung dunkler Ringe und Flecke

Dringt Wasser bis ins Holz, entste-hen dunkle Flecke. Behandeln mit Metallpoliermittel kann helfen; meist muß aber die Politur lokal abgenommen oder das Holz sogar gebleicht werden (siehe S. 108).

Tintenflecke entfernen

Hat die Tinte die Politurschicht noch nicht durchdrungen, so ver-suchen Sie den Fleck zunächst mit Metallpolitur wegzureiben. Bleibt der Erfolg aus, so hilft vielleicht Methylalkohol. Befeuchten Sie ein Tuch damit, wickeln Sie es um einen Finger, und reiben Sie über den Fleck. Nehmen Sie möglichst wenig Methylalkohol, da er Schel-lack auflöst.

Wenn beide Methoden wirkungslos bleiben, müssen Sie die Politur lo-kal mit Methylalkohol oder chemi-schem Abbeizer entfernen (siehe S. 108) und dann mit einem feinen Pinsel Bleichmittel auftragen (siehe S. 108). Retuschieren Sie anschlie-ßend die Stelle mit Holzbeize, und tragen Sie Politur auf.

Kerzenwachs entfernen

Nehmen Sie hart gewordenes Ker-zenwachs mit dem Fingernagel oder einem Plastikspachtel ab. Entfernen Sie Reste mit Terpentinersatz und Leinöl (4 : 1); tragen Sie frische Wachspolitur auf.

Oberflächenschäden beheben

Dellen, Kratzer und andere kleine Schäden sind auf Gebrauchsmöbeln zu erwarten und geben Aufschluß über ihr Alter und ihre Echtheit. Manche Hersteller nachgeahmter Möbel traktieren diese sogar mit Lötkolben, Steinen, Messern und Ketten, um diese Altersmerkmale zu simulieren.

Bei der Restaurierung von Antiquitäten bleibt es Ihnen überlassen, ob Sie Gebrauchsspuren beseitigen oder ignorieren. Im Zweifelsfalle sollten Sie lieber darüber hinwegsehen. Verunstaltende Schäden können jedoch relativ einfach beseitigt werden.

Dellen glätten

Eine Delle im Massivholz glättet man mit einem feuchten Tuch, auf das ein heißer Lötkolben gedrückt wird. Der entstehende Dampf läßt das Holz schwellen, und die Fasern weiten sich wieder. Leider beschädigt eine solche Behandlung die Politur. Die Stelle muß deshalb nach dem Trocknen geschmirgelt und neu poliert werden.

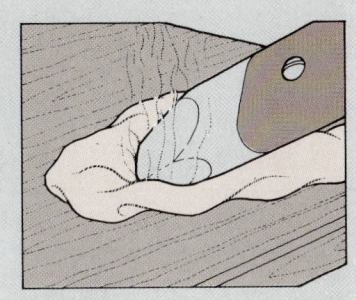

Füllen von Löchern und Rissen

Ein Loch zu füllen ist problemlos, weil es seine Größe nicht verändert. Anders ist es bei Rissen. Sie entstehen manchmal durch Schrumpfen des Holzes aufgrund zu geringer Luftfeuchtigkeit und schließen sich von selbst wieder, wenn das Holz bei höherer Luftfeuchtigkeit leicht quillt.

Wenn Sie das Möbelstück schon jahrelang besitzen und es nicht mehr »arbeitet«, können Sie einen Riß oder eine offene Leimfuge füllen. Haben Sie es aber erst kurze Zeit, lassen Sie es eine Weile an seinem neuen Platz stehen, damit es sich »akklimatisieren« kann. Sie sollten Risse oder Spalten lieber leimen als füllen.

Das Schadensausmaß bestimmt die Art der Füllmasse. Passen Sie die Stelle dem umliegenden Holz farblich gut an.

Wachs als Füllmasse

Wachs ist zum Füllen kleinerer Löcher, etwa von Holzwürmern, ideal. Schmelzen Sie mit einem kleinen Lötkolben auf einem Blechdeckel Wachsmalstifte, mischen Sie den passenden Farbton. Abgekühlte kleine Bröckchen können Sie mit einer Messerklinge in die Löcher drücken. Glätten Sie mit feinstem Schmirgelpapier, und versiegeln Sie zuletzt mit Politur.

Handelsübliche Füllmassen

Nehmen Sie für größere Löcher eine handelsübliche Füllmasse. Sie sind in Do-it-yourself-Geschäften in mehreren Holzfarben erhältlich. Eventuell müssen Sie sie mit etwas Holzbeize passend abtönen. Vertiefen Sie den Rand einer flachen Delle, damit die Masse besser hält; dann pressen Sie sie mit einem Palettenmesser hinein. In einen Riß drücken Sie die Masse quer ein; streichen Sie dann mit der Klinge längs über den Riß. Überschüssige Füllmasse schleifen Sie nach Erhärten mit feinem Schleifpapier bei.

Anwendung von Holzkitt

Holzkitt ist eine hart abbindende Füllmasse, gut geeignet für Reparaturen an Kanten. Mit einer Messerklinge drücken Sie ihn an und formen die Kontur ungefähr. Nach dem Abbinden schmirgeln Sie die Stelle in die richtige Form.

Brandflecke

Sie können oberflächlich versengte Stellen mit Metallpolitur behandeln. Ist das Holz selbst angekohlt, müssen Sie es mit einer scharfen, abgerundeten Messerklinge abschaben. Füllen Sie das entstandene Loch mit Füllmasse, bei flachen Vertiefungen genügt Politur.

Behandeln von Kratzern

Feine Kratzer können Sie mit Metallpolitur ausgleichen oder mit Schuhcreme oder einem handelsüblichen Mittel kaschieren. Füllen Sie tiefe Kratzer mit Wachspolitur oder Lack aus. Moderne Lacke können direkt aufgetragen werden, Schellack dagegen müssen Sie in einer flachen Schale etwas verdunsten lassen, bis er dickflüssiger wird.

Auf den angeschmirgelten Kratzer tragen Sie mit spitzem Künstlerpinsel die Politur dick auf. Beim Trocknen sinkt sie ein – tragen Sie so oft auf, daß sie erhaben abbindet. Schaben Sie die Politur mit einem Messer plan, bringen Sie sie mit Metallpolitur auf Glanz.

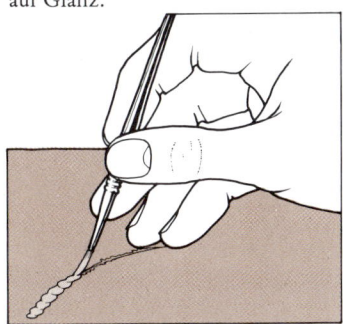

Ausfüllen tiefer Kratzer Pinseln Sie die gewählte Politur in den Kratzer. Tragen Sie die Politur erhaben auf.

Furniere und Intarsien

Furniere sind dünne Schichten aus echtem Holz, auf eine stärkere Schicht aus stabilem Weich- oder billigem Hartholz geleimt. Das Furnieren kam um 1600 auf, sowohl um die steigenden Preise für Harthölzer aufzufangen, als auch um die schönen Maserungen dieser Holzarten angemessen zur Geltung zu bringen. Die Furniere waren ursprünglich mit der Hand gesägt und aus dem Grund verhältnismäßig dick. Seit dem 19. Jahrhundert werden sie maschinell geschnitten, weshalb die Blätter viel dünner sind.

Farbige Hölzer (Marketerie) und andere Materialien wie Messing, Schildpatt und Elfenbein bilden oft dekorative Muster in furnierten Oberflächen.

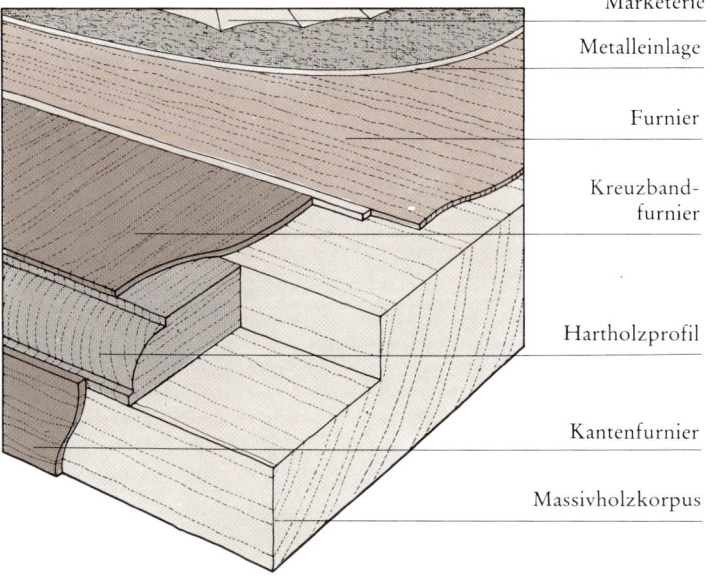

- Marketerie
- Metalleinlage
- Furnier
- Kreuzbandfurnier
- Hartholzprofil
- Kantenfurnier
- Massivholzkorpus

Wo Furniere erhältlich sind

Sie können altes Furnier wiederverwenden, wenn Sie es von irreparablen Möbeln abziehen. Entfernen Sie dazu die Politur, und legen Sie dann nasse Tücher auf das Furnier. Lassen Sie die Tücher über Nacht einwirken, oder fahren Sie mit einem heißen Bügeleisen darüber, um Dampf zu erzeugen; nehmen Sie Tücher und Furnier ab. Schaben Sie den Leim ab, solange er weich ist. Lassen Sie das Furnier zwischen zwei Spanplatten trocknen. Legen Sie Zeitungspapier zwischen Furnier und Platten, damit Leimreste nicht beides miteinander verkleben.

Sie können Furnier auch im Fachhandel kaufen. Um passendes zu erhalten, nehmen Sie wenn möglich eine Schublade oder Tischplatte mit; oder Sie senden ein Stück loses Furnier zu einem Versandgeschäft. Es gibt auch fertige Metalleinlagen und ganze Marketeriemotive in diversen Holzarten zu kaufen.

Restaurieren eingedellter Furniere

Das auf S. 105 beschriebene Verfahren zur Entfernung von Dellen läßt sich auch bei Furnieren anwenden. Aber weil Dampf den Leim aufweicht, müssen Sie das Furnier – sobald die Delle beseitigt ist – beschweren. Fixieren Sie einen Weichholzklotz mit Schraubzwinge oder Schnellspanner auf dem Furnier. Um auf die Mitte einer Tischplatte Druck auszuüben, spannen Sie sie mit zwei Schraubzwingen zwischen zwei starke Holzleisten ein. Entfernen Sie die Zwingen erst, wenn der Leim fest ist.

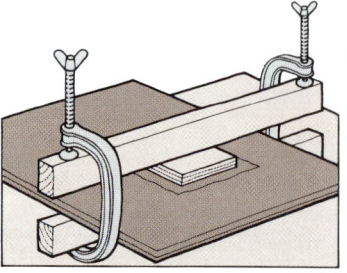

Zwingen gedellten Furniers
Wenn Sie die Delle mit Dampf behoben haben, zwingen Sie einen Weichholzklotz fest, damit sich das Furnier nicht löst.

Entfernen von Blasen im Furnier

Wenn der Korpus, an dem das Furnier haftet, arbeitet, kann das Furnier sich stellenweise blasig lösen. Manchmal gelingt es, den Leim unter dem Furnier aufzuweichen und die Blase einzuebnen. Dämpfen Sie die Stelle mit nassen Tüchern und einem heißen Bügeleisen, bis Sie die Blase glätten können. Dann zwingen Sie die Stelle wie oben beschrieben ein.

Bleibt der Erfolg aus, müssen Sie die Blase einschneiden und mit einer Messerklinge Leim hineinstreichen. Drücken Sie die Blase mit einer Gummiwalze oder einem Furnierhammer an (herausquellenden Leim mit nassem Tuch entfernen). Kleben Sie einen Streifen gummierten Papiers auf den Schnitt, damit er nicht aufgeht, decken Sie Zeitungspapier darüber, zwingen Sie einen Weichholzklotz darauf.

MÖBEL

Festleimen abgelösten Furniers

Wenn Furnier sich an einer Kante oder Ecke ablöst, leimen Sie es möglichst bald wieder an. Schaben Sie den alten Leim von Korpus und Furnier, streichen Sie frischen Leim unter das Furnier und zwingen Sie es ein. Sollte sich ein ganzes Fur-

nierblatt abgelöst haben, entfernen Sie den alten Leim, tragen Sie frischen auf, und legen Sie das Furnier wieder auf. Zwingen Sie es ein, bis der Leim abgebunden hat. Fehlendes oder stark beschädigtes Furnier müssen Sie durch neues ersetzen.

Flicken von beschädigtem Furnier

Sie können Schadstellen ausschneiden und neue Stücke einfügen. Das neue Furnier muß jedoch dicker sein, damit es sich plan schleifen läßt. Gegebenenfalls leimen Sie zwei Furnierstücke übereinander.

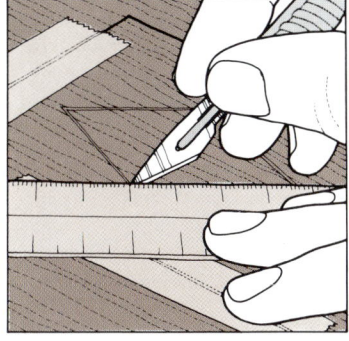

1. Befestigen Sie ein übergroßes Furnierstück mit Klebeband über der Schadstelle (Maserung beachten!). Mit einem Skalpell schneiden Sie eine Raute durch alle Schichten.

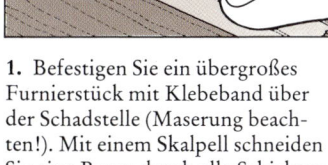

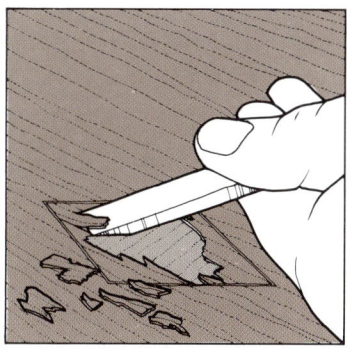

2. Legen Sie den Flicken beiseite, stemmen Sie das beschädigte Furnier aus der geschnittenen Stelle heraus, schaben Sie den Leim ab.

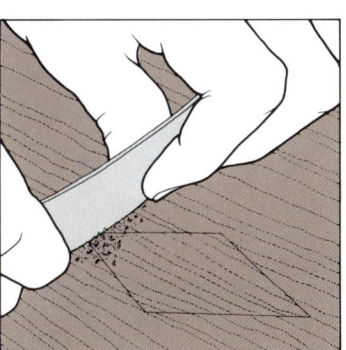

3. Bügeln Sie Leimfilm auf die Rückseite des Flickens, legen Sie ihn an seinen Platz. Schützen Sie ihn mit Packpapier, während Sie ihn mit einem lauwarmen Bügeleisen andrücken.

4. Fahren Sie mit einem Stück Weichholz behutsam über den Flicken, bis der Leim sich abgekühlt hat. Schaben oder schmirgeln Sie das Furnierstück bündig.

Intarsien und Marketerien reparieren

Sich lösende Intarsien oder Marketerien brechen leicht ab und gehen verloren. Dies macht Reparaturen komplizierter; befestigen Sie also das lose Stück so bald wie möglich.

Reinigen Sie Messing-, Elfenbein- oder Schildpattintarsien, verleimen Sie sie mit Epoxydharzkleber, sichern Sie sie, bis der Leim abgebunden hat, mit Klebeband oder Zwingen. Leimen Sie Furnierstücke mit PVA- oder Tierleim bzw. mit Leimfilm (siehe S. 221).

Wenn ein ganzes Marketeriemotiv fehlt, können Sie vielleicht ein ähnliches kaufen. Fehlt nur ein kleines Stück, legen Sie Papier auf die Stelle, und reiben Sie die Umrisse mit Bleistift durch. Sichern Sie die Pause mit Klebestreifen auf dem Ersatzfurnier, stechen Sie die Umrißlinien mit einer Nadel durch, und schneiden Sie die Form mit einem Messer aus.

Intarsien haben oft Teile, die durch Versengen mit heißem Sand abgetönt worden sind.

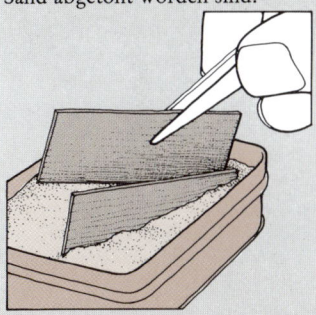

Furnier tönen
Erhitzen Sie Silbersand in einer Blechdose auf dem Ofen, halten Sie Furnierstücke mit einer Pinzette jeweils so lange hinein, bis sie die gewünschte Tönung haben. Schneiden Sie die Stücke etwas größer als nötig, um die Pause – auf dem getönten Furnierstück – bequem auflegen zu können. Vergewissern Sie sich, daß die durchgepauste Form sich gut an die Intarsienarbeit anpaßt.

107

Oberflächenvorbehandlung

Bevor Sie die Politur eines Möbelstücks erneuern, muß die Oberfläche vollkommen sauber und in Ordnung sein. Machen Sie nicht den Fehler zu glauben, daß durch die Politur kleinere Schäden verdeckt werden; im Gegenteil, sie werden dadurch sogar noch betont. Entfernen Sie zunächst die alte Politur; ob nur stellenweise oder vom ganzen Möbel, hängt von dessen Zustand ab. Als nächstes müssen Sie eventuell vorhandene Flecken oder verfärbtes Holz bleichen. Danach wird die Oberfläche ganz glatt geschliffen. Dann tragen Sie die Beize Ihrer Wahl auf. Wollen Sie am Schluß mit Schellack polieren, müssen Sie jetzt schon die Poren auffüllen.

Abnehmen der Politur

Bei manchen Restaurierungen müssen Sie das ganze Möbelstück abbeizen. Wenn möglich, beschränkt man sich aber auf eine kleine Stelle. Das erspart nicht nur Arbeit, es erhält auch die Patina.

Abnehmen einzelner Stellen

Es gibt verschiedene Methoden, um Teile der Politur abzunehmen. Sie können mit einer Ziehklinge, mit Methylalkohol oder einem handelsüblichen Abbeizmittel arbeiten. Die Ziehklinge ist vorzuziehen, wenn umliegende Stellen durch flüssige Mittel in Mitleidenschaft gezogen werden könnten; aber sobald Sie auch nur etwas zuviel vom Holz abschaben, beschädigen Sie die Patina und müssen die Stelle leicht beizen, um den Farbton wiederherzustellen. Achten Sie darauf, daß Sie bei Furnieren nicht bis auf das Grundholz durchschaben.

Schaben Sie mit der Maserung, und ändern Sie von Zeit zu Zeit den Winkel zur Maserung, um Vertiefungen im Holz zu vermeiden. Schmirgeln Sie die geschabte Stelle, um die Politurränder auszudünnen, bevor Sie Beize auftragen.

Mit Methylalkohol beizen Sie kleine Stellen der Politur ab. Tragen Sie ihn mit grobem Tuch oder feiner Stahlwolle auf. Wenn Sie von der Mitte aus arbeiten, werden sich die Ränder von alleine angleichen. Gehen Sie mit Methylalkohol sparsam um, da er sich leicht ausbreitet.

Auch mit chemischen Abbeizmitteln können Sie Politur stellenweise entfernen. Am besten befeuchten Sie äußerst feine (000) Stahlwolle damit und reiben dann in Faserrichtung. Neutralisieren Sie die Stelle mit in Terpentinersatz oder Wasser getauchter Stahlwolle.

Ein Möbel ganz abbeizen

Für das ganze Möbelstück benutzen Sie ein chemisches Abbeizmittel. Am vielseitigsten sind flüssige oder gallertartige, die man aufpinselt und dann mit der aufgeweichten Politur abschabt. Diese Mittel eignen sich sowohl für Holzprofile als auch für ebene Flächen, ohne das Möbel in Plastik hüllen zu müssen.

Achtung: Alle Abbeizmittel können gesundheitsschädlich sein, wenn Sie die Gebrauchsanweisung nicht beachten. Tragen Sie alte Kleider, Schutzhandschuhe und -brille. Wenn Sie keine Möglichkeit haben, im Freien zu arbeiten, legen Sie Zeitungspapier auf den Boden und öffnen Sie die Fenster.

Tragen Sie eine Schicht Abbeizer auf, warten Sie, bis die Politur Blasen treibt, tupfen Sie dann eine zweite Schicht auf. Überprüfen Sie an einer kleinen Stelle die Wirkung; dann entfernen Sie mit einem Schaber soviel wie möglich. Benutzen Sie feine Stahlwolle, um Reste zu entfernen und Profilteile zu reinigen. Wenn hartnäckige Stellen bleiben, tauchen Sie die Stahlwolle in Abbeizmittel und reiben nochmals nach.

Waschen Sie das Holz dann mit in Terpentinersatz getauchter Stahlwolle ab, in Richtung der Maserung reibend. Sobald der Terpentinersatz verdunstet ist, sollten Sie das Holz leicht schmirgeln.

Ist das Möbelstück mit mehreren Farbschichten bedeckt, so verwenden Sie am besten einen Heißluft-Farbentferner. Dieses Gerät bläst Heißluft bis zu 300° C auf die Farbe und löst sie in Sekunden. Wenn Sie die Hitze nicht zu lange auf eine Stelle richten, besteht keine Gefahr, das Holz anzusengen.

Bleichen

Aus abgebeiztem Holz können Sie Flecken und Verfärbungen ausbleichen. Weniger hartnäckige Flecken behandeln Sie mit einer gesättigten heißen Oxalsäurelösung (die Säure beziehen Sie vom Apotheker). Mit Wasser nachspülen. Tragen Sie Schutzhandschuhe, vermeiden Sie Spritzer auf andere Teile des Möbelstücks oder auf Ihre Kleider.

Gegen hartnäckige Flecken oder Verfärbungen nehmen Sie eine handelsübliche Zweikomponentenbleiche. Tragen Sie die erste Lösung mit einer alten Bürste (Borsten oder

---

Professionelles Abbeizen

Um Hölzer und Metalle abzubeizen, sind verschiedene kommerzielle Verfahren üblich. Meistens wird dabei das Stück in einen Tank mit heißem Ätznatron eingetaucht und dann mit Wasser abgespritzt. Dies Verfahren kann für Möbel verheerend sein; es führt zu sich lösenden Fugen und Furnieren, Rissen in Massivholzplatten und zu Wellen im Holz. Es gibt aber andere Methoden, bei denen die Stücke nicht über längere Zeit Ätzmitteln ausgesetzt werden. Diese kalten chemischen Abbeizmittel belasten die Fugen nicht und verursachen keine Risse, aber das Holz wirft sich leicht und muß leicht geschliffen werden. Vergewissern Sie sich der Methode, bevor Sie ein Stück in Arbeit geben, und setzen Sie wertvolle Möbel keinem industriellen Beizverfahren aus.

Nylon) auf, lassen ca. 20 Minuten einwirken, dann tragen Sie die zweite Lösung auf. Nach etwa vier Stunden wischen Sie die Oberfläche mit einem feuchten Tuch ab; danach neutralisieren Sie mit einer Lösung aus einem Teelöffel Essig auf einen halben Liter Wasser.

Schmirgeln

Beize oder Politur wird immer auf das glattgeschmirgelte Holz aufgetragen, insbesondere eine Beize auf Wasserbasis, deren Farbton durch anschließendes Schmirgeln aufgehellt würde. Wenn Sie das Holz gebleicht haben, werden durch das anschließende Abwaschen die Fasern leicht gequollen sein. Andernfalls gehen Sie vor dem Schleifen mit einem feuchten Tuch über das Holz.

Schmirgeln Sie mit mittelfeinem Glaspapier, um einen Kork- oder Weichholzklotz gelegt. Arbeiten Sie ausschließlich in Faserrichtung. Nehmen Sie zum Schluß ein feinkörniges Schmirgelpapier. Wickeln Sie für das Schleifen von Profilteilen ein Stückchen Schleifpapier um die Fingerspitzen.

Poren füllen

Wenn Sie eine Glanzpolitur auftragen, werden Sie die Poren im Holz bemerken, denn die versinkende Politur macht sie deutlich sichtbar. Wenn Sie also gutes Hartholz mit Schellack überziehen wollen, müssen Sie zuvor die Poren füllen. Am wirkungsvollsten ist es, mehrere Lackschichten aufzutragen, die jeweils abgeschliffen werden.

Dieses Verfahren ist langwierig, weshalb viele Restauratoren handelsüblichen Holzkitt bevorzugen. Er ist auf Ölbasis hergestellt und in verschiedenen Holztönen erhältlich, aber Sie werden wahrscheinlich mit etwas Beize nachtönen müssen. Mischen Sie den Farbton etwas dunkler an, weil die Füllmasse beim Trocknen aufhellt. Mit Terpentinersatz verdünnt, tragen Sie sie mit einem Jutetuch in Kreisbewegungen auf. Wischen Sie Überreste sanft mit einem sauberen Jutetuch ab, und zwar in Richtung der Maserung. Nach dem Hartwerden schleifen Sie leicht mit feinem Glaspapier.

Holz beizen

Wenn Sie ein ganzes Möbelstück abgebeizt und geschliffen haben, sieht es vielleicht zu neu aus, und Sie möchten durch Beizen wieder Farbe hineinbringen. Das Beizen einer durch Ausbleichen entstandenen hellen Stelle passend zur Farbe des umliegenden Holzes ist schwierig und verlangt einige Übung.

Ob Sie die Poren vor oder nach dem Beizen füllen, bleibt Ihnen überlassen. Vorheriges Beizen ermöglicht eine bessere Farbabstimmung der Füllmasse, aber es besteht die Gefahr, daß Sie beim Abschleifen Farbe entfernen. Um dies zu verhindern, versiegeln Sie die Beize mit einer Klarlackschicht, damit Sie schleifen können, ohne den Farbton zu beeinträchtigen.

Beize auftragen

Um die Beize gleichmäßig aufnehmen zu können, muß die Holzoberfläche sauber und fettfrei sein. Wischen Sie Staub mit einem mit Terpentinersatz oder Wasser (je nach Beizart) befeuchteten Tuch ab. Tragen Sie dann mit einem weichen Tuch, einer Bürste oder einem Farbkissen großzügig Beize in Faserrichtung auf. Arbeiten Sie gleichmäßig, geben Sie acht, daß sich keine Streifen bilden. Gehen Sie niemals ein zweites Mal über eine Stelle, die schon zu trocknen begonnen hat; die Oberfläche würde scheckig. Wischen Sie nach dem Trocknen pulvrige Rückstände mit einem Tuch ab.

Beizarten

Beizen sind als Pigmentpulver zum Selbstansatz erhältlich, aber es ist leichter, eine Fertigbeize aus einem Do-it-yourself-Geschäft zu benutzen. Sie können Beizen desselben Typs mischen, um den richtigen Farbton zu erhalten.

Beizen auf Wasserbasis

Diese sind für einen Laien einfach zu verarbeiten. Sie fließen leicht, und wenn der Farbton zu dunkel ist, können Sie ihn aufhellen, indem Sie die noch nasse Oberfläche mit einem feuchten Tuch abwischen. Dies ermöglicht Schattierungen, wenn Sie eingesetzte Teile an die umliegende Maserung anpassen.

Jede Art von Politur kann auf Wasserbeizen aufgetragen werden. Beachten Sie, daß sich durch diese Beize die Holzoberfläche wellen kann, wenn sie zuvor nicht gut befeuchtet und geschliffen wurde. Ebenso kann diese

Beize Blasen im Furnier verursachen. Deshalb empfiehlt es sich, bei furnierten Möbeln Beize auf Ölbasis anzuwenden.

Beizen auf Ölbasis

Diese Beizen bestehen, ungeachtet ihrer Bezeichnung, aus einer Lösung aus Naphtha und Terpentinersatz. (Es sind keine Beizen auf Spiritusbasis, die Methylalkohol enthalten und nur vom Spezialhändler bezogen werden können.) Bei Ölbeizen müssen Sie Ihre Farbtöne selbst mischen. Manche Arten von Polyurethan reagieren schlecht auf Ölbeizen. Deshalb probieren Sie die Kombination auf einem Stück Abfallholz aus. Sie können diese Beize auch zum Färben von Schellackpolitur verwenden. Setzen Sie immer die Beize der Politur zu, da sich im umgekehrten Fall die Flüssigkeiten nicht vermischen.

Beize farblich angleichen

Bevor Sie eine neu furnierte oder ausgefüllte Stelle einfärben, üben Sie zuerst das Tönen von Beize auf verschiedenen Abfallhölzern, um mit der Technik vertraut zu werden.

Um Furnier farblich anzupassen, bauen Sie die Grundfarbe auf, indem Sie helle Beize Schicht für Schicht auftragen. Wenn Sie den richtigen Farbton annähernd erreicht haben, können Sie mit dunklerer Farbe die Maserung auf der noch nassen Holzoberfläche nachmalen. Damit die neu gebeizte Stelle farblich sanft in das umliegende Holz übergeht, tupfen Sie die Beize mit einem feuchten Tuch oder einer Bürste auf. Vermeiden Sie unbedingt deutliche Ränder. Imitieren Sie feine Maserungen mit Künstlerölfarbe (s. u.).

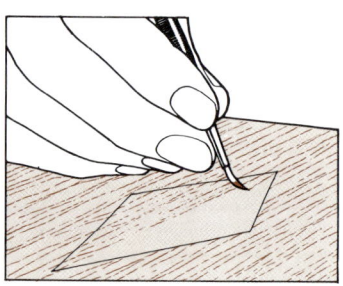

Maserung imitieren Mit feinem Zobelhaarpinsel ergänzen Sie die umliegende Maserung auf dem Flicken mit terpentinverdünnter Farbe, um dessen Ränder zu kaschieren. Nach dem Trocknen polieren.

Füllstellen kaschieren Grundieren Sie die Füllung im hellsten vorkommenden Holzton. Bestreichen Sie dabei auch das umliegende Holz. Imitieren Sie die Maserung auf der feuchten Grundierung. Pinseln Sie die Farbe so fein auf, daß sie nicht aufträgt.

Oberflächenschlußbehandlung

Das Auftragen des Schlußfirnisses auf ein Möbelstück gehört zu den dankbarsten Aufgaben eines Restaurators. Die Schönheit des Holzes kommt vielleicht zum erstenmal richtig zur Geltung. Die Art des Schlußfirnisses hängt von Stil, Holzart und Zweck des jeweiligen Möbels ab.

Moderne Lacke

Heutzutage gibt es extrem dauerhafte Lacke, die alkohol-, wasser- und hitzebeständig sind. Trotzdem werden sie von professionellen Restauratoren, von Händlern und Sammlern oft abgelehnt. Diese Abneigung ist meist wohlbegründet. Wenn Sie eine alte Oberfläche mit dem entsprechenden authentischen Material aufarbeiten können, so tun Sie das auch. Nur wenn Sie einen Stuhl oder Tisch restaurieren, der besonders beansprucht wird, ist es besser, kein allzu empfindliches Material zu verwenden. Überziehen Sie solche Möbelstücke mit einem der modernen Lacke.

Polyurethan

Sie können farbige Polyurethanschlußfirnisse kaufen, aber der klare ist am gebräuchlichsten. Sie bekommen ihn matt, halbmatt und glänzend. Der matte Firnis hat eine hauchfeine Textur, selbst wenn er vollkommen glatt aussieht. Zweipackpolyurethan, das Sie selbst mischen müssen, gibt unangenehme Dämpfe ab. Außerdem ist die Haltbarkeit begrenzt, und die Qualität der Bindung zwischen den Lackschichten läßt zu wünschen übrig. Einpackpolyurethan, das Sie direkt aus der Büchse auftragen, ist daher geeigneter.

Tragen Sie Polyurethanlacke wie einen Farbanstrich auf. Nehmen Sie einen guten Pinsel, überstreichen Sie eine Stelle, die schon angetrocknet ist, kein zweites Mal. Auf bloßes Holz müssen Sie mindestens zwei Lackschichten auftragen.

Wenn Sie ein altes Stück mit Polyurethan lackieren wollen, dann nehmen Sie matten Lack, den Sie nachträglich mit Wachspolitur beleben, oder Sie tragen Glanzlack auf und gehen dann mit feiner Stahlwolle, in Wachspolitur getaucht, nochmals über die Oberfläche, immer in Richtung der Maserung.

Zweikomponentenlack

Dieser Lack ist extrem hart und dunkelt im Gegensatz zu Polyurethan nicht nach. Vermischen Sie die beiden Teile, und tragen Sie dann den Lack auf das Holz auf. Alle Pinselspuren verfließen, zurück bleibt ein gleichmäßiger Überzug. Lassen Sie den Lack zwei Stunden härten, reiben Sie eventuelle Unebenmäßigkeiten mit Silikonkarbidpapier aus, und tragen Sie dann eine zweite Lackschicht auf. Lassen Sie diese über Nacht trocknen. Danach können Sie sie entweder mit einem Poliermittel auf Hochglanz bringen oder aber Seidenglanz erzielen, indem Sie den Lack mit Stahlwolle fein schleifen und dann mit Wachs überziehen.

Oberflächen auffrischen

Wenn die Oberfläche eines alten Möbelstücks ihren Glanz verloren hat, aber sonst in gutem Zustand ist, können Sie sie auffrischen. Dies ist in jedem Fall einem so drastischen Schritt wie Abbeizen und Neulackieren vorzuziehen. Nehmen Sie ein sehr mildes Schleifmittel, wie z. B. flüssige Metallpolitur, Autolackreiniger oder eine Möbelpoliturcreme. Diese Mittel entfernen Oberflächenschmutz, ohne die Patina zu schädigen.

Traditionelle Polituren

Viele Händler und Sammler ziehen diese authentischen Lacke den modernen vor. Obwohl nicht so dauerhaft, haben sie bei der Restaurierung alter, wertvoller Möbel große Bedeutung.

Auftragen von Öl

Ölfirnisse eignen sich für jedes Holz, besonders aber für Teak oder offenporige Hölzer wie Eiche. Abgebeiztes Kiefernholz bekommt davon ein sehr reifes Aussehen. Wenn die Oberfläche trocken und leblos auszusehen beginnt, genügt ein einmaliger Ölauftrag, um den Schimmer wiederherzustellen.

Zu empfehlen ist handelsübliches Teaköl statt des traditionellen Leinöls, welches so langsam trocknet, daß es klebrig wird. Teaköl enthält Stoffe, die es in wenigen Stunden trocknen lassen. Reiben Sie mit einem Tuch reichlich Öl in die Maserung und wischen Sie danach den Überschuß weg. Eventuell sind zwei oder drei Firnisschichten nötig.

Auftragen einer Wachspolitur

Wachspolitur selbst herzustellen lohnt sich nur bei großem Bedarf, noch dazu da die Zutaten im Gegensatz zu fertigem Möbelwachs schwer zu bekommen sind. Obwohl nicht so dauerhaft wie ein ausgesprochenes Hartwachs, ist es dennoch gut anwendbar.

Handelsübliche Möbelpolitur dagegen hat einen hohen Silikongehalt. Das Silikon kann bei späteren Restaurierungsarbeiten Probleme bereiten, wenn Sie solche Mittel direkt auf das bloße Holz auftragen. In die Poren eingedrungenes Silikon beeinträchtigt nachfolgende Polituren oder Lacke.

Wachs sollte nicht auf das bloße Holz aufgetragen werden. Es ist zwar sehr schön, neigt aber dazu, Schmutzpartikel aufzunehmen, die mit in das Holz einziehen. Versiegeln Sie daher das Holz mit Schellack oder Lack bevor Sie Wachspolitur auftragen.

Schellack (French polish)

Schellack war im 19. Jahrhundert so beliebt, daß auch ältere Stücke damit »aufgemöbelt« wurden. Er ist wegen seines Aussehens, weniger aufgrund seiner Haltbarkeit beliebt, denn er ist überaus empfindlich gegen Wasser, Alkohol oder Hitze. Deshalb sollte er nur für Stücke verwendet werden, die sehr schonend behandelt werden.

Herstellung eines Ballens

Die meisten Restauratoren benutzen zum Auftragen der Politur einen »Ballen«, ein saugfähiges Kissen aus Leinen und Watte. Dazu braucht man ein taschentuchgroßes Stück fusselfreies Leinen.

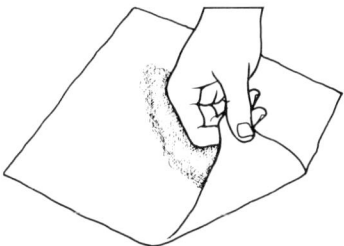

1. Legen Sie eine Handvoll Baumwollwatte in die Mitte des Tuchs, falten Sie eine Ecke darüber.

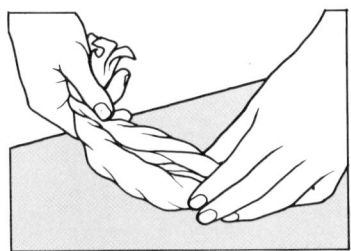

2. Schlagen Sie die Seiten nach innen, drehen Sie die Enden hinter dem Wattepolster zusammen.

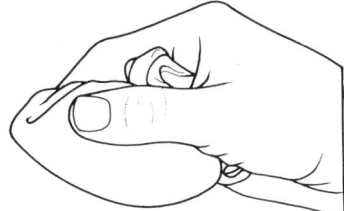

3. Falten Sie das Ende nach oben in Ihre Handfläche, drücken Sie das Kissen in Eiform. Heben Sie den Ballen in einem gut schließenden Schraubglas auf.

Auftragen von Schellack

Staub ruiniert diese Politur, arbeiten Sie deshalb in einem sauberen Raum bei Tageslicht. Vermeiden Sie Feuchtigkeit, weil der Schellack dadurch trüb wird. Eine Liste der Schellackarten finden Sie auf S. 103.

Bevor Sie Ihren Ballen wickeln, tränken Sie die Watte mit Schellack. Pressen Sie den Ballen gegen sauberes Abfallholz, um Überschuß herauszudrücken und den Schellack gleichmäßig zu verteilen. Dann tupfen Sie mit den Fingerspitzen Leinöl auf die Unterseite des Ballens, damit er beim Reiben nicht kleben bleibt.

Es ist sehr wichtig, daß der Schellack gleichmäßig verteilt wird. Tragen Sie ihn so auf, daß keine unbehandelten Stellen bleiben, und achten Sie darauf, daß Ihr Ballen auf der Oberfläche stets in Bewegung ist. Führen Sie ihn mit sich überlappenden Kreisbewegungen. Wenn Sie eine Fläche bearbeitet haben, fahren Sie anschließend mit Achterbewegungen darüber. Streichen Sie zum Schluß quer zur Faser von einem Rand zum anderen. Wenn der Ballen zu trocknen anfängt, verstärken Sie den Druck leicht; gleitet er nicht mehr richtig, so beträufeln Sie die Unterseite mit Leinöl.

Lassen Sie die erste Schicht etwa 20 Minuten härten, bevor Sie die zweite auftragen. Nach vier bis fünf Schichten lassen Sie das Ganze über Nacht trocknen. Reiben Sie am folgenden Tag die Oberfläche leicht mit selbstfeuchtendem Silikonkarbidpapier ab. Entfernen Sie Staub mit einem mit Methylalkohol angefeuchteten Tuch. Dann tragen Sie weitere Schichten auf.

Wenn Sie ausreichend Lack aufgetragen haben, entziehen Sie das Leinöl. Träufeln Sie dazu Methylalkohol auf den Ballen, und fahren Sie mit geraden Strichen über das Holz. Wenn der Ballen trocknet, befeuchten Sie ihn wieder. Lassen Sie den Spiritus einige Minuten verdunsten, dann wiederholen Sie den Vorgang. Abschließend polieren Sie mit sauberem weichem Tuch. Dann lassen Sie das Möbelstück einige Tage in einer staubfreien Umgebung stehen, bis der Schellack durchgehärtet ist.

Stühle kaufen

Bis zum frühen 17. Jahrhundert waren Stühle selten – man saß meist auf Hockern, Bänken oder Truhen. Die früheste Form des Stuhls wurde aus der Truhe entwickelt, deren eine Seite zu einer Rückenlehne erweitert wurde. Eine Reihe von Entwürfen folgte, von denen sich die meisten in drei Kategorien einteilen lassen, nämlich Rahmen-, Spindel- (Windsor-) und Bugholzstühle.

Stuhltypen

Ein ganzes Buch wäre notwendig, um alle Stuhltypen vorzustellen. Hier haben wir einige der bekanntesten aufgelistet, um Ihnen eine Hilfe zur Bestimmung zu geben. Polsterarbeiten werden auf S. 123 f. beschrieben.

Ladderback chair Ein rustikaler Stuhltyp mit Binsensitz und mehreren kurvigen Querlatten als Rückenlehne.

X-frame chair Eine der ältesten Stuhlkonstruktionen, ursprünglich ein Klappstuhl mit einem Sitzkissen auf Gurtbändern.

Ballonrückenstuhl Ein Stuhl, dessen obere Querstrebe in einem Schwung in die hinteren Beine übergeht. Seit etwa 1820 das ganze 19. Jahrhundert hindurch in Schlaf- und Eßzimmern beliebt.

Windsor-Stuhl (Spindelstuhl) Ursprünglich ein ländlicher Armstuhl mit massivem Sitz und gedrechselten Beinen, umlaufenden Armstützen, Stegen und Spindelrücken.

Joined chair (Refektoriumsstuhl) Einer der ältesten Stuhltypen. Die Rahmenkonstruktion mit Füllungen erinnert an die Truhen, aus denen er entwickelt wurde. Später wurden die Füllungen weggelassen.

Bugholzstuhl (Thonet-Stuhl) Seit Mitte des 19. Jahrhunderts wird er in Serienproduktion hergestellt. Beine, Rückenstütze und Armlehnen wurden aus Buchenholz gefertigt, das über Wasserdampf geformt wurde.

Soirée chair Diese leichten Stühle sind oft farbig lackiert oder vergoldet, mit geflochtenem Sitz und gedrechselten Beinen, Bambus imitierend.

Eckstuhl mit Rückenlehne über drei statt wie sonst über zwei Beine. Man sitzt auf der Diagonalen.

Ladderback chair

Joined chair

X-frame chair

Bugholzstuhl

Ballonrückenstuhl

Soirée chair

Windsor-Stuhl

Eckstuhl

Schadensliste

* Einfache Reparatur
** Etwas Erfahrung erforderlich
*** Facharbeit – nicht für Anfänger

** Die **Verbindungen** zwischen der Querleiste und den Stuhlbeinen sind oft beschädigt, weil der Stuhl meistens an dieser Querleiste angehoben wird.

Ballonrückenstuhl

** Suchen Sie nach **Rissen**: an der kurzen Maserung gedrechselter Beine und da, wo gedrechselte Details Schwachstellen bieten.

** Prüfen Sie die **Verbindungen der hinteren Beine mit den Seitenzargen** indem Sie den Stuhl nach hinten kippen und auf die Sitzfläche drücken. Lockere Verbindungen müssen neu zusammengesetzt werden. Dieser Test ist besonders wichtig bei gepolsterten Stühlen, deren Sitzzargen verdeckt sind.
** Von innen her mit Metallwinkeln verstärkte **Verbindungen** sind ein sicheres Zeichen von Beschädigung.

Bugholzstuhl

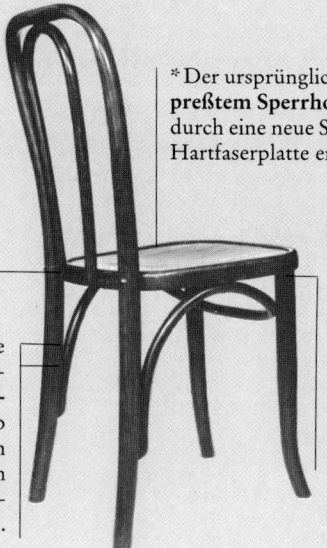

* Prüfen Sie den Sitz der **Schrauben** an den hinteren Beinen: sind sie ersetzt? Die Originalschraubenmuttern haben quadratischen Kopf und werden auf der Unterlegscheibe durch Zapfen gehalten.

* Überprüfen Sie an den verschiedenen **Schraubverbindungen,** ob keine Schrauben fehlen oder durch ungeeignete ersetzt wurden.

** **Verbindungsstellen** sind u. U. unfachmännisch mit Nägeln repariert, die beim Entfernen das Holz beschädigen können.

* Der ursprüngliche **Sitz aus gepreßtem Sperrholz** ist vielleicht durch eine neue Sperrholz- oder Hartfaserplatte ersetzt worden.

* Überprüfen Sie, ob die **vorderen Beine** fest in die Vorderzarge geleimt sind, sowie die inneren Verstärkungsschrauben.

Spindelstuhl

** Drücken Sie mit beiden Händen auf den **Sitz** und rütteln Sie: Sind die Beine fest verankert?
** Bei verzogenem **Massivholzsitz** wackelt der Stuhl, wenn Sie ihn auf ebenen Boden stellen.

** Überprüfen Sie, ob die **Rückenspindeln und Seitenlehnen** fest verleimt sind, indem Sie den Sitz festhalten und die Rückenlehne zurückdrücken.

* Schauen Sie nach **Rissen** in den Stegen.

Stühle auseinandernehmen und reparieren

Wenn Sie gelockerte Verbindungen neu leimen oder gebrochene Teile reparieren wollen, müssen Sie den Stuhl zumindest teilweise auseinandernehmen. Im allgemeinen hat ein alter Stuhl durch den Gebrauch mehr gelitten als irgendein anderes Möbel. Auf seinen hinteren Beinen wurde er wahrscheinlich unzählige Male geschaukelt, was die Verbindungen zwischen Beinen und Sitzzargen stark belastet. Schrumpfen des Holzes macht das Ganze nur noch schlimmer, und die Einführung von Zentralheizungen hat dieses Problem noch verschärft. Wenn an einer Stelle der Leim nicht mehr hält, werden die übrigen Verbindungsstellen zusätzlich belastet, was Brüche verursacht.

Wie ist der Stuhl konstruiert?

Bevor Sie beginnen, sehen Sie sich den Stuhl genau an, damit seine Konstruktion Ihnen klar ist, denn es können Verbindungen brechen, die Sie unfachmännisch gewaltsam zu lösen versuchen. Markieren Sie jede Verbindung mit Klebeband zur Orientierung beim Zusammenfügen.

Bugholzstühle
sind meist gedübelt oder geschraubt. Das erleichtert das Auseinandernehmen. Die einzigen geleimten Teile sind die oberen Enden der Vorderbeine, die in die Unterseite des Rundrahmens eingeleimt sind. Meist ist diese Verbindungsstelle durch eine Holzschraube von innen verstärkt.

Spindelstühle
Diese Stühle sind einfach konstruiert. Gedrechselte Teile werden in runde, konische Löcher eingepaßt. Oft können Sie ein locker gewordenes Teil herausnehmen, indem Sie die umliegenden Teile auseinanderdrücken. Wenn Sie zum Auseinandernehmen auf die Verbindungsstelle klopfen müssen, umwickeln Sie das Holz zum Schutz mit Zeitungspapier.

Rahmenstühle
Beachten Sie beim Lösen der Zargen, daß die Beine gezapft oder gedübelt sind, weshalb Sie die Teile mit starkem Ruck gerade auseinanderziehen müssen. Schützen Sie das Holz mit einem Weichholzklotz, und klopfen Sie mit einem Holzhammer auf die Verbindungsstellen, bis sie sich lockern. Verfahren Sie ebenso am Rückrahmen: Die Beine können direkt mit der Hinterzarge verbunden, die Querleiste oben aufgesetzt sein. Sie kann auch wie die Zarge zwischen den hinteren Beinen befestigt sein.

Entfernen von Verstärkungen an Verbindungsstellen

Holzverbindungen werden manchmal verstärkt. Solche Verstärkungen müssen vor dem Auseinandernehmen entfernt werden.

Herausbohren von Dübeln Dübel können durch das Bein getrieben sein, um die Zargenzapfen zu befestigen. Bohren Sie diese Dübel vorsichtig heraus, damit sie später ersetzt werden können.

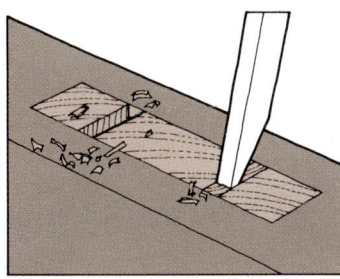

Entfernen verkeilter Zapfen Sie gehen oft durch das ganze Bein und können durch eingetriebene Keile gesichert sein. Stemmen Sie die Keile mit einem Stecheisen heraus.

Entfernen von Holzstöpseln Suchen Sie Holzschrauben verdeckende Holzstöpsel. Stemmen Sie sie heraus, damit Sie die Schrauben entfernen können. (Anfertigung neuer Stöpsel siehe S. 224.)

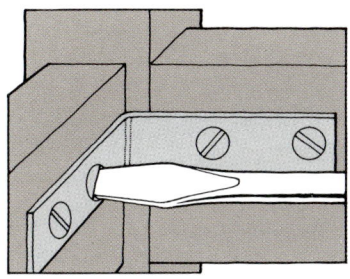

Abnehmen von Metallwinkeln Schauen Sie unter dem Sitz nach, ob Metallwinkel an den Ecken angeschraubt sind. Sie müssen entfernt werden, bevor sich die Zargen aus den Beinen ziehen lassen.

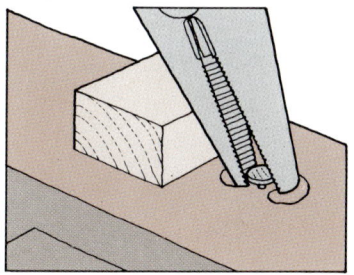

Herausziehen von Nägeln Sie werden oft an locker gewordenen Verbindungsstellen Nägel finden. Sie gehören ursprünglich meist nicht dorthin. Eventuell müssen Sie etwas Holz um die Nagelköpfe wegschneiden, um sie mit einer Kneif- oder Spitzzange packen zu können.

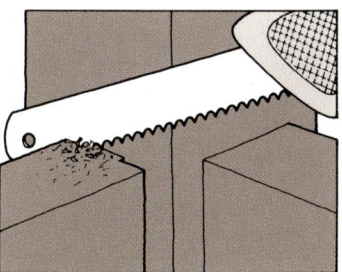

Herausziehen versteckter Keile In den Zapfen eingelassen, bevor er in ein geschlossenes Zapfenloch eingesetzt wurde, bemerkt man sie erst, wenn eine Verbindung sich etwas lösen läßt, dann aber klemmt, weil der Keil blockiert. Dann müssen Sie den Zapfen absägen und später ersetzen (siehe S. 213).

Leim aufweichen

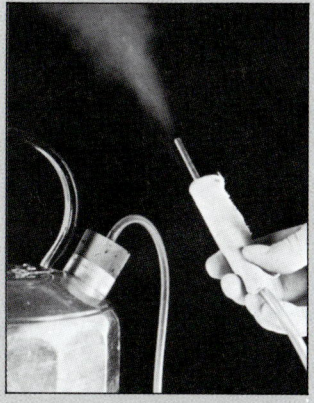

Es kann vorkommen, daß Sie den Leim einer noch intakten Verbindung aufweichen müssen, z. B. um ein gebrochenes Teil zu entfernen. Statt mit Gewalt sollten Sie wasserlöslichen Leim mit Wasser oder Dampf aufweichen. Sie können nasse Tücher um das Teil wickeln, bis das Wasser eindringt, aber das dauert lange. Besser ist es, direkt in die Verbindung Dampf einzuspritzen. Beide Methoden beschädigen die umliegende Politur; rechnen Sie also mit einer neuen Lackierung.

Zwecks Dampferzeugung stöpseln Sie einen Korken fest in die Ausgußöffnung eines Wasserkessels. Bohren Sie in den Korken ein Loch für eine Messingkanüle. An dieser Kanüle wird ein Gummi- oder hitzebeständiger Plastikschlauch angebracht. Setzen Sie am anderen Schlauchende ebenfalls eine Messingkanüle als Düse an. Füllen Sie den Kessel zur Hälfte mit Wasser, und erhitzen Sie es. Bohren Sie in die Holzverbindung ein kleines Loch. Ziehen Sie dicke Handschuhe an, und stöpseln Sie die Düse so lange in das Loch, bis der Leim weich ist.

Stühle restaurieren

Stühle sind im täglichen Gebrauch beträchtlichen Belastungen ausgesetzt, besonders an Zargen und Verbindungsstellen, und erfordern einige der hier beschriebenen Reparaturen. Wenn einer Ihrer Stühle beschädigt ist, sollten Sie ihn so bald wie möglich reparieren; die Reparatur wird unauffälliger, solange die Kanten noch nicht verschmutzt oder abgenutzt sind. Wenn Sie einen beschädigten Stuhl kaufen, vergewissern Sie sich, daß Sie ihn zu restaurieren in der Lage sind.

Reparatur einer Dübelverbindung

Mit Dübeln (siehe S. 214) werden oft die Rückenquerleiste an den Beinen oder die Seitenlehnen eines Stuhls befestigt.

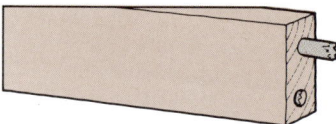

Reparieren eines gebrochenen Dübels Entfernen Sie mit der Zange zuerst alle vorstehenden Dübelreste. Wenn der Dübel unter der Oberfläche abgebrochen ist, bohren Sie ihn mit einem passenden Bohrer heraus. Ist der Dübel bündig mit der Oberfläche abgebrochen, kann ein zu dicker Bohrer seitwärts wandern und das Loch vergrößern. Nehmen Sie deshalb einen mit kleinem Durchmesser, und stemmen Sie den Rest des Dübels mit einem kleinen Stecheisen heraus.

Schneiden Sie den neuen Dübel kürzer als die Tiefe beider Dübellöcher zusammen. Mit gespitzten Enden und eingesägter Rille (für überschüssigen Leim) verleimen Sie die Verbindung und klammern sie, bis der Leim abgebunden hat.

Reparieren eines Zapfenschlitzes

Gezapfte Verbindungen (s. S. 213) finden sich meist zwischen Hinterzargen und Beinen sowie zwischen Stegen und Beinen. Starker seitlicher Druck auf eine solche Verbindung kann das Bein spalten.

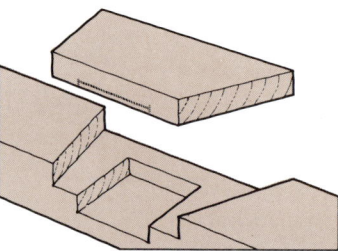

Reparieren eines Spaltes im Holz Bringen Sie mit einem Pinsel oder einer Messerklinge Leim in den Spalt und zwingen Sie. Wenn eine Seite des Schlitzes weggebrochen ist, setzen Sie ein passendes Holzstück ein. Sägen Sie zuerst rechts und links des Schlitzes bis auf die Tiefe des Schadens schräg ein, stemmen Sie das Holz dazwischen aus, und glätten Sie die Schnittfläche. Das neue Holzteil zuschneiden, leimen und zwingen. Nach dem Abbinden beihobeln und den Schlitz auf der Innenseite des Flickstücks ausstemmen.

Reparatur eines beschädigten Beins

Ist das Ende eines Stuhlbeins sehr beschädigt oder wurmstichig, leimen Sie ein Ersatzstück an. Schneiden Sie die beiden Teile in einer Schräge von 22,5° (s. S. 215).

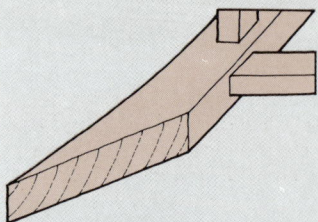

1. Sägen und hobeln Sie am Beinende eine Schräge von 22,5°.

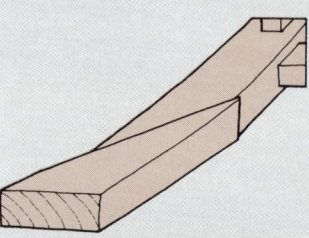

2. Sägen Sie in ein übergroßes Holzstück mit passender Faserrichtung eine Schräge von 22,5°. Leimen und zwingen Sie die Teile aneinander.

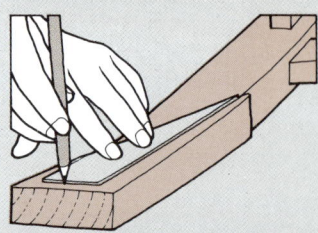

3. Markieren Sie die Form des Beins mit Hilfe einer Schablone. (Das Gegenstück des beschädigten Beins dient als Vorlage.) Mit Säge und Ziehklingenhobel arbeiten Sie die Form heraus.

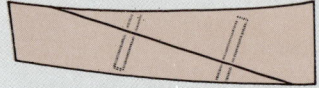

4. Verstärken Sie das reparierte Bein mit Dübeln oder Holzschrauben, gleichen Sie eventuell die Beinlänge an (siehe rechts).

Stuhlzargen reparieren

Eine Leiste spaltet sich immer in Faserrichtung. Wenn der Riß zwar tief geht, aber die Leiste noch zusammenhält, leimen Sie sie umgehend; wickeln Sie sie fest mit gewachster Kordel. Gebrochene Leisten müssen nach dem Leimen mit Dübeln oder Holzschrauben von beiden Seiten verstärkt werden. Schrauben sollten versenkt und verstöpselt werden (siehe S. 224). Sichern Sie die abbindende Verbindung mit gewachster Kordel.

Reparieren gedrechselter Teile

Ein stark beanspruchtes gedrechseltes Teil kann leicht brechen, besonders dann, wenn seine Kurzfaser querläuft. Geleimte Teile eines gedrechselten Beins oder einer Leiste müssen durch Dübel verstärkt werden. Es gibt eine Reparaturmethode für einen Bruch nahe am Ende, eine zweite für einen Bruch in der Mitte.

Reparatur eines Bruchs am Ende

Ein nahe am Ende gebrochenes Stück leimen Sie wieder an und befestigen es mit einem Schnellspanner. Falls erforderlich, sichern Sie die Reparaturstelle mit gewachster Kordel.

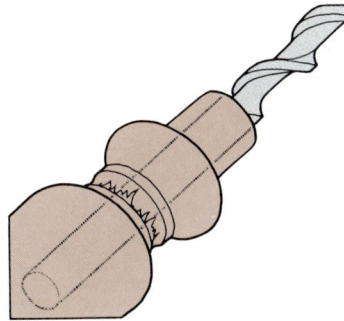

1. Sobald der Leim abgebunden hat, bohren Sie durch den Beinkern bis unterhalb der Bruchstelle. Nehmen Sie einen Bohrer in der Stärke des Dübels. Sägen Sie zwei oder drei Rillen in den Dübel, damit überschüssiger Leim entweichen kann. Sie müssen vielleicht auch ein Loch in die Seite des Beins oder der Leiste bohren, in Höhe des unteren Dübelendes, damit auch hier Leim entweichen kann.

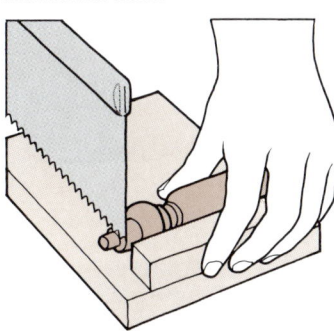

2. Bringen Sie Leim in das Dübelloch, klopfen Sie den Dübel hinein. Wenn der Leim abgebunden hat, sägen Sie das Ende des Dübels ab.

Reparatur eines Bruchs in der Mitte

Wenn ein Bein oder eine Leiste etwa in der Mitte abbricht, sollten Sie vor dem Leimen in eine Bruchhälfte ein Dübelloch bohren.

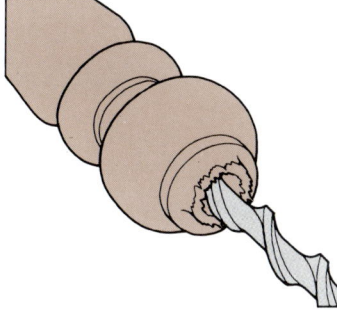

1. Bohren Sie ein Loch in der Mitte eines der Teile.

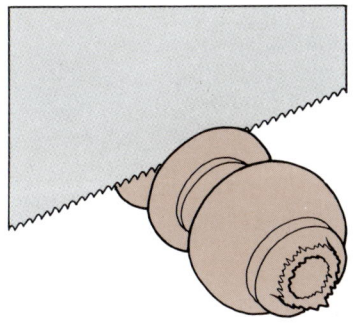

2. Sägen Sie das Teil an einer geeigneten Stelle des gedrechselten Profils durch. Eine Markierung erleichtert Ihnen das spätere Zusammensetzen. Leimen Sie das gebohrte Stück exakt passend an die andere Beinhälfte.

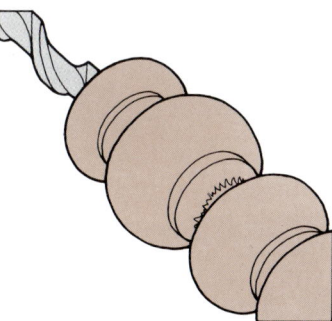

3. Zentrieren Sie den Bohrer mit Hilfe des Lochs, bohren Sie in die andere Hälfte, leimen Sie den Dübel ein (siehe links).

Stuhlbeine ausgleichen

Hin und wieder wird Ihnen ein Stuhl unterkommen, der selbst auf ebenem Boden wackelt. Sehen Sie zuerst nach, ob vielleicht nicht lediglich eine Reißzwecke in einem Fuß steckt. Schauen Sie sich die Zargen an, um festzustellen, ob sich der Stuhlrahmen verzogen hat. Manche Defekte, wie z. B. eine Verformung eines Spindelstuhlsitzes, lassen sich nicht ohne großen Aufwand beheben. Es ist dann einfacher, die Beine zurechtzuschneiden. Stellen Sie den Stuhl auf ein ebenes Brett, so daß er möglichst wenig wackelt. Bitten Sie einen Helfer, den Stuhl zu halten, während Sie unter das kürzeste Bein Furnierstücke schieben, um die Lücke auszufüllen.

Beine trimmen Markieren Sie die Höhe des Furnierstapels auf den anderen drei Beinen. Trimmen Sie sie mit einer Feinsäge oder einem scharfen Stecheisen.

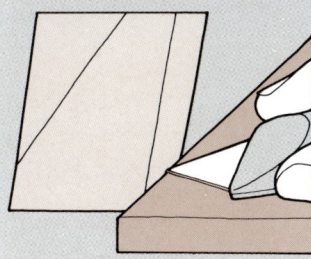

Ein überlanges Bein Ist ein neu angesetztes Bein zu lang, so stellen Sie den Stuhl so auf ein Brett, daß dieses Bein über den Rand hängt. Markieren Sie das Bein mit einem Messer in Höhe der Brettoberkante, und sägen Sie den Überstand ab.

Reparieren eines gebrochenen Zapfens

Wenn Sie einen Stuhl auseinandernehmen, um ihn neu zu verleimen, werden Sie oft feststellen, daß der Zapfen einer Schlitz-und-Zapfen-Verbindung im Schlitz abgebrochen ist. Dann müssen Sie die Zapfenreste aus dem Schlitz entfernen, damit dieser wieder frei wird, und den beschädigten Zapfen reparieren (siehe S. 213).

Teilweise abgebrochener Zapfen

Wenn nur ein Teil des Zapfens fehlt, schneiden Sie den Zapfen plan und leimen ein Stück aus ähnlichem Holz an. Um eine bessere Haltbarkeit und zugleich auch eine dichtere Fuge zu erreichen, erhält das einzuleimende Zapfenstück einen schrägen Stoß.

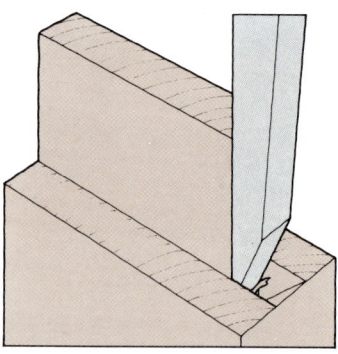

1. Stemmen Sie am Zapfen mit einem Loch- oder Stechbeitel die Tiefe des einzusetzenden Flickstücks aus.

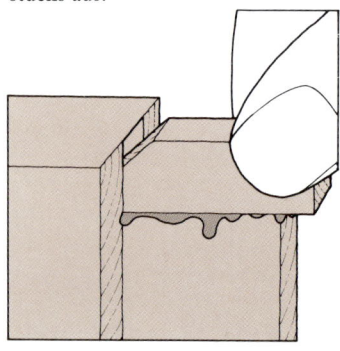

2. Schrägen Sie das Ende des einzusetzenden Teils passend ab und schneiden Sie es bündig. Verleimen und zwingen Sie.

Ganz abgebrochener Zapfen

Wenn der Zapfen fehlt, muß ein neuer in das Ende der Leiste eingelassen werden.

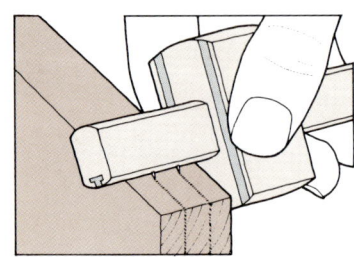

1. Hobeln Sie die Leiste plan. Reißen Sie mit einem Zapfenstreichmaß einen abgeschrägten Schlitz für den Zapfen an. Die Zapfendicke beträgt in der Regel ⅓ und die Zapfenlänge mindestens das 4fache der Holzdicke. Der Schlitz muß dreimal so tief sein wie der ursprüngliche Zapfen und wird mit dem Stechbeitel ausgestemmt.

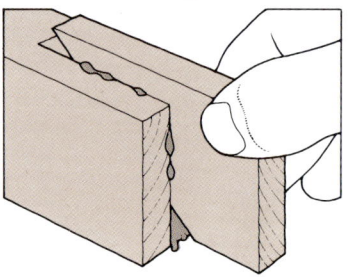

2. Sägen Sie aus zur Leiste passendem Holz einen abgeschrägten Zapfen, achten Sie auf gleichen Faserverlauf. Der Zapfen soll oben und unten etwas überstehen, das erleichtert das Hobeln nach dem Einleimen.

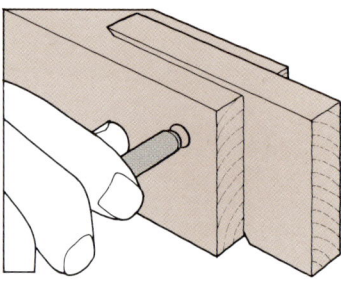

3. Leimen Sie den Zapfen ein, zwingen Sie ihn fest. Bevor Sie ihn zurechthobeln, verstärken Sie die Leimung mit einem Dübel.

Lockere Verbindungen verstärken

Wenn das Holz schrumpft und eine gezapfte Verbindung nicht mehr stabil ist, genügt Verleimen allein nicht, um sie zu sichern. Wie Sie sie verstärken hängt von der Konstruktion der Verbindung ab.

Versteckte Keile eintreiben Eine gezapfte Verbindung mit geschlos-

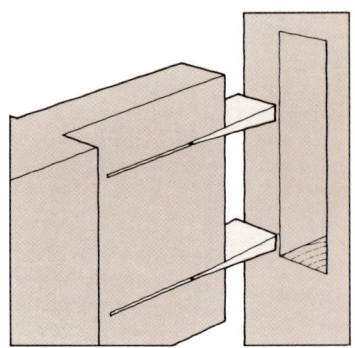

senem Zapfenloch durch Keile zu verstärken ist schwierig, denn wenn die Keile nicht exakt die richtige Größe haben, ist die Verbindung entweder immer noch zu locker, oder der Zapfen wird so weit auseinandergetrieben, daß er nicht mehr ganz in das Zapfenloch paßt. Setzen Sie die Keile an (s. Abbildung); im Verbinden der Teile treiben Sie die Keile automatisch ein.

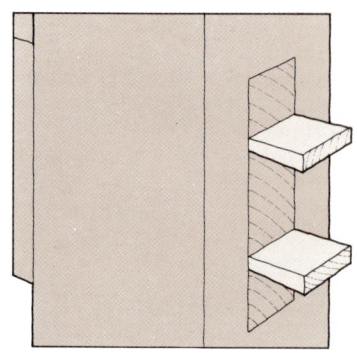

Einen durchgehenden Zapfen keilen Sägen Sie den Zapfen zweimal ein, dann verbinden Sie die Teile wieder. Zwei zurechtgesägte Hartholzkeile werden geleimt und anschließend so weit wie möglich in die Einschnitte getrieben. Wenn der Leim abgebunden hat, hobeln Sie plan und schleifen die Schnittstelle.

Geschraubte Verbindungen

Wenn eine Schraube hohl dreht, wird das Loch am besten verdübelt und dann die Schraube wieder eingedreht.

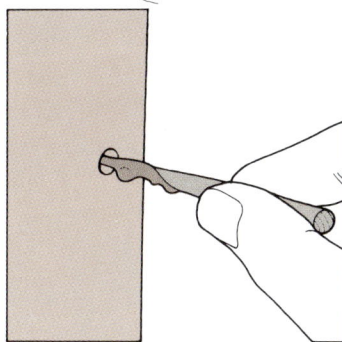

1. Schneiden Sie einen Dübel konisch, leimen Sie ihn ein, trimmen Sie das überstehende Ende, wenn der Leim abgebunden hat.

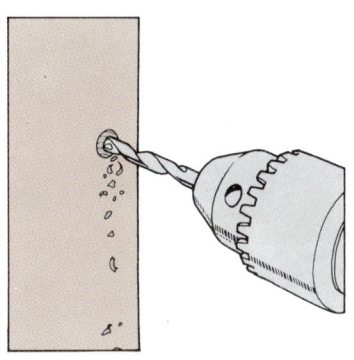

2. Bohren Sie in den Dübel das Loch für die Schraube (siehe S. 224), und drehen Sie sie ein.

Stühle zusammenbauen

Bevor Sie einen Stuhl wieder zusammenbauen können, müssen Sie die alten Leimfugen säubern. Mit heißem Wasser können Sie den Leim lösen; die Verbindungsstellen müssen getrocknet sein, bevor Sie neu verleimen. Die Reihenfolge der Montage hängt von der Konstruktion des Stuhls ab.

Rahmenstühle

Zuerst verleimen Sie vorderen und hinteren Rahmen, die dann mit Schnellspannern gehalten werden. Um zu überprüfen, ob vorderer und hinterer Rahmen genau passen, schrägen Sie zwei Latten an je einem Ende ab und legen sie, die Spitzen in die Ecken, diagonal in den Rahmen. Wenn die Diagonalen nicht gleich lang sind, versuchen Sie mit den Händen oder mit Hilfe der Einspannvorrichtung die Rahmen auszurichten.

Nach dem Abbinden bauen Sie den Stuhl ganz zusammen. Wenn der Sitzrahmen nicht verzogen ist und der Stuhl nicht wackelt, schrauben Sie gegebenenfalls Eckklötze an und lösen die Schnellspanner.

Spindelstühle

Verleimen und fügen Sie die Stege zusammen, und bringen Sie die Stuhlbeine (je nach Konstruktion werden sie gesteckt oder verdübelt) an der Unterseite der Sitzfläche an, und klopfen Sie sie mit einem Hammer ein. Stellen Sie den Stuhl auf ebenen Boden und korrigieren Sie

Bugholzstühle

Schrauben Sie den Sitzrahmen an die hinteren Beine. Leimen Sie die vorderen Beine ein, drehen Sie die Verstärkungsschrauben ein; Rundrahmen und gegebenenfalls Armlehnen anschrauben. Waren die Schrauben ursprünglich verstöpselt, schneiden Sie neue Stöpsel aus passendem Holz zu. Leimen Sie sie ein, trimmen und schmirgeln Sie nach dem Abbinden plan, und tragen Sie Holzbeize und Politur auf.

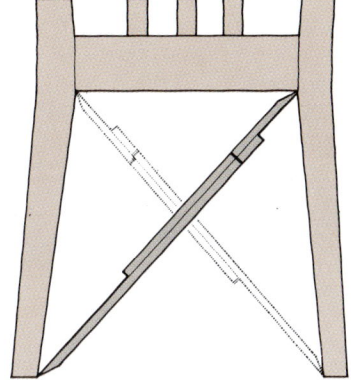

Kontrollieren des Rahmens Mit zwei zugespitzten Holzleisten werden die Diagonalen überprüft.

wenn nötig. Lassen Sie den Leim abbinden.

Klopfen Sie die verleimten Rückenspindeln in die Sitzfläche und stecken Sie das Schulterbrett auf. Stützen von Armlehnen müssen gleichzeitig mit den Rückenspindeln eingeleimt werden.

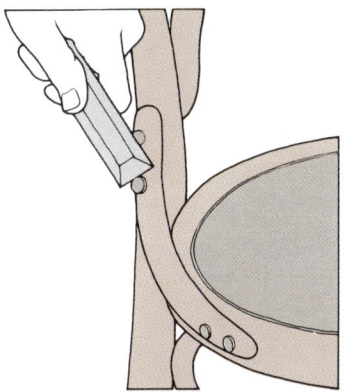

Stöpsel trimmen Nach dem Verleimen der Stöpsel werden überstehende Enden bündig abgeschnitten.

Tische kaufen

Die Struktur dieses Möbelstücks läßt vielerlei Gestaltungen zu. Ein Tisch kann sehr groß oder klein
sein, er kann mehrere Füße oder nur einen Fuß
haben, die Tischplatte kann oval, quadratisch oder
rund sein, mit klapp- oder ausziehbaren Teilen.
Das Angebot reicht vom einfachen Küchen- bis
zum kunstvollen Hartholz-Beistelltisch mit Intarsien, Schnitz- und Drechselwerk. Die meisten
Tische jedoch gehören in eine der vier folgenden
Kategorien: Standardtisch, Klapptisch, Ausziehtisch und »Tripod«-Tisch.

Ausziehtisch

Verschiedene Tischtypen

Hier haben wir einige der am häufigsten vorkommenden Tischmo-
delle zusammengestellt.

Tripod table (Dreibeintisch) Die
runde Tischplatte liegt auf einer
Mittelstütze mit Dreibein. Ein
Dreibeiner mit senkrecht hochzu-
klappender Platte wird Tilt top
table genannt. Dreibeiner gibt es in
verschiedenen Größen: vom Eß-
tisch für acht Personen bis hin zu
Tee- und Weintischchen.

Side table Wand- oder Seitentisch;
in erster Linie sind dies Ziertische;
ein Konsoltisch wird hinten an die
Wand geschraubt und stützt sich
vorn oft auf geschweifte Beine.

Gateleg table (Torbeintisch) Dieser Klapptisch hat ausschwenkbare
Beinkonstruktionen (Gateleg), die
bei Bedarf die Seitenklappen unterstützen.

Joined oder Frame table (Refekto-
riumstisch) Eine der ältesten Kon-
struktionen für Eßtische. Oberer
Rahmen und Zugleisten sind in die
kräftigen Stützen eingezinkt.

Ausziehtisch Unter der Tischplatte sind herausziehbare kleinere
Platten untergebracht.

Pembroke-Tisch Kleiner Klapptisch auf hohen Beinen; die seitlichen Klappen werden durch Zargen hochgehalten.

Sofa table Niedriger rechteckiger
Tisch mit Klappen an den Schmal-
seiten und zwei Schubladen; stehen
vor oder neben einem Sofa.

Drum table Runder Tisch auf
Dreibein mit Schubladen.

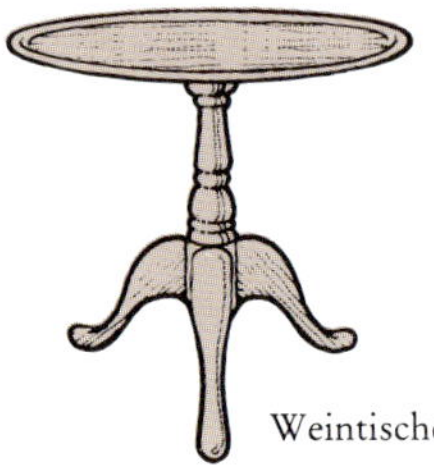

Weintischchen

Pembroke-Tisch

Side table

Sofa table

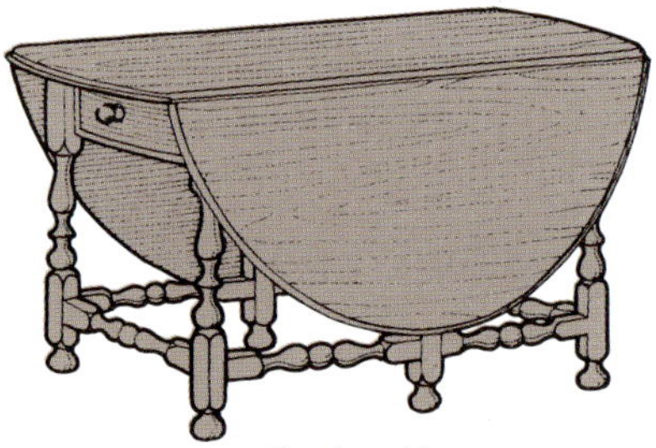

Gateleg table

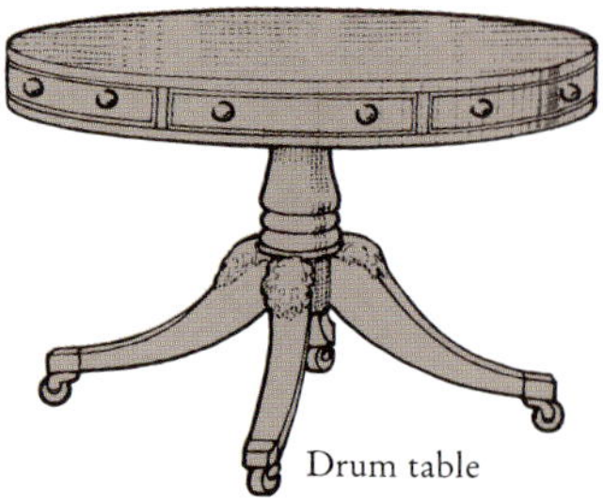

Drum table

Joined table

Schadensliste

* Einfache Reparatur
** Etwas Erfahrung erforderlich
*** Facharbeit – nicht für
Anfänger

Standardtisch

** Wenn der Tisch wackelt, sind
die **Verbindungen** locker und
müssen überholt werden.
** **Risse** oder offene **Leimfugen**
in Massivholz-Tischplatten.
** **Zierleisten** können beschädigt
sein; insbesondere an Ecken.
** Ist die **Politur** durch Flecke
verunstaltet? Sind die Flecke hartnäckig, wird die Fläche abgebeizt
und aufgearbeitet.

Ausziehtisch

** Eine selten benutzte **einge-
schobene** Platte kann farblich von
der Tischplatte abweichen.
** Hat sich eine **Stütze** verzogen,
schneiden Sie nach Vorlage der
anderen Stütze eine neue.
* Ist ein **Anschlag** abgebrochen,
leimen Sie einen neuen an.
* Eine hängende **Platte** stützen
Sie waagerecht ab, und leimen
dann kleine Keile zwischen Stützen und Rahmen.

Klapptisch

Tripod table – Dreibeintisch

** Sind die **Schrauben** an den
Stützträgern unter der Tischplatte
lose?

* Überprüfen Sie die Nut für den
Riegel, der die Platte festhält.
Dann überprüfen Sie die **Verbindung** zwischen Block
und Säule.

** Hat der **Schaft** Risse? Wurde
er bereits einmal schlecht repariert?

** Sind die **ge-
drechselten Fü-
ße** beschädigt?

** Die **Winkelverbindung** zwischen der Tischklappe
und der befestigten Tischplatte kann gebrochen sein.
Wenn sie klemmt, müssen Sie das Scharnier neu einstellen.

*** Die
Klappen
mancher Tische
werden von klapp-
baren hölzernen Win-
keln gestützt, deren
Reparatur einem Fachmann überlassen werden sollte.

** Suchen Sie hier
nach **Rissen**.

** Sind die **Angelstifte** in
Ordnung?

Tische reparieren

Wenn die Tischplatte fest mit dem Rahmen verbunden ist, kann das Holz beim Schrumpfen Risse bekommen, oder die Leimfugen, die die einzelnen Bretter verbinden, gehen auf. Zur Reparatur müssen Sie die Tischplatte abnehmen.

Zerlegen eines einfachen Tisches

Um die Tischplatte abzunehmen, drehen Sie die Befestigungsschrauben heraus bzw. schlagen die verleimten Verbindungsblöcke mit stumpfem Beitel ab. Zerlegen Sie den Tischrahmen wie einen Stuhlrahmen (siehe S. 114).

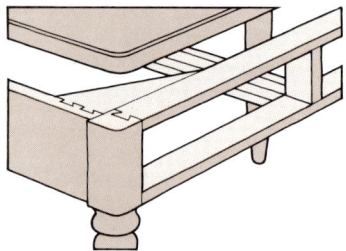

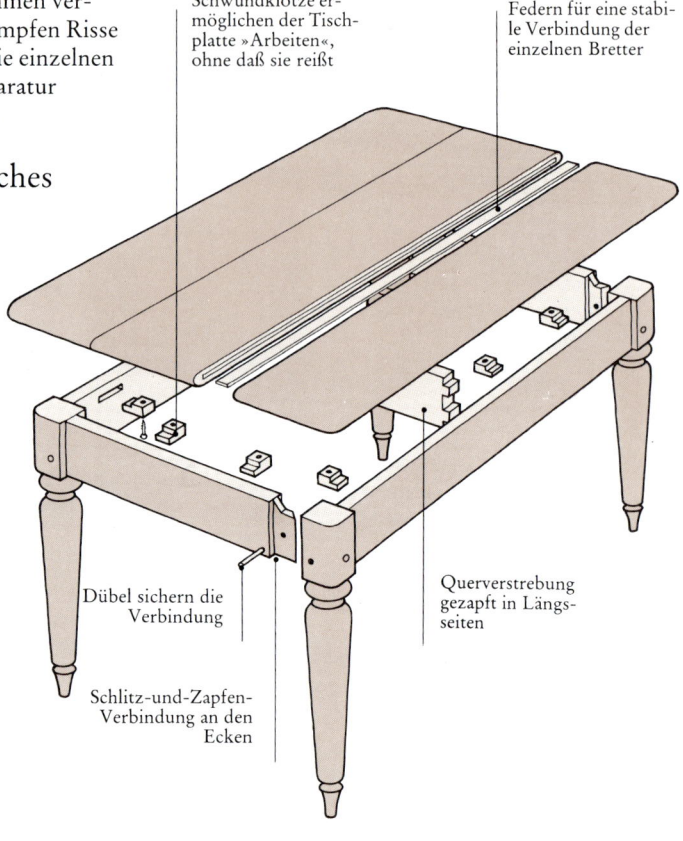

Schwundklötze ermöglichen der Tischplatte »Arbeiten«, ohne daß sie reißt

Federn für eine stabile Verbindung der einzelnen Bretter

Dübel sichern die Verbindung

Querverstrebung gezapft in Längsseiten

Schlitz-und-Zapfen-Verbindung an den Ecken

Entfernen einer Traverse

Die Traverse ist in Tischbein und Seitenleiste mit Schwalbenschwänzen eingelassen. Lösen Sie sie mit einem Holzhammer (Weichholzklotz auflegen!) zu Beginn der Demontage.

Verbindungen lösen

Ist die Leimfuge aufgegangen, so werden stumpfe, gefederte oder gedübelte Fugen sich lösen, sobald die Tischplatte vom unteren Rahmen abgenommen wird. Sollte die Verbindungsstelle sich nur schwer lösen lassen, versuchen Sie den Leim mit Dampf aufzuweichen (siehe S. 115).

In seltenen Fällen werden Verbindungsstellen durch versenkte, in Schwalbenschwanznuten eingehängte Schrauben zusammengehalten. Wenn Sie eine Metallschraube sehen oder dadurch entdecken, daß Sie mit einer Messerklinge entlang der Fuge fahren, lösen Sie die Schraube (siehe rechts).

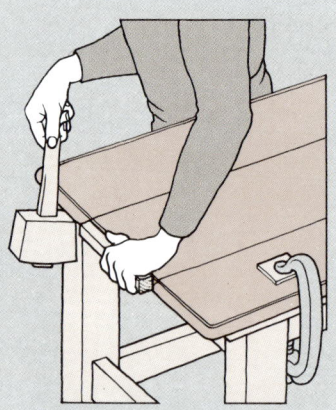

Eine Fuge lösen Klopfen Sie mit dem Holzhammer fest ans untere Ende eines der Bretter (Weichholzklotz auflegen!). Klopfen Sie in die andere Richtung, wenn sich die Fuge nicht bewegt.

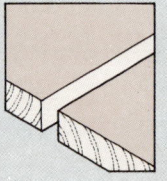

Eine stumpfe Fuge wird nur verleimt

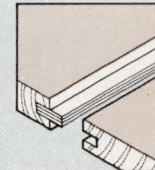

Eine gefederte Fuge ist stabiler

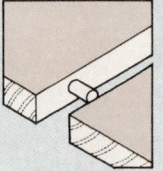

Mitunter werden die Bretter verdübelt

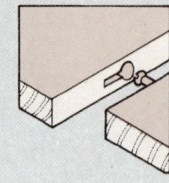

Geschraubte Fugen kommen selten vor

Verleimen einer Tischplatte

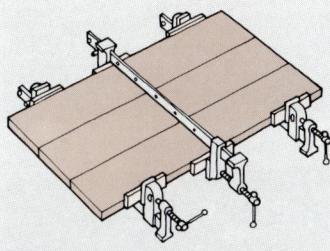

Eine rechteckige/quadratische Tischplatte einzwingen

Sie brauchen mindestens drei Parallelzwingen (Zwingen mit verstellbaren Backen) und Weichholzklötze, um eine Tischplatte zu verleimen. Bringen Sie je eine Zwinge am Ende des Tisches an der Unterseite an, die dritte genau in der Mitte auf der Oberseite. Dadurch kann sich die Tischplatte, während Sie die Schrauben anziehen, nicht wölben. Zum Schutz der Tischkanten müssen Sie Weichholzklötze mit einzwingen, eventuell entsprechend dem Kantenprofil gehöhlt. Prüfen Sie, ob Sie alles Benötigte haben. Notwendige Dübel oder Federn müssen im gleichen Arbeitsgang verleimt werden wie die ganze Platte. Nun tragen Sie auf die Kanten PVA-Leim auf, drücken die Fugen zusammen, um Überschuß herauszupressen, und ziehen die Zwingen leicht an.

Wischen Sie herausgequollenen Leim ab und prüfen Sie die Fugen. Sind sie nicht bündig, bedecken Sie sie mit einem Holzklotz, und passen Sie mit leichten Hammerschlägen an. Ziehen Sie die Zwingen langsam an, entfernen Sie vorquellenden Leim.

Prüfen Sie mit einer aufgelegten geraden Latte, ob die Tischplatte eben ist, gleichen Sie Unebenheiten durch Lockern oder Straffen der Zwingen aus. Notfalls müssen Sie die Verbindung noch einmal lösen und nachleimen, bei hoher Raumtemperatur mit verdünntem Leim. Wenn eine verleimte geschraubte Fuge nicht hält, entfernen Sie die Schrauben und machen eine Leimfuge.

Befestigen Sie die Tischplatte wie zuvor mittels Schrauben oder verleimter Holzklötze, und bringen Sie zusätzlich Schwundklötze (in Do-it-yourself-Geschäften erhältlich) an. Zum Einzwingen runder oder ovaler Tischplatten müssen Sie sich (wie unten gezeigt) spezielle Zulagen herstellen; dadurch kann die Spannvorrichtung direkten Druck auf die Fuge ausüben.

Kleinere Risse in der Tischplatte können Sie verleimen und zwingen. Ist der Riß größer, füllen Sie ihn, indem Sie ein Stück Furnier einleimen.

Zierleisten ausbessern

Viele Tischplatten haben gerundete Zierkanten. Wenn ein Teil davon abgesplittert ist, leimen Sie es sobald wie möglich wieder an, halten Sie es mit Zwingen oder Klebeband in Position. Ist das Stück verlorengegangen, müssen Sie die Kante mit einem Stück aus passendem Holz flicken.

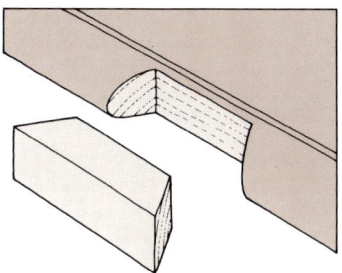

Ausbessern eines Schadens in der Mitte Schrägen Sie die Seitenkanten der Schadstelle, und fügen Sie ein passend abgeschrägtes Holzstück ein. Diese Methode ist weniger auffällig, und Sie können das Stück probeweise leichter einpassen.

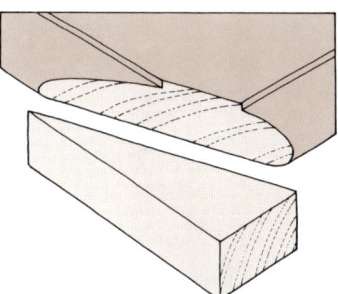

Eine abgebrochene Ecke ersetzen Zuerst hobeln Sie die Schadstelle plan. Sägen und hobeln Sie einen Block, dessen Maserung mit der Tischplatte übereinstimmt. Beide Flächen werden dann mit Leim bestrichen und aneinandergerieben, bis der Block an der Platte haftet. Sichern Sie die Ecken stramm mit Klebeband, bis der Leim abgebunden hat. Hobeln Sie die Ecke bei, und geben Sie ihr mit Feilen und entsprechend gehöhltem Schleifklotz das richtige Profil.

Eine runde oder ovale Tischplatte einzwingen

Auf und unter die Weichholzzulagen schrauben Sie Spanplatten, die über die Tischkante hinausragen

Sägen Sie passende Weichholzzulagen zu

Halten Sie sich bei andersformatigen Tischplatten an diese Anordnung der Zwingen

Tripod-Tische reparieren

Tripod-Tische, besonders solche mit hochklappbarer Tischplatte, können spezifische Schäden aufweisen. Da die Tischplatte nur auf dem Schaft in der Mitte aufliegt, sind die Befestigungspunkte und der Klappmechanismus hoher Belastung ausgesetzt. Jeder auf die Platte ausgeübte Druck wird sofort zum Dreifuß geleitet, weshalb Sie dort nach Beschädigungen schauen sollten.

Eine lose Tischplatte

Die Verbindung einer hochklappbaren Tischplatte kann locker sein, weil die Stützträger auf der Unterseite der Platte oder der Holzblock, auf dem die Platte aufliegt, locker oder die Angeln abgenutzt sind.

Lockere Stützträger

Die Unterseite der Tischplatte hat Stützträger oder einen Rahmen, die an die Tischplatte geschraubt sind. Ersetzen Sie fehlende oder hohl drehende Schrauben (siehe S. 224).

Abgenutzte Angeln

Überprüfen Sie die Angeln (Drehzapfen). Große Tischplatten sind manchmal klappbar auf Metallschraubenbolzen gelagert, die durch die Leiste in eine Gewindeplatte gehen, die oben am Block befestigt ist. Prüfen Sie diese Befestigung.

Wenn die Tischplatte einen Klappmechanismus mit Holzdübeln hat, können diese Dübel oder die Dübellöcher im Holzblock abgenutzt sein. Feilen Sie die Dübel wieder rund, und kleben Sie eine passende Messinghülse drauf. In abgenutzte Dübellöcher setzen Sie Buchsen aus Messing.

Lockere Verbindungen

Manchmal ist der Mittelschaft durchgehend in den Holzblock eingezapft. Die Zapffuge ist zusätzlich verkeilt, was dem Block besonderen Halt verleiht. Sitzt der Block locker, stemmen Sie die alten Keile heraus, verleimen die Verbindung neu und ersetzen die Keile.

Manche kleinen Tische haben zwei durch Holzsäulen getrennte Blöcke: eine »Galerie«. Die Tischplatte kann dadurch sowohl gedreht als auch geklappt werden. Die Galerie ist durch eine Dübelfuge mit der Mittelstütze verbunden und zusätzlich verkeilt. Hat sich der Keilschlitz geöffnet, müssen Sie die Verbindungen neu sichern und verleimen (siehe S. 115, 119).

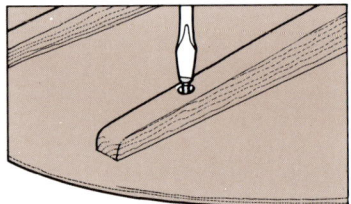

Eine geschraubte Stützleiste

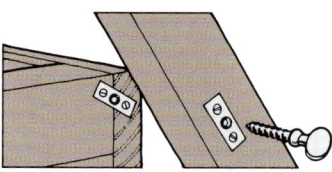

Metalldrehzapfen

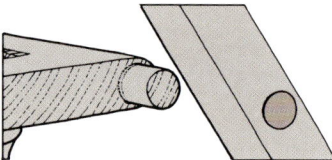

Holzdrehzapfen

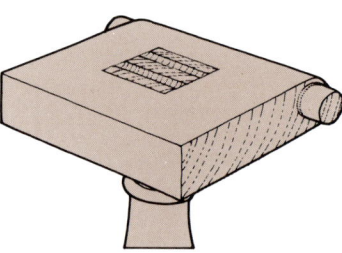

Mit Keilen gesicherter Block

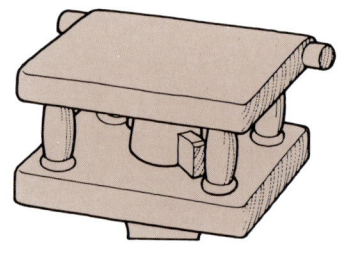

Eine drehbare »Galerie«

Ein Riß im Dreibein

Jedes Bein ist mit einem Schwalbenschwanz eingezapft. Die Verbindung ist sehr stabil; dennoch kann zu große Belastung die Beine nach außen zwingen, wodurch der Schaft reißen oder sogar ein Stück herausbrechen kann. Den Riß können Sie wie gewohnt verleimen; das Einspannen der komplizierten Form eines Dreibeins ist jedoch nicht ganz einfach.

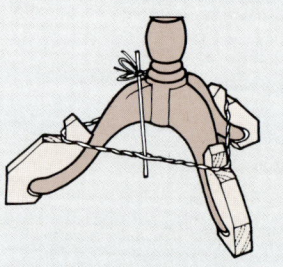

Den Riß einspannen Ziehen Sie die Beine nach innen, legen Sie passende, eingekerbte Spanzulagen über jedes Bein, um das Dreibein knebeln zu können.

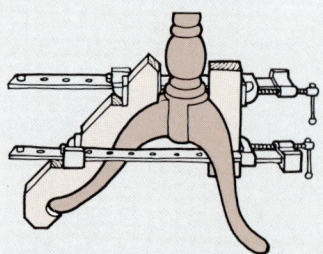

Einspannen eines gebrochenen Beins Wenn ein Bein und gleichzeitig ein Teil des Schafts abgebrochen sind, müssen Sie eine Spanzulage so über das Bein legen, daß sie die Klaue umfaßt. Kerben Sie die Zulage ein, um Zwingen ansetzen und mit einer weiteren Spanzulage gegenüber einzwingen zu können.

Klapptische reparieren

Klapptische wie der Pembroke-Tisch, dessen Platten von ausklappbaren hölzernen Winkeln gehalten werden, und der Gateleg-Tisch, dessen herausschwenkbare Beine die Platten stützen, unterliegen besonderen Abnutzungserscheinungen. Mit der Zeit können sich die Normverbindungen zwischen befestigter Tischplatte und Klappe abschwächen, und die Klappe liegt nicht mehr genau an. In diesem Fall überprüfen Sie die Scharniere und drehen die Schrauben fest. Stark verzogene Klappen sollten Sie jedoch einem Restaurator überantworten.

Neue Laufrollen anbringen

Ist die kleine Radachse stark abgenutzt, so klemmt oder blokkiert die Laufrolle. Kaufen Sie beim Eisenwarenhändler eine neue; wenn Sie keine passende bekommen, müssen Sie alle Laufrollen ersetzen.

Laufrollen in Kelchform Bei einigen Gateleg-Tischen haben die Gatelegs Laufrollen.

Klauenlaufrolle Die Füße eines Tripod-Tisches können solche Laufrollen haben.

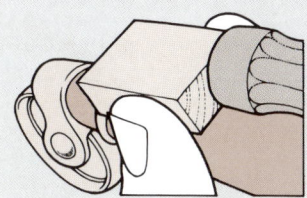

Anbringen einer Laufrolle Lösen Sie die Schrauben, dann klopfen Sie mit Holzklotz und Hammer leicht auf die Kanten der Laufrolle, die sich dann leicht abnehmen läßt. Passen Sie die neue Laufrolle an: Notfalls feilen Sie das Bein oder bringen dünnes Furnier auf. Vor dem Anschrauben müssen vielleicht die alten Schraubenlöcher verstöpselt werden.

Klemmende Verbindung

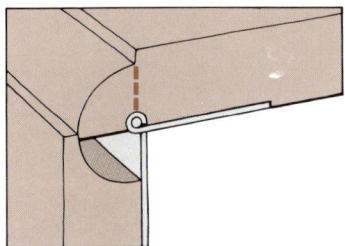

Schnitt durch die Winkelverbindung

Ist die ausklappbare Platte nicht mehr auf gleicher Höhe mit der feststehenden verankert, so kann die Winkelverbindung klemmen. Reiben Sie die Berührungsflächen mit Kerzenwachs ein.

Hilft dies nicht, prüfen Sie die Scharniere. Vergewissern Sie sich, daß sie in gutem Zustand sind. Ein abgenutztes oder verbogenes Scharnier verhindert, daß die Klappe genau an die Platte anschließt. Wenn Sie das Scharnier neu ausrichten müssen, lösen Sie die Schrauben, verschließen Sie die alten Schraubenlöcher. Senken Sie das Gelenk genau unterhalb der Stoßkante ein (siehe Abbildung).

Wenn die Klappe nur an einer Stelle klemmt, können die Scharniere falsch eingesenkt sein. Klemmt sie kurz vor dem Anschlag, hobeln Sie das Holz unter dem Scharnierblatt, bis dieses bündig anliegt. Klemmt die Platte erst kurz bevor sie senkrecht hängt, unterlegen Sie das Scharnierblatt mit einem Streifen dünnen Pappkartons.

Reparatur von Gateleg-Tischen

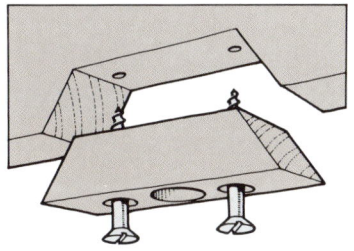

Explosionszeichnung der Reparatur

Gateleg-Tische können durch klappbare Platten in der Größe variiert werden. Die hochgeklappten Platten liegen auf ausschwenkbaren Beinkonstruktionen auf. Die Schwenkbeine sind an Angelpunkten befestigt, die sich mit der Zeit abnutzen können. Einen Riß können Sie verleimen und einspannen, abgebrochene Beine wie auf Seite 116 f. beschrieben reparieren.

Wenn das Angelloch des Drehzapfens für den schwenkbaren Stützrahmen ausgebrochen ist, sägen Sie die Schadstelle abgeschrägt aus (s. auch S. 116). Fertigen Sie einen passenden Hartholzersatz, in den Sie nach den Abmessungen des unteren Gegenstücks das neue Angelloch bohren; zu Seiten bohren Sie Löcher für versenkte Befestigungsschrauben. Setzen Sie den Flicken auf den oberen Drehzapfen des schwenkbaren Stützrahmens und senken Sie dessen unteren Drehzapfen in das entsprechende Loch der unteren Verstrebung. Schieben Sie nun das Ersatzstück in Position und schrauben Sie es fest.

Schränke kaufen

Schrankmöbel bieten in erster Linie Stauraum: Vom schlichten Kleiderschrank bis hin zum mehrfach unterteilten Sekretär sind sie alle grundsätzlich Kombinationen von Schubladen und Fächern. Wenn Sie diese reparieren können, wird es Ihnen möglich sein, jedes Schrankmöbel zu restaurieren.

Verschiedene Schrankmöbel

Lowboy Kleiner Seiten- oder Schminktisch mit Schubladen, meist auf geschwungenen Beinen.

Chest of Drawers (Schubladenkommode) Kastenmöbel mit mehreren Schubladen auf Füßen oder Sockel.

Wardrobe (Kleiderschrank) Mit Kleiderstange, oft auch mit Schubladen und Ablage.

Bureau bookcase Schreibkommode mit Aufsatz; das Unterteil hat Schubladen und eine herunterklappbare Schreibfläche; der Aufsatz birgt hinter zwei verglasten Türen mehrere Borde.

Sideboard (Anrichte oder Kredenz) Ursprünglich ein großer Side-Table (Wand- oder Seitentisch) mit seitlichen Fächern zur Aufbewahrung von Wein. Spätere Exemplare sind oft sehr groß und haben mehrere Schubladen und Fächer.

Tallboy Mehrere Schubladen über einem Lowboy. Eine Variante ist das Chest-on-chest – zwei übereinandergestellte Schubladenkommoden.

Dresser Anrichte mit offenem Regalaufsatz.

Secretaire Hohe Kommode mit herunterklappbaren und dann eine Schreibfläche bildender Frontplatte über Schubladen.

Bureau Schubladenkommode mit schräg nach hinten geneigter Frontplatte, die nach unten geklappt eine Schreibfläche bildet. Dahinter kleine Fächer und Schubladen.

Press Großer Schrank mit befestigten oder verstellbaren Böden zum Aufbewahren von Wäsche. Im Unterteil Schubladen.

Lowboy

Schubladenkommode

Kleiderschrank

Sideboard

Tallboy

Dresser

Secretaire

Bureau bookcase

Bureau

Schadensliste

* Einfache Reparatur
** Etwas Erfahrung nötig
*** Facharbeit – nicht für
     Anfänger

Fehlt die **Kranzleiste
oder ist sie beschädigt? Sie
könnte – wie hier – ersetzt
sein.

**Schauen Sie an allen **Sei-
ten** nach, ob die Holz-
tönung durch direktes Sonnenlicht beeinträchtigt ist.

*Sind die **Handgriffe** original? An der Innenseite der
Schublade können Sie feststellen, ob neue Handgriffe
angebracht wurden.

*Zwei **Stoppklötze** sollten
auf der Querleiste (vorderen
Traverse) sein, damit die
Schubladenvorderseite bündig abschließt.

***Abgenutzte Querlei-
sten** sind schwieriger zu reparieren, da sie im Gegensatz zu Laufleisten nicht
leicht ersetzt werden
können.

***Sind die **Ablagebretter** ent-
fernt worden, um eine Kleiderstange anzubringen? Das bedeutet eine Wertminderung und ist
schwer zu restaurieren.

**Überprüfen Sie die
Scharniere, indem Sie
die geöffnete Tür an-
heben.

Querfurnier ist
sehr empfindlich und
deshalb oft beschädigt.

Paneele können
Risse oder geöffnete
Fugen haben.

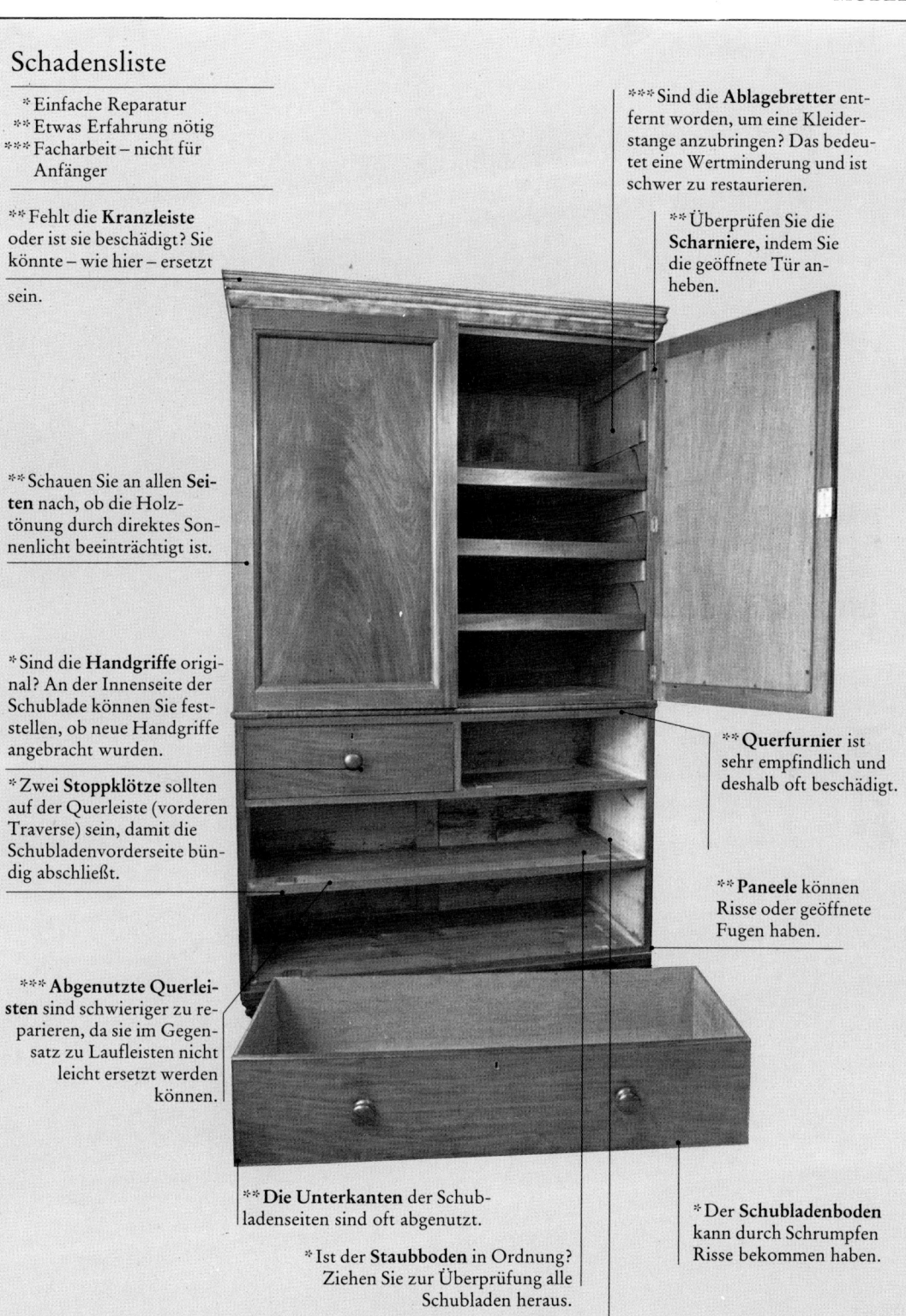

Die **Unterkanten der Schubladenseiten sind oft abgenutzt.

*Ist der **Staubboden** in Ordnung?
Ziehen Sie zur Überprüfung alle
Schubladen heraus.

Sind die **Laufleisten abgenutzt?

*Der **Schubladenboden**
kann durch Schrumpfen
Risse bekommen haben.

Schrankmöbel restaurieren

Schrankmöbel sind meist sehr stabil gebaut, weshalb es sehr unwahrscheinlich ist, daß Sie eins finden, das für die Verleimung ganz auseinandergenommen werden muß. Ein Möbel in solch schlechtem Zustand lohnt meist keine Restaurierung, außer es ist wertvoll. Die meisten Schrankmöbel jedoch haben den einen oder anderen der im folgenden behandelten Schäden.

Schubladenlaufleisten reparieren

Bei einem alten Schrankmöbel mit großen, schweren Schubladen werden Sie oft feststellen, daß die Schubladen schwergängig sind.

Sollte es daran liegen, daß die Laufleisten abgenutzt sind, müssen sie ersetzt werden. Nutzen Sie die Gelegenheit, um beschädigte oder fehlende Staubböden durch Sperrholzplatten zu ersetzen, die in die Nut der Lauf- und Querleisten (Traversen) passen müssen.

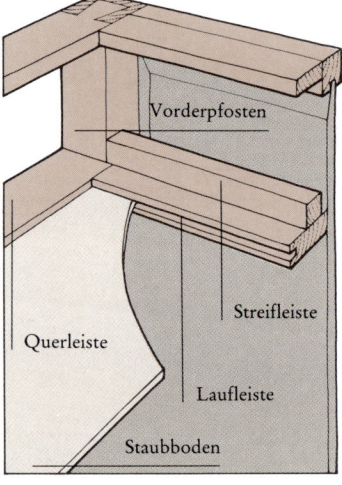

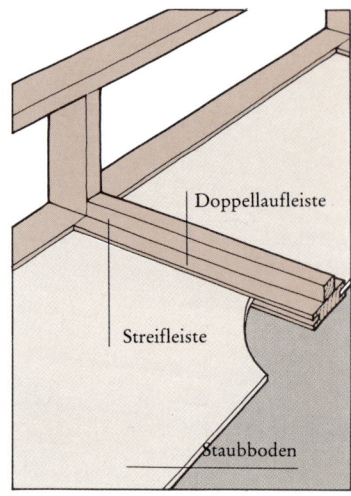

Laufleisten in Schrankmöbeln mit massiven Seitenwänden

Hier ist die Laufleiste in die Innenseite der Seitenwand eingenutet und vorn in die Querleiste eingezapft; mitunter hat die Laufleiste eine Nut für den Staubboden. Eingeschoben fixiert er die Laufleiste. Sie kann auch hinten verschraubt oder nur verleimt sein.

Um eine Leiste zu entfernen, nehmen Sie die Schrankrückwand, die wahrscheinlich in einen Falz genagelt oder geschraubt ist, ab. Ziehen Sie den Staubboden heraus, und entfernen Sie die Laufleiste. Ist sie angeleimt, benutzen Sie ein Stecheisen.

Bauen Sie nach Vorlage der alten Laufleiste eine neue, setzen Sie den Schrank in umgekehrter Reihenfolge wieder zusammen. Verleimen Sie neue Laufleisten nicht, sondern bohren Sie ins hintere Ende ein Langloch für eine Schraube; dann kann die Seitenwand »arbeiten«, ohne zu reißen.

Laufleisten in Rahmenkonstruktion mit Füllungen

Manche Schrankmöbel bestehen aus einer massiven Rahmenkonstruktion mit Füllungen (Paneelen), dünnen Holzplatten, die rundherum in stärkere Friese eingenutet sind, die den Rahmen bilden. Weil die Innenseite der Füllungen nicht glatt ist, wird die Laufleiste hinter den Vorderpfosten gesetzt (siehe oben). Sie ist in die Traverse eingezapft und wird hinten mit einer Schraube festgehalten. Eine zusätzliche Leiste, Streifleiste genannt, wird auf der Laufleiste befestigt, um die Schublade seitlich zu führen.

Damit die Schublade sich leicht ziehen läßt, entfernen Sie die Laufleiste und befestigen eine neue, wie links beschrieben.

Schrankmöbel mit mittlerer Laufleiste

Wenn ein Schrankmöbel zwei Schubladen nebeneinander hat, sind diese durch einen kurzen Pfosten zwischen den Traversen ober- und unterhalb der Schubladen getrennt. Eine Doppellaufleiste ist hinter diesem Pfosten in die Traverse eingezapft und eine Streifleiste auf die Laufleiste geleimt, um die Schubladen seitlich zu führen. Die Laufleiste kann in die Rückwand des Schranks eingezapft oder geschraubt sein.

Wenn Sie die Rückwand abgemacht haben, um die anderen Laufleisten zu entfernen (siehe links), können Sie auch die mittlere Laufleiste herausnehmen und ersetzen.

Abgenutzte Querleiste reparieren

Das Bewegen der Schubladen kann mit der Zeit zu einer leichten Kerbe in der Querleiste führen. Die Querleiste ist aber selten so abgenutzt wie die Laufleiste. Sie beheben den Schaden mit einem eingesetzten Stück passenden Holzes.

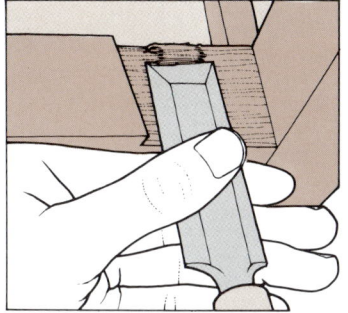

Die Querleiste ausbessern Sägen Sie die Leiste bis zur Tiefe der Kerbe ein, und stemmen Sie das Holz mit einem scharfen Stecheisen aus. Die Aushebung sollte hinten etwas breiter sein als vorn. Leimen und zwingen Sie ein Flickstück ein. Es soll vorn und oben etwas überstehen. Nach dem Abbinden hobeln Sie es vorn mit dem Taschenhobel bei und glätten die Oberseite mit einem breiten, scharfen Stecheisen.

Einen Stoppklotz anbringen

Wenn eine Schublade sich zu weit hineinschieben läßt, fehlt vielleicht der Stoppklotz. Dieser ist normalerweise auf die vordere Querleiste geleimt und verhindert, daß die Schublade an die Rückwand stößt. Bei breiten Schubladen finden Sie zwei Stoppklötze, bei kleineren nur einen in der Mitte. Die Position des neuen Stoppklotzes ermitteln Sie, indem Sie die Dicke der Schubladenvorderseite mit einem Streichmaß messen (Profilierungen berücksichtigen) und auf der Querleiste markieren.

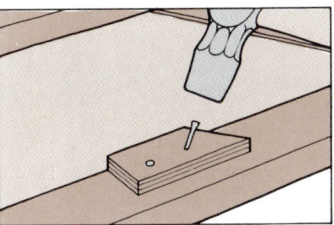

Den Stoppklotz anleimen Aus einem Sperr- oder Massivholzstück passender Dicke sägen Sie einen passenden Stoppklotz und leimen ihn an die Querleiste, genau an der Markierung. Sitzt er richtig, nageln oder zwingen Sie ihn fest.

Holzwurm bekämpfen

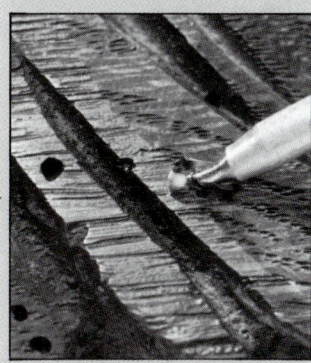

Der Klopfkäfer legt seine Eier in Ritzen oder Risse im Holz. Wenn die Larven schlüpfen, fressen sie sich durch das Holz bis dicht unter die Oberfläche. Nach dem Zwischenstadium als Puppe bohrt sich der Käfer an die Oberfläche und hinterläßt winzige Fluglöcher.

Viele alte Möbel sind vom Holzwurm befallen, der aber erfolgreich bekämpft werden kann. Untersuchen Sie sorgfältig die Löcher, um herauszufinden, ob der Holzwurm noch aktiv ist. Frische Fluglöcher sind sauber und heller als das umliegende Holz, während Fluglöcher dunkel geworden sind. Feines Holzmehl in oder bei den Fluglöchern ist ein weiteres Indiz.

Wenn Sie glauben, daß ein neuerworbenes Möbelstück befallen ist, bekämpfen Sie den Holzwurm sofort, am besten bevor Sie das Möbel zu sich bringen. Sie entfernen und ersetzen stark beschädigte Teile. Gesundes Holz behandeln Sie mit handelsüblichen Insektiziden.

Zum Einspritzen des Mittels in die Fluglöcher benutzen Sie ein Kännchen mit spitzem Ausguß oder eine Spraydose mit Spezialdüse. Da die Fraßgänge miteinander verbunden sind, brauchen Sie das Mittel nicht in jedes Loch zu sprühen; eins alle 5 cm^2 genügt. Unpoliertes Holz besprühen oder bepinseln Sie, während poliertes Holz mit insektizidem Poliermittel behandelt wird.

Einen Riß in einem Paneel ausbessern

Alle Möbel aus Massivholz werden so gebaut, daß das Holz quer zur Maserung schrumpfen kann. Wenn ein Brett jedoch zu starr befestigt ist, kann es durch das Schrumpfen schließlich reißen. Einen schmalen Riß können Sie mit der Spitze einer Rückensäge leicht öffnen und mit geleimtem Furnier füllen. Rechts sehen Sie, wie Sie einen größeren Riß beheben.

Bei manchen Schrankmöbeln verhindern unterer Rahmen oder häufiger die Laufleisten Bewegung im Holz der Seitenwände. Die Paneele sind aus mehreren verleimten Holzbrettern gebaut, so daß nicht das Holz reißt, sondern die Fugen aufgehen.

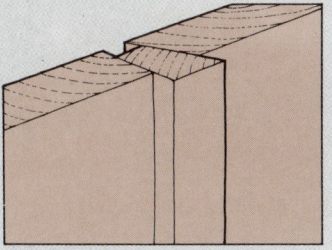

Einen Riß ausspänen Wenn der Spalt groß genug ist, wählen Sie ein Stück passenden Holzes, etwas breiter als die offene Leimfuge; hobeln Sie es leicht konisch. Kratzen Sie den alten Leim mit einer Messerklinge aus der Fuge, streichen Sie Leim auf das Stück, und klopfen Sie es in die Lücke, bis es fest sitzt. Nach dem Abbinden hobeln und schleifen Sie das Flickstück.

Schubladen und Türen

An Türen und Schubladen von Schrankmöbeln finden sich häufig Beschädigungen. Untersuchen Sie die Unterkanten der Schubladenseiten auf Abnutzungserscheinungen und den Boden auf Risse.

Läßt sich eine Schranktür nicht leicht zumachen, weil sie gegen den Rahmen reibt und gegebenenfalls mit Gewalt geschlossen werden muß, sollten Sie zuerst die Scharniere untersuchen.

Schubladenseiten ausbessern

Mit der Zeit nutzen sich die Unterkanten der Seitenteile ab und gleiten nicht mehr leicht; bessern Sie sie aus.

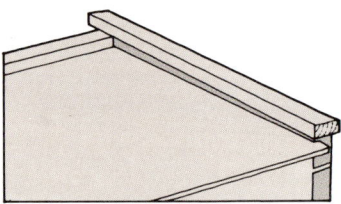

1. Drehen Sie die Schublade um, hobeln Sie die Seitenteile bis zur tiefsten Stelle der Abnützung schräg ab, genau hinter der Schubladenfront beginnend. Leimen Sie eine Hartholzleiste bündig mit der Innenseite der Schubladenseite an.

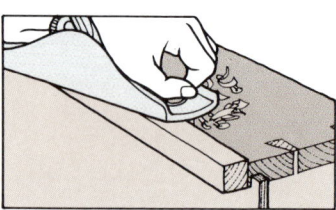

2. Hat der Leim abgebunden, hobeln und schleifen Sie die Außenseite plan.

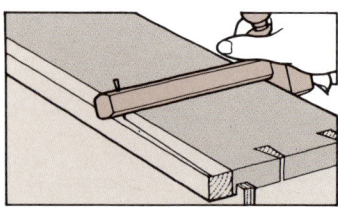

3. Reißen Sie die ursprüngliche Höhe der Schublade mit einem Streichmaß auf der angeleimten Leiste parallel zur Schubladenoberkante an. Hobeln Sie bis zu dieser Markierung plan.

Einen Schubladenboden ersetzen

Ein Boden aus dünnem Massivholz kann mit der Zeit so geschrumpft sein, daß hinten oder vorn eine Lücke klafft. Darin eingeklemmter Schubladeninhalt kann beim Schließen die Querleiste beschädigen; Reparieren ist daher angebracht. Ist der Boden groß genug, schieben Sie ihn einfach nach vorn, um die Lücke zu schließen.

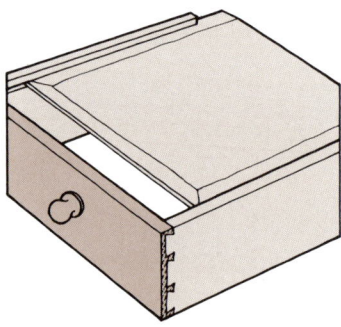

Einsetzen eines neuen Bodens
Schneiden Sie eine Sperrholzplatte so zu, daß sie in die Nuten in Schubladenfront und -seiten paßt. Ist die Platte zu dick, schrägen Sie die Unterseite an drei Seiten ab. Schieben Sie den neuen Boden ein, und schrauben Sie ihn fest.

Scharniere korrigieren

Wenn eine Tür nicht zubleibt, überprüfen Sie die Scharniere. Wenn die Scharniere beim Schließen der Tür nachgeben, hat die Tür keinen festen Halt.

Ziehen Sie lockere Schrauben fest an. Es kann vorkommen, daß eine Schraube leicht übersteht und am anderen Lappen des Scharniers hängenbleibt. Wenn Sie eine Schraube finden, die zu groß ist und aus der Versenkung übersteht, entfernen Sie das Scharnier, verkitten Sie die Löcher, und bringen Sie eine Schraube der richtigen Größe an.

Ein schlecht sitzendes Scharnier korrigieren Ein Scharnier kann so angebracht sein, daß ein oder beide Lappen zu tief in das Holz eingelassen sind. Entfernen Sie das Scharnier, lassen Sie ein Stück dünnes Furnierholz in die Aussparung ein. Sie befestigen dann das Scharnier zunächst mit einer Schraube und kontrollieren den Sitz der Tür, bevor Sie alle Schrauben anbringen. Ölen Sie gegebenenfalls das Scharnier.

Eine durchhängende Tür korrigieren

Aus verschiedenen Ursachen kann eine Tür durchhängen, so daß sie an den Rahmen oder gegen die zweite Tür schlägt. Untersuchen Sie zuerst das obere Scharnier. Lockere Schrauben ziehen Sie fest, fehlende ersetzen Sie. Ist das Scharnier abgenutzt, so ersetzen Sie es durch ein im Stil passendes. Ersetzen Sie beide Scharniere, wenn Sie kein passendes Stück bekommen. Durch Austauschen des oberen Scharniers mit dem unteren kann die Haltbarkeit verlängert werden, da die Abnutzung im Stift etwas ausgeglichen wird. Wenn das Scharnier selbst in Ordnung ist, hat vielleicht der Rahmen einen Riß (siehe unten).

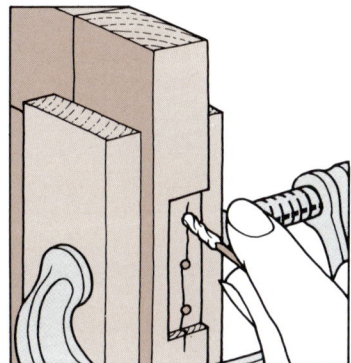

Einen Riß im Rahmen ausbessern Wenn der Türrahmen genau beim Scharnier einen Riß hat, lockern sich bald die Schrauben. In diesem Fall müssen Sie die Tür aushängen, den Riß so weit öffnen, daß Sie etwas Holzleim einarbeiten können, und anschließend den Riß einzwingen. Mit einem feuchten Tuch um einen Zahnstocher entfernen Sie überschüssigen Leim aus der Aussparung für das Scharnier und aus den Schraubenlöchern, bevor er abbindet. Dann schrauben Sie das Scharnier mit den Originalschrauben fest.

Wenn die Tür klemmt

Manchmal klemmt eine Tür, obwohl die Scharniere in gutem Zustand sind. Vergewissern Sie sich, daß das Möbel eben steht. Wenn nicht, unterlegen Sie ein Vorderbein mit etwas Pappkarton.

Jetzt finden Sie heraus, wo genau die Tür am Rahmen reibt. Ein Schaden an der Politur ist ein eindeutiges Zeichen. Schleift die Tür aber nur leicht, so sind die Spuren kaum merklich. Schieben Sie zwischen Tür und Rahmen ein dünnes Stück Papier, um die Stelle zu lokalisieren.

Eine Massivholztür können Sie abhobeln, bis sie wieder richtig schließt. Wenn die Tür furniert ist, hobeln Sie nur an Scharnier- und Unterkante. Sie sollten langsam und vorsichtig arbeiten; hobeln Sie lieber zuwenig als zuviel.

Ein neues Scharnier anbringen

Es kann sein, daß Sie dort, wo das Scharnier eingelassen ist, Massivholz ersetzen müssen, weil es sehr rissig oder wurmstichig ist. In diesem Fall müssen Sie das Holz an Tür und Rahmen genau nach den Scharnierlappen ausstemmen und das Scharnier wieder anbringen. Legen Sie das Scharnier in Position, zeichnen Sie die Umrisse mit spitzem Bleistift nach.

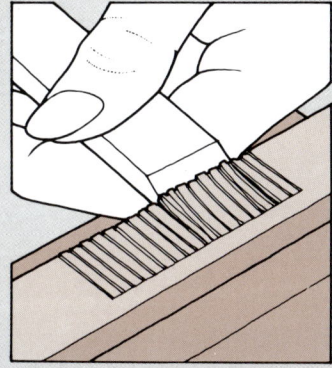

2. Stemmen Sie das Holz mit Holzhammer und Stechbeitel vor, damit es später nicht ausreißt. Dann beginnen Sie mit dem Ausstemmen.

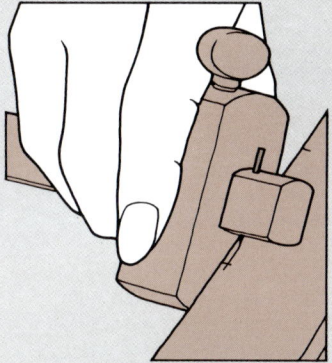

1. Um die Aushebung für das Scharnier auf dem neuen Holz anreißen zu können, messen Sie von der Kante des Schrankmöbels bis zur Kante des Scharniers. Die Enden der neuen Aushebung werden mit Messer und Winkelmaß markiert. Das Streichmaß wird auf die Breite des Scharnierlappens (vom Rand bis zur Gelenkmitte) eingestellt und so die hintere Begrenzung der neuen Aushebung markiert. Dann wird die halbe Gelenkdicke gemessen und die Tiefe der neuen Aushebung markiert.

3. Überprüfen Sie, ob das Scharnier richtig sitzt, und schrauben Sie es am Schrank an. Kontrollieren Sie den Sitz der Tür im Rahmen, und schrauben Sie erst dann das Scharnier an der Tür an.

Eine Füllungstür reparieren

Die Vorteile der Rahmenkonstruktion – das Möbel ist leichter, und die Füllungen können im Rahmen arbeiten, ohne daß sich die ganze Konstruktion wirft oder verzieht – hat man sich auch beim Bau von Türen zunutze gemacht. Wird ein Paneel aber durch Nägel oder Leim in seiner Bewegung eingeschränkt, so reißt es beim Schrumpfen.

Öffnen Sie den Riß mit der Spitze eines Sägeblatts, und leimen Sie ein passendes Stück Furnier ein (siehe S. 129).

Hat sich jedoch die Leimfuge geöffnet, ist es besser, die Verbindung neu zu verleimen. Bei einem Rahmen mit angekehlten Profilen auf Gehrung müssen Sie die angekehlten Stäbe vorsichtig herausstemmen und dann die Füllung herausnehmen. Um eine in Nut liegende Füllung herauszunehmen müssen Sie den Rahmen eventuell ganz auseinandernehmen.

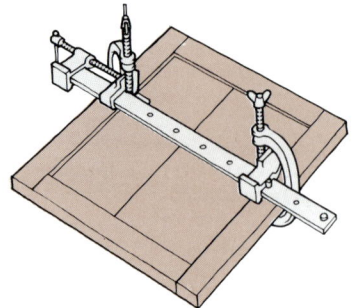 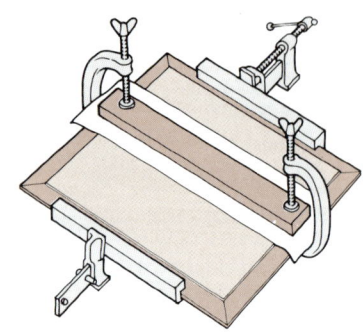

Ein Riß bei in Nut liegender Füllung Bevor Sie zu drastischen Methoden greifen, wie z. B. Leimfugen mit Dampf zu lösen – was die Politur beschädigt –, versuchen Sie den Riß mit Zwingen zu schließen. Schützen Sie das Holz mit Weichholzklötzen. Die Zwingen werden durch eine Parallelzwinge zueinandergezogen, wobei zugleich die Fuge zusammengedrückt wird. Wenn dies mißlingt, müssen Sie die Fugen mit Dampf lösen und dann auseinanderklopfen (siehe S. 115).

Ein Riß bei in Falz liegender Füllung Reinigen und verleimen Sie die Fuge, wobei die Bretter zusammengespannt werden, während der Leim abbindet. Kontrollieren Sie, ob die Bretter bündig liegen. Zum Schutz der Kanten legen Sie eingekerbte Holzzulagen zwischen Zwingen und Werkstück. Damit die Fuge nicht verrutscht, zwingen Sie darüber und darunter (Wachspapier zwischenlegen) eine stabile Leiste fest.

Schubladen- und Türbeschläge

Mit Möbelbeschlägen meint man die verschiedensten Arten meist metallener, konstruktiver Ergänzungsbestandteile des Möbels, die zugleich dekorativ sind. Schon im 18. Jahrhundert gab es technische und auch Zierbeschläge. Gerade diese sind schwer zu ersetzen. Reproduktionen sind im Eisenwarengeschäft erhältlich. Auch Holzknäufe kann man kaufen. Je nach Art und Qualität des Beschlags kann sich der Wert eines Möbels erhöhen oder vermindern, weshalb Sie darauf achten sollten, daß die Beschläge dem Stil des Möbels entsprechen.

Griffe anbringen

Die meisten Griffe sind mit einem Gewindestab befestigt, der durch das Holz geht und innen durch eine Mutter gesichert ist. Metalloder Porzellangriffe haben gewöhnlich eine Schraube, die aus ihrer Rückseite herausragt, während ein Holzknauf ein eingeschnittenes Gewinde hat. Alle werden in Löcher der Schubladenvorderseite geschraubt.

Wenn das Gewinde eines Holzknaufs zuviel Spielraum hat, nutzt es sich leicht ab. Um dies zu verhindern, sollten Sie es sofort wieder einleimen. Wenn das Gewinde stark beschädigt ist, sägen Sie es der Länge nach ein, leimen es durch die Schubladenvorderseite und verkeilen es von innen.

Reinigung

Beschläge reinigen Sie mit dem Reinigungsmittel für das jeweilige Metall, nachdem Sie sie abgeschraubt haben. Wenn sie schwer abzunehmen sind, schützen Sie das Holz mit Kreppband, damit kein Metallreiniger eingerieben wird. Umgekehrt müssen Sie plattierte Metallbeschläge ebenfalls abdecken, wenn Sie das Holz reinigen.

Zierknäufe

Türgriff mit Gewindestäben

Schlüsselschilder

Zierbeschläge

Schwanenhalsgriff mit Gewindestäben

Zierbeschlag

Ormolubeschläge

POLSTERN

Polstermöbel kaufen

Die frühesten Polsterungen sind lose Kissen für harte, flache Massivholzsitze. Bis Mitte des 19. Jahrhunderts hatten die Polsterer anspruchsvollere Techniken entwickelt und formten Polsterungen mit Roßhaar und Sprungfedern. Mit diesen traditionellen Arbeitsweisen werden noch heute antike Möbel restauriert.

Polstern ist ein Handwerk, das viel Geschick und Kunstfertigkeit verlangt. Es gibt eine Menge zu lernen, weit mehr, als in diesem Buch erklärt werden kann. Hier sind die Grundtechniken dargestellt. Sobald Sie kleinere Polsterarbeiten mit Erfolg durchgeführt haben, können Sie sich an kompliziertere wagen.

Freigelegte Rahmen bestimmen

Bei einem Rahmen ohne Polsterung müssen Sie die vorgesehene Art der Polsterung bestimmen. Ein Rahmen für ein herausnehmbares Polster hat eine Nut an den Innenkanten der Stuhlleisten oder Eckklötze, die das Polster stützen, und der polierte Rahmen hat keine Nagellöcher. Stühle mit festem Polster haben unpolierte Rahmen. Um festzustellen, ob das Polster gefedert war, überprüfen Sie die Nagellöcher. Sind sie an der Unterseite der Stuhlleiste, dann hatte der Stuhl Sprungfedern, liegen sie oben, so hatte er keine. Sprungfederstühle haben Eckklötze, Stühle ohne Sprungfedern haben an der oberen Kante eine Nut-und-Zapfen-Verstrebung.

Schadensliste

* Einfache Reparatur
** Etwas Erfahrung erforderlich
*** Facharbeit – nicht für Anfänger

*** Ist **der Rahmen** in schlechtem Zustand? Bei befestigtem Staubboden ist der Rahmen nicht zu sehen. Kippen Sie den Stuhl nach hinten, drücken Sie auf die vordere Leiste. Wenn sich die hinteren Fugen bewegen, kaufen Sie den Stuhl nicht. Prüfen Sie auch die vorderen Fugen.
* Wenn die **Grundpolsterung** in Ordnung ist (also die Gurtung intakt ist, die Federn das Polster gleichmäßig wölben und die Kanten fest sind), können Sie sie mit Polsterwatte und einem neuen Bezug aufarbeiten.

Herausnehmbares Polster

Obwohl keine Polsterarbeit als leicht bezeichnet werden kann, ist die Restaurierung eines herausnehmbaren Polsters das einfachste Projekt für Anfänger ohne jede Erfahrung. Sie können das Polster bequem auf der Werkbank restaurieren, ohne daß der Rahmen Sie hindert.

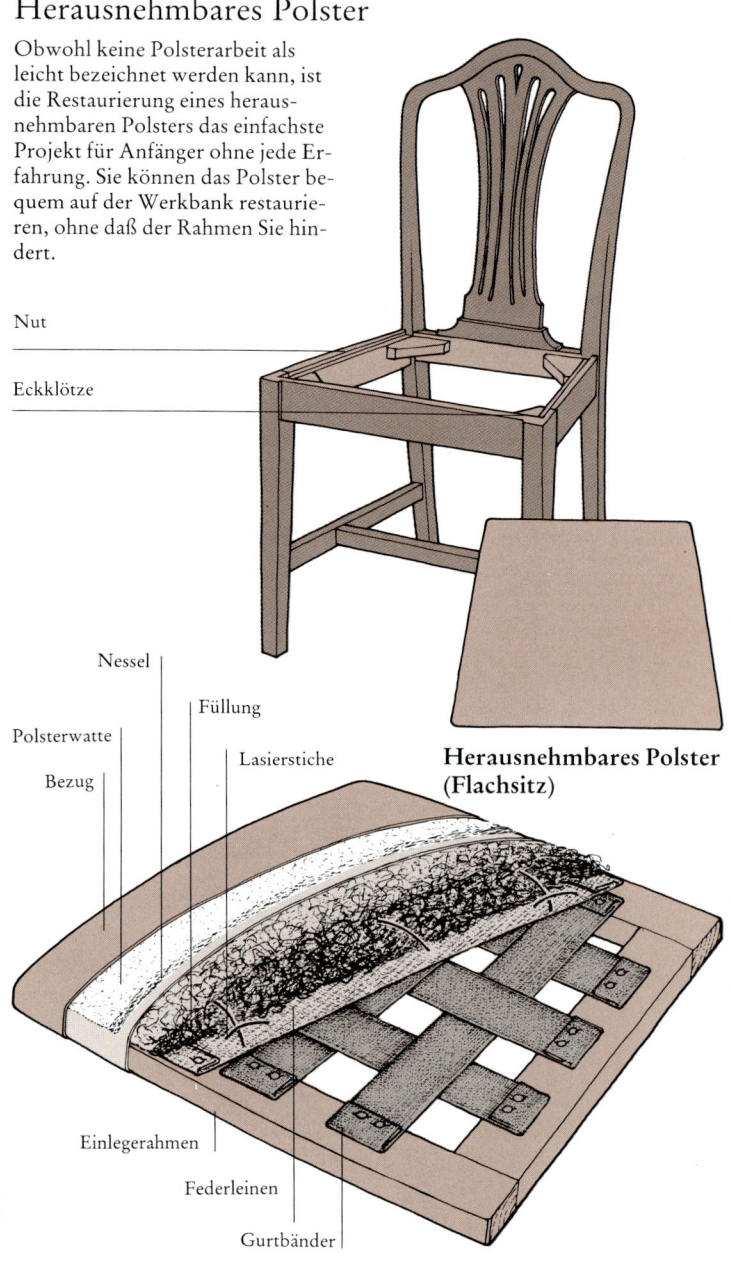

Nut

Eckklötze

Nessel

Füllung

Polsterwatte

Lasierstiche

Bezug

Herausnehmbares Polster (Flachsitz)

Einlegerahmen

Federleinen

Gurtbänder

Polsterstuhl mit Sprungfederung

Bei der Restaurierung eines Stuhls mit Sprungfederpolsterung lernen Sie die wichtigsten Arbeitstechniken des Polsterers kennen: Aufnähen der Federn auf die Gurte, Schnüren der Federn, Aufbringen und Formen der Füllung, Anfertigen von Garnierstichen. Der Bezug ist entweder an der Außenseite der Stuhlleiste angenagelt oder an der Unterseite eingeschlagen und angenagelt.

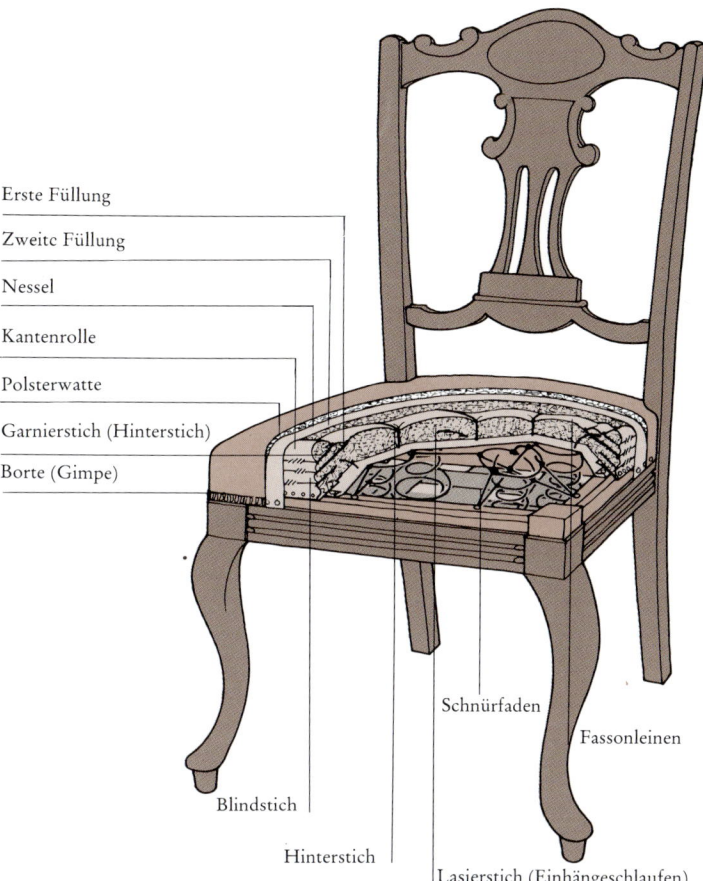

Erste Füllung
Zweite Füllung
Nessel
Kantenrolle
Polsterwatte
Garnierstich (Hinterstich)
Borte (Gimpe)

Schnürfaden
Fassonleinen
Blindstich
Hinterstich
Lasierstich (Einhängeschlaufen)

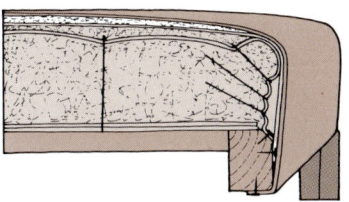

Bezug an der Unterseite angenagelt

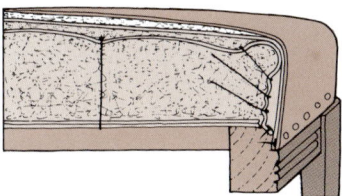

Bezug an der Seite angenagelt

Polsterstuhl ohne Sprungfederung

Um einen Stuhl ohne Sprungfederung zu polstern, kombinieren Sie die Anleitungen, die für die anderen beiden hier gezeigten Stühle gegeben werden. Der Rahmen bekommt Gurtbänder, und die Füllung wird auf das Federleinen wie beim herausnehmbaren Polster aufgelegt (siehe S. 139). Dann machen Sie zum Festigen der Polsterkanten eine Reihe von Lasierstichen (siehe S. 139) und beenden das Polstern gemäß den Anleitungen zur Restaurierung eines Sprungfederstuhls (siehe S. 141).

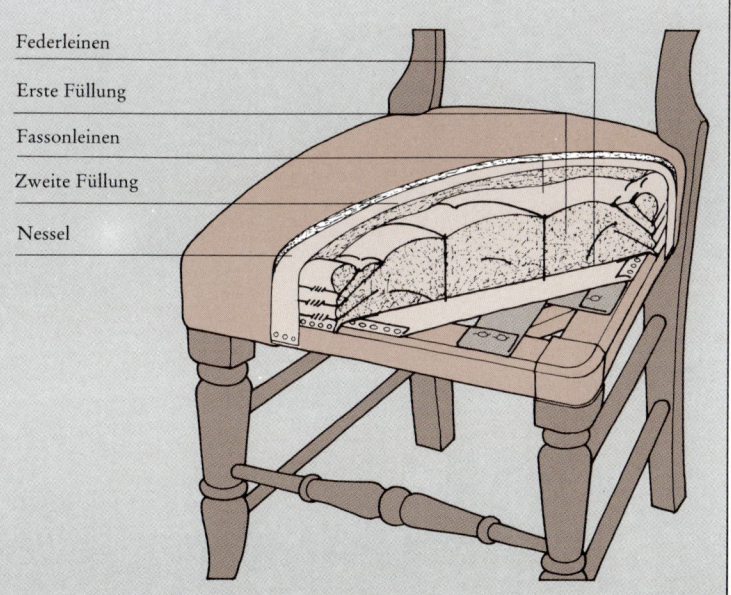

Federleinen
Erste Füllung
Fassonleinen
Zweite Füllung
Nessel

Werkzeuge und Materialien

Bevor Sie mit dem Polstern beginnen, ist es wichtig, den Stuhlrahmen auf eine bequem erreichbare Höhe zu bringen. Am besten ist es, wenn Sie eine Holzplatte über Böcke legen; dann hat die Arbeitsfläche die richtige Höhe und Länge.

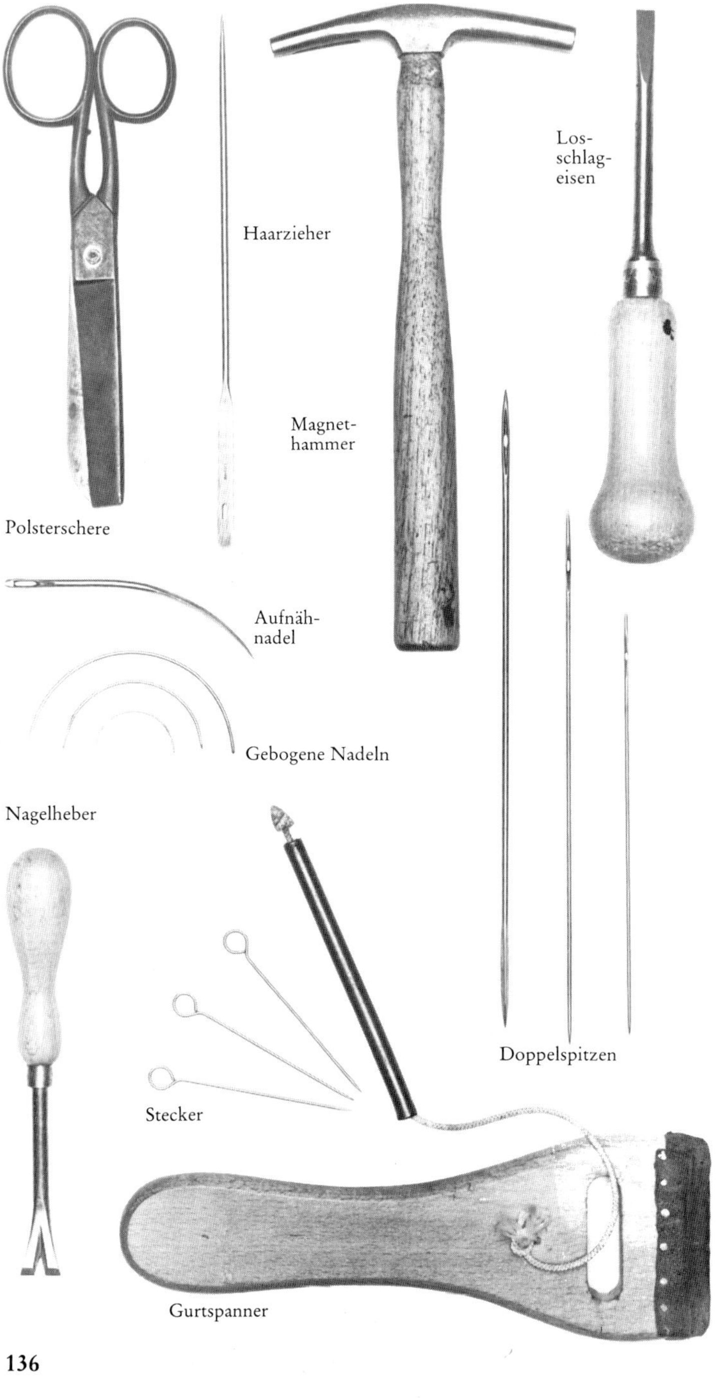

Werkzeuge

Viele Polsterwerkzeuge sind Spezialwerkzeuge. Einige werden Sie kaufen müssen, aber meist kommen Sie mit den Werkzeugen aus Ihrem Werkzeugkasten zu Rande.

Hammer Sie können einen gewöhnlichen Hammer verwenden, ein echter Polstererhammer ist aber besser. Er hat einen schmalen Kopf zum Nägeleinschlagen, ohne das Holz um den Nagel zu beschädigen, und oft eine zweizinkige Klaue zum Nägelausziehen. Manche Polstererhämmer sind magnetisiert, was das Nageln erleichtert. Mit der freien Hand kann das Gewebe gespannt werden.

Losschlageisen Dies schraubenzieherähnliche Werkzeug wird mit einem Holzhammer verwendet, um Polsternägel zu entfernen.

Haarzieher

Losschlageisen

Magnethammer

Polsterschere

Aufnähnadel

Gebogene Nadeln

Nagelheber

Doppelspitzen

Stecker

Ein Losschlageisen benutzen Sie halten die Spitze des Losschlageisens unter dem Gewebe gegen den Nagelkopf, klopfen mit dem Holzhammer auf das Losschlageisen und hebeln dabei den Nagel heraus. Sie können auch einen alten Schraubenzieher verwenden, dessen Spitze Sie vorher wetzen.

Nagelheber Mit der zweizinkigen Klaue werden widerborstige Nägel entfernt, vor allem an Sichtholzkanten, wo ein Losschlageisen ungeeignet wäre.

Heftpistole zur Befestigung des Staubbodens an der Sitzunterseite. Manche Polsterer befestigen das Gewebe provisorisch mit Polsternägeln und benutzen dann die Heftpistole.

Gurtspanner

Gurtspanner gibt es zu kaufen. Oder Sie machen sich selbst einen Gurtspanner, indem Sie einen Holzklotz an einem Ende V-förmig einkerben.

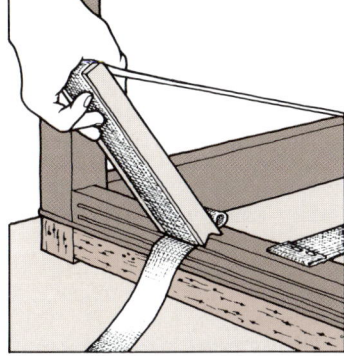

Einen Gurtspanner verwenden
Nachdem ein Gurtende befestigt ist, legen Sie das andere über den Gurtspanner und schlaufenförmig in die Kerbe, die Sie dann gegen den Rahmen halten. Drücken Sie den Gurtspanner nach unten; dadurch wird der Gurt straff über den Rahmen gezogen.

Garniernadeln Sie brauchen verschiedene Garniernadeln: eine Doppelspitze (gerade Nadel mit speerförmigen Enden und einem Öhr), um Polsterkanten zu garnieren und die Füllung zu befestigen; Garniernadel (große gebogene) zum Aufnähen der Federn; Garniernadeln (kleine halbkreisförmige) zum Nähen von Falten und Kedern.

Haarzieher Mit dem spitzen Ende werden Füllungen unter dem Bezug zurechtgerückt, mit dem paddelförmigen können Falten geglättet werden.

Scheren Mit einer großen Schere wird der Stoff zu-, mit einer kleinen wird er abgeschnitten.

Scharfes Messer Ein gutes Handwerksmesser mit auswechselbaren Klingen ist zum Abschneiden befestigter Stoffkanten ideal.
Stecker Lange Nadel mit Kopf oder Ring; zum provisorischen Befestigen von Falten.

Materialien

Gurtbänder Für Stuhlsitze werden 5 cm breite Baumwollstreifen verwendet, die ein schwarzweißes Fischgrätenmuster haben. Die billigeren Jutebänder eignen sich nur für Rückenstützen.

Sitzfedern Vielleicht können Sie die alten Federn wiederverwenden. Sind sie aber gebrochen oder verzogen, kaufen Sie im Fachhandel neue. Nehmen Sie eine alte Feder mit, damit Sie passenden Ersatz bekommen.

Federleinen Auf braune, grobgewebte schwere (450 g) Jute werden die Federn genäht.

Fassonleinen Grobgewebte, leichte Jutefaser. Damit wird die erste Polsterfüllung bedeckt.

Polsterfüllung Für die erste Füllung wird das sogenannte Afrique genommen oder Kokosfasern. Sie werden als erste Lage über den Federn verwendet. Das beste Material wird für die zweite Schicht verwendet; es ist eine Mischung aus tierischen Fasern.

Oberflächenwattierung (Polsterwatte) Zu einem weichen, dicken Vlies verarbeitete Baumwollfasern, als Polsterung über den Nessel gelegt, um ein Austreten der Füllung durch den Bezug zu verhindern.

Nessel Einfacher, ungebleichter Baumwollstoff, der die zweite Polsterschicht abdeckt.

Zuspannstoff Billiger, schwarzer Stoff für Sitzunterseiten.

Bezug Für den Bezug sollten starke, dichtgewebte Stoffe gewählt werden, die entsprechend teuer sind. Antike Stühle wirken am besten mit einem Bezug der Stilperiode, z. B. einem Gobelin-, Brokat-, Damast- oder Samtbezug.

Borte (Gimpe) wird zum Verdecken der Polsternägel und Kanten verwendet. Es gibt sie in reicher Auswahl. Manche Stühle haben Ziernägel, die eine stoffüberzogene Sperrholzblende befestigen.

Polsternägel haben einen großen, flachen Kopf und ganz spitze Enden, so daß sie sich vor dem Einhämmern gut in den Holzrahmen stecken lassen. Nehmen Sie zum provisorischen Nageln sowie zur Befestigung von Gurtbändern, Federleinen und Schnürfaden 16-mm-Nägel. Mit 10- oder 12-mm-Nägeln befestigen Sie den Bezug endgültig.

Schnurstifte Borten und Möbelschnur werden mit diesen kleinen, in verschiedenen Farben erhältlichen Nägeln befestigt.

Knöpfe Stoffüberzogene Knöpfe werden eingeheftet, um Füllung und Bezug fest zu verbinden. Wenn Sie die Knöpfe nicht selbst beziehen wollen, geben Sie sie einem Polsterer.

Latexklebstoff zum Ankleben von Borten.

Garnierfaden Festes, feines Garn, in mehreren Stärken erhältlich. Mit Garn der Stärke 1 nähen Sie die Federn auf und machen Schlingen. Mit Garn der Stärke 2 verstärken Sie die Polsterkanten. Die meisten Polsterer wachsen den Garnierfaden, indem sie ihn über einen Block Bienenwachs ziehen. Knoten halten dann besser.

Schnürfaden Starke Schnur aus Jute oder Hanf. Sie dient zum Schnüren der Federn.

Schnureinlage Diese weiche Baumwollschnur, in Bezugsstoff genäht, wird zum Säumeversäubern verwendet (Keder). Sie ist in den Stärken 3, 5 und 6 mm erhältlich.

Zwirn Mit starkem Zwirn werden Falten geschlossen und Keder angenäht. Wählen Sie die zum Bezug passende Farbe.

Polsterungen restaurieren

Nur wenige antike Polsterstühle sind in ihrem ursprünglichen Zustand. Sie müssen deshalb als erstes entscheiden, ob der Stuhl nur einer Reinigung und einfacher Restaurierungsarbeiten bedarf oder ob er neu gepolstert werden muß. Wenn Ihr Stuhlmöbel neu gepolstert werden muß, ist es sinnlos, den Bezug zu reinigen, da Sie ihn ja nicht wieder anbringen können. Sollte der Stuhl selbst jedoch in einem guten Zustand und der Bezug nur schmutzig sein, ist eine sanfte Reinigung angebracht.

Achtung: Werfen Sie keinen Originalbezug weg, wenn es möglich ist, ihn zu restaurieren.

Sie können den Bezug selbst mit einem Polstershampoo waschen. Vor der Anwendung eines Reinigungsmittels sollten Sie an einer versteckten Stelle prüfen, ob der Stoff einläuft oder ausfärbt. Dann tragen Sie das Reinigungsmittel auf einen Schwamm auf und reiben den Schaum in den Bezug ein, wobei Sie von den sauberen zu den schmutzigen Flächen hinarbeiten. Wenn der Bezug trocken ist, saugen oder bürsten Sie ihn ab.

Kleinere Reparaturen

Kleine Risse und fehlende Knöpfe sind leicht zu reparieren. Es kann sein, daß Sie Keder (siehe S. 230) ersetzen oder geplatzte Nähte mit Schlingstichen schließen müssen (siehe S. 229).

Stoffrisse ausbessern

Kleine, dreieckige Risse lassen sich durch Einkleben eines Flickens mit Latexklebstoff reparieren.

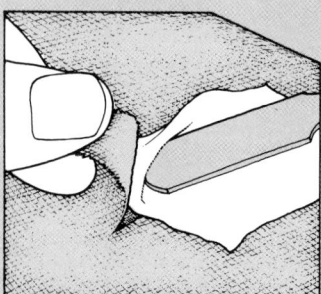

Einkleben des Flickens Heben Sie den eingerissenen Stoff an, so daß Sie den Flicken mit dem Haarzieher darunter zurechtschieben können. Tragen Sie den Klebstoff mit einem kleinen Pinsel auf den Flicken auf, und drücken Sie die Stoffränder in den Kleber. Wenn nötig, heften Sie das Loch mit Steckern, bis der Klebstoff abgebunden hat.

Einen Knopf ersetzen

Wählen Sie einen Knopf, der zu den anderen Knöpfen paßt, und beziehen Sie ihn mit Stoff (an der Unterseite des Polsters abschneiden). Entfernen Sie das Zuspannfutter, stechen Sie mit der Doppelspitze (Öhr voran) und dünnem Zwirn von hinten nach vorn durch die Füllung. Sie lassen die Nadel stecken, ziehen den Zwirn heraus und befestigen ihn am Knopf, fädeln die Nadel wieder ein und ziehen sie wieder durch die Füllung.

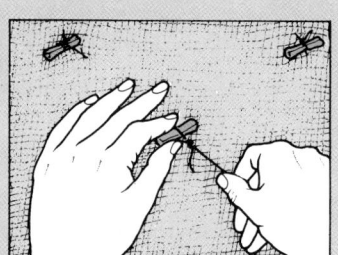

Mit Knebeln sichern Machen Sie an der Rückseite des Polsters einen Schlaufknoten (siehe S. 230) um einen Knebel aus aufgerolltem Stoff. Mit dem Haarzieher legen Sie die Falten zurecht. Bringen Sie das Zuspannfutter mit Schlingstichen wieder an.

Flecke entfernen

Sie können viele Flecke einfach dadurch vermeiden, daß Sie alles Verschüttete sofort entfernen und dann das Polster mit einem Schwamm und etwas sauberem Wasser reinigen, so daß keine Rückstände den Stoff verfärben. Sollte das Polster jedoch nach dem Trocknen noch einen Fleck haben, so reinigen Sie die schmutzige Fläche mit einem speziellen Polstershampoo, das Sie auf einem Schwamm aufschäumen. Nach dem Trocknen saugen Sie das Polster ab. Wenn der Bezugsstoff jedoch schmutzig ist, kann der entfernte Fleck eine helle Stelle hinterlassen, weshalb Sie am besten das ganze Polster mit dem Shampoo reinigen.

Fettflecke sind schwieriger zu entfernen. Auf ein Tuch tragen Sie einen Trockenreiniger auf und reiben den Fleck dann von außen nach innen, so daß Sie ihn nicht vergrößern. Anschließend reiben Sie mit einem feuchten Schwamm nach. Sie können auch eine Paste aus absorbierendem Pulver wie z. B. Bleicherde oder Talk und etwas Trockenreiniger machen und auf den Schmutzfleck auftragen. Wenn die Paste trocken ist, bürsten Sie sie weg.

Größere Schmutzflecke können mit einem Trockenreiniger aus der Spraydose entfernt werden. Diese Reinigungsmittel befeuchten nur die Oberfläche und trocknen schnell als Pulver ab, das Sie mit dem Staubsauger entfernen.

Kerzenwachs kann mit dem Fingernagel abgekratzt werden, hinterläßt aber in der Regel Flecke. Legen Sie etwas Löschpapier auf den Fleck, und gehen Sie mit einem lauwarmen Bügeleisen darüber, damit das Löschpapier das Wachs aufsaugt. Eventuell müssen Sie die Stelle mehrmals bügeln, wobei Sie immer sauberes Löschpapier nehmen.

Kaugummi ist notorisch schwer von Polstermöbeln zu entfernen. Sie müssen ihn abmachen, bevor er zum Staubfänger wird. Legen Sie eine Plastiktüte mit Eiswürfeln auf den Kaugummi; bröckeln Sie ihn ab, sobald er hart ist.

Abpolstern

Abpolstern nennt man das Entfernen alten Polsters. Tragen Sie bei dieser Schmutzarbeit alte Kleider und eine Gesichtsmaske. Zuerst entfernen Sie den Staubboden mit dem Losschlageisen oder dem Nagelheber (bei Sichtholz). Arbeiten Sie immer in Richtung der Maserung. Ein herausnehmbares Sitzpolster spannen Sie in den Schraubstock. Entfernen Sie die Nägel, mit denen der Bezug befestigt ist. Nehmen Sie die Polsterwatte ab, entfernen Sie den Nessel. Finden Sie darunter Roßhaar, so werfen Sie es (anders als übriges Füllmaterial) nicht weg: Sie lockern es auf, waschen es in warmer Seifenlauge, schütteln es auf und lassen es trocknen.

Trennen Sie den Faden, mit dem die Federn aufgenäht sind, auf, und machen Sie die Gurte ab. Wenn die Federn noch elastisch sind, können Sie sie wiederverwenden.

Stuhlrahmen reparieren

Wenn Sie den leeren Holzrahmen vor sich haben, überprüfen Sie ihn. Wenn er sehr viele Nagellöcher hat, füllen Sie diese mit Holzkitt aus. Für andere Reparaturen und Oberflächenbearbeitungen vgl. S. 105 ff.

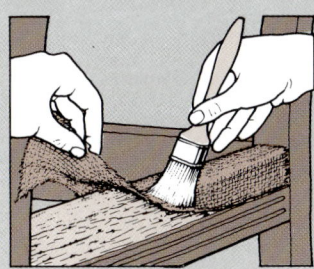

Den Holzrahmen verstärken
Zur Verstärkung des Holzrahmens können Sie Holzleim auftragen und ein Stück Jute darauflegen; dies wird nochmals mit Leim bestrichen und dann mit einem Holzblock angerieben.

Herausnehmbares Polster

Viele Eßzimmerstühle haben einen gepolsterten, in den Stuhlrahmen eingenuteten Einlegerahmen. Dieser lose Sitz ist als erste Polsterarbeit ideal, da er, wenn auch vereinfacht, wichtige Techniken umfaßt, die auch bei komplizierteren Arbeiten auftreten.

1. Arbeitsgang

Zuerst befestigen Sie die Gurtbänder am gereinigten Rahmen, und zwar an der Oberseite, bei (seltenen) Polstern mit kleinen Sprungfedern jedoch an der Unterseite des Rahmens.

Spannen Sie den Rahmen in den Schraubstock, und teilen Sie den Verlauf der Gurte ein. Ein Abstand von 2,5 cm ist günstig.

1. Sie lassen das Gurtband auf der Rolle, biegen es ca. 2,5 cm um, legen es (Umschlag oben) auf die Leiste und schlagen versetzt fünf Polsternägel ein. Spannen Sie den Gurt mit dem Gurtspanner über den Rahmen. Wenn Sie auf den Gurt klopfen, sollte er »trommeln«.
2. Sie befestigen den Gurt auf der anderen Seite mit zwei bis drei Nägeln, schneiden ihn mit 2,5 cm Überstand ab, falten um und schlagen zwei weitere Nägel ein.

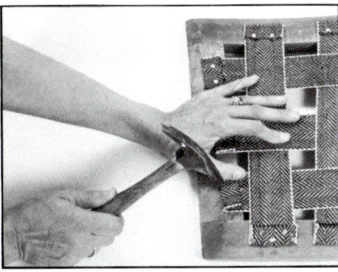

3. Sie spannen die Längsgurte, flechten dann die Quergurte ein und nageln sie genauso fest.

2. Arbeitsgang

Über die Gurte legen Sie schweres Federleinen, das ringsum etwa 2 cm übersteht. Schlagen Sie an der hinteren Leiste einen 2,5 cm breiten Saum ein, und nageln Sie ihn im Abstand von 2,5 cm. Spannen Sie den Stoff über den Rahmen – ein Nagel alle 5 cm. Falten Sie überstehenden Stoff über die Stifte, und nageln Sie ihn fest.

3. Arbeitsgang

Damit die Polsterung nicht rutscht, machen Sie auf dem Federleinen Lasierstiche (Schnurschlingen).

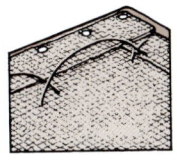 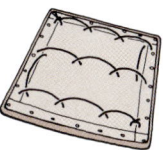

1. Fädeln Sie in die kleine Garniernadel Garnierfaden Nr. 1, machen Sie in einer Ecke einen Schlaufknoten (siehe S. 230). Nähen Sie 3–4 Reihen Schnurschlingen.

2. Unter den Faden müssen zwei Finger passen. Mit doppeltem Knoten sichern (siehe S. 230).

4. Arbeitsgang

Jetzt können Sie die Polsterfüllung sorgfältig unter und um die Schnurschlingen herum stecken. Für die erste Schicht sollten Sie Afrique oder Kokosfasern (siehe S. 137) verwenden.

1. Beginnend an der hinteren Stuhlleiste, schieben Sie Faser-

5. Arbeitsgang

Schneiden Sie Nessel mit 5–7,5 cm Zugabe ringsum zu. Spannen Sie ihn über die Füllung, und befestigen Sie ihn provisorisch mit einem Nagel pro Stuhlleiste.

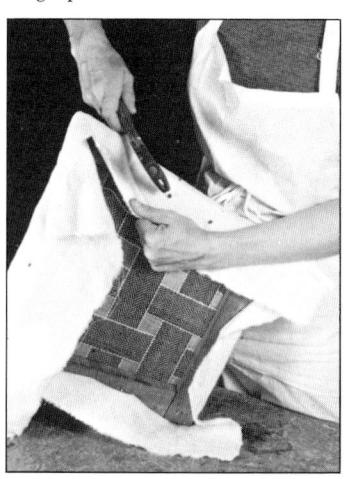

1. Halten Sie den Rahmen – eine Ecke auf der Werkbank – senkrecht so zwischen Körper und Arm, daß Sie den Stoff gegen die Rahmenunterseite legen können. Schlagen Sie provisorisch vier oder fünf Nägel ein. Drehen Sie den Rahmen zu den anderen Ecken, und befestigen Sie den Nessel rundum. Dann entfernen Sie die vier provisorischen Nägel, spannen den Nessel diagonal und nageln die Ecken.

bündel unter die Fadenschlingen. Lockern Sie die Bündel, um gleichmäßige Reihen zu erhalten.

2. Legen Sie zwischen die Reihen zusätzliche Polsterfüllung. Dann häufen Sie die aufgelockerte Polsterung in der Mitte bis zu einer Höhe von 10 cm an.

2. Entfernen Sie die Nägel an einer Stoffkante, spannen und glätten Sie den Stoff über der Füllung mit der flachen Hand.

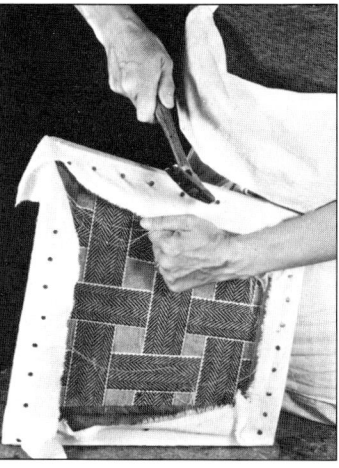

3. Drücken Sie den Stoff gegen den Rahmen, während Sie von der Mitte der Leiste zu den Ecken hin Nägel in gleichen Abständen einschlagen. Nach drei oder vier Nägeln spannen und glätten Sie den Stoff. Nageln Sie die gegenüberliegende Seite, dann die beiden anderen. Spannen Sie die Ecken, schlagen Sie je einen Nagel ein. Machen Sie ordentliche Falten. Festnageln, zum Schluß Ränder beischneiden.

6. Arbeitsgang

Bevor Sie den Bezug anbringen, schneiden Sie Polsterwatte etwas größer als die Sitzfläche zu und legen sie obenauf.

1. Mit einer Hand halten Sie die Watte, mit der anderen ziehen Sie die Ränder aus, damit sie nicht auftragen. Schneiden Sie den Bezugsstoff mit einer Zugabe von 5 cm ringsum zu. Markieren Sie die Mitte jedes Stoffrandes mit einem kleinen Einschnitt, die der Leistenunterseiten mit Bleistift. Legen Sie das Polster (Markierungen beachten) auf den Bezugsstoff, und befestigen Sie diesen genauso wie den Nessel.

2. Wenn Sie den Bezugsstoff befestigt haben, bringen Sie abschließend an der Unterseite des Polsters einen Staubboden an. Sie spannen und befestigen das Zuspannfutter genauso wie das Federleinen (siehe S. 139), schlagen aber diesmal die Kanten ringsum nach innen ein. Das Zuspannfutter soll alle Nägel abdecken.

Sprungfederstuhl

Sehr viele antike Eßzimmerstühle haben eine Sprungfederpolsterung. Die Restaurierung eines solchen Stuhls umfaßt die traditionellen Techniken des Aufbaus eines dicken Polsters mit Sprungfederung, Roßhaar- oder Pflanzenfaserfüllung. Bei manchen Stühlen werden Federleinen und Bezug an der Seite der Rahmenleiste befestigt, genau über dem Sichtholz. Wenn Ihr Stuhl kein Sichtholz hat, schlagen Sie beide Bezüge unter den Leisten ein und befestigen sie dort.

Wie bei einem Stuhl mit Einlegepolster befestigen Sie zuerst die Gurtbänder (siehe S. 139), und zwar an der Unterseite des Rahmens, damit die Sprungfedern genug Platz haben. Verteilen Sie die Gurtbänder so, daß jede Feder genau über einer Gurtkreuzung sitzt.

1. Arbeitsgang

Alle Eßzimmerstühle haben vier oder fünf Sprungfedern pro Sitzfläche. Sie können die Federn annähen, während der Stuhl aufrecht steht oder nach hinten gelegt ist.

1. Legen Sie die Federn so auf die Sitzfläche, daß ihr gedrehtes Ende zur Stuhlmitte zeigt und sie somit eine sanft gewölbte Sitzfläche bilden. Wenn Sie eine Feder in der Mitte haben, so soll ihr gedrehtes Ende zur vorderen Rahmenleiste zeigen. Mit einer Aufnähnadel und einem Garnierfaden Nr. 1 nähen Sie die Sprungfedern an die Gurtbänder.

2. Beginnen Sie bei der Feder in der Mitte; stechen Sie dicht neben der Feder von unten durch den Gurt. Fassen Sie die Feder mit einem einfachen Stich, schieben Sie die Nadel wieder durch den Gurt, machen Sie einen Schlaufknoten (Faden nicht abschneiden). Machen Sie um die Feder in gleichen Abständen drei einfache Stiche.

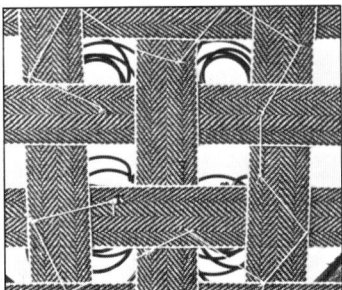

3. Nähen Sie die nächste Feder mit demselben Faden mit vier einfachen Stichen fest. Befestigen Sie so alle Federn; sichern Sie das Ende mit doppeltem Knoten (siehe S. 230).

2. Arbeitsgang

Damit alle Federn bei Belastung gleichzeitig zusammengedrückt werden, werden sie mit Schnürfäden verbunden, die am Holzrahmen mit 15-mm-Nägeln befestigt werden. Schlagen Sie in jede Stuhlleiste zwei 15-mm-Nägel in einer Linie mit den Federn halb ein. Schneiden Sie vier gleich lange Stücke Schnürfaden zu, doppelt so lang, wie der Stuhl tief ist.

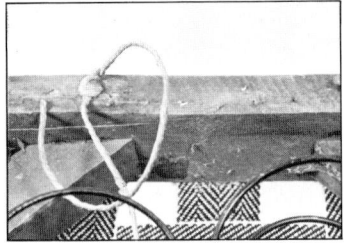

1. Knoten Sie das Schnurende um einen der hinteren Nägel; das Ende soll 20 cm überhängen. Schlagen Sie den Nagel ganz ein.

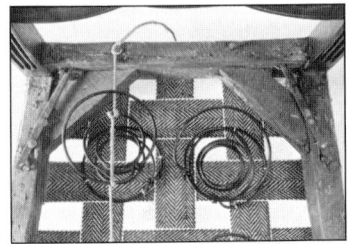

2. Komprimieren Sie die erste Feder, machen Sie einen Schifferknoten in den zweiten Ring von oben. Spannen Sie die Schnur hinüber zum oberen Ring; machen Sie dort eine »Bohne« (siehe S. 230).

3. Komprimieren Sie die nächste Feder, machen Sie am oberen Ring eine »Bohne«, gegenüber am zweiten Ring einen einfachen Knoten. Befestigen Sie die Schnur am Nagel, 20 cm überhängend. Schnüren Sie die anderen Federn.

4. Nun verschnüren Sie die Federn quer über den Sitz in derselben Reihenfolge. Machen Sie zusätzlich an jeder Fadenkreuzung eine »Bohne«. So wird der Sitz fester.

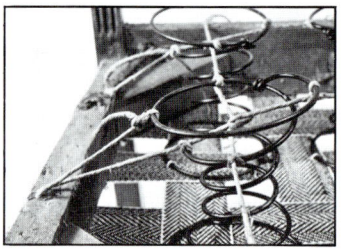

5. Befestigen Sie die herabhängenden Schnurenden jeweils straff mit doppeltem Knoten am Oberring der nächstliegenden Feder.

6. Wenn Sie mit dem Schnüren fertig sind, sollten alle Federn gleich stark gespannt sein; sie sollten sich zur jeweiligen Ecke neigen und eine schön gewölbte Oberfläche formen. Sie haben jetzt eine gute Grundlage für die Polsterung.

3. Arbeitsgang

Die Federn müssen mit Federleinen abgedeckt werden, damit die nachher aufgebrachte Polsterung nicht durch den Sitz fällt.

1. Sie schneiden nun ein Stück Federleinen zu, das rings um den Stuhlrahmen 2,5 cm übersteht. Befestigen Sie den Stoff provisorisch auf der Oberseite der Stuhlleisten, wobei Sie das Federleinen fest über die Federn ziehen und es mit halb eingeschlagenen Nägeln in der Mitte jeder Stuhlleiste befestigen. Schlagen Sie die Stoffkanten ringsum zu einem Saum ein; nageln Sie diesen endgültig fest.

Beim Spannen des Stoffs müssen Sie darauf achten, daß Sie die Federn nicht mehr zusammendrükken, denn dann wäre die Schnürung nicht mehr straff, und die Federn würden nicht funktionieren.

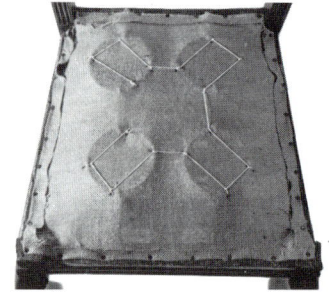

2. Nach der gleichen Methode, mit der die Federn auf den Gurten befestigt wurden (1. Arbeitsgang), müssen sie jetzt am Federleinen festgenäht werden. Dadurch wird Verrutschen und Scheuern verhütet.

4. Arbeitsgang

Die erste Lage Kokosfasern und das Anbringen des Fassonleinens.

1. Machen Sie rundum eine Reihe Lasierstiche (siehe S. 139). Schieben Sie Faserbündel unter die Schlingen. Die Mitte der Sitzfläche polstern Sie 10 cm hoch und verzupfen alle Fasern.

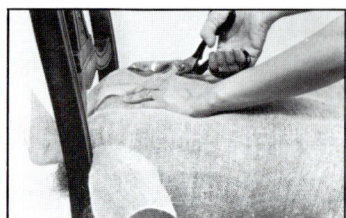

2. Schneiden Sie Fassonleinen so zu, daß die Lage bedeckt ist, und befestigen Sie es provisorisch mit einem Nagel pro Leiste. Schneiden Sie es an den hinteren Ecken diagonal ein.

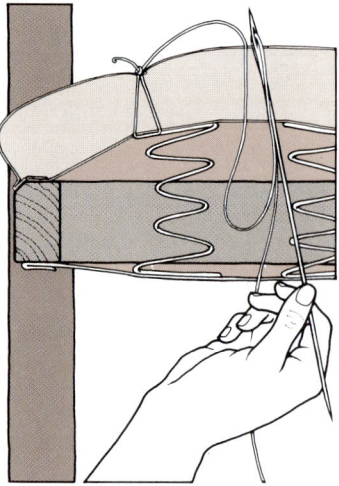

3. Feder- und Fassonleinen werden miteinander verbunden. Fädeln Sie in die Doppelspitze Garnierfaden Nr. 1. Sichern Sie den Anfang oben 7,5 cm von der linken hinteren Rahmenkante entfernt mit einem Schlaufknoten. Schieben Sie die Nadel durch die Polsterung, bis das Nadelöhr gerade aus dem Federleinen ragt; dann schieben Sie die Nadel etwa 2 cm versetzt wieder zurück, so daß sie neben dem Einstich herauskommt.

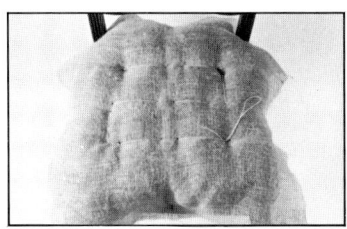

4. Etwa 10 cm neben dem ersten machen Sie den nächsten Stich und bringen quer über den Sitz im selben Abstand weitere Stiche an. In der letzten Ecke verknoten Sie den Faden (nicht festziehen).

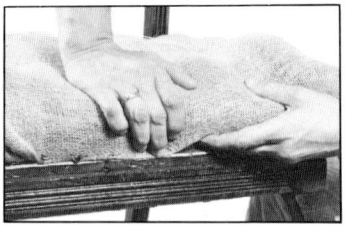

5. Nun entfernen Sie einen provisorischen Nagel und füllen die Polsterkante mit Fasern, die Sie unter das Fassonleinen stecken. Die Kante sollte fest sein, wenn Sie sie zwischen Daumen und Zeigefinger spannen. Jetzt schlagen Sie die Ränder des Fassonleinens mit den Fingerspitzen unter die Füllung und nageln es rundum auf die Schrägkante der Stuhlleisten. Stopfen Sie Fasern nach, bis die Polsterkanten richtig fest sind.

6. An den hinteren Ecken schlagen Sie die Stoffränder sorgfältig um die Füllung ein und nageln sie fest.

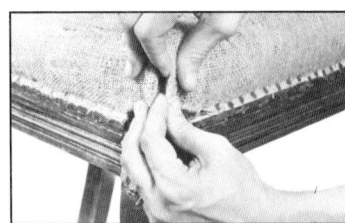

7. An den vorderen Ecken machen Sie je zwei Falten und schlagen in jede einen Nagel. Straffen und sichern Sie den Garnierfaden mit doppeltem Knoten (siehe S. 230).

5. Arbeitsgang

Jetzt wird eine garnierte Polsterkante gemacht. Diese schützt den Rand gegen Abnutzung, macht den Holzrahmen weicher und umrandet die weiche Füllung in der Mitte des Sitzes.

Blindstich

Der Blindstich soll die Füllung mit Schnurschlingen fest zu den Seiten des Sitzpolsters hinziehen. Mit dem Haarzieher bringen Sie die Füllung zuerst in die obere Kante des Sitzes. Fädeln Sie Garnierfaden Nr. 2 in eine Doppelspitze.

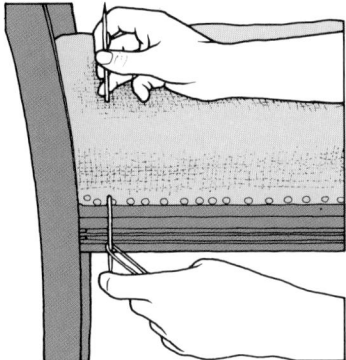

1. Stechen Sie an der hinteren Ecke etwa 4 cm vom Stuhlbein in einem 45-Grad-Winkel durch Füllung und Fassonleinen.

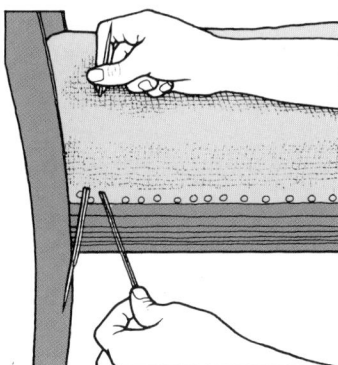

2. Ziehen Sie die Nadel nicht ganz durch: Das Öhr sollte nur zu drei Vierteln herausragen. Dirigieren Sie es nach links, und schieben Sie die Nadel wieder nach unten, so daß sie vor dem Stuhlbein knapp über den Nägeln herauskommt. Ziehen Sie sie ganz durch, machen Sie einen Schlaufknoten. Faden nicht abschneiden.

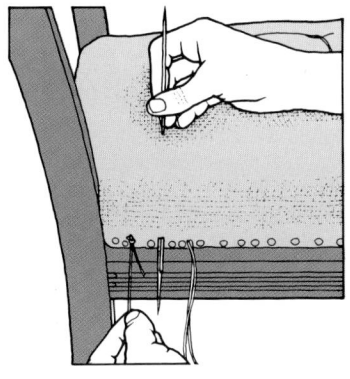

3. Stechen Sie nun 5 cm weiter rechts gerade ein, bis das Nadelöhr wieder zu drei Vierteln durchgezogen ist. Bewegen Sie es nach links, schieben Sie die Nadel nach unten.

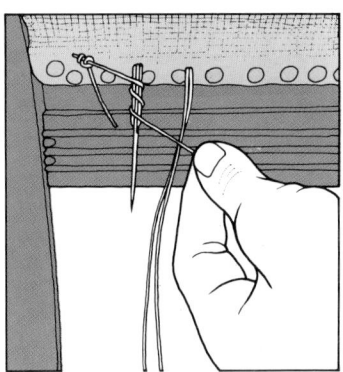

4. Bevor Sie die Nadel ganz herausziehen, wickeln Sie den Faden dreimal darum, um den Stich zu befestigen.

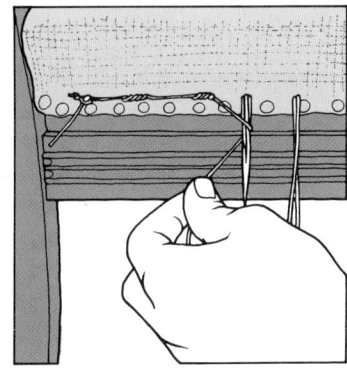

5. Ziehen Sie die Nadel ganz heraus, und arbeiten Sie so um das ganze Polster. Zum Schluß machen Sie einen doppelten Knoten.

Hinterstich

Ein verknüpfter Garnierstich, der angebracht wird, um die Polsterkanten zu festigen. Fädeln Sie dazu in die Doppelspitze Garnierfaden Nr. 2.

1. Schieben Sie die Füllung mit dem Haarzieher gegen die Kante; stechen Sie dann 2 cm oberhalb der Blindstiche und ungefähr 2,5 cm vom hinteren Stuhlbein im 45-Grad-Winkel ein, und ziehen Sie die Nadel ganz durch.

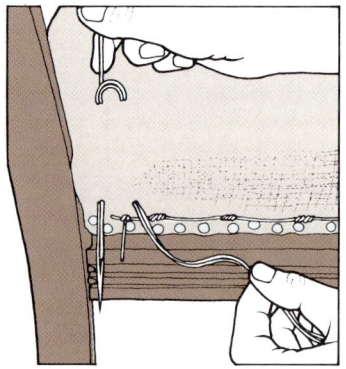

2. Stechen Sie ca. 2,5 cm weiter links (also näher am Stuhlbein) im selben Winkel wieder ein, ziehen Sie die Nadel durch, so daß sie 2 cm oberhalb der Blindstiche herauskommt. Machen Sie einen Schlaufknoten. Faden straffziehen.

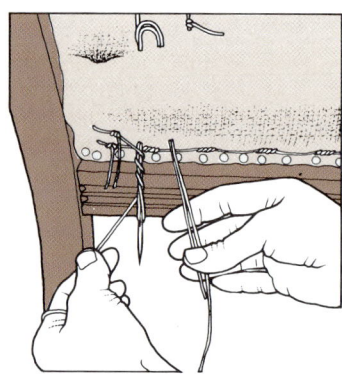

3. Beim nächsten Stich (rechts neben dem ersten) wickeln Sie den Faden dreimal um die Nadel, bevor Sie sie herausziehen. Ist die Reihe fertig, kommt eine zweite 2 cm darüber.

6. Arbeitsgang

Auf dem Fassonleinen machen Sie kreuz und quer Lasierstiche. Legen Sie Roßhaar 2,5 cm dick unter und um die Lasierstiche, wie auf S. 142 beschrieben.

1. Schneiden Sie ein Stück Nessel zu, das ringsum 10 cm übersteht; legen Sie es auf dem Stuhl zurecht. Nageln Sie es an den Stuhlleisten genau über dem Sichtholz fest, jeweils von der Mitte ausgehend. Achten Sie darauf, daß die zweite Polsterschicht nicht über die Polsterkante hinausgeht und daß die Oberfläche glatt, gleichmäßig und etwas gewölbt ist.

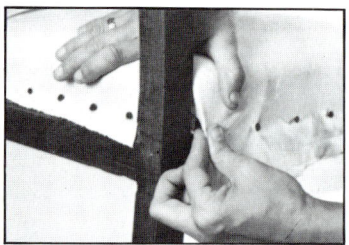

2. Schneiden Sie die beiden hinteren Ecken diagonal ein, falten Sie die Ränder nach innen, nageln Sie sie fest.

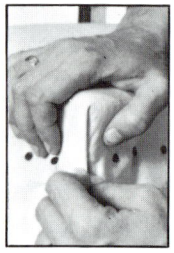
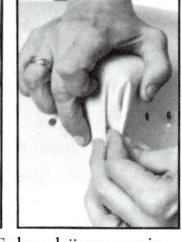

3. Die vorderen Ecken können mit einfachen oder Doppelfalten versäubert werden. Eine Doppelfalte (Stoff gleichmäßig verteilen) ergibt eine gerundetere Ecke. Nageln Sie die Falte(n).

7. Arbeitsgang

Bevor Sie den Bezugsstoff anbringen, legen Sie eine Schicht Polsterwatte (siehe S. 140) auf. Den Bezugsstoff befestigen Sie genauso wie den Nessel (siehe 6. Arbeitsgang). Nach dem Festnageln schneiden Sie überschüssigen Stoff mit einem scharfen Messer ab. Falten arbeiten Sie wie oben beschrieben, schneiden aber überschüssigen Stoff weg. Wenn die Falten klaffen, schließen Sie sie mit Schlingstichen (siehe S. 229).

Abschließende Arbeiten

Befestigen Sie den Staubboden (siehe S. 140). Kaschieren Sie Nägel und Stoffkanten mit einer passenden Borte.

Borte befestigen Nageln Sie das eingeschlagene Ende der Borte dicht am Stuhlbein fest. Mit Latexklebstoff kleben Sie die Borte rundum an. Das andere Ende ebenfalls einschlagen und nageln. Bringen Sie auch am hinteren Rand einen Streifen Borte an.

ROHR
UND BINSEN

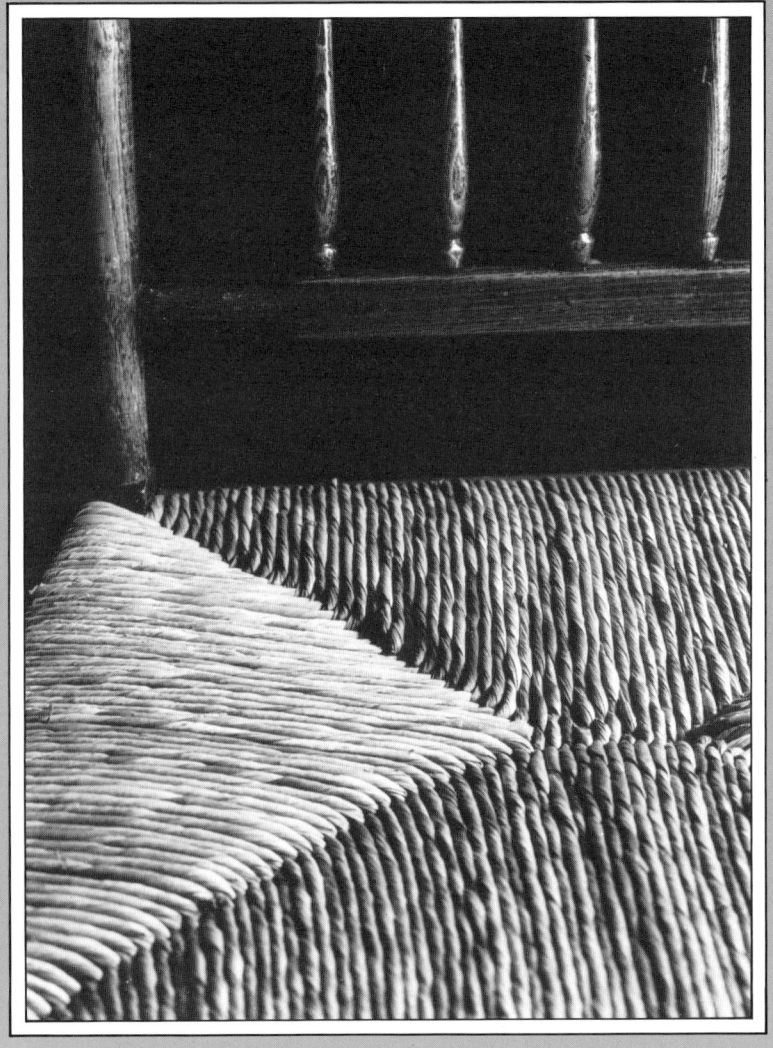

Rohr- oder Binsenmöbel kaufen

Rohrgeflecht – ineinandergeflochtene dünne Streifen, vom glatten, glänzenden Rattanstamm geschnitten – kam von Indien und China nach Europa und wurde in Europa und Amerika zuerst im 17. Jahrhundert bekannt. Ursprünglich war das Geflecht einfach und grob; mit der Zeit wurde ein engeres, dekorativeres Muster benutzt.

Stühle mit Sitzflächen aus Binsengeflecht werden seit dem Mittelalter in Europa hergestellt. In Amerika sind sie seit der Ankunft der Pilgerväter in Gebrauch.

Pflege von Rohr- und Binsenmöbeln

In trockenen, zentralgeheizten Räumen werden Rohrmöbel trocken und brüchig; ein Luftbefeuchter kann das verhindern. Zur Reinigung tauchen Sie ein Tuch in Seifenlauge, wringen es aus und wischen über die Oberfläche. Spülen Sie mehrmals mit klarem Wasser nach, da Rückstände Schimmel begünstigen. Binsen sind dafür besonders anfällig, weshalb Sie das Möbelstück an der Sonne trocknen lassen sollten.

Bugholz-Schaukelstuhl mit Rohrgeflecht

Rohrgeflecht (Detail)

Binsengeflecht (Detail)

Stuhl mit Binsensitzfläche

Schadensliste

* Einfache Reparatur
** Etwas Erfahrung erforderlich
*** Facharbeit – nicht für Anfänger

Bevor Sie das Geflecht untersuchen, schauen Sie den Stuhlrahmen nach (siehe S. 113).

* **Beschädigungen** am Geflecht sind sofort zu erkennen. Ein gebrochenes Rohr kann herausgeschnitten und ein neues eingefügt werden, was aber den Schaden nur vorübergehend behebt. Ein ganz neues Geflecht anzubringen ist nicht schwierig – in kurzer Zeit werden Sie ansehnliche Resultate erzielen.

*** **Risse,** die entlang der Stuhlleiste von Loch zu Loch verlaufen, so zu schließen, daß der Rahmen stark genug ist, das Rohrgeflecht zu halten, verlangt Handfertigkeit.

Werkzeuge und Materialien

Für die Arbeit mit Rohr- und Binsen benötigen Sie nur wenige Werkzeuge und Materialien, und die meisten davon haben Sie wahrscheinlich schon. Wenn Sie den Stuhlrahmen nicht selbst restaurieren wollen (siehe S. 114 ff.), können Sie das von einem Restaurator machen lassen. Für Rohr- und Binsenarbeiten brauchen Sie keine Werkstatt; es genügt, wenn Sie den Stuhl hochstellen, so daß Sie in einer bequemen Höhe bei gutem Arbeitslicht arbeiten können.

Werkzeuge zum Rohrflechten

Scharfes Messer Mit einem starken Universalmesser wird das Rohrgeflecht herausgeschnitten.
Durchstecher zur Reinigung der Rahmenlöcher. Sie können auch einen Nagel mit passendem Durchmesser nehmen, dessen Spitze Sie mit einer Zange abkneifen, oder die Spitze eines alten Kreuzschlitzschraubenziehers abflachen.
Pfriem Ein feiner Pfriem ist sehr nützlich, um Rohr durch enge Zwischenräume zu schieben.
Langbeckzange Eine Spitzzange hilft Ihnen, das Rohr zu handhaben.
Provisorische Stifte Mit kleinen Stücken stärkeren Rohrs oder mit Plastikdübeln können Sie das Rohr während des Flechtens befestigen.
Hammer Ein kleiner Hammer, um die Stifte in die Löcher zu treiben.
Kneifzange oder Seitenschneider zum Schneiden des Rohrs und zum Abschneiden überstehender Rohrenden.

Werkzeuge zum Binsenflechten

Stecheisen oder alter Schraubenzieher zum Zurechtschieben der Binsen.
Scharfes Messer zum Stutzen der überstehenden Binsenenden unter dem Sitz.
Kräftige Schere zum Zurechtschneiden der Binsen vor dem Flechten.
Walze Mit der Walze eines alten Rasenmähers kann das fertige Binsengeflecht flachgedrückt werden.

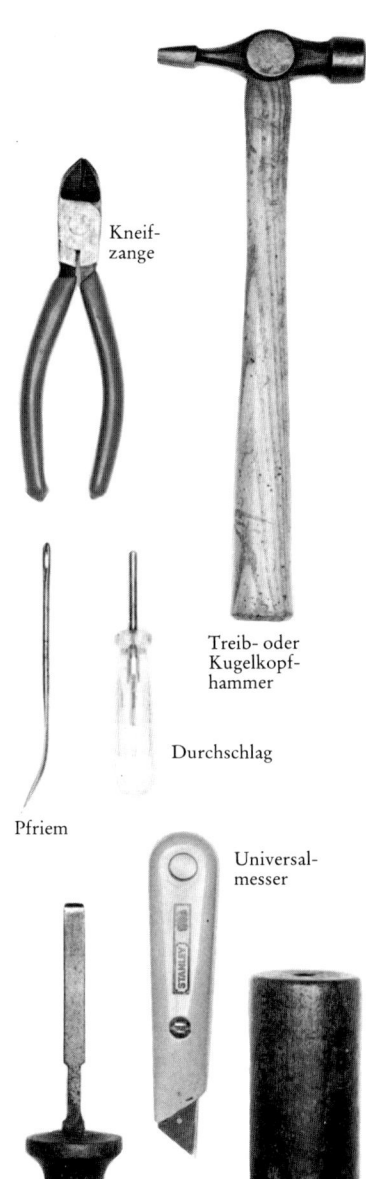

Kneif-zange

Treib- oder Kugelkopf-hammer

Durchschlag

Pfriem

Universal-messer

Stecheisen

Walze

Materialien

Rohr für Sitzflächen ist in Standardbreiten erhältlich, die von 1 bis 6 numeriert sind. Mit zunehmender Erfahrung werden Sie entscheiden können, welche Stärke die beste ist. Als Richtschnur verwenden Sie folgende Stärken:
Nr. 2 für alle Längs- und Querverbindungen, Nr. 3 und Nr. 4 für die Diagonalen, Nr. 6 zum Verblenden, Nr. 2 zum Verblenden.

Vor dem Flechten müssen Sie das Rohr einweichen, damit es geschmeidig wird. Tauchen Sie in einen Eimer mit warmem Wasser so viel Rohr ein, wie Sie für einen Arbeitsgang brauchen. Lassen Sie das Rohr einige Minuten im Wasser; legen Sie es dann in eine Plastiktüte, damit es feucht bleibt. Wenn das Rohr trocken wird, reiben Sie es mit einem nassen Tuch ab.
Stifte Mit Stücken von Rohr der Stärke Nr. XX oder mit konisch zugeschnittenen Holzstiften können Sie Löcher schließen.
Binsen Frische Binsen sind vom Speziallieferanten erhältlich, obwohl die Lieferung auf bestimmte Zeiten des Jahres begrenzt sein kann. Sie sind ziemlich trocken und spröde und müssen biegsam gemacht werden. Besprenkeln Sie die Binsen mit einer Gießkanne, und lassen Sie sie für einen Augenblick ruhen. Salzwasserbinsen müssen ungefähr zwei Stunden lang eingeweicht und dann in ein nasses Tuch eingeschlagen werden.
Weiche Kordel zum Befestigen der Binsen am Rahmen.

Das Sechs-Schritt-Muster

Es gibt mehrere Flechtmuster. Die meisten Sitze zeigen das beliebte Sechs-Schritt-Muster. Obwohl die fertige Sitzfläche sehr kompliziert aussieht, sind die einzelnen Schritte, sobald Sie das Flechtprinzip erkannt haben, leicht zu wiederholen. Achten Sie beim Flechten immer darauf, daß die glänzende Oberfläche nach oben zeigt. Wenn Sie Rohr durch Ihre Finger gleiten lassen, fühlt es sich in einer Richtung glatter an als in der anderen. Flechten Sie immer in die glatte Richtung. Rohr, das in der Länge gespalten ist, reißt immer weiter ein. Werfen Sie solche Stücke fort, sie beeinträchtigen das Aussehen der Stühle.

Vorbereitung des Stuhlrahmens

Das alte Rohr muß völlig entfernt, und alle Rahmenreparaturen müssen gemacht werden (siehe S. 108 ff.), bevor man mit der Neubespannung beginnt. Das alte Geflecht wird eng am Rahmen abgeschnitten und altes Rohr in den Löchern entfernt. Wenn das Geflecht mit Stiften gehalten ist, stoßen Sie diese mit Hilfe des Durchstechers aus den Löchern. Dann kann der Rahmen gereinigt und aufgearbeitet werden. Wenn er in Ordnung ist, fangen Sie mit der Flechtarbeit an. Legen Sie sich das Werkzeug zurecht; bereiten Sie immer nur so viel Rohr vor, wie Sie brauchen.

1. Arbeitsgang

Befestigen Sie ein Rohr Nr. 2 mit einem Stift im mittleren Loch der hinteren Leiste. Bei einer geraden Anzahl von Löchern wählen Sie das Loch, das der Mitte am nächsten kommt.

1. Spannen Sie das Rohr über den Rahmen zum gegenüberliegenden Loch auf der vorderen Leiste.

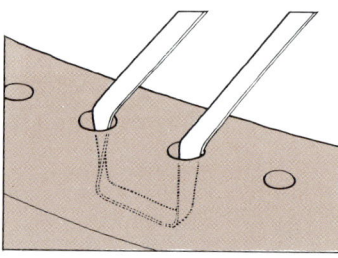

2. Ziehen Sie das Rohr straff, führen Sie es durch das Loch nach unten. Achten Sie darauf, daß die glänzende Seite nach außen zeigt und daß das Rohr an der Unterseite der Leiste flach anliegt. Festziehen und mit einem Stift befestigen. Das Rohr wird nun durch das nächste Loch nach oben geführt. Ziehen Sie an, sichern Sie mit einem Stift.

3. Das Rohr wird nun zurück zu dem Loch neben dem Anfangsloch geführt. Entfernen Sie den zweiten oder dritten Stift, benutzen Sie ihn für dieses Loch. Der erste Stift hält das Rohr fest, alle folgenden Stifte werden wieder entfernt und »reisen« mit der Bespannung. Führen Sie das Rohr weiter über eine Hälfte des Sitzes hin und her, gleichmäßig straff. Lassen Sie das Loch an der Ecke der hinteren Leiste frei.

4. Wenn Sie ein neues Rohr ansetzen, befestigen Sie das erste mit einem Stift und lassen das Ende mindestens 7,5 cm unter dem Rahmen herausstehen. Das neue Rohr kommt ins nächste Loch der gegenüberliegenden Leiste.

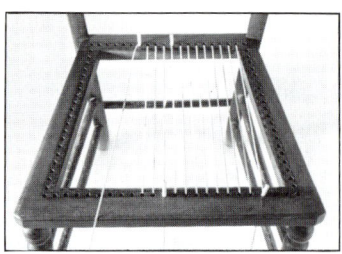

5. Bespannen Sie die andere Hälfte der Sitzfläche genauso, lassen Sie das hintere Eckloch frei.

6. Wenn die Sitzfläche sich nach hinten zu verjüngt, bleiben an der vorderen Leiste beidseitig noch einige Löcher übrig. Durch jedes freie Loch führen Sie ein Rohr und befestigen es in einem entsprechenden Loch in den Seitenleisten. Die vorderen Ecklöcher müssen ebenfalls frei bleiben.

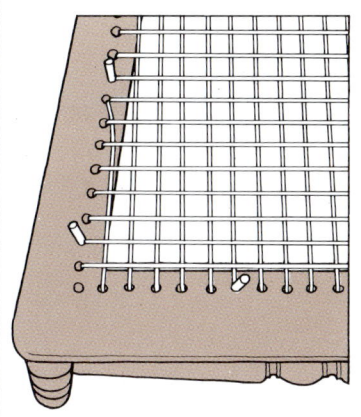

2. Arbeitsgang

Er wird genauso wie der erste gearbeitet, genau rechtwinklig zur ersten Spannlage. Lassen Sie das vordere Eckloch aus, und ziehen Sie das Rohr durch das nächste Loch der Vorderleiste.

Sie brauchen das Rohr nicht auf und ab durch die erste Lage zu führen; spannen Sie es einfach darüber her. Die hinteren Ecklöcher bleiben wieder frei.

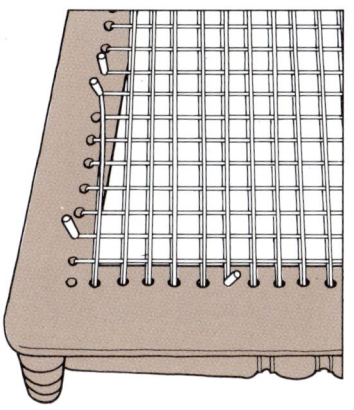

3. Arbeitsgang

Der erste Arbeitsgang wird über den längs- und quergespannten Rohren wiederholt. Ordnen Sie das Rohr so, daß es nicht auf dem Rohr des 1. Arbeitsgangs liegt, sondern parallel daneben. Halten Sie das Rohr, vor allem in den Löchern, rechts vom Rohr des 1. Arbeitsgangs. Wiederum wird das Rohr nicht auf und ab geführt.

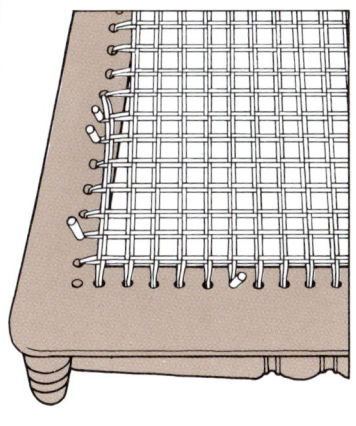

4. Arbeitsgang

Der 4. Arbeitsgang ist eine Wiederholung des 2., aber jetzt muß das Rohr auf und ab geflochten werden. Beginnen Sie wie beim 2. Arbeitsgang, machen Sie ein Ende mit einem Stift fest. Beginnen Sie am befestigten Ende; lassen Sie die gesamte Länge des Rohrs durch Ihre Finger gleiten, damit es bis ans Ende keine einzige Verdrehung hat. Wenn es glatt ist, führen Sie es unter das Rohr der ersten Spannlage, zwischen den beiden längslaufenden hoch und über die zweite Spannlage. Wiederholen Sie das bei jedem Paar. Ziehen Sie die ganze Länge des Rohrs erst durch, wenn Sie einige Paare passiert haben. Flechten Sie hin und her, und denken Sie daran, das Rohr muß immer unter dem des ersten Arbeitsgangs und über dem des dritten liegen.

5. Arbeitsgang

Die erste Diagonale. Die freigelassenen Ecklöcher werden nun gebraucht. Flechten Sie wie zuvor mit feuchtem Rohr Nr. 2.

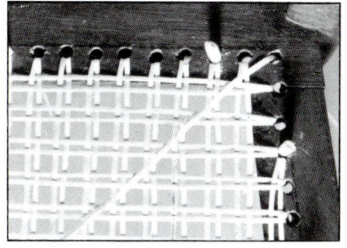

1. Befestigen Sie das Rohr in der hinteren rechten Ecke. Flechten Sie unter das erste querlaufende Paar, bewegen Sie sich nach links, indem Sie über das Längspaar flechten, dann unter das nächste querlaufende Paar usw. Ziehen Sie das Rohr jeweils nach drei bis vier Paaren ganz durch.

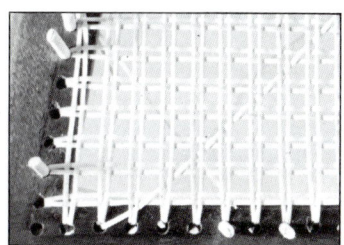

2. Wenn Sie eine sich verjüngende Sitzfläche flechten, werden Sie nicht genau am Eckloch ankommen, sondern an einem Loch in der Vorderleiste, etwa zwei oder drei Löcher von der Ecke entfernt.

3. Sie führen das Rohr durch das nächste Loch rechts daneben, flechten es diagonal zurück und ziehen es durch das Anfangsloch.

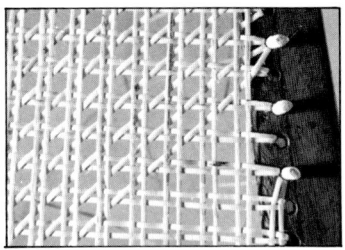

4. Ziehen Sie das Rohr von unten nach oben durch das nächste Loch und flechten Sie es zurück, bis eine Stuhlhälfte bespannt ist. Damit die Diagonalen auf einem trapezförmigen Sitz parallel verlaufen, müssen Sie gelegentlich entscheiden, durch welches Loch Sie die Rohre führen. Manchmal müssen Sie ein Loch zweimal benutzen, wobei später darauf zu achten ist, daß die im 6. Arbeitsgang geflochtenen Rohre durch dasselbe Loch der gegenüberliegenden Seitenleiste gehen.

5. Die andere Seite wird genauso bespannt. Achten Sie auf das Muster: unter die Quer- und über die Längsrohre. Auch das linke Loch vorne wird zweimal benutzt, damit das Muster stimmt.

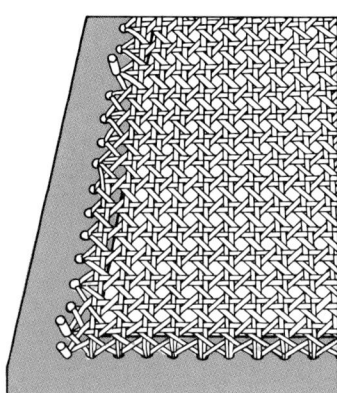

6. Arbeitsgang

Die zweite Diagonale. Beginnen Sie im hinteren Loch links, und flechten Sie rechtwinklig zu der ersten Diagonalen. Die Ecklöcher werden wieder zweimal benutzt. Diesmal geht das Rohr über das erste querlaufende und unter das längslaufende Paar.

Verblenden

Ein Rohr auf dem Rand des Flechtwerks dient als Blende. Man braucht zwei Rohrstärken: Nr. 2 und Nr. 6. Das stärkere Rohr wird über die Löcher gelegt und verbirgt sie. Das dickere Rohr wird durch das dünnere gehalten.

Befestigen der Enden Ein Loch, das Sie auslassen wollten, ist manchmal provisorisch mit einem

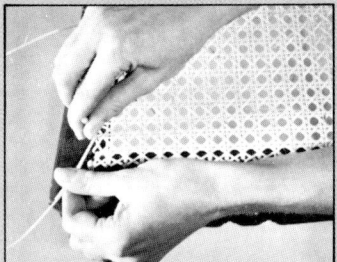

Stift versehen. Dann ziehen Sie das lose Ende des Rohrfadens von unten nach oben durch das nächste Loch, ziehen ihn dann oben heraus und treiben den Stift ganz ein. Vor dem Verblenden schneiden Sie das Ende ab.

1. Stecken Sie ein Rohr Nr. 2 in ein hinteres Eckloch. Lassen Sie

das Ende 3,5 cm oben herausstehen. Führen Sie das Rohr durch das nächste Loch nach unten, und bringen Sie es durch dasselbe Loch nach oben. Dadurch wird das kurze Ende befestigt. Stecken Sie ein Rohr Nr. 6 in dasselbe Loch, so daß es an einer Seite des Rahmens über den Löchern liegt.

2. Führen Sie das dünne Rohr über das dicke, und stecken Sie es durch dasselbe Loch nach unten. Auf der Stuhlunterseite legen Sie es zum nächsten Loch, führen es von unten über das dicke Rohr wieder nach unten.

3. Machen Sie das bis zum Eckloch; stecken Sie das dünne und das dicke Rohr in dieses Loch. Befestigen Sie die Enden mit einem Stift. Beginnen Sie mit den zwei Rohren mit der Verblendung der benachbarten Seite, bevor Sie das Ende endgültig mit Stiften befestigen.

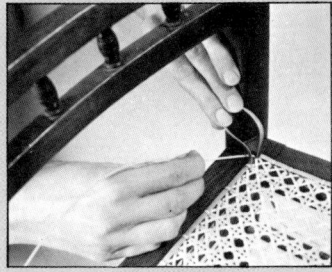

4. Schneiden Sie zum Schluß alle Enden an der Unterseite ab, nachdem Sie sie durch Stifte befestigt haben.

Binsengeflecht erneuern

Wie Rohrgeflecht ist auch Binsengeflecht nicht eben schwer zu erneuern. Binsen können zwar durch andere Gräser ersetzt werden, aber diese fühlen sich doch anders an und haben nicht den zarten Farbton echter Binsen. Für die Verwendung von Seegras können Sie dieselbe Methode anwenden, jedoch ist Seegras bereits gedreht.

Binsen drehen

Während des Flechtens müssen die Binsen gedreht werden, damit ein gleichmäßiger, seilartiger Effekt entsteht; die Binsen werden nur für die Oberseite des Sitzes gedreht.

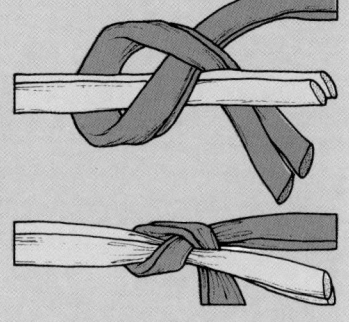

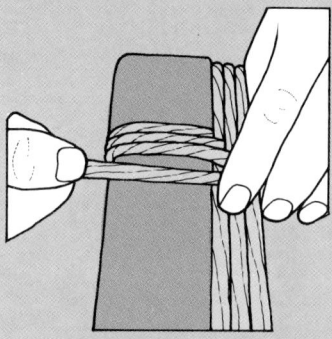

2. Setzen Sie einen neuen Strang an, indem Sie unter der Sitzfläche das alte und das neue Ende mit einem Reffknoten verknoten.

1. Binden Sie zwei oder drei Binsen zusammen; halten Sie sie in der linken Hand, während Sie sie mit der rechten Hand im Uhrzeigersinn drehen und gleichzeitig glattstreichen und ziehen, damit sie wie ein Strang aussehen. In den Binsen darf keine Luft sein.

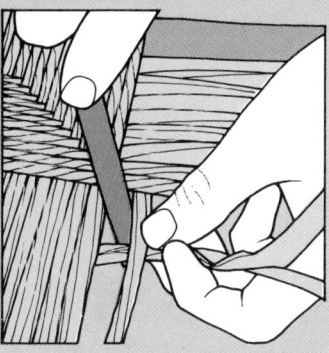

3. Damit alle Binsenstränge die gleiche Dicke haben, müssen Sie manchmal eine einzelne Binse hinzufügen. Dies sollten Sie an der Ecke des Sitzes tun, indem Sie das Ende der neuen Binse zwischen dem letzten und vorletzten Strang einfügen und die Binse mit dem letzten Strang verdrehen.

1. Arbeitsgang

Bei Stühlen, die vorne breiter sind als hinten, müssen Sie zuerst die vorderen Ecken ausfüllen. Danach sollte der Abstand zwischen den beiden Seiten vorn genauso groß sein, wie die hintere Leiste lang ist.

1. Binden Sie die Binsen mit einer Schnur an der linken Seitenleiste

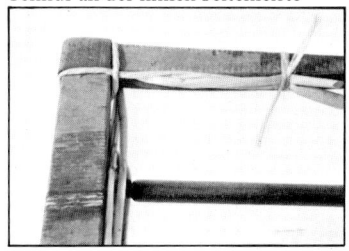

des Stuhls fest. Drehen Sie die Binsen, schlingen Sie sie dicht am Stuhlbein von oben um die vordere Querleiste. Legen Sie sie über die linke Seitenleiste nach unten. Führen Sie sie darunter durch und hinüber zur rechten Leiste. Dabei müssen Sie wohl ein neues Binsenseil ansetzen (siehe Abb. links).

2. Wiederholen Sie diesen Vorgang in der rechten vorderen Ecke. Die erste Drehung geht nach rechts, die zweite nach links.

3. Bespannen Sie alle Ecken auf diese Art.

2. Arbeitsgang

An der linken Seitenleiste wird ein weiterer Strang Binsen festgebunden und wie vorher um beide vorderen Ecken geführt. Er wird nun aber nicht an die Seitenleiste gebunden, sondern zur hinteren Leiste gespannt und ebenfalls um die beiden hinteren Ecken geschlungen. Die Binsen werden dann zur linken vorderen Ecke geführt.

3. Arbeitsgang

Wenn Sie in jeder Ecke acht oder neun Stränge geflochten haben, binden Sie den Strang, mit dem Sie flechten, am hinteren Stuhlbein fest und polstern die Ecken.

1. Ziehen Sie jede Reihe gegen das entsprechende Stuhlbein und ziehen Sie die Diagonalen gerade.

2. Stutzen Sie die losen Enden unter der Sitzfläche mit einem Messer. Knicken Sie die abgeschnittenen Enden in der Mitte um, und stopfen Sie sie in die Taschen (zwei an jeder Ecke) zwischen den oben- und den untenliegenden Strängen. Schieben Sie sie mit einem Stecheisen fest nach.

4. Arbeitsgang

Wenn Sie die Ecken gut gepolstert haben, flechten Sie weiter, wobei Sie nach jeder achten oder zehnten Reihe die Ecken zusammendrücken und polstern.

1. Wenn Sie einen neuen Strang in einem engen Zwischenraum ansetzen müssen, knoten Sie ihn nicht, sondern führen Sie den alten in die Stuhlmitte und drehen Sie beide Stränge zusammen.

2. Wenn die Sitzfläche nicht quadratisch ist, werden zwei einander gegenüberliegende Leisten zuerst bespannt sein. Um die Lücke zu füllen, schlingen Sie die Binsen achtförmig um die anderen beiden Leisten.

3. Das Binsengeflecht wird nun sehr fest sein. Um die letzten Binsen durch die engen Zwischenräume zu schieben, drücken Sie die Binsen mit einem Stecheisen auseinander.

4. Die letzte Binse muß gut verknotet werden. Schlingen Sie sie

über die hintere Leiste, führen Sie sie auf der Unterseite zur Mitte. Heben Sie eine einzelne Binse aus der Mitte mit dem Stecheisen hoch, legen Sie die letzte Binse über die Spitze des Stecheisens, ziehen Sie sie durch. Verknoten Sie sie fest, schneiden Sie lose Enden ab.

Einen Armstuhl bespannen

Bei Armlehnen, die in den Seitenleisten etwas hinter den vorderen Stuhlbeinen stecken, muß die Sitzfläche anders bespannt werden. Die Armstützen werden abmontiert und die Binsen bis zu den Löchern gespannt. Die weiteren Stränge werden durch die Löcher gezogen. Wenn die Innenseite bespannt ist, wird die Außenkante des linken Lochs umwickelt. Der Strang wird nun zum anderen Loch gespannt und dieses ebenso umwickelt. Wenn Sie den Stuhl ganz bespannt haben, machen Sie die Binsen in den Löchern vor dem Einsetzen der Armstützen naß.

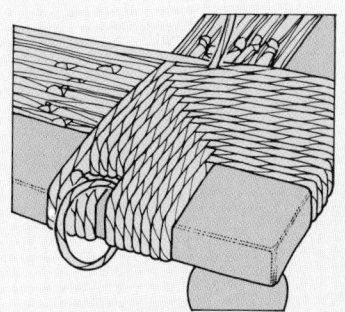

Das Loch umwickeln Umwickeln Sie die Außenseite. Dann ziehen Sie die Binse nach unten durch und zur anderen Seite des Sitzes.

BÜCHER

Bücher sammeln

Obwohl wir alle mit Dutzenden, wenn nicht sogar Hunderten von Büchern umgehen, gibt es nur wenige, die ihre ingeniöse Konstruktion, die über Jahrhunderte entwickelt wurde, zu schätzen wissen. Ein gut gemachtes Buch muß schon arg mißhandelt werden, um überhaupt einer Reparatur zu bedürfen.

Wie Bücher hergestellt werden

Bücher bestehen aus gefalzten Bogen – ein Bogen ist ein großes, bedrucktes, mehrmals gefalztes Papier, das aufgeschlitzt einzelne Blätter bildet. Die Bögen werden zum Buchblock zusammengeheftet. Der maschinenbeschnittene Buchblock moderner Bücher ist glatter als der alter Bücher.

Die Seiten

Die Buchseiten sind numeriert (»paginiert«); in alten Büchern tragen die Bogen zusätzlich eine »Signatur«, einen am Fuß der ersten Seite jedes Bogens gedruckten Buchstaben.

Der Buchrücken

Der Buchblockrücken ist durch Gaze verstärkt, die mit der Rückseite der gehefteten Bogen verleimt ist. Beim handgebundenen Buch sind die Bogen auf Heftbänder oder Kordeln geheftet. Die Kapitalbänder an Ober- und Unterkante des Buchblocks ergaben sich früher durch die besondere Art des Heftens. Heutzutage sind es angeleimte, gewebte Bänder, die zur Zierde dienen.

Der Bucheinband

Der Bucheinband besteht aus starker Grau- oder Strohpappe mit Leinen- oder Lederüberzug. Bei einem Ledereinband (Franzband) wurden die Heftkordeln unter dem Leder durch die Buchdeckel gezogen. Beim Leineneinband sind am Innenfalz die Gaze und, wenn vorhanden, die Heftbänder auf den Buchdeckel geklebt. Dies alles wird durch ein Vorsatzpapier überklebt. Eine weitere Verbindung zwischen Buchblock und Einbanddecke ist die Buchhülse, die an Buchrücken und Einbanddecke festgeklebt wird und ein Zerknittern des Einbandrückens, wenn das Buch geöffnet wird, verhindert.

Die Seiten

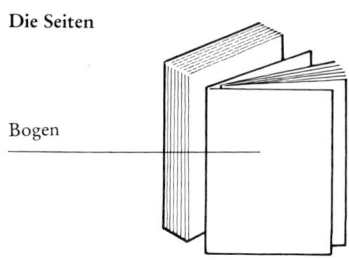

Bogen

Der Buchrücken

Kapitalband
Heftband
Heftgaze
Einlage

Die Buchdecke

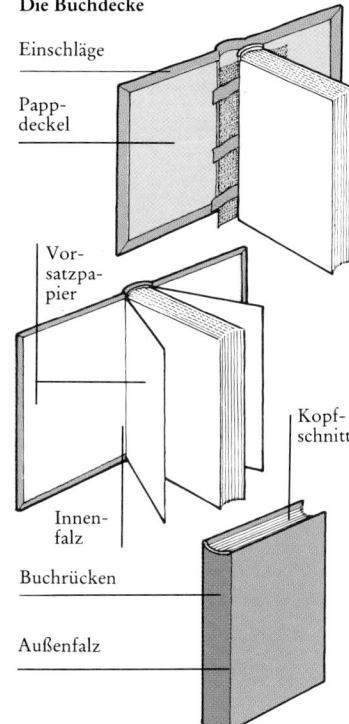

Einschläge
Pappdeckel
Vorsatzpapier
Innenfalz
Buchrücken
Außenfalz
Kopfschnitt

Schadensliste

* Einfache Reparatur
** Etwas Erfahrung erforderlich
*** Facharbeit – nicht für Anfänger

* **Lose Blätter** können leicht wieder eingeklebt werden. Sind es mehrere an einer Stelle, passen Sie auf, daß nicht der ganze Bogen herausfällt; dann wäre eine neue Heftung fällig.
*** **Fehlende Seiten** können nicht ersetzt werden. Kaufen Sie das Buch nicht, es sei denn, es ist ein seltenes Exemplar.
* **Fehlende Vorsatzpapiere** sind leicht zu ersetzen.
* **Unbeschnittene Seiten** sollten nicht nachträglich beschnitten werden, besonders dann nicht, wenn sie einen Büttenrand haben; er ist so beabsichtigt.
*** **Fleckiges oder schmutziges Papier** kann in der Regel gereinigt werden. Ein sehr fleckiges Buch muß jedoch von einem Fachmann auseinandergenommen und neu geheftet werden.
* Die meisten **Risse** können leicht ausgebessert werden, solange Sie behutsam vorgehen (siehe S. 157).
*** **Lose Bogen** Kaufen Sie keine Bücher, die neu geheftet werden müssen, außer Sie wollen das Buchbinden lernen.
* **Schmutzige Bucheinbände** können leicht gereinigt werden.
* **Sprödes Leder** kann man mit Lederbalsam auffrischen.
*** **Bröckeliges Leder** könnte durch »roten Verfall« entstanden sein. Fragen Sie einen Fachmann.
** **Abgenutzte Stellen** auf dem Einband können ausgebessert, Ecken verstärkt werden.
** Ein **gebrochener Falz** kann erneuert werden. Bitten Sie um einen größeren Preisnachlaß.
** Ist der **Buchrücken abgerissen**, kann man an die Einbanddeckel einen neuen Rücken arbeiten. Der alte Rücken kann darauf aufgezogen werden. Auch so ein Buch sollte wenig kosten.

Werkzeuge und Materialien

Für das Binden und Restaurieren eines Buchs ist keine besondere Werkstatt erforderlich. Sie brauchen nur einen stabilen Arbeitstisch mit glatter Oberfläche und eine gute Beleuchtung.

Werkzeuge

Messer Buchbinder benutzen ein Buchbindermesser, um das Material zu schneiden, aber ein Handwerksmesser mit austauschbaren Klingen genügt auch.

Stahllineal für genaue, gerade Schnitte.

Ein Schärfmesser zum Ausschärfen von Leder, bei Einschlägen und Falzen. Manche Handwerker benutzen einen Schabhobel (siehe S. 175).

Schere Zum Schneiden brauchen Sie eine stabile Schere.

Falzbein Dieses glatte Werkzeug aus Bein oder Plastik dient zum Andrücken von verleimtem Papier und Leinen sowie zum Falzen. Sie können es im Buchbinderfachhandel kaufen oder eins aus Plastik machen.

Pinsel Zum Leimen benutzen Sie kleine Flach- und einen 12-mm-Rundpinsel.

Radiergummi zur Reinigung schmutziger Blätter (siehe S. 156).

Naturschwamm zum Auftragen von Mehlpaste und Sattelseife.

Nadel zum Anheften eines Stofffalzes bei Lederbänden. Am besten ist eine Buchbindernadel mit kleiner Öse.

Buchpresse Obwohl bei einigen einfachen Reparaturen das Pressen unter schweren Gewichten ausreicht, benötigen Sie eine Buchpresse, wenn Sie öfter Bücher restaurieren möchten. Gehen Sie zum Fachhändler.

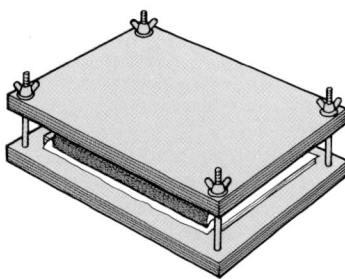

Eine Buchpresse Zwei starke Hartholzbretter mit Bolzen und Flügelschrauben an jeder Ecke dienen als Buchpresse. Ziehen Sie die Schrauben diagonal und langsam an, damit die Bretter gleichmäßig zusammengepreßt werden.

Eine Buchpresse benutzen Bevor Sie ein Buch in die Presse legen, schützen Sie es auf beiden Seiten mit Wachspapier, und legen Sie es so zwischen zwei Sperrholzplatten, daß deren eine Kante genau am Außenfalz liegt. Dadurch kann der gewölbte Buchrücken beim Pressen nicht beschädigt werden. Achten Sie darauf, daß Sie bei Büchern mit plastisch gearbeiteten Einbänden nur mäßig pressen.

Materialien

Dokumentenechtes Reinigungsmittel und Schleifpulver für die Reinigung von Papier.

Bleichmittel Gewöhnliche Bleichmittel entfernen Flecken.

Wachspapier verhindert, daß geleimte Blätter zusammenkleben.

Feines Wachs zur Pflege matter Leineneinbände.

Plakafarben, verdünnt, für verblichene Leineneinbände.

Sattelseife und Lederappretur Siehe S. 176.

Mehl-Wasser-Gemisch für die Reinigung alter Ledereinbände und zum Leimen eingerissenen Papiers. Kleister: Mischen Sie Mehl und Wasser im Verhältnis 1 : 2. Stellen Sie das Gefäß in einen Topf mit Wasser, und bringen Sie die Masse unter Rühren zum Kochen. Lassen Sie sie dann abkühlen.

Klebstoff PVA-Leim für Einbandreparaturen.

Seidenpapier Für die Reparatur eingerissener Blätter eignet sich feines, aber starkes Japanpapier.

Braunes starkes Packpapier zur Verstärkung des Buchrückens.

Vorsatzpapiere Nehmen Sie weißes, kräftiges Papier oder Marmorpapier (Fachhandel).

Dokumentenechtes Reparaturklebeband ist ein sehr dünnes, selbstklebendes Band zur Reparatur eingerissener Seiten. Nur im Fachhandel erhältlich.

Gaze Lose gewebter Musselin für Buchrücken und Innenfalz.

Einbandstoff wie Leinen und Buckram wird gefärbt und appretiert für den Bucheinband verwendet.

Leder Dünnes Leder in natürlichen und künstlichen Farben für den Bucheinband.

Gestochene Kapitalbänder Zierbänder zum Ankleben sind in großer Auswahl im Fachhandel erhältlich.

Bücher reinigen

Solange das Buch keine Beschädigungen aufweist, reinigen Sie es zuerst innen, dann den Einband. Ein Buch mit Ledereinband reinigen Sie zuerst mit einer Paste aus Mehl und Wasser, damit es für die nachfolgenden Restaurierungsarbeiten ausreichend geschmeidig ist. Nach dem Reparieren tragen Sie Lederappretur auf.

Blätter reinigen

Sie können Blätter und Vorsatzpapiere wie Drucke und Zeichnungen reinigen (siehe S. 165). Radiergummi, Brot, dokumentenechte Reinigungsmittel entfernen Schmutz, Fingerabdrücke und Bleistift. Tintenflecke und -notizen schmirgeln Sie in kleinen Kreisbewegungen sorgfältig mit feinem Schleifpapier ab (nicht über Gedrucktes). Halten Sie das Blatt öfter gegen das Licht, um zu kontrollieren, daß Sie keine Stelle dünnschleifen.

Buntstift kann durch Auftragen von Klebstoff auf Gummibasis entfernt werden, der nach dem Trocknen mit den Fingern abgeblättert wird. Gegebenenfalls wiederholen Sie den Vorgang. Um sicherzugehen, daß der Klebstoff das Papier nicht angreift, probieren Sie ihn zuerst aus.

Bunte Vorsatzpapiere werden mit dokumentenechtem Reinigungsmittel gereinigt; schärfere Mittel sollten Sie vermeiden. Imprägnierte Vorsatzpapiere von leicht pudriger Beschaffenheit sind sehr empfindlich und sollten nicht berührt werden.

Papier bleichen

Bücher haben oft kleine braune Stockflecken. Zusammen mit anderen Flecken können sie ausgebleicht werden, die Blätter müssen jedoch herausgetrennt werden. Ist das ganze Buch stockfleckig, muß es auseinandergenommen, gereinigt und neu geheftet werden. Dies wird am besten einem Fachmann überlassen. Um einzelne Blätter zu entfernen, legen Sie ein Stück in Wasser getränkten, dünnen weichen Bindfaden an den Innenfalz der zu entfernenden Seite und schließen das Buch etwa eine Minute. Das Wasser weicht die Seite am Falz auf, und sie läßt sich dann leicht herausziehen.

Vor Einlegen der Fadens deckt man die anderen Blätter zum Schutz mit Wachspapier oder Plastik ab.

Durch Verleimen mit der inneren Kante der gegenüberliegenden Seite eingefügte Blätter werden vorsichtig mit den Fingern entlang der Klebung abgelöst.

Einzelne Seiten bleichen Sie wie Graphiken (siehe S. 165), aber nicht so stark, daß sie von den anderen sehr abstechen. Nach dem Bleichen erhält das Papier durch Behandeln mit sehr dünnflüssiger Mehl-Wasser-Paste wieder seine ursprüngliche Steifheit. Tragen Sie die Paste mit einem Schwämmchen beidseitig auf das Blatt auf (von der Mitte zu den Rändern). Nach dem Trocknen auf weißem Löschpapier pressen Sie es (siehe S. 155) und fügen es wieder ein (siehe S. 157).

Stockflecken behandeln

Bei zu hoher Luftfeuchtigkeit kommt es zu Pilzbildung, wodurch sich die Deckel verziehen und die Blätter wellen können und stark fleckig werden. Hier kann nur ein Fachmann Abhilfe schaffen. Wenn das Buch nur wenige Flecken hat, stellen Sie es mit fächerartig ausgebreiteten Blättern aufrecht hin, lassen es so an einem trockenen, luftigen Ort und trennen die Seiten ab und zu. Ist der Schimmel trocken und pulvrig, bürsten Sie ihn im Freien ab.

Wenn Ihre Bücher Feuchtigkeit ausgesetzt sind, müssen Sie der Ursache nachgehen und sie beseitigen. Überprüfen Sie Ihre Bücher auf Schäden, bevor diese nicht mehr zu beheben sind. Reinigen Sie sorgfältig die Regale, und sehen Sie nach, ob sie vom Holzwurm befallen sind, der sich auch durch Bücher bohrt (siehe S. 130).

Kopfschnitt reinigen

Am Kopfschnitt sammelt sich unweigerlich Staub an. Halten Sie das Buch fest geschlossen, und blasen Sie den Staub ab. Staub an Kapitalband und Einbandinnenkanten entfernen Sie mit einem Pinsel. Falls absolut nötig, reiben Sie den Kopfschnitt vom Rücken zur Vorderkante mit nur leicht feuchter Watte ab. Goldschnitt darf nur mit einem trockenen Wattebausch abgewischt werden.

Einbände reinigen

Leineneinbände sind leichter zu reinigen als Ledereinbände; Sorgfalt ist bei beiden angeraten.

Leineneinbände

Verschmutzte Leineneinbände reinigen Sie mit einem feuchten Schwamm. Vermeiden Sie es, die Oberfläche zu naß zu machen und Wasser an die Seiten zu bringen. Seien Sie bei Goldprägungen besonders vorsichtig, da sie leicht verwischen. Wenn die Oberfläche trocken ist, reiben Sie mit kreisförmigen Bewegungen feines Wachs ein. Anschließend mit trockenem Baumwollappen polieren.

Ein verblichener Buchrücken kann oft mit Wachs aufgefrischt werden, während größere verbliebene Stellen schwieriger zu behandeln sind. Mit wasserlöslicher Tusche auf einem Baumwollappen färben Sie die Stellen ein und gleichen Farbunterschiede aus. Üben Sie zuerst an einem nicht wertvollen Buch. Abgescheuerte Stellen des Leinens können mit entsprechend gefärbter Stärke kaschiert werden.

Ledereinbände

Ein verschmutzter Ledereinband wird mit Sattelseife gereinigt und dann mit Lederbalsam behandelt (siehe S. 176), der einige Stunden einziehen soll. Danach wird das Leder mit einem Tuch poliert.

Altes, ausgetrocknetes Leder wird mit Mehl-Wasser-Brei behandelt, der die Oberfläche reinigt und stärkt. Tauchen Sie einen feuchten Schwamm leicht in den Brei, und reiben Sie ihn mit Kreisbewegungen ein. Nach dem Trocknen tragen Sie Lederbalsam auf.

Bücher restaurieren

Es braucht jahrelange Erfahrung, um das Handwerk des Buchbindens perfekt zu beherrschen. Schwierige Restaurierungsarbeiten, vor allem an Ledereinbänden, sollten Sie dem Fachmann überlassen, es sei denn, Sie wollen dieses Handwerk erlernen. Die meisten Ledereinbände erfordern andere Techniken als Leineneinbände. Sie ordentlich zu restaurieren, ohne teures Material zu verschwenden, verlangt größere Kunstfertigkeit; kleinere Restaurierungsarbeiten können jedoch auch von einem Amateur bewältigt werden.

Einen Knick beheben

Anstatt ein Lesezeichen einzulegen, macht man oft einfach ein Eselsohr. Solch ein Knick ist oft nur schwer oder überhaupt nicht zu entfernen. Glätten Sie ihn mit einem Falzbein, und pressen Sie das Buch. Wenn Sie damit keinen Erfolg haben, legen Sie mehrere Blätter Löschpapier unter das Blatt, befeuchten den Knick, legen weiteres Löschpapier darauf und pressen mit einem warmen Bügeleisen.

Ein Blatt wieder einkleben

Oft ist ein einzelnes Blatt lose. Es wird mit PVA-Kleber wieder eingeklebt. Legen Sie am Innenrand des Blattes einen Papierstreifen so an, daß ein Rand von etwa 3 mm bleibt; auf diesen tragen Sie eine dünne Leimschicht auf. Achten Sie beim Entfernen des Papierstreifens darauf, daß das Blatt nicht verschmiert. Kleben Sie es dann am Falz an, achten Sie darauf, daß es an den Kanten bündig mit den anderen Blättern ist.

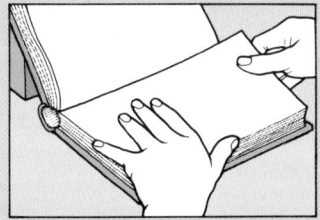

Drücken Sie die verleimte Kante fest an, und legen Sie während des Trocknens in den Falz Wachspapier.

Eingerissene Blätter

Ein eingerissenes Blatt kann wie ein Druck geleimt werden (siehe S. 169), sollte aber zusätzlich auf einer Seite mit dokumentenechtem Klebeband verstärkt werden. Mit dem Falzbein drücken Sie es fest an, damit keine Luftbläschen bleiben. Verwenden Sie nie gewöhnliches Klebeband.

Sie können auch mit Mehl-Wasser-Brei und Japanpapier arbeiten: Reißen Sie einen Streifen Japanpapier ab (die Ränder sind dadurch dünner); legen Sie Wachspapier unter das beschädigte Blatt, pinseln Sie die Rißkanten mit dem Mehlbrei ein. Bestreichen Sie damit auch das Japanpapier, legen Sie es auf den Riß, bürsten Sie es sorgfältig an, bedecken Sie es mit Wachspapier, schließen Sie das Buch. Seien Sie beim Entfernen des Wachspapiers sehr behutsam. Das Gedruckte ist durch das Japanpapier zu erkennen.

Eine Ecke anfügen

Verwenden Sie die gleiche Technik wie auf S. 170 beschrieben. Verstärken Sie die Klebestelle mit Japanpapier.

Löcher füllen

Wie Wurmlöcher gefüllt werden, ist auf Seite 169 beschrieben. Sind jedoch mehrere Blätter vom Holzwurm befallen, ist die Arbeit sehr mühsam. Legen Sie Wachspapier unter die betroffenen Blätter, und füllen Sie die Löcher mit Papierbrei. Kleben Sie über jedes Loch ein Stückchen Seidenpapier.

Abgenutzten Einband ausbessern

Buchecken sind empfindlich und oft stark abgenutzt. Kleben Sie nach Möglichkeit losgelöstes Leinen oder Leder wieder an. Sind die Ecken ganz abgestoßen, bringen Sie neue an. Lederflicken können gefärbt, neues Leinen kann mit wasserlöslicher Tusche getönt werden.

Wenn die Schichten des Deckels sich lösen, streichen Sie mit dem Pinsel etwas Leim dazwischen und drücken sie wieder zusammen. Die folgenden Anleitungen beziehen sich auf das Ausbessern einer Ecke.

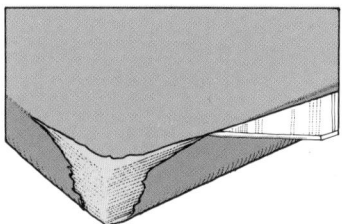

1. Schlitzen Sie den Bezug längs der Buchdeckelaußenkante von der Ecke weg in beide Richtungen auf; lösen Sie die dreieckige Lasche behutsam – altes Leder ist oft spröde – mit dem Messer. Wollen Sie das Vorsatzpapier erhalten, gehen Sie an der Innenseite genauso vor.
2. Schneiden Sie aus dem neuen Einbandmaterial ein dreieckiges Stück zu, das unter die Lasche paßt und an den Rändern etwa 10 mm übersteht. Bei Leder achten Sie darauf, daß es ausgeschärft, d. h. möglichst dünn ist (siehe S. 175).

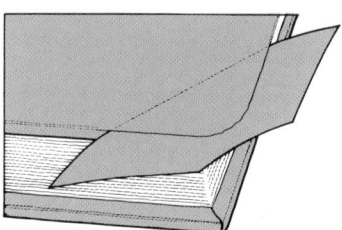

3. Auf Flickenunterseite und den Deckel tragen Sie PVA-Leim auf, schieben den Flicken unter die Lasche und reiben beides mit den Fingern gut an. Schneiden Sie die Ecke des Flickens so ab, daß etwa 5 mm Einschlag bleiben, bei Leder etwas mehr.

Einen gebrochenen Falz reparieren

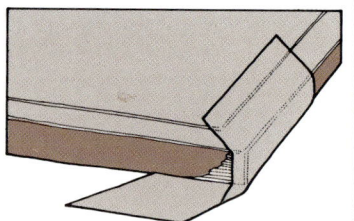

4. Schlagen Sie eine Seite um die Kante des Buchdeckels nach innen, reiben Sie sie an.

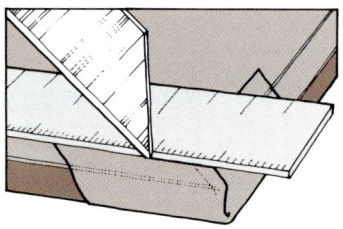

5. Drücken Sie die Falte an der Ecke mit dem Daumennagel flach, schlagen Sie die andere Seite ein, reiben Sie sie an. Schneiden Sie die Einschläge bei.

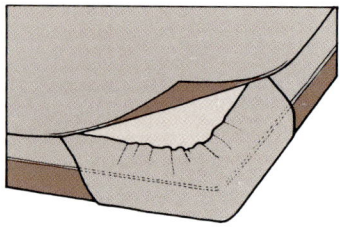

6. Dünnes Leder dehnt sich mehr als Leinen; Überschuß wird unter dem Vorsatzpapier gefältelt. Es entsteht eine sanfte, abgerundete Ecke. Lederflicken bestreicht man am besten zweimal mit Leim und läßt die erste Schicht eindringen, bevor die zweite aufgetragen wird; so wird das Leder geschmeidig.

7. Schneiden Sie eventuell ausgefranste Ränder der abgelösten Lasche bei, tragen Sie auf die Unterseite Leim auf, und drücken Sie sie mit dem Falzbein an. Auf Leder legen Sie ein Stück Acetat, damit das Leder nicht gequetscht wird. Wischen Sie herausquellenden Leim mit einem sauberen, feuchten Schwamm ab.

Der Falz zwischen Buchdecke und Buchblock wird vom Vorsatzpapier bedeckt. Wenn er locker oder gebrochen ist, löst sich der ganze Einband. Beschädigte Vorsatzpapiere sind ein Zeichen dafür, daß der Falz zu stark belastet ist. Hier ist es besser, ihn zu erneuern. Die hier beschriebene Technik ist nur für Leineneinbände gedacht. Ledereinbände benötigen einen stärkeren, komplizierteren Falz.

1. Mit einem Messer schneiden Sie vorsichtig längs der Heftgaze durch das Vorsatzpapier. Manche Bücher sind auf die Heftung verstärkende Heftbänder geheftet, deren Enden unter dem Vorsatzpapier an den Buchdeckel geklebt sind. Schneiden Sie um die Heftbänder herum, um sie zu erhalten.

2. Wenn die Bogen neu geheftet werden müssen, überlassen Sie das einem Fachmann. Ist das Buch ansonsten unbeschädigt, tragen Sie auf den Buchblockrücken Mehlkleister auf und lassen ihn 10–15 Minuten einziehen. Mit einem Messerrücken kratzen Sie dann aufgeweichten Leim und Heftgaze ab. Sie können das alte Vorsatzpapier auf dem Buchdeckel lassen und neues darüberkleben.

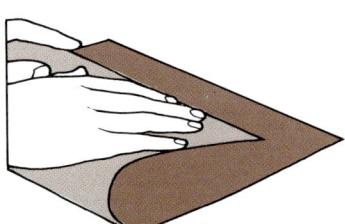

3. Die Faserrichtung des neuen Vorsatzpapiers muß parallel zum Buchblockrücken verlaufen. Sie biegen das Papier erst der Länge nach, dann quer, ohne es zu knik-ken. Parallel zur Faserrichtung läßt sich das Blatt leichter biegen.

4. Schneiden Sie Vorsatzpapier in Höhe und doppelter Breite des Buchblocks mit 5 mm Zugabe rundum zu, knicken Sie es in der Mitte fest um, decken Sie es wie auf Seite 157 beschrieben ab.

5. Kleben Sie ein Vorsatzpapier am ersten, das andere am letzten Bogen an, so daß der Knick mit dem Falz abschließt. Reiben Sie das Vorsatzpapier an; lassen Sie den Leim trocknen.

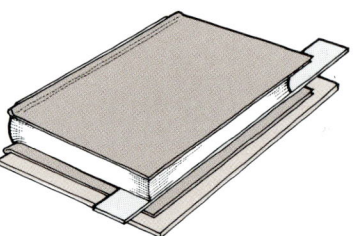

6. Zum Beschneiden des Vorsatzpapiers legen Sie das Buch auf ein Stück Pappkarton. Zwischen Buch und Vorsatzpapier legen Sie ein Stahllineal, das bündig mit der Kante des Buchblocks abschließt. Halten Sie das Buch mit einer Hand fest, beschneiden Sie das Vorsatzpapier mit einem Messer.

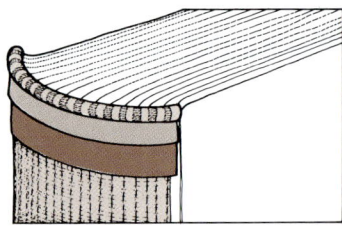

7. Mit PVA-Kleber bringen Sie Kapitalbänder am Buchrücken an.
   Schneiden Sie Heftgaze in der Höhe des Buchrückens mit beidseitig 20 mm Überstand zu. Tragen Sie

Rückenerneuerung an Leinenbänden

PVA-Kleber auf den Buchrücken auf, drücken Sie die Gaze mit dem Falzbein an.

8. Zur Verstärkung kleben Sie braunes Packpapier (Faserrichtung parallel zum Buchrücken), so breit wie der Buchblockrücken, oben und unten jedoch etwas kürzer, über die Gaze.

9. Legen Sie den Buchblock zwischen die Deckel , schieben Sie ihn so zurecht, daß die Ränder gleich breit sind. Öffnen Sie einen Deckel, halten Sie das Buch dabei fest. Zwischen das Vorsatzpapier legen Sie Zeitungspapier.

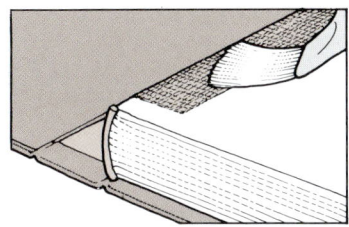

10. Auf die Unterseite der überstehenden Heftgaze tragen Sie PVA-Kleber auf und legen die Gaze auf das Vorsatzpapier. Dann wird dieses ganz mit Leim bestrichen (dünn und gleichmäßig, vom Buchrücken nach außen). Das eingelegte Papier wird durch Wachspapier ersetzt.

11. Drücken Sie den Einbandrükken sorgfältig an, klappen Sie den Deckel zu, drücken Sie ihn mit der Hand an; öffnen Sie das Buch erst, wenn der Leim trocken ist.

12. Mit dem zweiten Vorsatzpapier verfahren Sie genauso. Arbeiten Sie zügig, da das durch den Leim feuchte Vorsatzpapier »wächst«. Das Buch wird nun in der Presse (siehe S. 155) fünf Minuten mit starkem, dann noch eine Stunde mit leichterem Druck gepreßt.

Wenn der Rücken längs des Falzes abgerissen ist, sollte er mit einem neuen Leinenbezug versehen werden. Heftgaze und Vorsatzpapiere sollten auch ersetzt werden, außer sie sind unbeschädigt. Ledereinbände erfordern eine andere Technik (siehe S. 160).

1. Trennen Sie den Buchblock vom Einband, bringen Sie Heftgaze und Vorsatzpapiere wie beschrieben an.

2. Machen Sie einen Schnitt parallel zum Falz (Abstand etwa 5 mm; sind Verzierungen auf dem Einband, richten Sie sich nach diesen) sowie je einen 2 cm langen an Ober- und Unterkante, legen Sie den Streifen um.

3. Schneiden Sie das neue Leinen so zu, daß es oben und unten 2 cm und an den Seiten so viel übersteht, daß es um den Buchrücken und unter die vom Einband gelösten Streifen paßt. Färben Sie es, wenn nötig, passend zum Einband.

4. Aus dünnem Karton schneiden Sie eine Einlage, so hoch wie der Deckel und von Falz zu Falz reichend. Auf eine Seite des neuen Leinens und auf einen Buchdeckel (unter den Streifen) pinseln Sie PVA-Kleber.

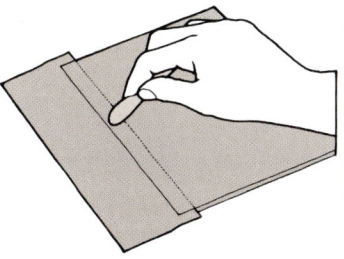

5. Legen Sie das Leinen unter den Streifen, drücken Sie es mit dem Falzbein an. Wenden Sie den Deckel, legen Sie das Buch darauf und obenauf den anderen Deckel.

6. Die Kartoneinlage wird gegen den Buchblock gehalten, das Leinen darübergelegt und angerieben. Streichen Sie unter den anderen Streifen PVA-Kleber, stecken Sie das Leinen mit dem Falzbein unter den Streifen, reiben Sie es an.

7. Nehmen Sie die Decke vom Buch, korrigieren Sie die Einlage, wenn sie nicht mittig liegt.

8. Das Leinen wird oben und unten eingeschlagen und in den Falz gerieben. Drehen Sie den Einband um, falzen Sie beide Falze.

9. Streichen Sie auf die Unterseite beider Streifen (vgl. 2.) PVA-Kleber, drücken Sie sie an, wischen Sie herausquellenden Leim mit feuchtem Schwamm ab.

10. Zwischen Einband und Buch legen Sie Wachspapier und lassen das Ganze unter einem leichten Gewicht etwa eine Stunde trocknen. Befestigen Sie den Einband am Buch (siehe oben). Die Kartoneinlage des alten Buchrückens wird mit einem Schwamm naß gemacht und dann abgekratzt. Beschneiden Sie die Ränder des alten Buchrückenbezugs, und kleben Sie ihn auf den neuen Leinenrücken auf.

Erneuerung des Rückens an Lederbänden

Mit einiger Übung kann ein Amateur auch bei Lederbänden den Rücken neu arbeiten.

1. Viele Bücher haben erhaltenswerte Vorsatzpapiere. Kleben Sie diese längs des Falzes am ersten bzw. letzten Bogen an (siehe S. 157), schneiden Sie längs des Innenrandes beider Buchdeckel und lösen Sie einen Streifen des an den Deckeln festgeklebten Vorsatzpapiers. Lösen Sie Streifen an der Buchdeckelaußenseite (siehe S. 159).

2. Schneiden Sie aus Buchbindestoff Streifen zurecht (25 mm breit und so lang wie die Vorsatzpapiere), so daß sie genau bündig mit dem Buchblock sind.

3. Nähen Sie die Stoffstreifen mit Leinenzwirn am ersten bzw. letzten Bogen fest. Am Anfang befestigen Sie den Faden mit ein paar Stichen auf der Stelle.

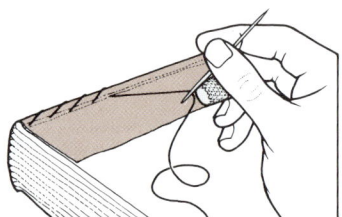

4. Nähen Sie überwendlich mit etwa 10 mm langen Stichen längs der Kante. Schneiden Sie den Faden am Ende nicht ab, sondern legen Sie ihn über den Buchrücken und nähen Sie längs der anderen Kante wieder zurück. Verknoten Sie den Faden.

5. Kleben Sie Kapitalbänder und einen Gazestreifen (nicht breiter als der Rücken) an. Bringen Sie eine Hülse (siehe re.) an.

6. Aus dem Original ähnlichem Leder schneiden Sie einen neuen Einbandrücken. Ränder sorgfältig ausschärfen (siehe S. 175).

7. Streichen Sie Mehl-Wasser-Paste auf die Innenseite des Einbandrückens, nach fünf Minuten nochmals. Inzwischen bepinseln Sie die Deckelaußenseiten unter den losen Streifen mit PVA-Kleber.

8. Schieben Sie den neuen Rücken unter einen der losen Streifen, reiben Sie alles gut an. Legen Sie das Leder um den Buchrücken, stecken Sie den Rand unter den losen Streifen des anderen Deckels.

9. Pinseln Sie PVA-Kleber unter die Streifen, reiben Sie sie an. Mit feuchtem Schwamm darüberwischen. Ziehen Sie den Einband wieder von der Hülse ab.

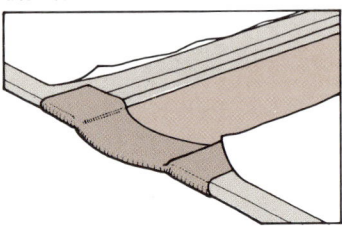

10. Machen Sie oben und unten Einschläge, die leicht kurvig verlaufen sollten. Fügen Sie den Buchblock ein, pressen Sie die Klebefalz gut an. Binden Sie Zwirn um die Falze, um die Kerbe zu beiden Seiten des Einbandrückens zu formen.

11. Biegen Sie das obere Ende des Einbandrückens leicht über das Kapitalband. Schieben Sie Pappeinlagen unter die Buchdeckel, legen Sie das Buch zwischen Sperrholzplatten, beschweren Sie es über Nacht.

12. Schneiden Sie den Zwirn durch, entfernen Sie die Pappeinlagen. Schneiden Sie von einem der Stoffstreifen die Ecken ab, bestreichen Sie ihn mit PVA-Kleber.

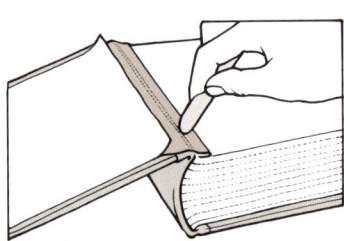

13. Halten Sie den Deckel fest gegen den Buchblock gepreßt, falten Sie den Stoffstreifen darüber, reiben Sie ihn im Falz und auf dem Deckel unter dem Vorsatzpapier fest. Kleben Sie das Vorsatzpapier wieder an. Wiederholen Sie Schritt 12 und 13 beim anderen Stoffstreifen. Mit wiedereingefügten Kartoneinlagen geben Sie jetzt das Buch in die Presse.

Eine Hülse machen

Eine Hülse ist eine flachgedrückte Röhre, deren eine Seite am Buchblock- und deren andere Seite am Einbandrücken festgeklebt ist.

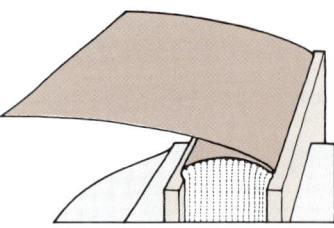

1. Beim Öffnen des Buches geht die Hülse mit auf, so daß der Einbandrücken ohne Knick in einer Kurve zurückspringt. Um eine Hülse zu machen, halten Sie das Buch zwischen Holzplatten im Schraubstock und kleben ein Blatt starken braunen Packpapiers (Faserrichtung parallel zum Rücken) mit PVA-Kleber auf den Rücken.

2. Falten Sie das Papier einmal, um die Breite zu markieren; ziehen Sie es wieder ab. Falten Sie es noch einmal um, auf die mit Klebstoff bestrichene Seite.

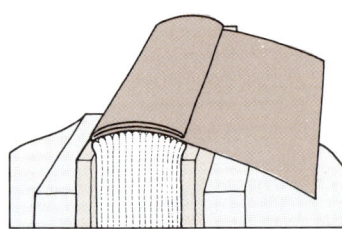

3. Legen Sie das gefaltete Papier wieder auf den Buchblockrücken, nach einem eventuellen zweiten Leimauftrag.

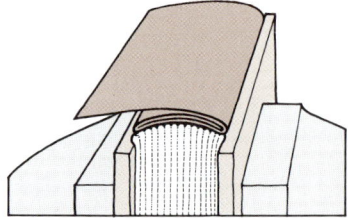

4. Bestreichen Sie die Oberseite der Röhre mit Leim, falten Sie das verbleibende Papier darüber. Überstehende Ränder (längs des Rückens sowie oben und unten) schneiden Sie mit einer Schere ab.

DRUCKGRAPHIK, ZEICHNUNGEN UND GEMÄLDE

Bilder sammeln

In der Vorstellung vieler Menschen besteht der Kunstmarkt aus einem exklusiven Club reicher Leute, die unbezahlbare Meisterwerke sammeln. Diese bilden aber lediglich die oberste Spitze des Kunstmarkts. Wenn Sie aber aus ästhetischen Gründen an Bildern interessiert sind und diese nicht so sehr als Wertanlage verstehen, werden Sie Sammelnswertes zu moderaten Preisen finden.

Druckgraphik

Das Sammeln von Druckgraphik ist ein guter Einstieg in das Kunstsammeln. Sie ist im allgemeinen nicht teuer und bietet ein reichhaltiges Angebot in verschiedenen Techniken.

Hochdruckverfahren

Die nicht druckenden Teile werden aus einer Holzplatte geschnitten, so daß die Zeichnung erhaben stehenbleibt. Dann wird mit einer Walze Farbe auf die Platte gebracht und mit leichtem Druck auf Papier übertragen.

In dieser Technik entstehen Holzschnitte und -stiche. Der Holzschnitt ist die älteste Drucktechnik. Er zeigt relativ grobe, kräftige und schwarze Linien. Der Holzstich wirkt viel feiner: Mit Hilfe eines dünnen Meißels oder einer Graviernadel wird in das kurzfaserige Holz geschnitten, was eine feinere Linienführung als beim Holzschnitt ermöglicht.

Holzstich (Detail)

Tiefdruckverfahren

Bei diesem Verfahren wird das Motiv in eine Metallplatte gestochen, bis zum frühen 19. Jahrhundert in Kupfer, später auch in Stahl. Mit Druckfarbe überzogen und anschließend abgewischt (so daß nur noch die Furchen eingefärbt sind), wird die Platte auf das Papier gepreßt, wodurch sich das eingefärbte Motiv auf das Papier überträgt, und sich die Umrisse der Platte abzeichnen (»Plattenrand«).

Metallstich In die Metallplatte werden die Linien mit einem Grabstichel eingegraben. Die Zeichnung erscheint leicht erhaben, da das Papier bei der Übertragung mit starkem Druck in die eingefärbten Furchen gepreßt wurde. Unter der Lupe wird dieser Reliefeffekt sichtbar.

Handkolorierter Stich

Kaltnadelradierung Diese Technik ähnelt der eben beschriebenen insofern, als das Metall der eingegrabenen Linien nicht entfernt wird, sondern als Grat auf beiden Seiten der Furche stehenbleibt. Auch die Grate nehmen Farbe auf, so daß das Linienmuster dieses Drucks besonders kräftig wirkt.

Mezzotinto (Schabekunst) Die gesamte Oberfläche einer Metallplatte wird zunächst mit einem gezahnten Wiegeeisen gleichmäßig aufgerauht. Die Zeichnung entsteht erst durch Schaben und Polieren der Platte.

Mezzotinto (Detail)

Radierung Die Platte wird mit einem dünnen Ätzgrund überzogen, in den mit einer Radiernadel Linien geritzt werden. In einem Säurebad werden an den von der Nadel bloßgelegten Stellen Vertiefungen in das Metall geätzt, deren Stärke abhängig ist von der Dauer der Säureeinwirkung. Unter der Lupe erscheint die Linie ungleichmäßig, da die Säure die Linienränder mit ätzt.

Radierung (18. Jahrhundert)

Punktiermanier Die Platte wird stellenweise mit einem spitzen Werkzeug punktiert. Unter der Lupe erkennen Sie die Zeichnung als lauter kleine Pünktchen.

Weichgrundätzung Die Linien erscheinen weicher als die der herkömmlichen Radierung, sie ähneln Bleistift- oder Kreidezeichnungen. Auf den durch Zugabe von Talg weicheren Ätzgrund wird Papier gelegt, darauf gezeichnet. Beim vorsichtigen Abheben bleibt an den gezeichneten Stellen – auf der Rückseite des Papiers – der Ätzgrund haften.

Aquatinta Die Platte wird mit Harzpuder bestäubt, der durch Anwärmen der Platte haften bleibt. Die Ätzflüssigkeit greift nur die Stellen an, die nicht von Harzkörnchen bedeckt sind. Im Druck erscheinen die geätzten Stellen schwarz.

Aquatinta (Detail)

Flachdruckverfahren

Diese Technik beruht auf der wasserabstoßenden Eigenschaft von Fett. Auf Zink, Aluminium oder einen Kalkstein wird mit fetthaltiger Tusche gezeichnet. Der Farbträger wird dann mit Wasser befeuchtet, das von den fetthaltigen Tuschelinien abgestoßen wird. Die anschließend aufgetragene Druckfarbe wird wiederum vom Wasser abgestoßen: Nur die gezeichneten Partien nehmen Farbe an.

Lithographie aus dem 19. Jahrhundert (Detail)

Gemälde

Hinsichtlich des verarbeiteten Materials lassen sich zwei Arten unterscheiden:

Aquarelle Aquarellfarben sind durch wasserlösliches Gummi arabikum gebundene Pigmente. Durch transparente Lasuren wirken die meist kleinformatigen, auf saugfähigem Papier ausgeführten Aquarelle zart und unstofflich.

Ölgemälde Die Ölmalerei, so wie wir sie kennen, kam erst in der Renaissance auf. Ölfarben können sehr satt und dunkel wirken und lassen sich gut mischen. Sie werden Schicht für Schicht aufgetragen – somit trägt die Textur der Farbe zur malerischen Qualität des Gemäldes bei. Die meisten Ölgemälde werden auf Leinwand gemalt, gelegentlich wurden aber auch Holzplatten verwendet.

Aquarell (19. Jahrhundert)

Ölgemälde (19. Jahrhundert)

Zeichnungen

Zeichnungen sind ein relativ preiswerter Einstieg in das Kunstsammeln. Eine Originalzeichnung ist billiger als ein Aquarell oder Ölbild desselben Künstlers. Und gezeichnet wird nicht nur mit dem Bleistift, sondern auch mit anderen Materialien.

Bleistift

Achten Sie auf unsignierte Skizzen, die als Vorstudien zu Gemälden dienten. Die eine oder andere könnte doch von einem namhaften Künstler stammen.

Tusche

Hauptsächlich wird schwarze Tusche verwendet, man findet aber auch farbige Tuschzeichnungen, vor allem in Sepia oder Braun. Schwarze Tusche ist dauerhafter; sie wurde mit Wasser verdünnt, auch laviert. Bis zum 18. Jahrhundert wurde mit Rohrfedern, später mit Stahlfedern, gezeichnet.

Tuschzeichnung (19. Jahrhundert)

Kreide

Kreide ist ein sehr vielseitiges Medium. Sie bietet ein weites Spektrum an Farbtönen und Strukturen. Schwarze und rote Kreidezeichnungen sind am häufigsten. Weiße Kreide wird auch zum Höhen von Zeichnungen verwendet.

Pastell

Das Pastell ähnelt in der Weichheit seiner Wirkung einer Kreidezeichnung. Die Pastellkreiden bestehen aus Pigment und feiner Kreide mit einem Bindemittel aus Gummi, sie sind sehr farbintensiv. Das Pastell ist seit dem 18. Jahrhundert verbreitet.

Pastell (frühes 20. Jahrhundert)

Kohle

Kohle (Holzkohle) ist vielleicht das älteste Zeichenmaterial. Kohlezeichnungen sind meist von dichtem Schwarz und im Stil sehr frei. Sie sind sehr empfindlich und daher verhältnismäßig selten.

Silberstift

Auf spezialbeschichtetem Papier werden mit einer sehr feinen, spitzen Nadel aus Silber (Silberstift) äußerst zarte, graue Linien gezeichnet.

Buntstifte

Farbzeichnungen können auch mit Buntstiften angefertigt werden. Diese Technik kam zu Anfang des 19. Jahrhunderts auf.

Buntstiftzeichnung
(19. Jahrhundert)

Kauftips

● Keine Graphik auf dünnem, empfindlichem Papier kaufen, es läßt sich schlecht restaurieren. Normal starkes Papier ist leichter zu behandeln, doch bleiben die Restaurierungen sichtbar. Bestehen Sie deshalb auf einem Preisnachlaß.

● Für einen auf Karton gezogenen Druck sollten Sie nicht allzuviel bezahlen: Bei eventueller Restaurierung läßt er sich vielleicht nicht ablösen.

Schadensliste

* Einfache Reparatur
** Etwas Erfahrung notwendig
*** Facharbeit – nicht für Anfänger

Druckgraphik, Aquarelle und Zeichnungen

* Abgesehen von Tinten- und Fettflecken, ist Graphik (ausgenommen Kreidezeichnungen und Pastelle) leicht zu reinigen.

* **Rostbraune Tupfer** auf Drucken (Stockflecken). Dieser Pilzbefall läßt sich mit einem Bleichmittel behandeln.

** Durch Insekten verursachte **Löcher** im Papier können ausgefüllt werden.

** Das Ergänzen **fehlender Ecken** erfordert Übung!

Ölgemälde

*** **Bröckelnde** und **Blasen** werfende Farbschichten sollten einem Fachmann anvertraut werden.

*** **Löcher** und **Risse** können geflickt werden, anschließende Farbretuschen sollte der Fachmann ausführen. Gerissene Leinwand kann doubliert werden.

*** Verrostete **Nägel** schwächen die Leinwand, die an diesen Stellen doubliert werden kann.

** **Vergilbter Firnis** muß eventuell entfernt werden.

** Ein trüber **Firnisbelag** – bekannt als »Blauen« – muß u.U. entfernt werden.

Werkzeuge

Universalmesser und Stahllineal
Verwenden Sie diese beim Schneiden von Passepartouts und zum Ansetzen von Ecken.
Bügeleisen zum Glätten der Blätter.
Breiter Künstlerpinsel Nehmen Sie beim Firnissen von Ölgemälden einen breiten, flachen Borstenpinsel.
Winkel, Reißschiene und Zeichenbrett zum Ziehen von Zierlinien auf Passepartouts.
Ziehfeder Eine verstellbare Feder zum Ziehen von Begrenzungslinien.

Materialien

Weißes Löschpapier zum Trocknen naßgereinigter Drucke und Entfernen von Fettflecken.
Knetradierer Ein weicher Radierer zur Trockenreinigung.
Haushaltsbleichmittel stark verdünnt zum Entfernen von Flecken auf Graphiken.
Terpentinersatz und Wundbenzin Lösungsmittelmixtur zur Firnisbehandlung.
Naturharzfirnisse Firnisse aus Naturharz eignen sich am besten.
Tapetenkleister zum Flicken von Rissen.
Dokumentenkleber Verstärken Sie damit zerrissenes Papier.
Aufziehkarton Nehmen Sie säurefreies Material.
Ungrundierte Leinwand zum Flicken.
Hasenleim und Latexkleber eignen sich hervorragend zum Flicken beschädigter Leinwand.
Füllmasse Zum Ausfüllen von Löchern in der Leinwand gibt es Spezialfüllmasse.
Naß- und Trockenschleifpapier Extrem feines Schmirgelpapier zum Glätten von Füllmassen.
Federklammern werden angeschraubt als Halterung des Keilrahmens.
Epoxydharzkitt wird bei der Reparatur von Rahmen benutzt.
Zahnärztliche Füllmasse zur Restaurierung des Rahmenprofils.
Metallische Pulver zur Retusche vergoldeter Rahmen.

Drucke und Zeichnungen reinigen

Da es bei Kunstwerken so viele verschiedene Techniken gibt, können Sie bei der Wahl der Reinigungsmethode nie vollkommen sicher sein, daß gerade diese für das jeweilige Blatt in der Tat ungefährlich ist. Arbeiten Sie aus diesem Grund besonders vorsichtig. Die ausführlichen Hinweise, die wir hier geben, sollten Ihnen helfen, das Risiko auf ein Minimum zu reduzieren. Wenn Sie unsicher sind, mit welcher Art von Bild Sie es zu tun haben, wenden Sie sich am besten an einen Händler oder Berufsrestaurator. Üben Sie sich zuerst an einem Bild, das weniger Wert hat, bevor Sie ein wertvolles Blatt zu restaurieren versuchen.

Was kann ich reinigen?

Die meisten Schwarzweißdrucke sind stabil und vertragen die Behandlung mit Bleichmittel oder Wasser. Farbdrucke sind dagegen wesentlich schwieriger zu reinigen. Im frühen 19. Jahrhundert waren Farbdrucke nicht sehr verbreitet. Normalerweise wurden Bilder mit der Hand koloriert. Die Drucke wurden entweder während ihrer Herstellung oder nachträglich koloriert. Sie dürfen nicht mit Wasser oder Bleichmittel in Berührung kommen und sollten einem Fachmann anvertraut werden.

Dünne oder empfindliche Papiere sollten nicht in Wasser getränkt werden, ebensowenig wie Pergament und spezialbeschichtetes Papier, also Vorsicht bei glänzender Oberfläche.

Auch sollten Sie nie darangehen, Pastell- oder Kreidezeichnungen zu reinigen, da Sie nicht wissen können, ob sie fixiert wurden. Und wenn Sie sie erst vor der Reinigung selbst fixieren, werden Sie lediglich den Schmutz hineinfixieren.

Nur wenige Tuschzeichnungen wurden und werden mit einer Zeichentusche angefertigt, die sich mit Wasser und Bleichmittel behandeln läßt. Um unangenehme Überraschungen zu vermeiden, empfiehlt sich die Trockenreinigung. Bleistiftzeichnungen können weder durch Wasser noch durch Bleichmittel beschädigt werden. Die einzige Gefahr bei einer Reinigung ist, daß Sie beim Reiben des Blattes Bleistiftlinien ausradieren können. Reiben Sie also achtsam!

Trockenreinigung

Fleckige Stellen auf Drucken und Zeichnungen – ausgenommen Bleistift-, Kreide- oder Pastellzeichnungen – können wegradiert werden, solange der Fleck direkt auf der Oberfläche des Papiers ist.

Fangen Sie mit der sanftesten Methode an. Nehmen Sie einen weichen Haarpinsel, mit dem Sie Oberflächenschmutz und Schimmel abbürsten.

Wenn sich die Verunreinigung durch Bürsten nicht entfernen läßt, sollten Sie ein Kügelchen weiches Brot nehmen. Reiben Sie damit mit leichtem Druck und ohne die Richtung zu wechseln über die Fläche des Bildes. Mit einer weichen Bürste entfernen Sie dann die Krümel.

Erweist sich der Fleck als hartnäckig, kaufen Sie im Fachgeschäft einen sogenannten Knetradierer und versuchen Sie es damit. Tupfen Sie mit diesem sehr weichen Radierer auf das Blatt, um den losen Oberflächenschmutz aufzunehmen, und fahren Sie dann in sanften, gleichmäßigen Strichen über das Bild, um den Schmutz zu entfernen. Ist die Oberfläche des Radierers schmutzig geworden, kneten Sie ihn solange durch, bis Sie wieder eine saubere Stelle zum Radieren bekommen.

Rahmen entfernen

Beim Ausrahmen von Graphik zertrennen Sie zunächst den Klebestreifen bzw. das Rückpapier indem Sie das Messer unmittelbar am Rahmen entlang führen, dann entfernen Sie verbliebene Stifte oder Nägel und nehmen den Rückkarton ab. Bei alten Rahmen besteht der Rücken aus einer dünnen Platte Massivholz oder Pappe, Materialien, die sie nicht wiederverwenden sollten, weil ihr hoher Säuregehalt zusammen mit Feuchtigkeit Fleckenbildung begünstigt. Markenzeichen vormaliger Rahmer sollten Sie als Belege gesondert aufbewahren.

Liegt das Bild hinter Glas, ohne daran befestigt zu sein, können Sie die Glasplatte zur Reinigung abnehmen. Ist das Glas mit dem Passepartout verklebt, kann sprödes Klebeband leicht abgezogen werden andernfalls müssen Sie es aufschneiden.

Manche Drucke oder Zeichnungen sind auf den Rückkarton aufgezogen. Zum Ablösen legen Sie die – wasserfeste! – Graphik mit der Kartonseite nach unten in eine flache Schale, deren Boden knapp mit lauwarmem Wasser bedeckt ist.

Sobald sich der Karton löst, nehmen Sie das Blatt – wie unten gezeigt – aus dem Wasser. Eventuell auf der Rückseite verbliebenen Klebstoff entfernen Sie mit weichem Pinsel; legen Sie dazu das Blatt mit der Bildseite nach unten auf eine Glasplatte.

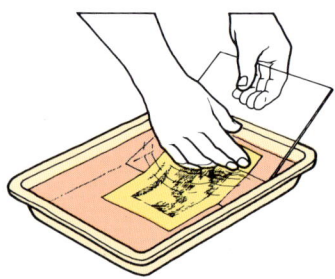

Herausnehmen eines Blattes aus dem Wasser Unterlegen Sie es mit einer Glas- oder Plastikscheibe, und greifen Sie möglichst breit über das Bild: Nie ein nasses Blatt an den Ecken hochheben.

Flecken entfernen

Die meisten Flecken können mit einer Bleichlösung entfernt werden. Öl- und Fettflecken müssen Sie auf andere Weise entfernen.

Ausbleichen

Restauratoren benutzen zur Fleckentfernung Chemikalien, deren unsachgemäße Anwendung das Papier angreifen kann. Sie sollten deshalb nur eine milde Bleichlösung verwenden, mit der Sie Flecken aufhellen können. Überlassen Sie die hartnäckigen Flecke dem Fachmann.

Legen Sie das Blatt mit der Bildseite nach oben in eine flache Schale, so daß die bedruckte Seite von der Lösung (12 Teile Wasser auf 1 Teil Bleichmittel) knapp bedeckt wird. Beobachten Sie den Bleichvorgang: Wenige Minuten genügen, um die Flecken aufzuhellen.

Um das Bleichmittel vollkommen zu entfernen, müssen Sie das Blatt mit klarem Wasser gründlich nachspülen. Wässern Sie es mindestens 1 Stunde in stetig fließendem Wasserbad (Wasseraustausch!). Nehmen Sie das Bild wie beschrieben aus dem Wasser und lassen es mit der Bildseite nach unten auf sauberem weißen Löschpapier trochnen.

Flecken an den Blatträndern *wasserbeständiger* Graphiken können Sie mit feinem, in verdünntes Bleichmittel getauchten Pinsel aufhellen. Anschließend die Stelle mehrmals mit Wasser betupfen. Im schlimmsten Fall bekommen Sie für den dunklen Fleck, den Sie entfernen wollten, einen helleren mit Rand.

Pilzbefall

Papier, das feucht gelagert wird, kann von Pilz befallen werden. Es nützt nichts, die Pilzspuren einfach abzubürsten oder auftretende „Stockflecken" zu entfernen. Befallene Blätter sollten umgehend ausgesondert und einem Fachmann überantwortet werden.

Wenn das gerahmte Bild feuchten Bedingungen ausgesetzt wird, müssen Sie es luftdicht verpacken. Versiegeln Sie Glas, Bild und Rückkarton mit Klebestreifen, der alle drei Bestandteile der Rahmung umfaßt. Achten Sie darauf, daß das Klebeband auf der Bildvorderseite vom Rahmenfalz verdeckt ist.

Pilzbefall

Öl- und Fettflecken

Öl- und Fettflecken lassen sich nicht ausbleichen. Man kann versuchen solche Flecken mit Benzin zu entfernen. Obwohl dies mitunter wirksam ist, kann es auch dazu führen, daß sich der Fleck noch weiter ausbreitet.

Besser ist es, diese Flecken mit Löschpapier aufzusaugen. Nehmen Sie dazu ein oder zwei Blatt Löschpapier und ein warmes Bügeleisen. Fahren Sie über die Löschblätter – das verflüssigte Fett wird vom Löschpapier aufgenommen. Wenden Sie diese Methode auch bei Wachsflecken an. Selbstverständlich müssen Sie vorher die Wachsschicht vorsichtig ablösen. Wenn bei dieser Methode der Erfolg ausbleibt, geben Sie das Bild einem Experten.

Tintenflecken

Manche Kugelschreibertinte können Sie mit 70 %igem Alkohol ausbleichen. Wenn der Erfolg ausbleibt, geben Sie das Bild ebenfalls einem Restaurator.

Reinigen von Gemälden

Selbst bei vorhandener Signatur ist nur der Experte imstande, die Echtheit des Bildes zu bestätigen. Informieren Sie sich vor eigenen Restaurierungsversuchen über Wert und Echtheit ihres Bildes. Weniger wertvolle Gemälde können auch von Amateuren gereinigt werden, vorausgesetzt, sie arbeiten sorgfältig. Wertvollere Bilder sollten dem Restaurator anvertraut werden. Besonders empfindlich sind Aquarelle, deren Reinigung Sie ebenso dem Fachmann überlassen sollten.

Ein Gemälde aus dem Rahmen nehmen

Ölgemälde auf Papier werden wie Zeichnungen und Drucke hinter Glas gerahmt, und das Verfahren zum Ablösen des Bildes vom Rückkarton ist ebenfalls dasselbe. Bei ihnen führt jedoch die Abtrennung unter Wasser zur Beschädigung der Farbschicht. Leinwandbilder werden anders gerahmt und sind selten verglast. Der mit Leinwand bespannte Keilrahmen wird bündig in den Profilrahmen eingesetzt. Die Leinwandspannung wird nachträglich durch Eintreiben dünner Holzkeile in die Rahmenecken verstärkt.

Viele alte Gemälde sind mit Nägeln im Rahmen befestigt, die über den Keilrahmen gebogen oder in einem Winkel durch ihn hindurch getrieben sind. Entfernen Sie diese Nägel im entsprechenden Winkel, damit Spann- oder Profilrahmen nicht splittern.

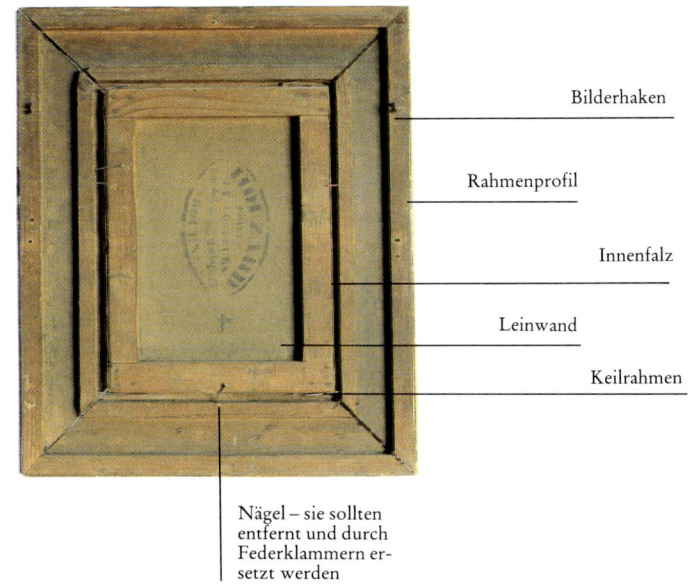

Bilderhaken

Rahmenprofil

Innenfalz

Leinwand

Keilrahmen

Nägel – sie sollten entfernt und durch Federklammern ersetzt werden

Vorbereiten der Leinwand zur Reinigung

Die Leinwand muß vor jeglicher Behandlung nachgespannt werden. Vergewissern Sie sich, daß das Gemälde die dabei entstehende Belastung, besonders an der Vorderkante des Keilrahmens, aushält. Überprüfen Sie auch die Nägel auf Rostbefall und dadurch verursachten Zerfall der Leinwand. Ist sie stabil genug, können Sie zwischen die alten Metallklammern Kupferklammern treiben. Sind diese Leinwandstellen brüchig, müssen sie von einem Fachmann doubliert werden, d.h. sie werden zur Verstärkung mit einem neuen Leinwandstreifen hinterlegt. Durch die Doublierung hält die Leinwand der Nachspannung stand. Das Doublieren sollte nicht von einem Amateur ausgeführt werden.

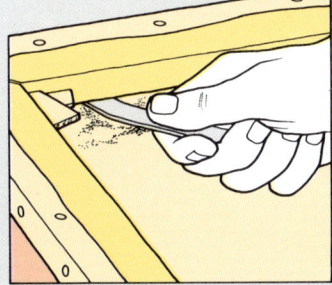

Entfernen von Staub Bevor Sie die Leinwand nachspannen, entfernen Sie jeglichen Staub zwischen ihr und dem Keilrahmen, weil er sich später auf der Vorderseite durchzeichnen kann. Benutzen Sie zur Entfernung einen Kartonstreifen mit abgerundeten Ecken. Die letzten Schmutzreste können Sie abbürsten.

Nachspannen der Leinwand Klopfen Sie mit einem leichten Hammer die kleinen Holzkeile gleichmäßig in die vier Ecken des Rahmens. Verlorengegangene Keile müssen ersetzt werden. Die Keile sollen spitz- nicht rechtwinklig zum Spannrahmen eingesetzt werden.

Firnis reinigen und abziehen

Ölgemälde mit beschädigtem Firnis

Alte Gemälde wurden zum Schutz mit Naturharzfirnis überzogen, der im Laufe der Jahre vergilbt, so daß die Farben des Bildes nicht mehr richtig zur Geltung kommen, weshalb die Entfernung des Oberflächenschmutzes nicht immer genügt, sondern die Abnahme des alten Firnis erforderlich ist. Sollte die Firnisschicht rissig sein und abblättern, überlassen Sie die Arbeit dem Fachmann, da unsachgemäße Anwendung der Chemikalien die Farbschicht des Bildes angreift.

Vor der eigentlichen Reinigung, sollten Sie zwischen Leinwand und Keilrahmen Lagen von Zeitungspapier oder Kartonstreifen legen, um zu verhindern, daß sich der Keilrahmen auf der Vorderseite der Leinwand abzeichnet. Nach der Reinigung wird diese Unterlage entfernt.

Oberflächenreinigung

Bevor Sie die Bildoberfläche mit Feuchtigkeit in Berührung bringen, vergewissern Sie sich mit einem mit Wasser leicht befeuchteten Wattebausch, daß sie dieser Belastung standhält. Wenn ja, beginnen Sie mit sauberer feuchter Watte in kreisenden Bewegungen über die Bildfläche zu wischen. Läßt sich der Schmutz entfernen, können Sie auf diese Weise die ganze Fläche Stück um Stück reinigen. Achten Sie peinlich genau darauf, daß die Rückseite der Leinwand stets trocken bleibt,

da sich unter Feuchtigkeitseinfluß die Faser ausdehnt, was die Malschicht gefährdet; schonen Sie die Leinwand, indem Sie nur mit leichtem Druck arbeiten.

Abnehmen von altem Firnis

Wenn die Oberflächenreinigung nicht effektiv ist, muß der alte Firnis entfernt werden. Ist Ihr Lösungsmittel zu stark, löst es nicht nur die Firnis-, sondern auch die Farbschicht. Testen Sie es daher vorsichtig an einer Bildecke. Wachsfirnis reagiert auf reinen Terpentinersatz. Zur Abnahme anderer Firnisse muß er mit Wundbenzin versetzt werden (gut mischen), wobei der Wundbenzinanteil 50 % nicht übersteigen darf, da es sehr stark wirkt. Sobald Sie mit der Wirkung der Mischung zufrieden sind, befeuchten Sie damit Ihren Tupfer und tragen die Lösung mit leichten, kreisenden Bewegungen auf. Prüfen Sie immer wieder, daß ausschließlich der Lack entfernt wird. Sollte sich Farbe lösen, neutralisieren Sie die angegriffene Stelle mit Terpentinölbalsam.

Bedenken Sie, daß besonders in detaillierten Partien (z. B. Gesichtszügen) Retuschen *auf* dem Firnis liegen können. Arbeiten Sie in diesem Fall mit größter Vorsicht und reduzieren Sie die Stärke des Lösungsmittels.

Nach Abnehmen des Firnisses

Firnissen

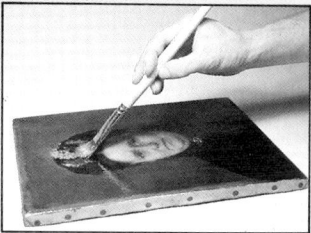

Schützen Sie das gereinigte Bild mit einer neuen Firnisschicht, die traditionellen Naturharze (KOPAL, MASTIX oder DAMMAR, erhältlich im Fachhandel) sind die besten, aber auch die teuersten. Wenn Sie Kunstharzfirnis verwenden, kaufen Sie nur kleine Mengen, weil er – einmal angebrochen – an Qualität verliert.

In der Vergangenheit haben Künstler den Firnis mit der Fingerspitze aufgetragen; diese Methode ist sehr sparsam. Bei dieser Art des Auftragens können sich keine Luftblasen bilden, und Sie verringern das Risiko, daß Schmutz auf den Firnis kommt. Halten Sie einen Finger über die umgekippte Öffnung der Flasche, und befeuchten ihn mit Firnis, den Sie mit leichten, kreisenden Bewegungen gleichmäßig auf dem Bild vertreiben. Eine dünne Lackschicht genügt, aber Sie können, falls nötig, nach einigen Wochen eine zweite auftragen.

Als Alternative zu den Fingern können Sie auch einen breiten, weichen Borstenpinsel benutzen, den Sie ausschließlich diesem Zweck vorbehalten. Streichen Sie den Lack erst in die eine Richtung auf und dann in die andere. Damit bekommen Sie einen gleichmäßigen Auftrag, der von der Bildoberfläche gut angenommen wir. *Achtung:* Firnissen Sie nur bei trockenem Wetter, ansonsten entsteht ein sogenannter Schwitzeffekt, d. h. die Lackoberfläche sieht leicht angehaucht aus, ähnlich wie ein Fenster bei kalter Witterung. Tupfen Sie in diesem Falle das Gemälde leicht ab, lassen Sie es trocknen, und firnissen Sie dann erneut.

Drucke und Zeichnungen reparieren

Gerissene oder zerknitterte Zeichnungen und Drucke können auch von Amateuren mit Erfolg behandelt werden, aber beim erstenmal ist es nicht leicht. Kaufen Sie in einem Künstlerbedarfsgeschäft dem Original ähnliches Papier, mit dem Sie die Reparatur üben.

Ausbessern von Rissen

Drucke und Zeichnungen werden gewöhnlich auf relativ dickem, weichem Papier angefertigt. Reißt es, entstehen ausgefranste, sich überlappende Rißkanten, was Ihnen das Ausbessern erleichtert. Verwenden Sie einen Kleister für leichte Tapeten, der ein Mittel gegen Pilzbefall enthalten sollte.

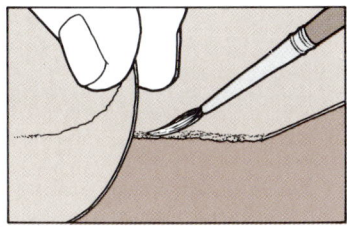

1. Um einen glatten Riß am Rand des Blattes zu kleben, streichen Sie eine Rißkante mit einem feinen Haarpinsel ganz dünn mit Tapetenkleister ein. Dann drehen Sie das Bild um und leimen die andere Kante.

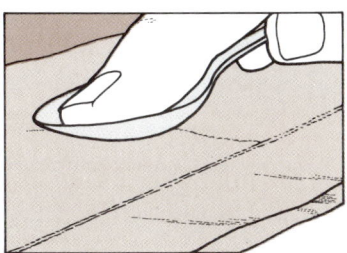

2. Die Kanten zusammenfügen und das Blatt zwischen Lagen von Wachspapier legen. Drücken Sie mit einem Löffel auf die Klebestelle, und beschweren Sie sie mit einem Buch, während der Klebstoff abbindet.

3. Als weitere Vorsichtsmaßnahme können Sie die Rückseite der Klebestelle mit Dokumentenkleber sichern. Dieses extrem dünne Band (erhältlich in Fachgeschäften) ist geklebt kaum noch sichtbar. Benutzen Sie kein normales Klebeband, es verursacht Flecken.

Zusammensetzen eines zerrissenen Blattes

Es ist zwar möglich, nach der beschriebenen Methode ein in mehrere Stücke zerrissenes Blatt wieder zusammenzufügen, aber die Reparatur wäre nicht sehr stabil. Außerdem lassen sich die Rißkanten nur mit Schwierigkeiten genau aneinanderfügen.

Besser ist es, die Papierfragmente auf eine feste Kartonunterlage aufzukleben. Das wird von Museumsrestauratoren nicht empfohlen, aber der Wert ohnehin stark beschädigter Blätter wird dadurch wohl kaum gemindert. Die feuchten Klebestellen sehen zwar unansehnlich aus, aber wenn sie trocken sind, fallen sie weniger auf.

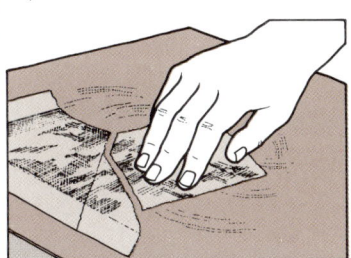

1. Bestreichen Sie Unterlage und Rückseiten der Teilstücke mit Tapetenkleister, und lassen Sie sie trocknen. Die Teile erneut bestreichen und noch feucht auf der Unterlage genau zusammenfügen. Dieses Stadium ist unansehnlich, weil durch die Feuchtigkeit die Klebestellen hervortreten.

2. Anschließend legen Sie ein Blatt Wachspapier auf das Bild und glätten es mit einer Walze. Danach bedecken Sie es mit Löschpapier und drücken ein warmes Bügeleisen darauf.

3. Legen Sie das Blatt über Nacht zwischen zwei Preßspanplatten, die Sie entfernen, sobald der Kleister trocken ist.

Knicke entfernen

Knicke oder Falten auf Drucken und Zeichnungen sind behebbar, wenn Sie den Knick von der Rückseite mit einem feuchten Wattebausch betupfen und, die Bildseite mit Löschpapier geschützt, mit warmem Bügeleisen glattbügeln. Sie können das Blatt auch ohne Wärme glätten, indem Sie es über Nacht zwischen zwei Preßspanplatten legen und beschweren.

Löcher füllen

Viele alte Bücher sind durch Insektenfraß beschädigt. Ein aus einem solchen Buch stammender Druck kann kleine Löcher oder andere Fraßspuren haben. Um diese Löcher zu füllen, schneiden Sie vom Blattrand einen schmalen Papierstreifen ab, gießen Sie heißes Wasser darüber, zerstampfen Sie das Papier mit einem Löffel zu Brei.

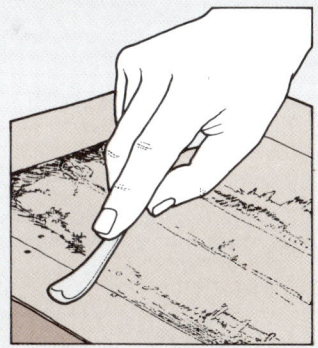

Auftragen des Breis Legen Sie den Druck auf eine Preßspanplatte, und betupfen Sie die Schadstelle mit feuchter Watte. Mit einem Löffelstiel streichen Sie kleinste Breimengen in die Löcher und glätten mit einem Bügeleisen. Getrocknet sind die Fasern des Breis und des Papiers fest miteinander verwoben.

Ecken ansetzen

Fehlende Ecken können ergänzt werden. Dazu müssen Sie passendes Papier haben – ein Stück von einem wertlosen Druck derselben Serie reicht vielleicht zum Flicken aus; stammt der Druck aus einem sowieso unvollständigen Buch, können Sie von einer der anderen Seiten ein Flickstück abschneiden. Hat das Blatt, das Sie flicken, sehr breite Ränder, können sie vielleicht davon einen Streifen abschneiden.

Ansetzen des Flickens

Der Druckrand, an den die Ecke angesetzt wird und auch der Flicken selbst muß mit abgeschrägten Kanten geschnitten werden, damit sie möglichst genau passen.

1. Die Ansatzkante des zu ergänzenden Blattes und die des Flickens muß paßgenau auf Gehrung geschnitten werden. Dazu legen Sie Flicken und Blattkante übereinander (mit Klebeband sichern) und schneiden beide Papiere mit scharfem, schräg gehaltenen Messer.

2. Leimen Sie die Kanten mit Tapetenkleister; dann verstärken Sie sie mit Dokumentenklebeband, oder ziehen das Blatt auf Karton.

3. Weiches Papier mit leichtem Druck ohne Richtungswechsel über die getrocknete Klebestelle reiben.

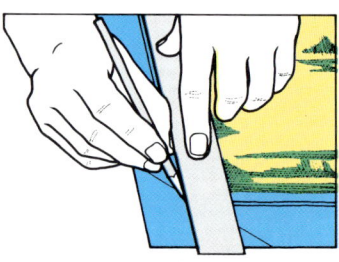

4. Die Kanten beschneiden. Etwaige Begrenzungslinien des Blattes auf der angesetzten Ecke nachzeichnen.

Reparatur von Gemälden auf Leinwand

Kleine Löcher und Risse in der Leinwand können mit Leichtigkeit geflickt werden. Größere Risse dagegen sollten vom Fachmann repariert werden, insbesondere wenn durch solche Schäden größere Teile der Malschicht retuschiert werden müssen. Gemälde, deren Farbschicht Blasen, Risse und abblätternde Stellen hat, bringen Sie ebenfalls zum Restaurator.

Flicken eines Lochs

Halten Sie die Leinwand gegen das Licht, und überprüfen Sie sie auf kleine Löcher. Sie sollten geflickt werden, bevor sie größer werden.

1. Schneiden Sie ein geeignetes Stück Leinwand zurecht, das das Loch großzügig umfaßt.

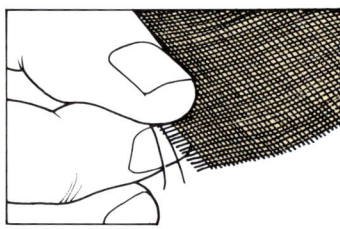

2. Fransen Sie den Flicken an den Rändern aus, damit er auf der Vorderseite der Leinwand nicht durchscheint. Vor dem Kleben müssen Sie die Leinwand um das Loch herum mit Terpentinersatz säubern. Wenn Sie Hasenleim nicht bekommen, nehmen Sie Latexkleber, keinen Klebstoff auf Spiritusbasis, weil dieser die Farbschicht angreift.

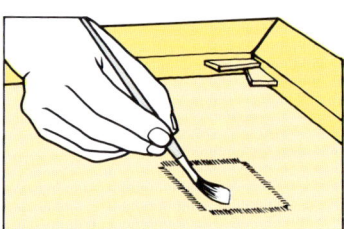

3. Wenn die Leinwand trocken ist, überziehen Sie den Flicken mit Klebstoff, legen das Gemälde (Bildseite nach unten) auf eine glatte Fläche und drücken den Flicken an.

4. Schützen Sie den Flicken mit Plastik, auf das Sie dann ein Buch zum Beschweren auflegen. Lassen Sie den Klebstoff abbinden.

Das Rahmen von Bildern

Grundsätzlich werden Bilderrahmen in zwei Gruppen unterteilt: solche mit und solche ohne Glas. Ölgemälde, insbesondere wenn sie sich in Privatbesitz befinden, kommen ohne schützendes Glas aus, wohingegen Drucke, Aquarelle und Handzeichnungen aus konservatorischen Gesichtspunkten hinter Glas ausbewahrt werden.

Rahmentypen

Bei Holzrahmen gibt es eine große Auswahl an Profilen. Diese genau passend zum Kunstwerk zuzuschneiden ist schwer, es sei denn, Sie haben eine Gehrungsschneidlade, in der Sie die Stücke zurechtsägen, und Gehrungsklammern oder eine Spannvorrichtung, mit denen Sie die frisch geklebten Rahmenteile während der Abbindezeit einspannen. Wenn Sie solche Hilfsmittel nicht besitzen, suchen Sie sich in einem Rahmengeschäft ein passendes Profil aus, und lassen Sie den Rahmen dort anfertigen.

Wenn Sie Zeichnungen und Drucke selbst rahmen wollen, steht Ihnen ein reichhaltiges Angebot an Wechselrahmen unterschiedlichen Materials und Formats zur Verfügung, die problemlos zu montieren sind.

Darüber hinaus gibt es sogenannte rahmenlose Bildträger mit normalem, reflexfreiem oder Plexiglas. Allerdings ist dies keine Dauerlösung, weil die Kanten offen sind und deshalb Staub eindringen kann.

Aluminium-wechselrahmen

Vergoldeter Rahmen

Rahmenloser Bildträger

Einfacher Holzrahmen

Drucke und Zeichnungen rahmen

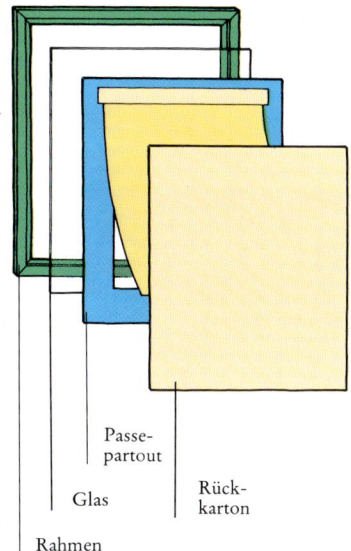

Passepartout

Glas

Rückkarton

Rahmen

Es gibt keine verbindlichen Proportionsregeln für Passepartouts, doch wirken sie meist optisch ausgewogener, wenn der untere Rand etwas breiter ist als die übrigen. Der Passepartout-Ausschnitt sollte geringfügig größer sein als das Bildfeld und nie einen Plattenrand (siehe S. 162) verdecken.

Wenn die Größe des Passepartouts feststeht, können Sie die Maße einem Bilderrahmer geben, der dann das Profil, die passende Glasscheibe, geeigneten eventuell farbigen Passepartout-Karton und den Rückkarton zuschneidet. Auf Wunsch schneidet Ihnen der Bilderrahmer ein Passepartout mit angeschrägten Innenkanten. Sie können auch selbst ein Bildfenster mit geraden Kanten ausschneiden und zur Dekoration auf das Passepartout eine Bildbegrenzungslinie (s. u.) zeichnen.

Dekorumrandung

Ziehen Sie mit einem Lineal um das Bildfenster mit verdünnter Tusche parallele Linien. Anschließend befeuchten Sie den Raum dazwischen mit Wasser und tragen die gewünschte Farbe auf, bevor es getrocknet ist.

Befestigen des Passepartouts

Mit einer Hand halten Sie Passepartout und Bild, mit der anderen passen Sie das Blatt genau in das Bildfenster ein. Bitten Sie einen Helfer, beides mit Klebeband provisorisch zu befestigen.

1. Kleben Sie auf der Rückseite des Passepartouts – entlang der Oberkante des Bildes – mit Tapetenkleister einen Papierstreifen an.

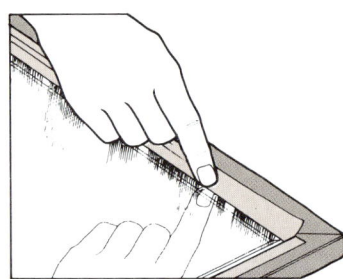

2. Setzen Sie die Glasscheibe in den Rahmenfalz ein. Versiegeln Sie die Glasränder mit Klebestreifen, der

nach außen hin vom Rahmenfalz verdeckt sein muß. Setzen Sie nun Bild und Passepartout in den Rahmen, und entfernen Sie die provisorischen Klebestreifen.

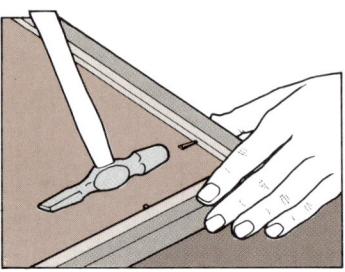

3. Setzen Sie den Rückkarton ein und arretieren Sie ihn mit kleinen Nägeln oder Nadeln, die Sie in den Rahmen klopfen.

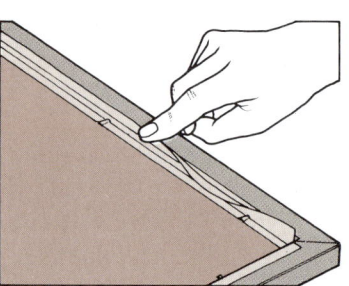

4. Versiegeln Sie die Ränder des Rückkartons mit Klebeband, oder kleben Sie über die gesamte Fläche einen Bogen braunes Papier.

Rahmen eines Ölgemäldes

Rahmen für Gemälde auf Leinwand haben einen Innenfalz, der den Keilrahmen aufnimmt. Zur Befestigung des Keilrahmens im Profilrahmen benutzen Sie im Fachhandel erhältliche Federklammern. Diese Klammern werden auf der Rahmenrückseite – vom Profilrahmen auf den Keilrahmen übergreifend – angebracht. Bohren Sie am Profilrahmen oben, unten und an den Seiten Löcher für versenkbare Schrauben, mit denen die Klammern angeschraubt werden.

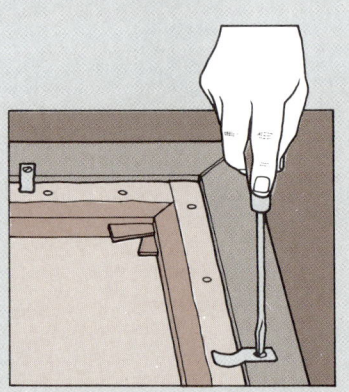

Anbringen von Klammern Befestigen Sie die Federklammern mit Messingschrauben.

Rahmen reparieren

Alte Rahmen sind oftmals mit Schnitzwerk oder Stuck verziert. Letzterer ist sehr empfindlich, und viele solche Rahmen sind beschädigt. Zum Reparieren nehmen Sie Epoxydharzkitt (siehe S. 27), womit Sie abgestoßene Stellen ausfüllen oder fehlende Teile nachformen. Tragen Sie den Kitt schichtweise mit dem Modelliermesser auf, streichen Sie ihn mit etwas Wasser an die umgebenden Ränder. Wenn der Kitt hart ist, glätten Sie ihn mit feinem Schleifpapier oder einer Feile. Wenn Sie ein größeres Stück nachformen, verstärken Sie den Kitt mit Draht, der in extra dafür gebohrte Löcher eingeleimt wird.

Farbretusche am Rahmen

Stuckrahmen sind häufig vergoldet. Echte Blattvergoldung sollte der Fachmann restaurieren. Billige Rahmen können Sie selbst retuschieren. Der hartgewordene Kitt wird mit einer Umbraschicht grundiert (die Ölfarbe wird mit Terpentinersatz verdünnt). Dann malen Sie die »Vergoldung« auf: Metallpulver vermischt mit Firnis, Goldpaste oder fertige Goldfarbe (siehe S. 35 und 38). Die Ränder verstreichen. Wenn die Vergoldung trocken ist, passen Sie sie dem Rahmen mit stark verdünnter Umbra farblich an.

Nachformen von Profilteilen

Nehmen Sie von einer intakten Stelle des Rahmens mit zahnärztlicher Füllmasse (s. S. 28) einen Preßabdruck, den Sie mit Epoxydharzkitt füllen. Schneiden Sie das beschädigte Rahmenstück so aus, daß Sie das neue Stück möglichst unauffällig einpassen können. Entfernen Sie das gegossene harte Teil aus der Form, schneiden Sie es zurecht, und kleben Sie es mit Epoxydkleber an seinen Platz. Nach dem Abbinden mit Schleifpapier und Feilen überarbeiten, Lücken mit Epoxydharzkitt füllen.

LEDERARBEITEN

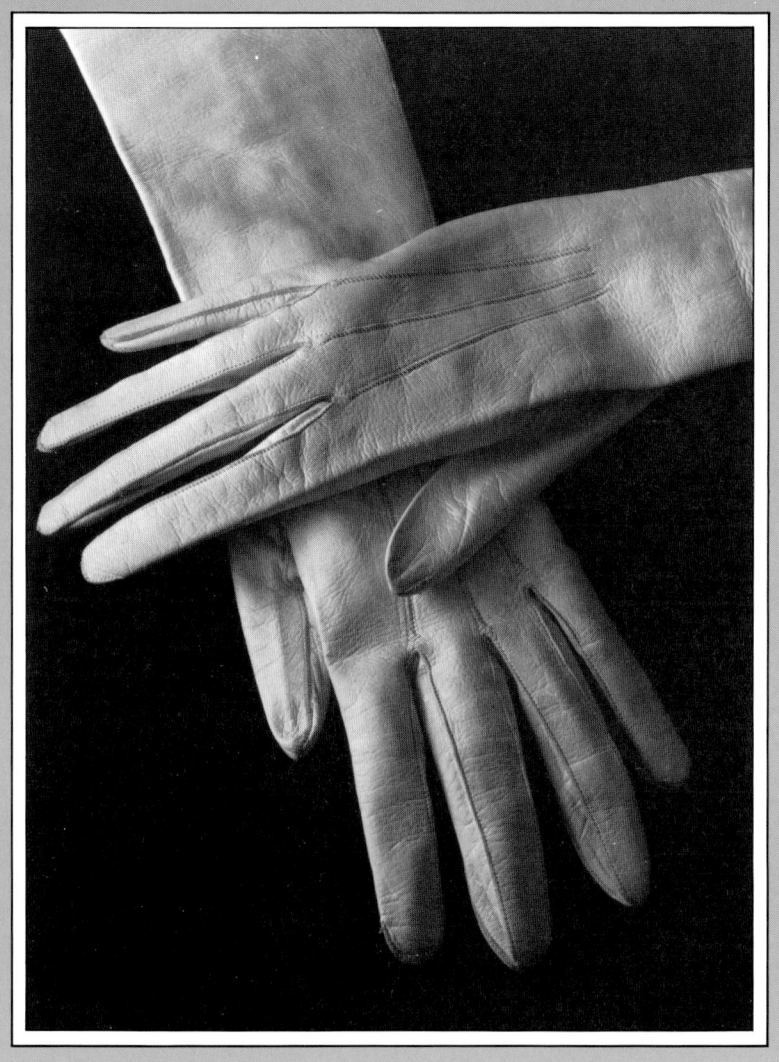

Lederarbeiten sammeln

Echtes Leder ist heutzutage zu einem besonderen und teuren Material geworden. In früheren Zeiten aber wurde es in allen Gesellschaftsschichten mannigfach verwendet. Die antiken Lederstücke, die Sie in Antiquitätengeschäften oder auf Auktionen finden, bezeugen dies deutlich. Sammler interessieren sich für die unterschiedlichsten Ledergegenstände, angefangen bei Chesterfield-Sofas und mit Leder überzogenen Behältern, bis zur alltäglichen Hutschachtel und anderen Futteralen.

Lederarten

Wenn Sie einen Lederflicken für eine Reparatur benötigen, nehmen Sie wegen des großen Angebots ein Stück des Originalleders zum Fachhändler mit, um sich von ihm beraten zu lassen. Hier einige der Hauptlederarten:

Saffian (Maroquin)

Feines Ziegenleder, in zahlreichen Farben erhältlich. Oft wird es zum Buchbinden und für Accessoires verwendet.

Kalbsleder

Dieses feinfaserige Leder gibt es naturfarben oder gefärbt. Es läßt sich gut bearbeiten und formen. Kalbsleder ist 1–6 mm dick und wird oft zum Buchbinden verwendet.

Rindsleder

Ein glattfaseriges Leder, im allgemeinen rotbraun belassen, manchmal auch gefärbt. Eine besonders große Tierhaut kann bis zu 10 mm dick sein und wird manchmal in mehrere Schichten gespalten. Gegerbte Kuhhaut kann mit Punzen bearbeitet und geformt werden.

Schafsleder

Dieses relativ preiswerte Leder kann mit Punzen bearbeitet werden, indes nicht so gut wie Kalbsoder Rindsleder. Es ist in vielen Farben erhältlich und ist etwa 2 mm dick. Schafsleder wird auch zu Veloursleder verarbeitet.

Spaltleder

Ein dünnes Leder, das aus Schafshaut hergestellt wird. Verwendet wird es als Tischplattenüberzug. Es ist in zahlreichen Farben erhältlich.

Reptilleder

Exotisch gemustertes Krokodil-, Schlangen- und Eidechsenleder gibt es in etlichen Farben. Diese Lederarten, meist für teure Accessoires verwendet, waren in den dreißiger Jahren besonders beliebt.

Schlangenlederhandtasche aus den dreißiger Jahren dieses Jahrhunderts

Punziertes und bemaltes Leder, 19. Jahrhundert

Lederherstellung

Leder wird aus Tierhaut gewonnen, wobei die Haare entfernt und alle Fettablagerungen abgeschabt werden. Danach wird die Haut gegen Fäulnis behandelt. Mineralien, Öle und pflanzliche Stoffe sind die dafür gebräuchlichsten Materialien. Der Bearbeitungsprozeß bei der Herstellung von Leder wird als Gerben bezeichnet.

Bei einer früheren Methode wurde Alaun verwendet, durch das das Leder weiß wurde, daher der Begriff »Weißgerbung«. Solches Leder sollte nicht mit Wasser in Berührung kommen, weil dadurch die Weißgerbung rückgängig gemacht wird und das Leder faulen kann.

Seit Jahrhunderten wird Leder, um es geschmeidig zu halten, mit Öl behandelt. Öl dient meist als Schutzfilm auf schwerem Veloursleder.

Pflanzliche Gerbstoffe bestehen aus Eichen- und anderen Pflanzenextrakten; gegerbtes Leder eignet sich damit für das Punzieren und Formen.

Die heute gebräuchlichste Bearbeitungsmethode stammt vom Ende des 19. Jahrhunderts. Tierhäute werden mit einer Chromsalzlösung getränkt, die sie vor chemischen Einflüssen und Pilzbefall schützt. Chromgegerbtes Leder ist nicht zum Punzieren und Formen geeignet.

Nach dem Gerben wird Leder mit Öl, Fett oder Seife behandelt, um es geschmeidig zu halten. Farblich wird es naturbelassen, in Bottichen eingefärbt oder lakkiert. Um das Leder weich zu bekommen, läßt man es durch Walzen laufen. Zum Schluß wird die Oberseite poliert, die Fleischseite gebürstet.

Kauftips

• Um beurteilen zu können, ob Sie echtes Leder vor sich haben, müssen Sie Ober- und Unterseite einer Prüfung unterziehen. Normalerweise bildet die (enthaarte und appretierte) Haarseite die Schau-, die faserige Fleischseite die Rückseite. Bei Veloursleder ist es ungekehrt. Hier ist die Fleischseite die Schauseite. Ist Leder auf ein anderes Material appliziert, so daß Sie die Rückseite nicht sehen können, müssen Sie sich bei der Beurteilung auf Tast- und Geruchssinn verlassen.

• Im Laufe der Jahre wurden viele Imitationen – vor allem exotischer Reptillederarten – entwickelt. Behälter wurden z. B. oft mit Papier überzogen, dessen Muster Schlangen- oder Krokodilhaut nachahmt.

• Bei lederbezogenen Truhen oder anderen Möbeln überprüfen Sie das Untergrundholz bzw. den Holzrahmen. Sind diese schadhaft kann eine teure und schwierige Reparatur nötig werden. Holzwurm kann mit einer Spezialflüssigkeit bekämpft werden. Aber testen Sie sie erst an einer unauffälligen Stelle, um sicherzugehen, daß keine Flecken bleiben. In manchen Fällen ist Ausräuchern wirkungsvoller, aber lassen Sie sich vorher von einem Fachmann beraten.

• Manches vernachlässigte Leder zeigt Abnutzungserscheinungen oder gar, was viel ernster ist, erste Zeichen der Auflösung. Trockenes, sprödes, abgeschliffenes Leder kann mit einem Schmiermittel behandelt werden. Sollten Fasern aber zu rotem Pulver zerfallen, dann hat der nicht behandelbare »rote Verfall« eingesetzt, bei dem Schwefeldioxid in Verbindung mit hoher Luftfeuchtigkeit das Leder zersetzt.

Werkzeuge und Materialien

Die Anzahl an Werkzeugen zur Lederbearbeitung ist sehr groß. Für einen Amateurrestaurator reichen aber eine Grundausrüstung und ein oder zwei Spezialwerkzeuge aus. Wenn die Stücke, die Sie reparieren wollen, nicht gerade sehr groß sind, genügt eine kleine Arbeitsfläche – z. B. ein mit Zeitungspapier oder Plastik ausgelegter Küchentisch.

Messingdrahtbürste

Schälmesser

Werkzeuge

Lineal Ein 1 m langes Metallineal zum Anreißen und Schneiden.
Messer Für gerade Schnitte oder kleine Bearbeitungen genügt ein Universalmesser, ein Skalpell oder sogar ein einfaches Federmesser. Aber für größere Schneidarbeiten und zum Schaben sollten Sie sich ein Sattler- oder Ledermesser kaufen. Für dickes Leder ist ein rundes Ledermesser zu empfehlen, besonders, wenn Sie mehr als nur kleine Lederreparaturen machen wollen.
Schere Sie brauchen eine gute, robuste Qualitätsschere für Lederschneidarbeiten.
Hammer Ein Hammer für allgemeine Holzarbeiten kann sehr nützlich sein, um Klebestellen oder Nähte flachzuschlagen.
Messingdrahtbürste zum Reinigen und Bearbeiten von Veloursleder.
Nadeln Gerade Nadeln für Lederarbeiten in den Größen 00–6 (je höher die Zahl, desto feiner die Nadel.) Arbeiten Sie mit einer gebogenen Nadel, die beim Polstern verwendet wird, wenn Sie eine Naht nicht mit einer geraden Nadel ausführen können.

Abschaben eines Flickens

Die Ränder eines Lederflickens müssen abgeschabt werden, damit die Reparaturstelle nicht aufträgt.

Mit einem Ledermesser schaben Sie auf der Fleischseite eine schräge Kante.

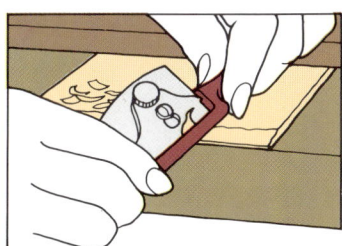

Einen Schabhobel können Sie auch benutzen. Bringen Sie das Leder bündig an die Werktischkante, hobeln Sie den Rand.

Leder säubern und bearbeiten

Materialien

Garn und Wachs Zwirn ist in vielen Stärken und Farben erhältlich. Wenn Sie ihn mit Bienenwachs einreiben, können Sie leichter damit arbeiten.

Sattelseife reinigt und schützt appretiertes Leder.

Spiritusseife Mit Terpentinersatz verdünnt, können Sie damit Schmutz entfernen.

Lösungsmittel Terpentinersatz, Wundbenzin, Aceton und Waschbenzin entfernen Fettflecke.

Achtung: Diese Flüssigkeiten sind leicht entzündlich – sie sollten nur in gut belüfteten Räumen verwendet werden und niemals bei offenem Feuer.

Bleicherde absorbiert Fettflecke.

Trichloräthan 1. 1. 1. (stabilisiert) Eine nicht brennbare Lösung (erhältlich in Drogerien oder Apotheken), mit der Flecke entfernt werden können.

Oxalsäure Ein Bleichmittel, das Sie in Drogerien oder Apotheken bekommen. Stellen Sie mit den Kristallen und destilliertem Wasser eine gesättigte Lösung her, die Sie zu gleichen Teilen mit destilliertem Wasser mischen.

Achtung: Diese Säure ist hoch giftig und sollte mit Vorsicht benutzt werden.

Lederschmiermittel zum Säubern und Einfetten von Leder.

Mikrokristallwachs Ein feines Wachs, das die Farbwirkung des Leders steigert, es gleichzeitig schützt und ihm Glanz verleiht.

Lederpflegemittel Es gibt Spezialmittel, die auch vor Insekten- und Pilzbefall schützen.

Nylongaze Sehr feines Nylongewebe zum Verstärken von brüchigem Leder. Es wird mit Texicryl 13-002, einem flexiblen Acrylkleber, geklebt.

PVA-Kleber für Leder- oder Leinenflicken.

Anilinfarben In Methylalkohol gelöst, färben diese Pigmente Leder.

Leder entwickelt mit der Zeit eine »Reife«, eine Patina, die nur durch längeren Gebrauch entstehen kann. Leichte Abnutzungen, Nachdunkeln sowie Ausbleichungen an einzelnen Stellen sind Erscheinungen dieses Alterungsprozesses. Sie sollten sie als Charaktermerkmale des Materials akzeptieren. Schmutz dagegen beeinträchtigt die Wirkung des Leders und sollte regelmäßig entfernt werden.

Leder und Veloursleder säubern

Jedes Reinigungsmittel sollte zuerst an einer unauffälligen Stelle getestet werden. Dann entfernen Sie den Staub und überprüfen die Lederoberfläche. Ist sie intakt, entfernen Sie feinen Staub mit leicht feuchtem Schwamm oder Tuch. Das Leder darf nicht naß werden.

Schmutz in den Poren entfernen Sie mit Sattelseife. Ist das Leder sehr stark verschmutzt oder hat es eine strukturierte Oberfläche, müssen Sie es wahrscheinlich mit Spiritusseife und Terpentinersatz bearbeiten, die Sie im Verhältnis 1:20 mischen. Reiben Sie diese Lösung mit einem rauhen Frotteetuch einige Minuten auf das Leder: dies löst sehr schnell Schmutz- und Fettablagerungen. Dann können Sie Schmutz und Seife mit frischem Terpentinersatz und einem sauberen Tuch abnehmen.

Bürsten Sie Veloursleder mit einer Messingdrahtbürste, um den Oberflächenschmutz zu entfernen und die Fasern wieder aufzurichten. Kleinere Stücke (nicht größer als eine Handtasche) können mit einem Marken-Aerosolreiniger gesäubert werden. Dieser Reiniger entwickelt einen dicken Schaum, den Sie mit einer Nagelbürste einreiben und trocknen lassen. Zum Schluß bürsten Sie das Veloursleder, um die Fasern wieder aufzurichten. Größere Veloursstücke sollten Sie von einem Fachmann reinigen lassen.

Hartnäckiger Schmutz Sattelseife, die im allgemeinen für dickes Leder benutzt wird, entfernt bei vielen Lederarten Schmutz aus den Poren. Reiben Sie einen feuchten Schwamm über die Seife, tragen Sie den Schaum mit kreisenden Bewegungen auf. Wischen Sie das Leder dann mit einem sauberen, feuchten Schwamm ab, und lassen Sie es trocknen. Zum Schluß polieren Sie es mit einem weichen Tuch.

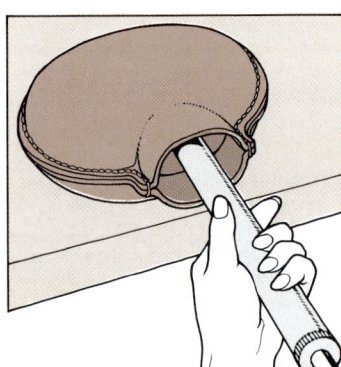

Entfernen von Staub Wenn der Ledergegenstand hohl ist – wie z. B. bei einem Wasserbehälter –, können Sie Stellen im Inneren, die Sie mit einer weichen Bürste nicht erreichen, mit Luftdruck aus einer Fahrradpumpe reinigen.

Flecke entfernen

Leder ist ein poröses Material und saugt deshalb Öle und andere Substanzen auf. Oft geschieht dies nur als Teil des Alterungsprozesses und sollte (es sei denn, dieser Prozeß ist weit fortgeschritten) nicht als störend empfunden werden. Art und Form solcher Flecke bestimmen, ob sie als unansehnlich einzuschätzen sind und entfernt werden müssen. Wenn die Farbe einer solchen Stelle sich stark von der übrigen Lederfarbe abhebt oder die Form des Flecks unansehnlich ist, wie z. B. ein Kreisfleck, sollte dieser Schaden wie ein normaler Fleck behandelt werden.

Öl- oder Fettflecke können mit Wundbenzin, Terpentinersatz oder Waschbenzin entfernt werden. Flecke anderer Art versuchen Sie mit Spiritusseife oder Trichloräthan 1. 1. 1. zu entfernen. Tupfen Sie diese Lösungen mit einem sauberen Wattebausch auf das Leder. Bleicherde ist zur Entfernung hartnäckiger Flecke geeignet.

Starke Flecke auf hellem Leder können ausgebleicht werden, aber bei dunklem Leder ist ein Ausbleichen nicht zu empfehlen: Es kann ein heller Fleck zurückbleiben, der auffälliger als der ursprüngliche ist. Bitten Sie einen Drogisten oder Apotheker, eine Bleiche aus Oxalsäure und destilliertem Wasser herzustellen, und tupfen Sie diese Bleiche dann leicht auf die fleckigen Stellen. Nach ein paar Minuten wischen Sie die Lösung mit einem sauberen, feuchten Tuch ab. Wenn nötig, wiederholen Sie den Vorgang, aber gehen Sie mit der Bleiche sparsam um, weil sie das Leder beschädigen könnte. Testen Sie sie immer zuerst an einer unauffälligen Stelle.

Achtung: Oxalsäure ist giftig und mit großer Vorsicht anzuwenden. Tragen Sie Schutzhandschuhe!

Leder färben

Leder ist entweder naturfarben oder eingefärbt. Im Laufe der Zeit bleicht diese Farbe oder dunkelt nach. Befindet sie sich nur auf der Lederoberfläche, machen Kratzer oder kleine Risse die ungefärbten Fasern sichtbar. Sie können mit gefärbter Wachspolitur oder Schuhfarblack (erhältlich in Schuhgeschäften) diese Stellen etwas verdecken. Kleine Schäden können Sie eventuell mit wasserfestem Filzstift kaschieren.

Abgeschliffene Stellen oder manche Kratzer benötigen aber eine stärker eindringende Farbe. Nehmen Sie dazu in Methylalkohol gelöste Anilinfarben. Weil diese Färbung sehr stark wirkt, benötigen Sie nur ganz wenig. Mischen Sie zuerst eine schwache Lösung an, und fügen Sie eventuell mehr Pulver hinzu. Testen Sie die Lösung an einer unauffälligen Stelle.

Tragen Sie die Lösung gleichmäßig auf, bei abgeschliffenen Stellen mit einem Tuch oder einem breiten, weichen Pinsel, bei Kratzern mit einem feinen Pinsel. Arbeiten Sie zügig.

Bevor Sie ein antikes Lederstück neu einfärben, bedenken Sie, daß es danach nicht mehr alt aussieht. Sollten Sie finden, eine Neufärbung komme dem Stück zugute, arbeiten Sie mit einem fertig käuflichen Lederrenovierungsset: Dazu gehören ein Reiniger, Farbe und ein Schmiermittel. Autorestauratoren, deren Kriterien sich offenbar von denen anderer Restauratoren unterscheiden, bringen mit dieser Methode Autopolster auf den Schönheitsstandard öffentlicher Vorführungen oder Ausstellungen.

Trockenes Leder auffrischen

Trockenes, vernachlässigtes Leder sieht matt und leblos aus, zeigt Risse und Abscheuerungen und fühlt sich steif an. Lederschmiermittel (beim Schuhmacher erhältlich) entfernt leichten Oberflächenschmutz, macht das Leder geschmeidig und frischt die Farbe auf.

Professionelle Restauratoren benutzen ein Lederpflegemittel mit insektiziden und fungiziden Wirkstoffen. Bevor Sie das Leder mit Schmiermitteln bearbeiten, sollten Sie Risse und Spalten schon geflickt haben, weil auf eingeschmiertem Leder der Klebstoff u. U. schlechter haftet. Das Mittel wird mit einem Tuch aufgetragen und wird vom Leder absorbiert.

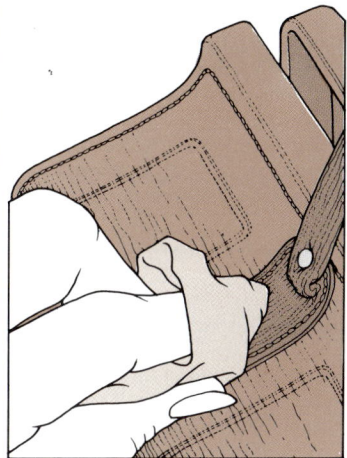

Schmiermittel anwenden Tragen Sie das Schmiermittel mit Watte oder weichem Tuch sparsam auf, und reiben Sie es gut ein. Nach 24 Stunden polieren Sie das Leder mit einem weichen Tuch. Bei sehr trockenem Leder wiederholen Sie die Behandlung.

Leder polieren

Mit Sattelseife oder Schmiermittel behandeltes Leder kann mit einem weichen Tuch poliert werden. Wenn Sie es besonders schützen und seine Farbe betonen wollen, ist Microkristallwachs zu empfehlen. Dieses Wachs bildet eine Barriere gegen Flecke. Tragen Sie es sparsam auf, bei glattem Leder mit weichem Tuch, bei Narbenleder mit einer Bürste. Bevor das Wachs ganz trocken ist, polieren Sie mit einem Tuch oder einer Bürste.

Leder reparieren

Leder ist ein zähes Bezugsmaterial, das lange hält, vorausgesetzt, es wird richtig gepflegt. Wenn nicht, kann es zu Materialschäden kommen. Risse können schlimm aussehen, sind aber reparabel. Dennoch sollte stark beschädigtes Leder abgezogen und ersetzt werden.

Lederstücke werden seit jeher zusammengenäht, und sehr oft sieht ein Gegenstand nur deshalb verfallen aus, weil der Zwirn verrottet ist. Sie können eine klaffende Naht reparieren, indem Sie durch die bereits vorhandenen Nadellöcher wieder einen geeigneten Faden ziehen (siehe S. 230). Löcher aber, die durch Risse entstanden sind, sollten nicht genäht werden. Hier müssen Sie auf die Rückseite des Leders einen Flicken ansetzen. Ist so ein Riß entlang der Nadellöcher entstanden, ist es besser, wenn Sie ihn vor dem Nähen hinterkleben.

Ausbessern eines Risses

Trockenes, sprödes Leder neigt zu Rissen. Dies trifft besonders auf Sitzleder zu, weil es stark beansprucht wird. Entfernen Sie den beschädigten Überzug – ziehen Sie Nägel und Fäden heraus –, um die Fleischseite freizulegen. Bei dickem Leder schneiden Sie Leinwand oder geschabtes Leder zu, größer als der Riß, und kleben den Flicken mit PVA- oder Acrylkleber auf die Fleischseite. Für feines Leder nehmen Sie Nylongaze. Beschweren Sie die Klebestelle mit einem Gewicht.

Auf der Vorderseite des Leders an der Reparaturnaht herausstehende Fasern werden passend eingefärbt. Bei steifem Leder können Sie dies mit Farbpolitur oder wasserfestem Filzstift machen. Weiches Leder behandeln Sie mit Acrylfarbe oder mit wasserlöslicher Farbe getöntem Texicryl-Klebstoff. Diese Färbungen sind flexibler.

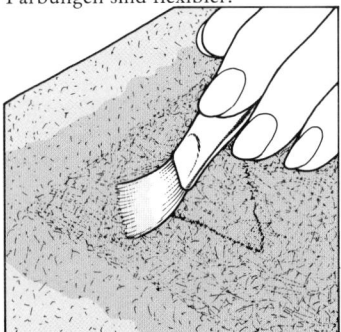

Ankleben eines Nylonflickens Pinseln Sie Texicryl-Kleber auf das Leder, legen Sie das Nylon auf die Fleischseite, überstreichen Sie es mit dem Klebstoff. Bei dünnem Leder strecken Sie den Kleber mit etwas Wasser.

Ersetzen einer Leder-Tischplatte

Leder wurde oft als Überzug auf Tischen oder Schreibpulten verwendet. Die Lederplatte ist normalerweise mit Furnier umsäumt, das die Ränder des Leders schützt. Furnier- und Lederkanten sollten aneinanderstoßen.

Versuchen Sie bei solchen Tischen möglichst den Originalüberzug zu erhalten. Wenn er sich an den Rändern löst, sonst aber intakt ist, verleimen Sie die Stellen mit PVA.

Irreparables Leder und Imitationen sollten entfernt und durch neues Rinds-, Spalt- oder Saffianleder ersetzt werden. Manche Händler bieten fertig geschnittene Platten an.

1. Ziehen Sie das alte Leder ab; kratzen Sie mit dem Meißel Leim- und Faserreste vom Holz. Der Leim läßt sich eventuell mit warmem Wasser aufweichen. Wenn das Holz trocken und sauber ist, bearbeiten Sie es mit mittelfeinem Schleifpapier (um einen Weichholzblock). Vorsicht am Furnier!

2. Unverziertes Leder wird übergroß geschnitten und an seinem Platz getrimmt. Bei punziertem Leder müssen Sie erst zwei aneinandergrenzende Ränder beschneiden. Schützen Sie das Furnier mit Klebestreifen, und pinseln Sie Leim auf das Holz und die Lederfläche.

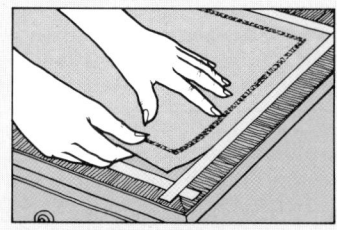

3. Legen Sie das Leder an seinen Platz; die Schnittkanten sollen ans Furnier stoßen. Mit einer Rolle oder der flachen Hand drücken Sie das Leder von der Mitte nach außen fest. Achten Sie darauf, daß Sie es nicht zu sehr dehnen. Warten Sie noch etwas, bevor Sie die Ränder beischneiden, weil das Leder beim Trocknen schrumpft.

4. Das fast trockene Leder drücken Sie mit dem Daumennagel in die Ecken ein. Schneiden Sie mit senkrecht gehaltenem scharfem Messer die Ränder bei. Orientieren Sie sich am Furnier, oder nehmen Sie ein Metallineal. Ziehen Sie das Klebeband ab. Nach völligem Trocknen polieren Sie das Leder.

MUSIK-
INSTRUMENTE

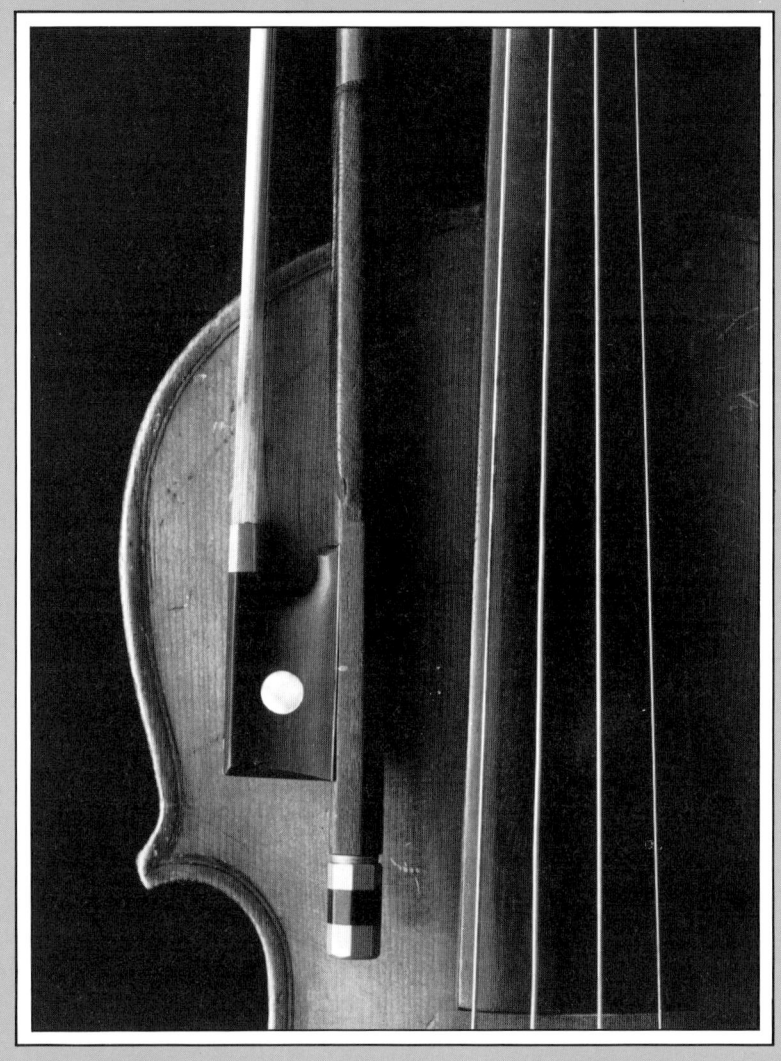

Musikinstrumente kaufen

Es gibt so viele Arten und Stile von Musikinstrumenten, daß es mehrerer Bücher bedürfte, um auf alle einzugehen. Die drei hier beschriebenen repräsentieren die beliebtesten Instrumente. Beim Kauf eines Musikinstruments ist Ihr erster Eindruck oft ein guter Hinweis auf den Zustand des Instruments. Wenn ihm offensichtlich keine Teile fehlen, es sauber und gut gearbeitet ist, sollten Sie es einer weiteren Prüfung unterziehen. Und natürlich, wenn Sie können, sollten Sie darauf spielen, da Sie Qualität und Zustand so am besten testen können.

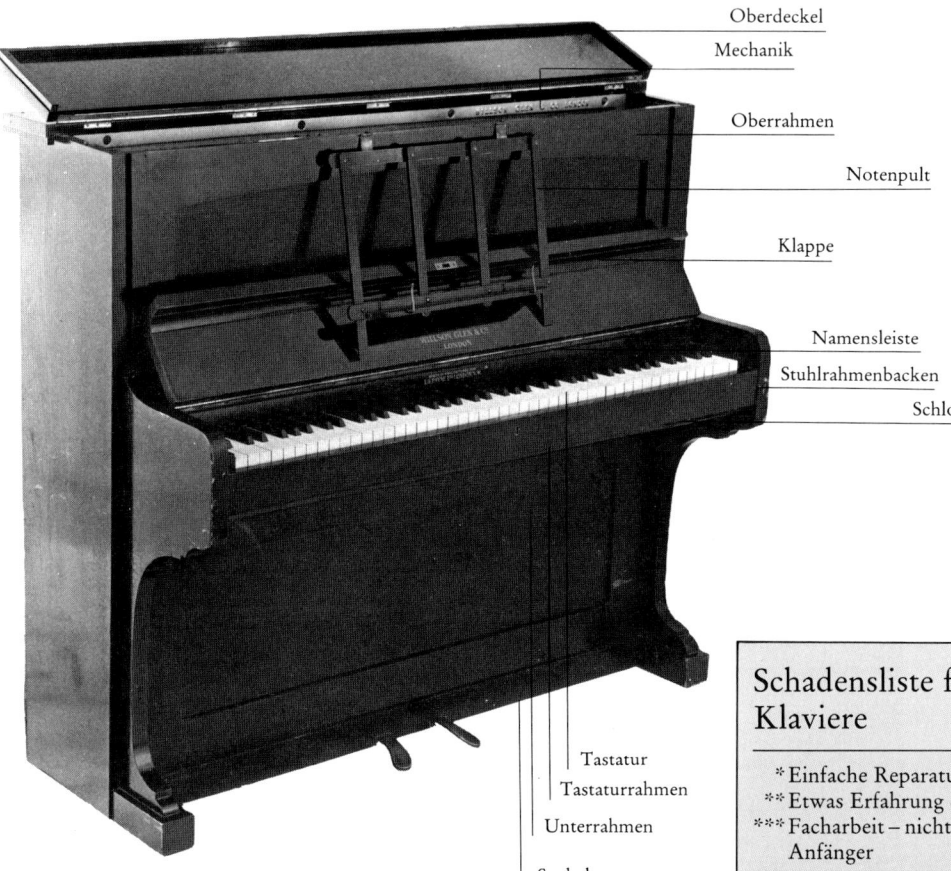

Oberdeckel
Mechanik
Oberrahmen
Notenpult
Klappe
Namensleiste
Stuhlrahmenbacken
Schloßleiste
Tastatur
Tastaturrahmen
Unterrahmen
Sockel

Schadensliste für Klaviere

* Einfache Reparaturen
** Etwas Erfahrung erforderlich
*** Facharbeit – nicht für Anfänger

** Eine hängende **Taste** kann verzogen, die Waagebalkenstifte können verbogen oder ihre Garnierungen aufgequollen sein.
*** Ist der **gußeiserne Rahmen (Panzerrahmen)** gerissen? Sehen Sie sich das Feld um die Wirbel an. Gußeisen ist nur schwer zu reparieren.
* Untersuchen Sie **Holz und Filze** auf Holzwurm und Mottenbefall.
* Untersuchen Sie **Metallteile** nach Rost- und Abnutzungserscheinungen.

Kauftips

Man kann in der Regel den Wert eines Klaviers an der Qualität der handwerklichen Ausführung erkennen. Überprüfen Sie Holzverarbeitung, Furnier, Verbindungen und Politur.
● Klavierrahmen haben eine Identifikations-Seriennummer, die ebenfall auf den abnehmbaren Teilen des Korpus zu finden ist, z. B. auf der Hinterseite des Oberrahmens und auf der Klappeninnenseite. Nicht identische Nummern sind ein Hinweis darauf, daß der Korpus irgendwann verändert worden ist, was den Wert beeinträchtigt.
● Nicht alle beschädigten, schmutzigen, angelaufenen Blasinstrumente sollten außer acht gelassen werden, denn sie könnten aus echtem Silber angefertigt und nach einer Restaurierung sehr wertvoll sein. Schauen Sie an den Verbindungsstellen nach Feingehaltsstempeln.
● Schon die äußere Erscheinung eines Instruments und seines Korpus läßt darauf schließen, daß eventuell eine Restaurierung nötig ist.

Schadensliste für Flöten

* Einfache Reparatur
** Etwas Erfahrung erforderlich
*** Facharbeit – nicht für Anfänger

** Sind die **Klappenpolster** in gutem Zustand? Schauen Sie unter die Klappen. Ursache für nicht deckende Klappen sind abgenutzte Polster, sie können ersetzt werden, oder schlechte Justierung (Justierschraube anziehen).
* Fühlen sich die **Klappen** locker an, sobald sie heruntergedrückt werden? Wenn ja, überprüfen Sie die Federn und ersetzen ausgeleierte. Es könnte auch sein, daß die Endschrauben der Stangen des Klappmechanismus locker sind. Sie können ersetzt werden.
* **Korken oder Filze** können fehlen: Beim Betätigen der Klappen vernehmen Sie ein Geräusch wie von einer Schreibmaschine.
*** **Schäden am Flötenrohr** oder an den Achsen sollten dem Fachmann überlassen werden.

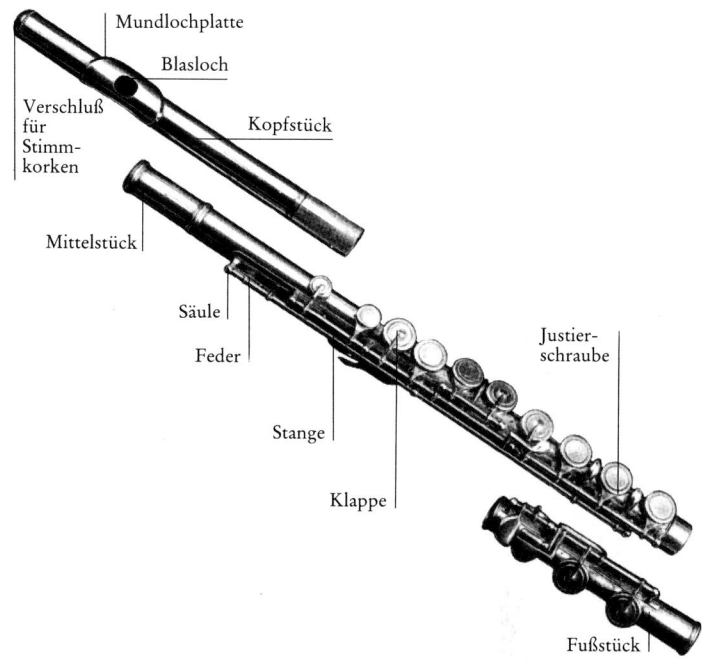

Mundlochplatte
Blasloch
Verschluß für Stimmkorken
Kopfstück
Mittelstück
Säule
Feder
Justierschraube
Stange
Klappe
Fußstück

Wirbelkasten
Obersattel
Wirbel
Griffbrett
Steg
F-Loch
Saitenhalter
Kinnhalter
Decke
Endknopf
Untersattel

Schadensliste für Saiteninstrumente

* Einfache Reparatur
** Etwas Erfahrung erforderlich
*** Facharbeit – nicht für Anfänger

** Schnarren die **Saiten?** Das könnte auf Abnutzung des Stegs oder des Obersattels zurückzuführen sein, auf einen Riß im Resonanzboden oder eine aufgegangene Leimfuge. Alles kann ausgebessert werden, vorausgesetzt, der Schaden ist zugänglich und nicht übermäßig groß.
*** Hat der **Stimmstock** sich verschoben, können Sie im Innern ein Rasseln vernehmen. Es ist am besten, den Stimmstock von einem Fachmann montieren zu lassen.
** Eine **hohe Saitenlage** macht das Instrument schwer spielbar, da die Saiten zu weit vom Griffbrett entfernt sind. Liegt es am Steg, können Sie es leicht reparieren.
*** Ist der **Hals** verzogen, ziehen Sie einen Fachmann zu Rate.

Werkzeuge und Materialien

Kleinere Restaurierungsarbeiten können Sie mit einfachem Werkzeug gut an einem Küchentisch ausführen, für schwierige Arbeiten sind jedoch ein Arbeitsraum, Beleuchtung und Werkzeuge wie für die Restaurierung von Möbeln zu empfehlen (siehe S. 98).

Da Klaviere sehr schwer und schwierig zu bewegen sind, wird es für Sie wahrscheinlich leichter sein, nur den abnehmbaren Ober- und Unterrahmen in Ihre Werkstatt zu bringen und alle anderen anfallenden Restaurierungsarbeiten an Ort und Stelle auszuführen.

Materialien

Viele Materialien, die zur Oberflächenbearbeitung von Möbeln benutzt werden, sind für die Restaurierung von Musikinstrumenten nützlich (siehe S. 110 f.). Um die Oberfläche zur Endbearbeitung vorzubereiten, brauchen Sie Terpentinersatz und Methylalkohol, nichtätzenden Abbeizer, Schmirgelpapier und feine Stahlwolle (siehe S. 103).

Öl- oder Spirituslack kann zur Oberflächenbehandlung von Gitarren verwendet werden.

Klaviertastenbeschläge Synthetische Tastenbeschläge gibt es in der Regel nur im Set. Wollen Sie nur eine Taste neu belegen, so schauen Sie sich in einem Bastelgeschäft nach dem passenden Ersatz um.

Leim Für den Bau von Saiteninstrumenten wurde Warm-(Tier-)leim verwendet. Er sollte ebenfalls bei Reparaturen und zum Wiederankleben lockerer Filzbeläge benutzt werden. Nehmen Sie keinen Leim, der die Filze tränkt und verhärtet.

Uhrenöl um den Mechanismus von Blasinstrumenten zu ölen.

Fett Spezialfett oder Vaseline (sparsam aufgetragen), um den Mechanismus gängig zu machen.

Federstahl Runder, rostfreier Federstahldraht wird gebraucht, um Federn in der Klappenmechanik von Blasinstrumenten zu ersetzen.

Filzpolster für Flöttenklappen sind in verschiedenen Größen erhältlich.

Klebstoff Die Filzpolster werden mit einem Spezialklebstoff angeklebt, der im Fachhandel zu erhalten ist. Ursprünglich wurden sie mit Schellack angeklebt.

Werkzeuge für Blasinstrumente

Schraubenzieher Am besten eignet sich für die kleinen, feinen Schrauben (z. B. am Flötenmechanismus) ein Uhrmacher-Schraubenzieher.

Zange Zum Fassen von Federn empfiehlt sich eine Spitzzange.

Seitenschneider Zum Schneiden von Federstahl.

Nadelfeilen (feine, flache Feilen), um die Enden der Federn plan zu feilen.

Reinigungsstab Er wird in der Regel mit dem Instrument geliefert und hat an einem Ende einen Schlitz, um den Flötenkorpus mit einem fusselfreien Tuch reinigen zu können.

Werkzeuge für Saiteninstrumente

Da Saiteninstrumente hauptsächlich aus Holz gebaut sind, empfiehlt sich ein Werkzeugset für Holzarbeiten (siehe S. 98 ff.). Zusätzlich sind nützlich:

Seitenschneider oder Stahldrahtzwickzange zum Schneiden von Saiten und Bundstäbchen.

Nadelfeilen Damit können Sie die feinen Nuten in Steg oder Obersattel feilen.

Furnierhammer zum inwendigen Richten von Rissen einer Gitarre (siehe S. 221).

Spiegel Mit einem kleinen, verstellbaren Spiegel prüfen Sie das Innere des Instruments, mit einer Taschenlampe leuchten Sie es aus.

Klammern/Zwingen um eine Leimfuge zusammenzuhalten.

Palettmesser zur Entfernung alten Leims aus undichten Fugen.

Werkzeuge für Klaviere

Anleitungen zum Generalüberholen und Stimmen eines Klaviers würden den Rahmen dieses Buches sprengen. Eine gute Werkzeugausrüstung für Möbelreparaturen genügt für die hier beschriebenen Reparaturen. Außerdem sind eine Messingdrahtbürste und ein Staubsauger zum Staubentfernen nützlich.

Instrumente aufbewahren

Alle Holzinstrumente sollten vor extremen Temperaturen und Feuchtigkeit geschützt werden. Lassen Sie Saiteninstrumente nicht neben dem Kamin oder der Heizung stehen, vermeiden Sie direkte Sonnenbestrahlung, und bewahren Sie sie nicht an Außenwänden oder Fenstern auf, wo sich Kondenswasser bilden kann.

Klaviere stehen am besten in einem Raum, der nicht zu feucht und nicht zu trocken ist (siehe S. 97). Zu hohe Luftfeuchtigkeit kann ebenso schädigen wie zu niedrige (z. B. durch Zentralheizung). Trockene Luft wird mit einem Verdunster reguliert. Legen Sie nach dem Spiel empfindliche Instrumente wie Geigen immer sofort in den Instrumentenkasten zurück, um sie vor achtlosen Beschädigungen zu schützen.

Blasinstrumente reparieren

Obwohl die hier gezeigten Reparaturen sich auf alte Flöten beziehen, sind sie ebenso auf Klarinetten und Oboen übertragbar. Die Art und Weise der Reinigung gilt für alle Blasinstrumente. Zwar erhielt die heutige Metallflöte erst Mitte des 19. Jahrhunderts ihre endgültige Form, aber die Chance ältere Holzflöten (Grenadillholz) zu finden ist ohnehin gering.

Eine Flöte zusammensetzen

Zuerst überprüfen Sie, ob die Steckverbindungen staubfrei sind. Dann setzen Sie die Flöte zusammen, indem Sie zuerst das Kopfstück mit dem vorderen Ende des Mittelstücks verbinden. Grundsätzlich sollten Sie die einzelnen Teile immer leicht drehend ineinanderstecken – nie einfach zusammenstecken – und dabei die Klappen nicht berühren. Mundloch, die letzten vier Klappen, die Stange und das Fußstück müssen sich auf einer gedachten Linie befinden; bei einigen Flöten befindet sich hierfür an der Verbindung zwischen Kopf- und Mittelstück eine Markierung. Sollte das Zusammensetzen der Flöte schwerfallen, schmieren Sie die Verbindungsstelle leicht mit einem Spezialfett ein. Wenn Sie es nicht im Fachhandel erhalten, verwenden Sie statt dessen Vaseline.

Auswechseln eines Polsters

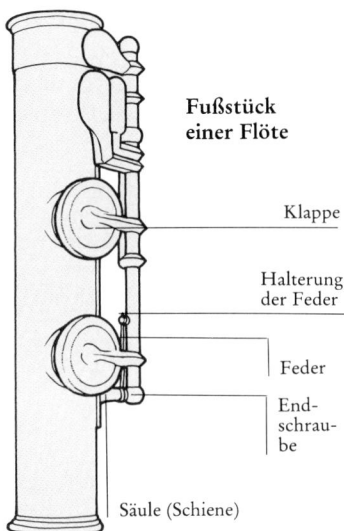

Fußstück einer Flöte

Klappe

Halterung der Feder

Feder

Endschraube

Säule (Schiene)

In der Regel ist es nicht nötig, alle Polster an der Flöte auf einmal zu ersetzen. Deshalb entfernen Sie nur den Teil des Mechanismus, an dem sich die Klappe mit dem beschädigten Polster befindet. Lösen Sie die Federn aus ihrer Halterung, dann die Endschrauben in der Säule und nehmen die Achse mit der beschädigten Klappe heraus. Nun ziehen Sie die Klappen vom Stab herunter (Reihenfolge markieren!).

Die meisten alten Flöten haben flache Klappendeckel und Polster, die Mitte des 19. Jahrhunderts ent-

Eine neue Feder anbringen

Die Feder einer Klappe kann ausleiern oder herausfallen, und obwohl Sie im Notfall die Klappe mit einem Gummiband in der Spannung halten können, sollten Sie im Fachhandel Ersatzfedern kaufen. Ist die alte Feder verlorengegangen, messen Sie von ihrer Montierung bis zur Halterung. Schneiden Sie den neuen Draht zu, und feilen Sie die Enden mit einer feinen Feile plan.

wickelt wurden. Die Polster bestehen aus Filz, überzogen mit feinem Leder. Andere Polster bringen Sie dem Flötenbauer.

Der Klappengröße entsprechende Ersatzpolster bekommen Sie in guten Musikgeschäften. Die Polster sind entweder an der Klappe festgeleimt oder werden durch eine kleine Schraube gehalten. Als »Leim« wurde früher Schellack oder Siegelwachs, heute synthetischer Leim verwendet. Um beschädigte Polster zu entfernen, drehen Sie entweder die Schraube heraus oder schmelzen den Leim durch Erwärmen der Deckelrückseite über einer Flamme. Reinigen Sie den Deckel von weichem »Leim«.

Um ein neues geschraubtes Polster zu befestigen, setzen Sie es einfach in die Klappe und drehen die Schraube wieder fest. Korrigieren Sie eventuell die Höhe des Polsters durch dünne, untergelegte Pappkartonplättchen. Um ein geklebtes Polster einzusetzen, tragen Sie auf die Unterseite des Deckels synthetischen Leim auf und drücken das Polster fest. Dann stecken Sie die Klappe auf die Stange und sichern das Polster mit einem Gummiband. Sie regulieren nun den zusammengesetzten Klappmechanismus mit der Justierschraube und schauen nach, ob alle Klappen decken.

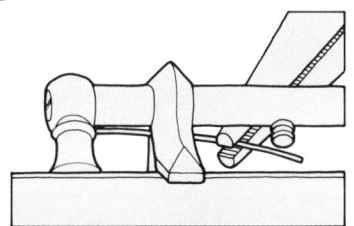

Eine Feder anbringen Mit einer Spitzzange schieben Sie ein Drahtende in das Loch in der Säule, das andere in die Halterung.

Saiteninstrumente restaurieren

Gebrochene oder fehlende abnehmbare Teile von Saiteninstrumenten, wie z. B. Wirbel und Stege, können relativ leicht ersetzt, leichte Abnutzungserscheinungen mit einfachen Werkzeugen und Mitteln behoben werden. Bei größeren Beschädigungen sollten Sie einen Restaurator aufsuchen.

Stimmwirbel ersetzen

Die Wirbel, die die Saiten einer Violine, Bratsche oder eines Cellos spannen, werden durch Reibung in konischen Löchern im Wirbelkasten gehalten. Sind die konischen Löcher oder die Wirbel oder beides abgenutzt, werden Sie das Instrument nicht mehr sauber stimmen können.

Ersatzwirbel gibt es in Eben-, Rosen- oder Buchsbaumholz oder in billigeren, gebeizten Holzarten. Obwohl es mehrere Größen von Wirbeln für die einzelnen Instrumente gibt, kann es vorkommen, daß ein neuer Wirbel noch abgesägt werden muß, damit er in das Wirbelloch paßt und auf gleicher Höhe mit den anderen sitzt. Um dies zu korrigieren, müssen Sie den Wirbelschaft bearbeiten wie rechts beschrieben.

Ist ein Wirbelloch ausgeschlagen, müssen Sie es nacharbeiten (siehe unten) und brauchen dann einen größeren Wirbel.

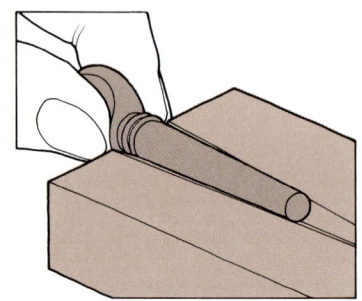

Einen Wirbel bearbeiten Leimen Sie feines Schleifpapier auf ein Sperrholz, das groß genug für den Schaft des Wirbels ist. Arretieren Sie den Wirbel auf einem Weichholzklotz mit V-Nut. Schmirgeln Sie den Schaft mit gleichmäßigem Druck, wobei Sie den Wirbel drehen. Passen Sie ihn probeweise an und schleifen Sie so lange nach, bis er einwandfrei sitzt. Auf die richtige Länge kürzen und die Schnittfläche runden.

Ein Wirbelloch reparieren

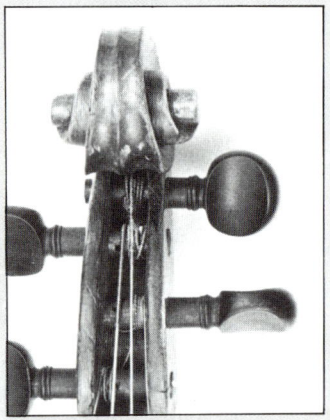

Violinenkopf Die Stimmwirbel liegen in durch den Kopf gebohrten Wirbellöchern.

Die konischen Wirbellöcher auf jeder Seite des Wirbelkastens können sich abnützen oder verziehen, und der Wirbel rutscht. Ein zu großes Loch muß von einem Fachmann bearbeitet werden. Ist die Abnützung gering, können Sie das Loch selbst bearbeiten und dann einen größeren Wirbel einsetzen. Benutzen Sie einen Ersatzwirbel, der die gleiche Konusgröße hat wie der Originalwirbel, um eine einfache Ausreibahle herzustellen. Bekleben Sie den Wirbel mit feinem Schmirgelpapier und drehen den Wirbel im Wirbelloch, bis es gleichmäßig rund ist. Schleifen Sie so wenig Holz wie möglich ab.

An einer Violine einen neuen Steg anbringen

Ein gebrochener Steg oder einer, in den die Saiten zu tief einschneiden, muß ersetzt werden. Stege gibt es in zahlreichen Ausführungen und Qualitäten, sie werden »passend« oder »nicht passend« verkauft. Der Fuß eines passenden Stegs ist so bearbeitet, daß er der Deckenwölbung der Violine bereits entspricht. Den Fuß und die Silie eines »nicht passenden« Stegs müssen Sie selbst bearbeiten. Ein »De-Jacques«-Steg ist selbstjustierend, er hat spezielle Füße, die sich der Wölbung des Instruments anpassen.

Einen Steg bearbeiten und anbringen

Die Höhe des Stegs bestimmt die Saitenhöhe, d. h. den Abstand zwischen Saiten und Griffbrett. Wenn der Steg zu hoch ist, läßt sich das Instrument nur schwer spielen. Ebenso wichtig ist die Wölbung des Stegs: Sie darf nicht zu flach oder zu rund sein, sonst wird die Bogenführung behindert. Entfernen Sie die Saiten, den Saitenhalter und decken Sie die F-Löcher ab, bevor Sie den Steg bearbeiten. Legen Sie die Violine auf ein Bett aus Styroporkügelchen.

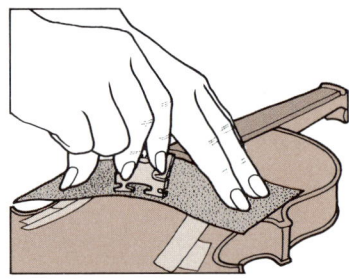

1. Legen Sie einen Streifen mittelfeines Schleifpapier so über die Decke der Violine, daß er die F-Löcher halb abdeckt. Reiben Sie den Fuß des Stegs über das Schmirgelpapier, wobei Sie ihn aufrecht und parallel zur Schleifpapierkante halten. Die Füße müssen gleichmäßig geschliffen werden. Entfernen Sie das Schleifpapier, und prüfen Sie, ob der Steg paßt. Senkrecht stehend, müssen die Füße der Wölbung genau angepaßt sein. Falls nötig, schleifen Sie nach.

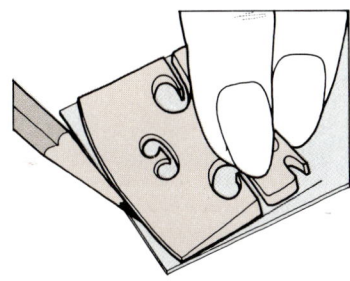

2. Vor der Bearbeitung der Oberkante machen Sie sich eine Schablone des Stegs. Übertragen Sie die Rundung des Stegs auf Pappkarton, schneiden Sie sie aus, und legen Sie sie für später beiseite. Mit einer Dreiecksfeile kerben Sie die Rundung viermal in 11 mm-Abstand wie auf der Abbildung ein.

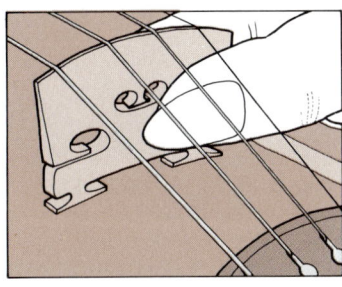

3. Bringen Sie Saitenhalter und Saiten an, schützen Sie dabei die polierte Decke mit einem Tuch. Spannen Sie die Saiten leicht an, befestigen Sie den Steg, indem Sie ihn unter den Saiten langsam aufstellen. Der aufgestempelte Herstellername liegt gegenüber des Griffbretts.

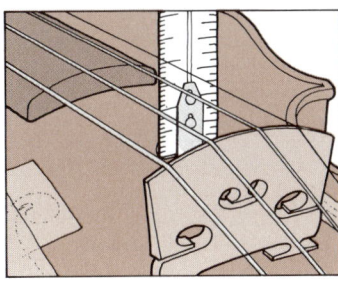

4. Justieren Sie den Steg so, daß die Saiten genau parallel zum Griffbrett laufen. Messen Sie die Höhe der E- und der G-Saite über dem Griffbrettrand. Die empfohlene Höhe (für eine 4/4-Violine) beträgt unter

der E-Saite 3 mm, unter der G-Saite 5 mm. Wahrscheinlich ist der Steg höher als beabsichtigt. Um die Höhe der Saiten zu korrigieren, müssen Sie die Kerben im Steg vertiefen. Lockern und lösen Sie die E-Saite, vertiefen Sie die Kerbe wenn nötig mit einer Nadelfeile. Bearbeiten Sie die Kerbe von oben nach unten; Sie halten die Feile senkrecht, bis die gewünschte Höhe erreicht ist. Wiederholen Sie den Vorgang für die G-Saite, diesmal mit einer gerundeten Nadelfeile.

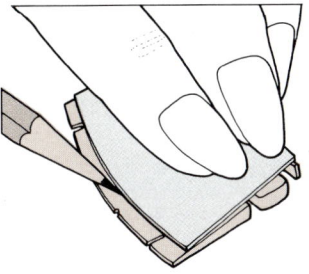

5. Nehmen Sie den Steg wieder ab. Legen Sie die Schablone so auf die gestempelte Stegseite, daß die Kurve die tiefsten Punkte der Kerben berührt (Schablonen- und Stegkurve sind nicht parallel). Zeichnen Sie die Kurve auf den Steg. Die Kerben für D- und A-Saite bis zu dieser Markierung mit einer Nadelfeile eintiefen.

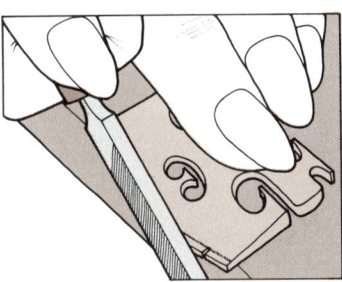

6. Feilen Sie den Steg bis dicht an die markierte Kurve ab, so daß zwischen den Saitenführungen minimale Überstände bleiben. Feilen Sie die Oberkante und die dem Griffbrett gegenüberliegende Kante dünner, denn die Auflage der Saiten auf dem Steg darf nur 2 mm betragen. Nehmen Sie dann die Abdeckung von den F-Löchern, justieren Sie den Steg, und stimmen Sie die Violine.

Fugen verleimen

Beim Bau von Saiteninstrumenten wurden ursprünglich Tierleime verwendet. Diese Leimfugen können unter bestimmten Bedingungen aufgehen. Um dies zu überprüfen, klopfen Sie die Verleimungen an, wobei Sie darauf achten, ob sich der Klang ändert: Eine schadhafte Leimfuge klingt dumpf.

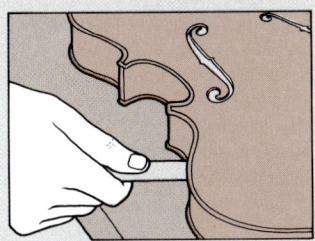

1. Zuerst entfernen Sie den alten Leim. Benutzen Sie ein dünnes Tafelmesser oder ein Palettmesser, in heißes Wasser getaucht, und schieben Sie es in der Fuge hin und her. Durch Hitze und Feuchtigkeit wird der Leim aufgeweicht; Sie können ihn dann mit einem feuchten Tuch vom Messer abwischen.

2. Machen Sie das so lange, bis der ganze Leim heraus ist. Achten Sie darauf, daß das Holz sich nicht vollsaugt, damit die Leimfuge nicht weiter aufgeht.

3. Lassen Sie die Fuge trocknen, und bringen Sie dann mit einem Messer Warmleim auf. Wischen Sie überschüssigen Leim mit einem fast trocknen Tuch ab.

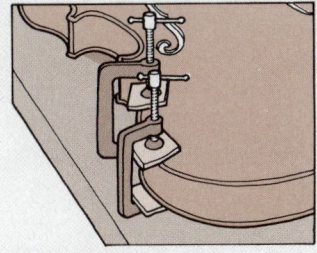

4. Bringen Sie kleine Zwingen an der Verleimung an. Schützen Sie das Holz mit Weichholzklötzen oder Kork. Lassen Sie das Instrument 24 Stunden in den Zwingen, bis der Leim hart ist.

Einen Riß reparieren

Die meisten akustischen Saiteninstrumente haben sehr dünne Resonanzböden, und obwohl sie auf der Unterseite versteift sind, kann ein heftiger Schlag einen Riß verursachen.

Wischen Sie zuerst den Riß mit einem mit Terpentinersatz befeuchteten Lappen ab. Achten Sie darauf, daß Sie gegebenenfalls offenliegende Holzkanten nicht berühren. Dann verleimen Sie den Riß wie unten gezeigt. Wischen Sie überschüssigen Leim ab. Bedecken Sie den Riß mit Plastikfolie, und stützen Sie ihn durch eine passende Zulage im Korpus. Nun legen Sie eine Zulage auf den Riß und eine weitere unter das Instrument, dessen Ober- und Unterseite Sie durch eine zusätzliche Stofflage schützen. Setzen Sie nun die Schraubzwingen an.

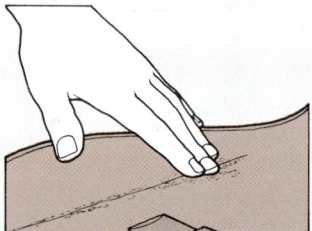

Verleimung eines Risses Benutzen Sie PVA-Kleber, er bindet relativ langsam und klar ab und verbindet Holz sehr gut. Reiben Sie den Kleber mit den Fingern in den Riß, drücken Sie dabei vorsichtig abwechselnd rechts und links neben dem Riß auf den Resonanzboden, so daß der Kleber tief eindringt. Wischen Sie überschüssigen Kleber sofort ab, auch innen.

Saiteninstrumente lackieren

Um die Oberfläche alter Saiteninstrumente zu bearbeiten, müssen Sie kein Fachmann sein. Bei alten, billigen Massenprodukten, die keine historische Bedeutung haben, können Sie ohne Bedenken den alten Lack ab- und den neuen auftragen. Glauben Sie aber, daß es sich um ein altes, wertvolles Instrument handelt, überlassen Sie diese Arbeiten unbedingt einem Fachmann. In jedem Zweifelsfall konsultieren Sie zuerst einen Experten.

Lackarten

Saiteninstrumente sind gewöhnlich mit einem Lack auf Öl- oder Spiritusbasis überzogen. Zusätzliche Schichten von Wachspolitur bringen tiefen Glanz. Zur Bestimmung des Lacks machen Sie folgenden Test: Tragen Sie an einer kleinen, unauffälligen Stelle mit sauberem Tuch Terpentinersatz auf. Wachs und Lack auf Ölbasis werden dadurch gelöst und hinterlassen Spuren auf dem Tuch. Reagiert die Lackschicht nicht, versuchen Sie es mit Methylalkohol, der Lack auf Spiritusbasis löst.

Im Fachhandel sind Klarlack sowie pigmentierte Öl- und Spirituslacke in für Streichinstrumente traditionellen warmen Farbtönen erhältlich.

Ein altes, schäbiges Instrument braucht vielleicht nur gereinigt und poliert zu werden, um den ehemaligen Glanz zurückzubekommen. Fertige Reinigungs- und Poliermittel sind im Fachhandel erhältlich. Sie können aber auch selbst ein Reinigungsmittel herstellen: Auf vier Teile Terpentinersatz kommt ein Teil Leinöl. Entfernen Sie die Saiten und alle abnehmbaren Teile. Reinigen Sie jeweils nur kleine Flächen. Achten Sie darauf, daß durch das Schalloch keine Flüssigkeit nach innen dringt, denn innen ist das Holz roh.

Mit Poliercreme können Sie unversehrten Überzug auf Hochglanz bringen. Sollte der Lack jedoch abgenutzt sein, müssen Sie neue Lackschichten auftragen.

Wenn der Lack stark verkratzt oder beschädigt ist, müssen Sie ihn abnehmen und neuen auftragen. Dies sollte jedoch der letzte Ausweg sein. Benutzen Sie einen milden Abbeizer, und decken Sie die Flächen, die nicht abgebeizt werden müssen, ab.

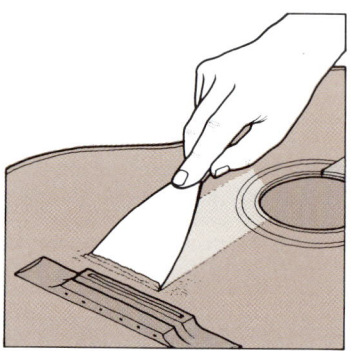

Abbeizen Tragen Sie den Abbeizer nach Anweisung des Herstellers auf; nehmen Sie den Lack mit einem Spachtel ab. Reinigen Sie die Oberfläche mit Terpentinersatz, schmirgeln Sie sie mit feinstem Schleifpapier in Richtung der Holzmaserung ab.

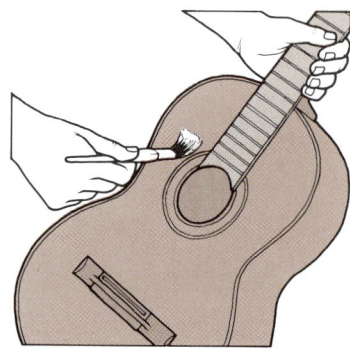

Neu lackieren Tragen Sie den neuen Lack mit weichem Pinsel auf, wobei Sie das Instrument am Hals halten. Zum Trocknen hängen Sie es auf. Hals und Kopf lackieren Sie, wenn der Korpus getrocknet ist.

Pflege und Wartung eines Klaviers

Alle Klaviere, ob alt oder neu, müssen regelmäßig innen und außen gereinigt werden. Obwohl Sie dazu den Korpus auseinandernehmen müssen, ist ein Klavier leicht zu reinigen. Auch einfache Reparaturen, z. B. Tastenbeschläge erneuern, können Sie selbst ausführen.

Wie ein Klavier konstruiert ist

Am Rücken des Klaviers sind der Resonanzboden und der gußeiserne Rahmen angebracht, über den die Saiten gespannt sind. Die Seiten des Korpus sind am hinteren Rahmen festgemacht, und die Klaviaturbacken, die aus den Seitenteilen herausragen, tragen den Tastaturrahmen. Die Füße an den Seiten des Unterrahmens geben dem Klavier Halt.

Der übrige Korpus des Klaviers mit der Mechanik und den Tasten ist herausnehmbar. Der Oberdeckel wird zurückgeklappt, Ober- und Unterrahmen herausgenommen. Um das Klavier innen zu reinigen, werden Mechanik und Tastatur herausgenommen (siehe rechts).

Staub entfernen

Innen im Klavier kann sich Staub ansammeln, besonders dann, wenn der Rückwandstoff zerrissen ist. Nehmen Sie den Ober- und Unterrahmen ab, und bürsten Sie die offenliegenden Teile mit einem weichen Haarpinsel. Entfernen Sie den Staub mit einem Staubsauger. Bringen Sie Ober- und Unterrahmen und wenn nötig einen neuen Rückwandstoff an. Ziehen Sie die Holzstifte und kleinen Nägel, mit denen der Rückwandstoff befestigt ist, heraus. Spannen Sie den neuen Rückwandstoff über den Rasten, und tackern oder nageln Sie ihn fest. Bringen Sie die Holzleisten wieder an.

Auseinandernehmen des Klaviers zum Reinigen

Um das Klavier gründlich reinigen zu können, entfernen Sie zuerst Ober- und Unterrahmen. Diese werden durch drehbare Holzknöpfe und Holzdübel gehalten. Nehmen Sie die Klappe und anschließend die Mechanik und die Namensleiste heraus, wenn Sie einzelne Tasten entfernen wollen.

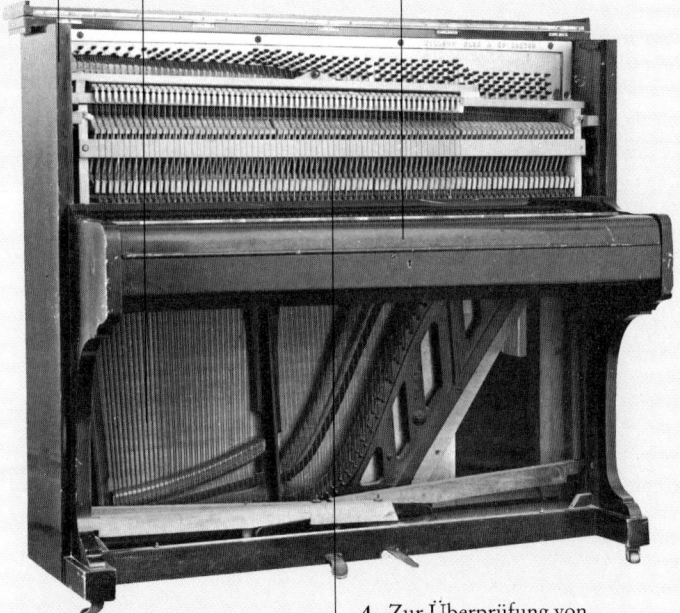

1. Entfernen Sie die Knöpfe und Dübel, um den Oberrahmen herauszunehmen.

2. Nehmen Sie nun den Unterrahmen genauso wie den Oberrahmen ab.

3. Die Tastatur wird durch eine Klappe bedeckt, die durch ein Scharnier mit der sogenannten Hohlkehle verbunden ist. Diese liegt mit beiden Enden auf Holzdübeln auf und läßt sich herausnehmen, sobald der Oberrahmen entfernt ist.

4. Zur Überprüfung von Saiten, Rahmen und Resonanzboden heben Sie die Mechanik heraus. Öffnen Sie die drehbaren Knöpfe an beiden Seiten und die Befestigungsschraube in der oberen Mitte der Mechanik.

5. Die sogenannte Namensleiste ist rechts und links an die Tastaturbacken geschraubt. Sie befindet sich unter der Klappe, am Hinterende der Tasten. Ist sie abgeschraubt, können alle Tasten von ihren Führungsstiften gehoben werden.

Restaurierung des Klavierkorpus

Traditionell ist der Korpus eines Klaviers hochglanzpoliert; seit ihrer Einführung wird für die meisten furnierten Klaviere Schellackpolitur benutzt (siehe S. 111). Für schwarze hochglanzpolierte Klaviere wird Schellackpolitur mit schwarzem Pigment eingefärbt.

Zunächst wird das Gehäuse repariert und vorbereitet, wobei ähnliche Techniken wie bei der Reparatur von Möbeln angewendet werden (siehe S. 105 ff.). Dann können Sie zwischen herkömmlicher Schellackpolitur oder einem speziellen Schellackreparaturset für Anfänger, bestehend aus Politur und Polituröl, wählen. Sie können auch schwarzes Pigment kaufen, um die Politur einzufärben.

Zuerst entfernen Sie Ober- und Unterrahmen, Klappe und Hohlkehle, Namensleiste und Tastatur, Mechanik und alle anderen abnehmbaren Teile. Das Innere des Gehäuses bedecken Sie mit Papier oder Plastik. Die Unterseite der Klappe und die Namensleiste brauchen höchstwahrscheinlich keine Politur. Nehmen Sie beides heraus, wenn Sie die anderen Flächen mit Schellack bearbeiten.

Restaurierung der Oberfläche

Wenn die alte polierte Oberfläche in tadellosem Zustand, wachsfrei und geglättet ist, beginnen Sie mit dem Auftragen der neuen Politur. Stark beschädigte Oberflächen sollten Sie abbeizen und ganz neu lackieren (siehe S. 108).

Mit Terpentinersatz und feiner Stahlwolle entfernen Sie nach und nach alle Fettspuren und reiben die Oberfläche jeweils trocken. Schmirgeln Sie mit ganz feinem Schmirgelpapier (Stärke 400–600) und achten Sie darauf, daß Sie an den Kanten nicht zuviel wegnehmen.

Tiefe Kratzer in der Originalpolitur füllen Sie mit eingedickter Politur; Sie lassen aushärten, spachteln plan und schleifen fein. Bei tief ins Holz gehenden Kratzern verwenden Sie eine Markengrundierung. Solange es sich nicht um ein schwarzes Klavier handelt, reparieren Sie alle beschädigten Furnierteile möglichst mit gleichem Holz (siehe S. 106).

Schellackpolitur auftragen

Wenn die Originalpolitur sehr abgenutzt ist und die Schellackschicht schon abzublättern beginnt, müssen Sie zwei oder mehr Schichten neuer Politur mit einem Pinsel auftragen. Jede Schicht muß mindestens 24 Stunden durchtrocknen und wird anschließend mit sehr feinem Schmirgelpapier (Stärke 400–600) feingeschliffen.

Schellack wird mit einem Spezialballen aufgetragen (siehe S. 111), der in Methylalkohol getaucht und dann ausgewrungen wird, das erleichtert das Auftragen. Bauen Sie die Politur mit dem Ballen Schicht um Schicht auf, indem Sie zwölfmal die ganze Oberfläche bearbeiten. Verdünnen Sie die Politur bei jedem Arbeitsgang zunehmend mehr mit Methylalkohol. Auch hier muß jede Schicht nach dem völligen Durchtrocknen sehr fein angeschliffen werden.

Eine gut aufgebaute Politur sollte hochglänzend werden, doch werden Sie nicht verhindern können, daß der Ballen einige Schlieren hinterläßt. Mit dem Polituröl bringen Sie die Oberfläche auf Hochglanz. Bearbeiten Sie jeweils nicht mehr als 30 cm². Nehmen Sie jedesmal frische Watte. Die Oberfläche wird zum Schluß mit einem weichen Poliertuch auf Hochglanz gebracht.

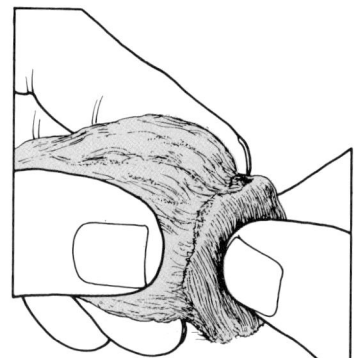

Polieren der Schellackoberfläche

Geben Sie die Flüssigkeit auf einen Wattebausch, und reiben Sie die Schellackoberfläche mit kräftigen Längsbewegungen ungefähr 25mal. Zupfen Sie dann die verschmutzte Oberfläche des Wattebauschs ab.

Reparatur einer Klaviertaste

Jede Taste hat ihre eigene Führung auf dem Tastaturrahmen; in der Mitte wird sie von einem Waagebalkenstift gehalten und von einem ovalen Stift vorne unter der Taste. Um eine Taste herauszunehmen, entfernen Sie den Oberrahmen, die Klappe und die Namensleiste (Tastaturleiste) mit der Hohlkehle. Nun heben Sie entweder die Taste vorne hoch und ziehen sie unter der Mechanik heraus, oder Sie nehmen vorher die Mechanik heraus. Numerieren Sie die Tasten vor dem Ausbau.

Verzogene Tasten

Nehmen Sie die verzogene Taste heraus, und halten Sie sie an eine gerade Leiste, um den Grad und die Richtung des Verzugs festzustellen. Befeuchten Sie das Holz der Taste, zwingen Sie es zwischen zwei gerade Holzplatten, und lassen Sie es trocknen. Wenn der Verzug zu stark war, befeuchten Sie die Taste nochmals und zwingen Sie sie an ein Holz, das entgegengesetzt verzogen ist.

Tastenbeläge

Wenn Sie alte Tastenbeläge ersetzen, sollten Sie möglichst Elfenbein oder Zelluloid verwenden. Ist das nicht möglich, nehmen Sie statt dessen Plastikmaterial. Alle Beläge müssen gleich dick sein, da alle Tasten dieselbe Höhe haben müssen. Wenn der neue Tastenbelag dicker ist, schleifen Sie die Taste oder die Unterseite des Belags mit Schmirgelpapier dünner.

Reste alter Beläge entfernt man mit einem dünnen erwärmten Messer. Mit einer sehr feinzahnigen Säge schneiden Sie den neuen Belag etwas größer als die Taste zu. Rauhen Sie die Unterseite des neuen Belags auf, tragen Sie PVA-Leim oder Holzleim auf, und zwingen Sie den Belag an die Taste. Wenn der Leim ausgehärtet ist, feilen Sie den Belag zurecht, runden Sie die Ecken mit Schmirgelpapier ab.

TEXTILIEN

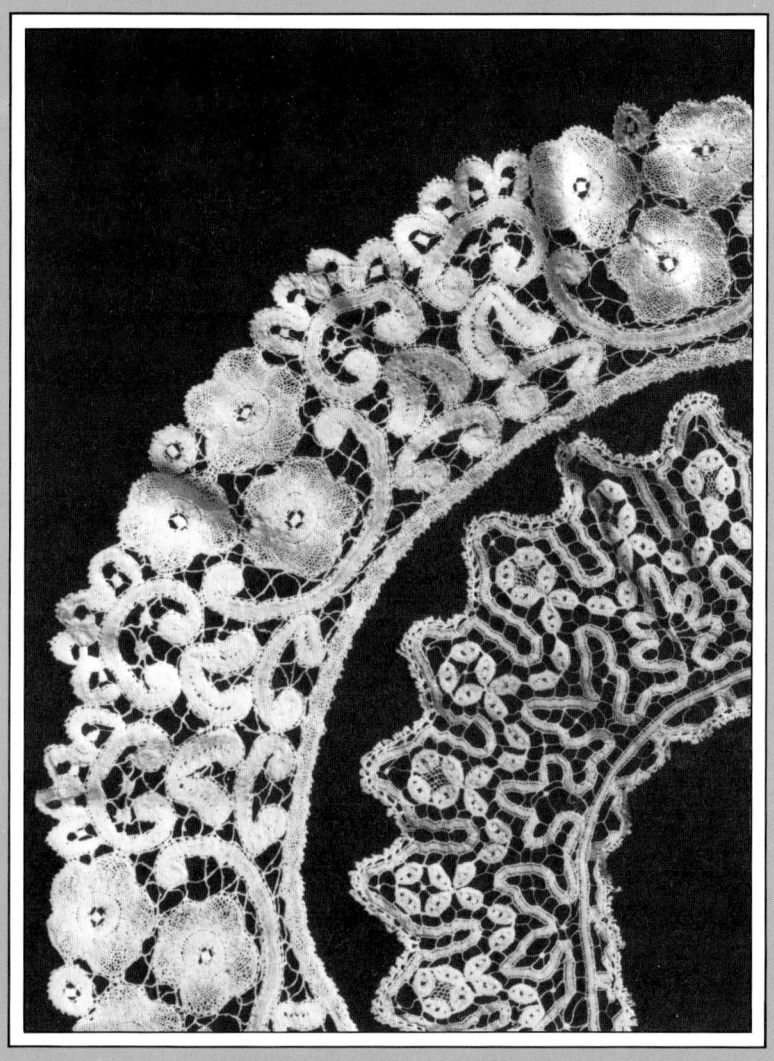

Textilien sammeln

Es gibt eine breite Palette sammelnswerter alter Gewebe – von folkloristischen Patchworkdecken bis zu perlenbestickten Kleidern des Art-Deco. Von größter Wichtigkeit sind sachgemäße Aufbewahrung, Behandlung und Reinigung von Textilien, da diese sehr schnell ausbleichen, schmutzig oder brüchig werden.

Was sind Textilien?

Textilien entstehen aufgrund sehr verschiedenartiger Verarbeitung eines Fadens. Am häufigsten sind gewebte Stoffe. Längs- und Querfäden – Kette und Schuß genannt – werden kreuzweise übereinandergeführt; das Gerät dafür nennt man Webstuhl. Andere Textilien entstehen durch Filzen, Stricken, Häkeln oder Knüpfen.

Gewebe können sehr unterschiedliche, meist dekorative Oberflächen haben. So hat Samt einen geschnittenen Flor und kann aus Wolle, Seide oder Baumwolle hergestellt sein. Chintz dagegen ist ein appretierter Baumwollstoff, Satin ein glänzender Stoff, meist aus Seide, Brokat ein mit Gold- und Silberfäden durchwirktes Gewebe. Krepp ist ein dünner Woll- oder Seidenstoff mit krauser Oberfläche, Chiffon schließlich ein hauchdünnes, fast durchsichtiges Gewebe aus Seide.

Art-Deco-Brokatjacke aus geschnittenem Samt (Detail)

Handbemaltes Chiffontuch (Detail)

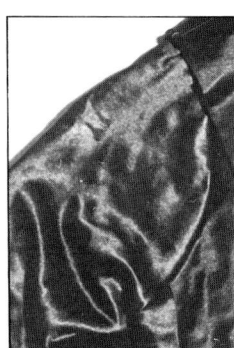

Viktorianisches Satinleibchen (Detail)

Faserbestimmung

Der mittels Brennprobe bestimmte Fasertyp entscheidet über Restaurierungsmethoden.
Baumwolle (Zellulose): gelbe Flamme; Geruch: verbranntes Papier; Rückstand: graue Asche.
Leinen (Zellulose): gelbe Flamme; Geruch: verbranntes Gras; Rückstand: graue Asche.
Wolle (Protein): keine Flamme; Geruch: verbranntes Haar; Rückstand: kohlige, krümelige Kügelchen.
Seide (Protein): schrumpft; Geruch: nach Fisch; Rückstand: weiches Klümpchen.

Textilfasern

Die meisten alten Textilien, ob feinster Musselin oder schwerster Samt, bestehen aus einer der folgenden Naturfasern.

Baumwolle

Bis zum 18. Jahrhundert waren Baumwollstoffe naturfarbene oder handbemalte Luxusstoffe. Dies änderte sich Ende des 18. Jahrhunderts, als die industrielle Revolution zur Verbilligung des Stoffs führte. Die Baumwollfaser stammt von den Samenhaaren der Baumwollpflanze. Baumwollgewebe werden zu Kleidung, Unter- und Bettwäsche verarbeitet.

Wolle

Diese gut wärmende tierische Faser stammt vom Schaf und wird zu Kleidung, Möbelbezügen und Stickgarn (z. B. für Petitpoint-Stickereien) verarbeitet.

Seide

Ein zarter Luxusstoff, der aus Seidenraupenkokons entsteht. Er wird z. B. zu Satin, Samt und Krepp verarbeitet. Seide verschleißt leicht, besonders in Falten, was man »Reife« nennt. Seide eignet sich für Kleidung, Vorhänge und Wandbehänge.

Leinen

Ein äußerst robustes, strapazierfähiges Gewebe aus Flachs. Tisch- und Leibwäsche kann aus Leinen hergestellt sein.

Aufbewahren von Textilien

Textilien sollten im Dunkeln bei etwa 13° C und 55 % relativer Luftfeuchtigkeit aufbewahrt werden. Alte Textilien können entlang der Faltlinien brüchig werden, daher werden sie zusammengerollt oder ausgepolstert aufbewaht. Größere Textilien wickelt man mit der rechten Seite nach außen locker um eine mit säurefreiem Seidenpapier bedeckte Papprolle. Die Rollen werden horizontal gelagert und durch eine mit Bändern befestigte Decke vor Staub geschützt. Kleinere Teile einzeln zusammengerollt in Pappkartons aufbewahren.

Kleidungsstücke werden liegend aufbewahrt, die Faltlinien mit säurefreiem Seidenpapier ausgepolstert, das auch zwischen Stoff und Knöpfe gelegt wird, um Verfärbungen durch Oxydation von Metallen zu vermeiden. Broschen grundsätzlich abnehmen.

Tischwäsche niemals gestärkt aufbewahren. Benutzen Sie keine Plastiksäcke oder -folie, da diese schimmelfördernd sind. Als Staubschutz nehmen Sie Kattunsäcke. Textilien sollten grundsätzlich nicht verschmutzt aufbewahrt werden. Es ist ratsam, immer Mottenkugeln dazuzulegen.

Maßnahmen gegen Motten und Schimmel

Mottenkugeln oder mottenabweisende Kräuter in Schränken dürfen niemals direkt mit den Textilien in Berührung kommen. Schränke müssen sauber und staubfrei sein, da dies einem Schädlingsbefall vorbeugt. Achten Sie frühzeitig auf Anzeichen!

Proteinfasern werden eher als Zellulosefasern angegriffen. Bei Mottenbefall sollte man den Mottenfraß abbürsten und das Gewebe absaugen (siehe S. 195), um Eier zu entfernen.

Ein muffiger Geruch weist auf Schimmelpilz. Dieser kann durch häufiges Lüften und Trocknen des Raums teilweise behoben werden. Befallene Textilien sollten in einem warmen, gut belüfteten Raum getrocknet und sorgfältig abgebürstet werden.

Aufhängen von Kleidungsstücken

Hängen Sie nur robustere Gewänder auf, niemals empfindliche oder perlenbestickte Kleider. Stabile Gewebe können auf Bügel gehängt werden, wenn vorher Schlaufen an den Taillenbund genäht werden, um die Zugbelastung gleichmäßiger zu verteilen. Nehmen Sie nur gut gepolsterte Kleiderbügel.

Befestigen von Schlaufen am Taillenbund

Bei Kleidungsstücken mit Seidenripsband in der Taille sorgen Schlaufen dafür, daß beim Aufhängen die Zugbelastung ausgeglichen wird. Nehmen Sie 1 cm breites Baumwollband, schneiden Sie vier 10 cm lange Streifen ab.

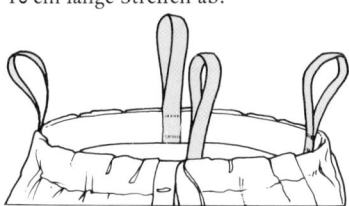

1. Nähen Sie die Streifen schlaufenförmig an den Taillenbund, und zwar an beiden Seiten und in der Mitte der Vorder- und Rückseite.

2. Die Mittelschlaufen über den Haken, die Seitenschlaufen in die Kerben legen (bei glatten Kleiderbügeln feststecken).

Kauftips

● Handstickerei erkannt man auf der Rückseite, die bei Maschinenstickerei gleichmäßiger gearbeitet ist und mehr mitgeführte Fäden aufweist.

● Versichern Sie sich, daß das ganze Stück original ist – bei Kleidung werden gelegentlich Teile aus verschiedenen Epochen zusammengefügt.

● Da man kostbare jahrhundertealte Gewebe, seidene oder handbemalte Stoffe, alte Flaggen und Fahnen nicht bedenkenlos waschen kann, sollten Sie bei deren Kauf die Kosten einer fachmännischen Reinigung berücksichtigen.

Schadensliste

* Einfache Reparatur
** Etwas Erfahrung erforderlich
*** Facharbeit – nicht für Anfänger

*** Bei Kleidungsstücken überprüfen Sie **Nähte und beanspruchte Stellen** wie Achselhöhlen, Kragen und Manschetten auf Abnutzungserscheinungen. Kleinere Risse sind unbedenklich. Sollte jedoch das ganze Gewebe morsch sein, verzichten Sie besser auf das Stück, da es wahrscheinlich irreparabel ist. Abgenutzte Kragen und Manschetten können nicht ausgebessert werden.
** Muffiger Geruch oder Stockflecken können **Schädlingsbefall** bedeuten.
*** Prüfen Sie **Falten** genau auf brüchige Fasern.
** Schauen Sie bei Stickereien nach **fehlenden Stellen**. Einige Farbstoffe, wie Braun auf Wolle und Schwarz auf Seide, wirken auf das Garn zersetzend.
** Es lohnt sich nicht, für **stark verschmutzte Textilien** viel Geld auszugeben, da die Flecke vielleicht nicht zu entfernen sind.
* Überprüfen Sie die Textilien nach **fehlenden Knöpfen, Perlen und Borten.**
** Achten Sie bei Stickereien auf **lose Fäden,** die sich oft nicht leicht neu einziehen lassen.

Verzierungstechniken

Im Laufe der Jahrhunderte hat man mit Stoffen und Garn eine Vielfalt dekorativer Wirkungen erzielt. Die häufigsten Bearbeitungen sind hier nebeneinandergestellt.

Stickerei

Gestickt wird seit dem Mittelalter, als Textilien des sakralen Bereichs so verziert wurden. Von den vielen verschiedenen Techniken sind einige hier aufgeführt. Für Einzelheiten kann man Fachbücher zu Rate ziehen.

Von Sammlern besonders begehrt sind Sticktücher (Musterstickereien). Sie wurden früher von jungen Mädchen als Beweis ihrer Fähigkeiten auf diesem Gebiet angefertigt.

Weißstickerei

Mit weißer Stickerei auf weißem Grund (meist Musselin) wurde Babykleidung und Unterwäsche verziert.

Lochstickerei

Diese Art der Weißstickerei gilt als Vorläufer der Spitze. Bei der Lochstickerei werden die Formen mit festen Knopflochstichen umrandet und die Innenformen anschließend ausgeschnitten.

Ajourstickerei

In das Gewebe werden kleine Löcher geschnitten und mit Schnurstichen umstickt. Hinzu kommen manchmal Punkte oder Linien in Flachstich. Die Ränder sind häufig bogenförmig.

Spitze

Spitzen aus dem 16., 17. oder 18. Jahrhundert, aus Leinen oder – seltener – Seide, sind von Sammlern sehr begehrt. Handgefertigte Baumwoll- oder Seidenspitze des 19. Jahrhunderts ist preiswerter.

Man unterscheidet Nadel-, Klöppel- und Maschinenspitze. Die zierlichste ist handgefertige Nadelspitze – aus Loch- und Weißstickerei hervorgegangen. Während sie mit einem einzigen Faden gemacht wird, werden zur Klöppelspitzen-

Klöppel-
spitze
(Detail)

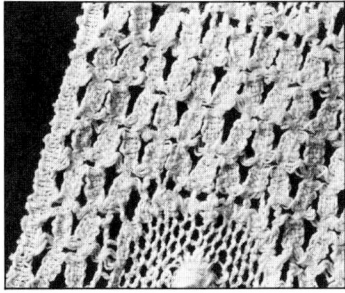

Maschinen-
spitze
(Detail)

herstellung bis zu 200 Fäden auf Klöppel gewickelt, die dann umeinander- und um die Stecknadeln im Klöppelkissen geschlungen werden, wodurch das Muster entsteht. Etwa seit 1840 werden Spitzen maschinell hergestellt.

Nadelspitze ist fester und steifer als Klöppelspitze. Unter der Lupe zeigen beide Techniken Unregelmäßigkeiten. Maschinenspitze ist sehr ebenmäßig.

Berühmt für ihre Spitzen waren Brüssel, Flandern, Alençon, Chantilly, Valenciennes, Genua, Mailand, Venedig, Honiton, Nottingham, Limerick und Malta. Stil und Muster differieren nach Herstellungsort. Handgemachte Spitzen sollten Sie vom Fachmann zuordnen und datieren lassen.

Einfache Durchbruchsarbeit (Punto tirato)

Bei der »Punto-tirato«-Stickerei werden aus dem Gewebe Schußoder Kettfäden herausgezogen und in die verbliebenen Fäden mit weißem oder buntem Garn Muster gearbeitet. Dadurch wird das Gewebe nicht nur verziert, sondern auch wieder gefestigt. Die Technik findet sich oft bei Tischwäsche und Kleidung.

Smokarbeit

Man verwendet einfache Stiche, um den Stoff gleichmäßig zu fälteln. Falten und Stiche bilden ein rhombenartiges Muster.

Häkeln

Im 19. Jahrhundert häkelte man spitzenähnliche Borten und Saumverzierungen für Tisch-, Bett- und Leibwäsche.

Ajourstickerei
Verzierung eines
Leinenhemds

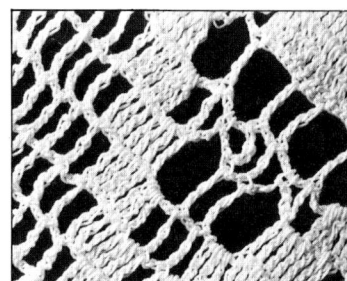

Häkelspitze
(Detail)

Perlarbeiten

Von Perlstickerei spricht man, wenn Perlen mit eigenem Faden auf Gewebe geheftet werden. Sie können auch beim Weben, Stricken, Flechten oder Häkeln in den Stoff mit eingearbeitet werden. Handtaschen, Ofenschirme und Art-Deco-Kleider sind oft perlenverziert.

Schmetterling in Perlstickerei auf Netzstoff

Anlegetechnik

Bei der sogenannten Anlegetechnik liegen Gold- oder Silberfäden flottierend auf dem Stoff und werden durch einen billigeren, flexibleren Überfangfaden – meist Seide – festgehalten. Diese Technik findet man häufig bei alten orientalischen Gewändern und Wandbehängen.

Anlegetechnik, orientalischer Rock, 19. Jahrhundert (Detail)

Petit-point-Stickerei

Ein Stramingrund wird gänzlich bestickt. Man benutzte diese Technik für Möbelbezüge und Wandbehänge. Das gestickte Petit-point ist von gewebten Gobelins oder Tapisserien zu unterscheiden.

Gesteppte Arbeit

Damit dünner Baumwollstoff besser wärmt, wird zwischen zwei Stofflagen eine Watteschicht eingelegt und in dekorativen Mustern festgesteppt.

Gesteppte Chintztasche (Detail)

Patchwork

Diese Technik verdanken wir ursprünglich reiner Sparsamkeit: Ärmere Bevölkerungsgruppen in Europa und Amerika schnitten Stoffreste und Altkleidung in gleichmäßige Stücke und nähten sie neu zusammen. Mit der Zeit wurden die Muster immer kunstvoller.

Alte Patchworkdecke (Detail)

Werkzeuge und Materialien

Am besten arbeitet man bei Tageslicht oder tageslichtähnlichem Kunstlicht. Auf jeden Fall direkte Sonneneinstrahlung vermeiden. Textilien wäscht man in Trögen oder Wannen, wo der Stoff ausgebreitet liegen kann. Für kleine Textilien reichen Fotoschalen.

Werkzeuge

Nichtrostende Messingnadeln zum Spannen gewaschenen Gewebes.

Mit feinen Präpariernadeln – zwischen, nicht in die Gewebefäden gesteckt – können Textilien auf einem Stützgewebe befestigt werden.

Lupe Sie ist bei feinen Arbeiten nützlich.

Scharfe Scheren Eine kleine Stickereischere für die Fäden; für Stoff eine Schneiderschere.

Staubsauger Robuste Textilien können damit entstaubt werden. Damit das Gewebe nicht in die Düse gezogen wird, spannt man darüber Nylongaze.

Nadeln Eine breite Auswahl gebogener Nadeln und solcher für Stickerei oder Perlarbeit sollte vorhanden sein.

Presse Eine fertige oder improvisierte Presse (zwei Preßspanplatten und ein Gewicht) benutzt man zum »Plätten« gewaschener Textilien.

Bügeleisen Für robuste Stoffe die niedrigste Hitzestufe verwenden.

Weiche Haarbürste Zum Auftragen und Abbürsten von zum Trockenreinigen benutztem heißem Kartoffelmehl.

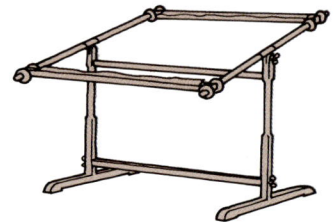

Stickrahmen
Darauf spannen Sie Stützgewebe und Stickereien.

Eine improvisierte Presse
Der Stoff wird geglättet und auf die glatte Seite einer Preßspanplatte gelegt. Darauf kommen die zweite Preßspanplatte und ein schweres Gewicht.

Materialien

Waschmittel Ein sehr mildes Wollwaschmittel für robustere Stoffe.

Pflanzliches Waschmittel für empfindliche Gewebe. In Apotheken erhältlich.

Kartoffelmehl zum Trockenreinigen von Stickereien und Spitzen, erhältlich in Reformhäusern oder Drogerien.

Säurefreies Seidenpapier zum Einwickeln und Auspolstern von Textilien.

Mottenkugeln bieten Schutz gegen Motten.

Salmiak Salmiaklösung ist ein bewährter Fleckenentferner.

Rostfleckentferner In Drogerien erhältliches Mittel zum Entfernen von Rostflecken.

Natriumbikarbonat zur Entfernung bestimmter Flecken.

Methylalkohol entfernt Gras- und Tintenflecke.

Chloramin-T, gelöst in Oxalsäure, entfernt Stock- und Blutflecke. *Achtung:* Nur in gut belüfteten Räumen benutzen!

Stickwolle wird für die Ausbesserung von Petit-point-Stickereien benutzt.

Fleckentfernung

Von alten Flecken läßt man besser die Finger. Sie sind meistens nur mit scharfen Chemikalien risikoreich zu beseitigen. Flecke jüngeren Datums können mitunter entfernt werden. Kostbare oder altersgeschwächte Textilien sollten nicht behandelt werden.

Achtung: Vor dem Reinigen auf Farbechtheit prüfen.

Wiederholtes Reinigen mit schwachen ist starken Lösungen vorzuziehen. Unterlegen Sie den Fleck mit Löschpapier, Stoff oder Seidenpapier, und bearbeiten Sie ihn vom Außenrand zur Mitte hin. Danach gründlich spülen.

Häufige Flecke und ihre Entfernung:

Alkoholflecke werden mit Seifenwasser beseitigt.

Blutflecke werden in kaltem Salzwasser eingeweicht. Für hartnäckige Flecke 2 %ige Chloramin-T-Lösung. Gründlich spülen.

Wachsflecke Das Gewebe zwischen Löschpapier legen, darüber bügeln, danach mit Terpentinersatz abreiben.

Kaffee- oder Teeflecke 10 Min. in einer Lösung aus ½ l warmem Wasser und 30 g Borax einweichen. Gründlich nachspülen.

Fett- und Ölflecke Große Flecke s. Wachsflecke, kleinere mit Terpentinersatz ausreiben.

Grasflecke Mit Terpentinersatz behandeln.

Kugelschreiber- und Filzstiftflecke mit Methylalkohol behandeln.

Tintenflecke (Füllfederhalter) mit warmem Wasser abtupfen, eine Paste aus Salz und Zitronensaft auftragen, 10 Min. einziehen lassen, gründlich nachspülen.

Rostflecke Wenn eine Paste aus Salz und Zitronensaft nicht wirkt, kann ein Markenrostentferner verwendet werden.

Stockflecke In Zitronensaft einweichen. Bei hartnäckigen Flecken 2 %ige Chloramin-T-Lösung anwenden. Mit destilliertem Wasser nachspülen.

Schweißflecke Mit einer Lösung aus einem Teil Essig und 15 Teilen warmem Wasser betupfen.

Textilien reinigen

Zuvor müssen alle Stoffe auf Farbechtheit überprüft werden. Alte Textilien dürfen nur von Hand und nur mit besonders schonenden Mitteln gewaschen werden. Vermeiden Sie handelsübliche Waschpulver. Seiden, Tapisserien, Flaggen und Fahnen grundsätzlich nicht waschen. Brüchige oder zerrissene Stoffe sollten zum Waschen auf ein Nylonnetz gelegt werden.

Waschen

Das Gewebe zunächst auf Farbechtheit prüfen (s. rechts). Alte Textilien werden in lauwarmem Wasser von Hand, nie in der Waschmaschine gewaschen. Zum Waschen und Spülen zarter Gewebe weiches oder destilliertes Wasser verwenden. Nur besonders schonende Wollwaschmittel oder pflanzliches Waschmittel verwenden.

1. Besonders empfindliche Textilien werden auf einen Träger aus Nylon-Netzstoff gelegt. Nicht wringen oder reiben, nur leicht mit einem sauberen Schwamm abtupfen. Die Lauge so oft wechseln wie nötig. Nach dem Waschen mehrmals spülen. Alte Textilien müssen liegend trocknen.

2. Das Gewebe wird auf einen mit Plastikfolie oder Frotteestoff bedeckten Tisch oder eine Platte gelegt, mit Messingnadeln fadengerade ausgespannt und mit Frotteestoff oder Löschpapier abgetupft. Dann läßt man es an der Luft trocknen.

3. Das Trocknen kann mit einem Fön (30 cm Abstand) beschleunigt werden. Alte Gewebe sollte man *nie* in einen Wäschetrockner geben.

Trockenreinigen

Die Hauptregel lautet, daß man alte Textilien *nie* in eine herkömmliche Reinigung geben sollte, denn dort werden scharfe Chemikalien verwendet, die sich, egal wie exklusiv das Unternehmen oder wie stark das Gewebe auch ist, katastrophal auswirken können. Man sollte auch selbst keine chemischen Fleckentferner anwenden. Alte Textilien lassen sich oft mit Kartoffelmehl »trockenreinigen« oder können zu einem Textilrestaurator gebracht werden.

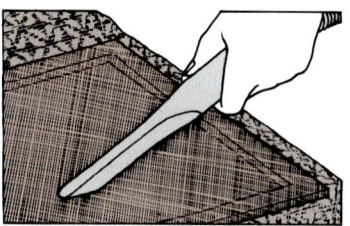

Entstauben Es empfiehlt sich, losen Staub abzusaugen. Man spannt zum Schutz Nylongaze über das Gewebe. Die Düse hält man zwei Fingerbreit über den Stoff. Regelmäßiges Absaugen hält die Verschmutzung in Grenzen.

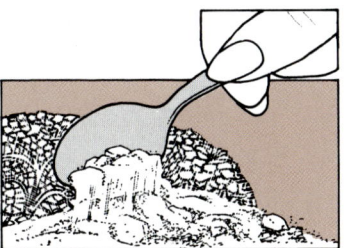

Auftragen von Kartoffelmehl Zarte Stickereien und Spitzen mit in Drogerien oder Reformhäusern erhältlichem Kartoffelmehl reinigen. Mit dem in einem Topf handwarm erhitzten Mehl das Gewebe fingerdick bedecken, festdrücken; nach 10 Min. abbürsten; wenn nötig den Vorgang wiederholen.

Textilien bügeln

Mit schwacher Temperatur (mindestens eine Stufe niedriger als auf dem Bügeleisen für das Gewebe angezeigt) und feuchtem Tuch bügeln. Brüchige und altersschwache Gewebe sollte man nicht bügeln, sondern zwischen beschwerten Preßspanplatten plätten. Niemals verschmutztes Gewebe bügeln, da Hitzeeinwirkung Schmutz und Flecken nur im Stoff versiegeln würde.

Prüfung auf Farbechtheit

Vor der Reinigung müssen alle Farben des Stoffs auf Farbechtheit geprüft werden. Dazu werden die verschiedenen Farbpartien an einer unauffälligen Stelle des Gewebes möglichst auf der Rückseite mit einem mit Seifenlauge befeuchteten Wattebausch betupft. Nach einigen Minuten wird auf die Stelle weißes Löschpapier gedrückt. Wenn auf dem Papier keine Färbung sichtbar ist, ist der Farbstoff echt.

Alle Farben, einschließlich Borten und Verzierungen, müssen überprüft werden, ehe man sicher sein kann, daß das Waschen problemlos ist.

Sollten Borten und Verzierungen nicht farbecht sein, werden sie sorgfältig abgetrennt, separat trockengereinigt und wieder angenäht.

Textilien ausstellen und benutzen

Da direkte Lichteinwirkung Textilien morsch werden und verbleichen läßt, dürfen sie dem Sonnenlicht nicht ausgesetzt werden. Sticktücher, Stickarbeiten und Spitzen können gerahmt werden, wobei das Glas Schutz vor Verschmutzung bietet. Altersgeschwächte Gewebe sollten auf einem Stütznetz aus Nylon befestigt werden. Decken können mit einer Holzleiste und auf die Rückseite genähten Schlaufen aufgehängt werden.

Wenn Textilien nicht ausgestellt werden, sollten sie gemäß den Anweisungen auf Seite 191 aufbewahrt werden.

Tragen antiker Kleidung

Am besten trägt man antike Kleidung nicht, da sie durch Schweiß oder die mechanische Belastung beschädigt werden könnte. In vielen Fällen wird man auf das Tragen jedoch nicht verzichten wollen, besonders wenn es sich um ein Familienstück wie Hochzeits- oder Taufkleid handelt. Guterhaltene Sachen kann man von Zeit zu Zeit tragen, vorausgesetzt, die folgenden Ratschläge werden beachtet: Moderne Deodorants sollten vermieden werden, da die Chemikalien zum Zerfall des Gewebes führen können. Wenn möglich, sollte man nur Körperpuder benutzen und das Kleid mit Schweißblättern vor Verschmutzung bewahren. Schweißflecke müssen sofort ausgewaschen werden. Untersuchen Sie die Säume langer Kleider auf lose Fäden, mit denen man hängenbleiben könnte. Auf diese Weise entstehen Risse im Gewebe. Versuchen Sie nie, sich in ein zu enges Kleidungsstück hineinzuzwängen.

Wenn Sie nicht riskieren wollen, die Kleider selbst zu tragen, sie aber trotzdem gern dreidimensional ausgestellt sehen möchten, so kann dies mit Hilfe von Schneiderpuppen geschehen. Dafür brauchen Sie natürlich viel Platz.

Einrahmen kleinerer Textilien

Textilien dürfen nicht direkt auf einem Bildträger befestigt werden, sondern nur auf einem mit Stoff bezogenen. Messen Sie das Stück, geben Sie ringsherum 2,5 cm zu, und schneiden Sie nach diesen Maßen starken Pappkarton zu. Ränder und Ecken werden mit Schleifpapier abgerundet.

1. Bedecken Sie den Karton mit geeignetem Stoff (Leinen oder Baumwolle), wobei der Fadenlauf möglichst gerade sein sollte.

2. Auf der Rückseite des Kartons werden die Stoffränder mit PVA-Kleber festgeklebt und über Nacht beschwert getrocknet.

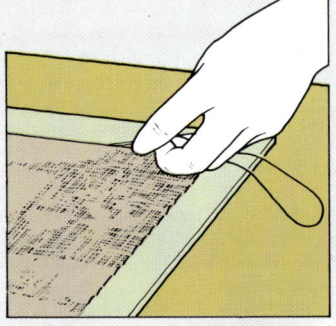

3. Das Gewebe wird angepaßt, mit Messingnadeln festgesteckt und mit passendem Stich und Faden angenäht.

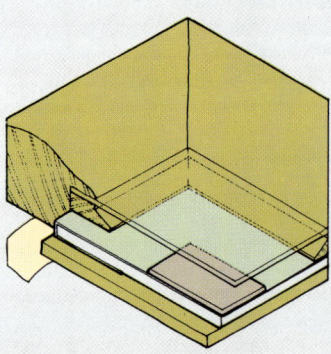

4. Man kann die Textilien entweder selbst rahmen oder zu einem Fachmann bringen (siehe S. 171 f.). Man sollte – durch ein säurefreies Passepartout oder eine Holzleiste – dafür sorgen, daß das Glas nicht direkt auf dem Gewebe liegt. Wischen Sie das Glas nur mit einem feuchten Lappen ab, da trockene Tücher Reibungselektrizität erzeugen, die die Fasern angreift.

Aufhängen größerer Textilien

Bei größeren Textilien näht man an das Stützgewebe einen Tunnel (s. S. 203), durch den ein Holzstab gezogen wird. Diese Hängung verteilt die Zugbelastung gleichmäßig. Eine andere Möglichkeit bietet das Klettband; ein Streifen wird auf die Rückseite des Gewebes, der andere auf einer Leiste an der Wand befestigt. Bei der dritten Methode näht man auf die Rückseite des Stützgewebes Schlaufen in Abständen von maximal 15 cm als Halterung für den Holzstab. Ist das Stützgewebe sichtbar, sollten die Schlaufen dessen Farbe haben, sonst zur Farbe des Schaustücks passen. Die ungleichmäßige Belastung vertragen allenfalls leichtere Textilien.

Aufhängung mit Schlaufen

Farblich passende Schlaufen und ein Stab eignen sich zum Aufhängen leichterer Textilien.

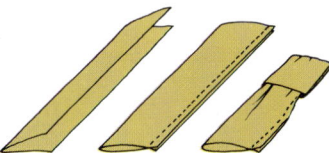

1. Die Schlaufen werden aus dem gleichen Stoff wie das Stützgewebe genäht. Dafür werden 12 cm lange Streifen fadengerade zugeschnitten, der Länge nach zusammengefaltet und mit der Maschine genäht. Sie werden dann gewendet.

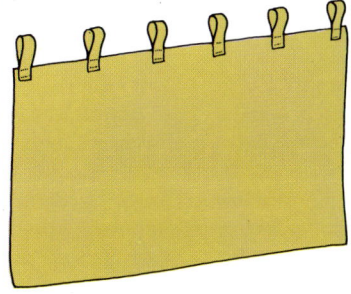

2. Mit der Nähmaschine werden sie in Abständen von höchstens 15 cm auf die Rückseite des Stützgewebes genäht.

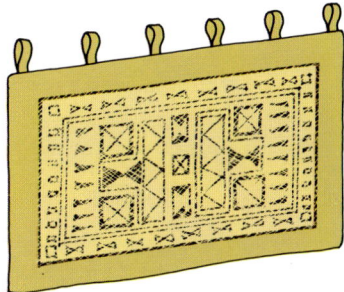

3. Jetzt kann man das Stück aufhängen. Zwei weitere Befestigungsarten werden rechts gezeigt.

Aufhängung mit Klettband

Das Klettband besteht aus zwei Streifen mit klettenartiger Oberfläche. Es sorgt für eine gleichmäßige Zugbelastung des Gewebes.

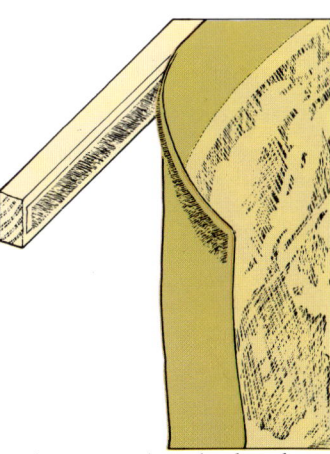

Befestigung des Klettbandes
Der weichere Streifen wird auf etwas breiterem Band befestigt

(genäht oder geklebt) und das Ganze an den oberen Rand des Stützgewebes genäht. Den zweiten Streifen leimt oder nagelt man auf eine Holzleiste, die dann an die Zimmerdecke gehängt wird (siehe unten).

Befestigungsmethoden

Es gibt mehrere Methoden, großformatige Textilien aufzuhängen. Zwei gebräuchliche werden hier erklärt.

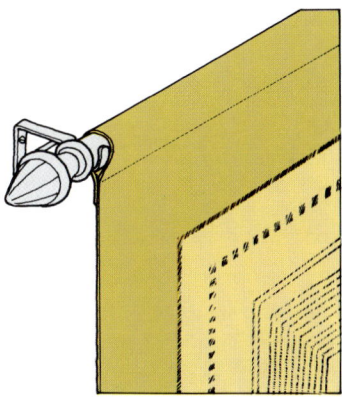

Mit einer Vorhangstange Eine dekorative Vorhangstange (Holz oder Messing) befestigt man mittels Klammern in der üblichen Weise an der Wand. Ein mit einem Tunnel oder mit Schlaufen versehenes Stück kann so aufgehängt werden.

Mit Holzleiste und Ketten Haken werden an der Oberseite der Holzleiste und an der Decke befestigt und mit einer Kette verbunden. Auf diese Weise können Sie die Höhe des Textils besonders leicht regulieren.

Textilien restaurieren

Manche Reparaturen, die bei neueren Textilien bedenkenlos durchzuführen sind, sind für alte Textilien riskant und daher ausgeschlossen. Eine gestopfte Stelle sieht niemals wie das ursprüngliche Gewebe aus, belastet zudem umgebendes schwaches Gewebe zu sehr und kann damit weitere Löcher verursachen. Erfahrene Restauratoren »stopfen« solche Löcher, indem sie sie mit Netzstoff passender Farbe überfangen. Dieser verstärkt die schwachen Stellen und ist dem Aussehen des Stücks, aus einiger Entfernung betrachtet, nicht abträglich.

Einige Näharbeiten sind durchführbar, wenn das ursprüngliche Garn aufs genaueste ersetzt werden kann. Man kann zum Beispiel bei Petit-point-Stickereien fehlende Partien nacharbeiten oder bei Gobelins die Fäden, die die Schlitze des Gewebes normalerweise verbinden, ersetzen.

Knöpfe und Borten

Knöpfe werden aus vielen verschiedenen Materialien hergestellt. Obgleich es schwierig sein kann, Ersatz für einen einzelnen Knopf zu finden, ist es oft möglich, bei einem Fachmann einen Satz Knöpfe aus derselben Zeit oder gute Reproduktionen zu erwerben. Vor dem Annähen untersuchen Sie den Stoff auf Reißfestigkeit.

Schadhafte Borten können ausgebessert werden, wenn passender Ersatz gefunden werden kann. Es gibt zum Beispiel immer noch das weiße Band, das am Taillenbund viktorianischer Unterröcke befestigt wurde. Solche Bänder sollten aus reiner Baumwolle sein.

Auswahl von Borten und Knöpfen aus dem späten 19. und dem frühen 20. Jahrhundert

Befestigen von Textilien auf Stützgewebe

Bevor man alte Textilien gefahrlos ausstellen kann, müssen sie oft auf einem Stützgewebe befestigt werden. Hierfür nimmt man vorgewaschenen Tüll, Polyester, Seidenkrepp oder Leinen, je nach Art und Festigkeit des zu fütternden Stücks. So verwendet man bei leichten, gefältelten Stoffen Polyester oder Seide, für liegend ausgestellte Tüll und für schwere Wandbehänge Leinen.

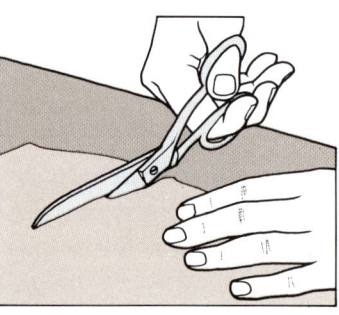 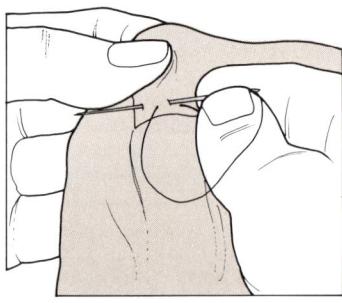

1. Der Futterstoff wird etwas größer als die beschädigte Stelle zugeschnitten. Kleine oder besonders altersgeschwächte Stücke sollte man ganz füttern. Dazu wird das Stützgewebe wie für eine Petit-point-Stickerei (siehe S. 200) gespannt.

2. Mit großen Heftstichen (siehe S. 228) entlang der Schwachstellen des Gewebes stechen (Verteilung der Zugkräfte).
3. Anstatt die Fadenenden mit Knoten zu befestigen, werden Steppstiche benutzt (siehe S. 228).

Vernähen von Schlitzen in Gobelins

Bei manchen Gobelins entstand beim Farbwechsel ein Schlitz im Gewebe, der mit Seidenfäden vernäht wurde. Sie lösen sich mit der Zeit, so daß der Schlitz sich wieder öffnet und das Gewebe ungleichmäßig belastet wird. Sie sollten den Schaden bald beheben, damit der Gobelin sich nicht verzieht. Farblich passendes Knopflochgarn wird mit dünnen, gebogenen Nadeln zwischen den Fäden des Gobelins durchgezogen; nicht in die Fäden stechen.

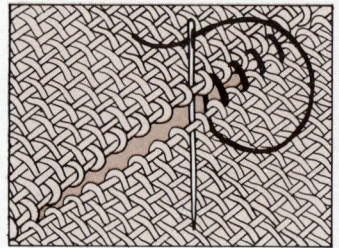

Nähmethode Die Stiche sollten auf der Vorderseite des Gewebes gerade und auf der Rückseite etwas schräg verlaufen.

Risse in Patchwork-decken ausbessern

Risse werden auf der Vorderseite der Decke mit feinem Tüll abgedeckt. Man sollte nie versuchen, einen fehlenden Flicken durch einen neuen zu ersetzen. Sollte an dieser Stelle die Wattierung fehlen, muß man sie durch eine möglichst ähnliche ersetzen. Notfalls können Sie eine aus Polyester hergestellte Wattierung verwenden.

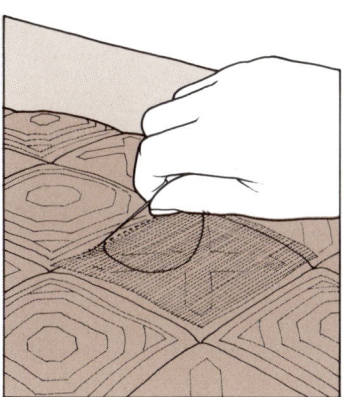

Überfangen mit Tüll Der Tüllflicken wird den ursprünglichen Stichen am Rand der umgebenden Flicken folgend angenäht. Man sollte nicht durch die Wattierung hindurchnähen.

Ausbessern von Perlarbeiten

Bei perlenbestickten Kleidern aus den 20er Jahren ist der Chiffon zu brüchig, um lose Perlen wieder anzunähen. Die noch verbliebenen sichern Sie durch Verknoten der losen Fäden. Robustere, z.B. gehäkelte Gegenstände, können von der Rückseite her mit passendem Garn und Perlen ausgebessert werden.

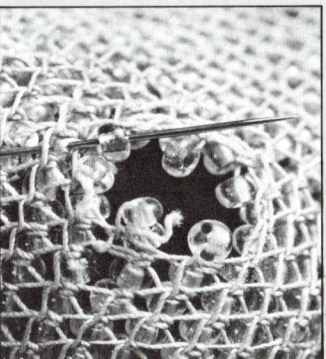

1. Verknoten Sie vorläufig das Fadenende. Die Nadel wird durch das Gewebe in der Nähe der fehlenden Perle gezogen.

2. Die Nadel wird durch eine angrenzende Perle gezogen, und mit einem Steppstich wird diese dann befestigt.

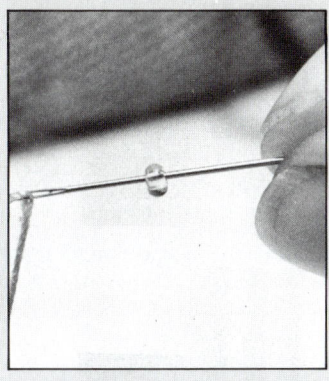

3. Man zieht die Nadel wieder durch die jetzt befestigte Perle, eine neue Perle wird daraufgereiht und mit einem Steppstich befestigt.

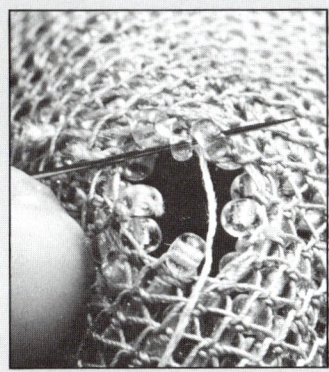

4. So werden nach dem Muster des Originals neue Perlen eingesetzt und befestigt. Vernähen Sie mit Steppstichen.

Ausbessern von Stickgrund

Fehlt bei einer Petit-point-Arbeit ein Teil des Stickgrundes, muß er ergänzt werden, ehe man den Stoff neu besticken kann. Die Methode hängt vom Ausmaß des Schadens ab.

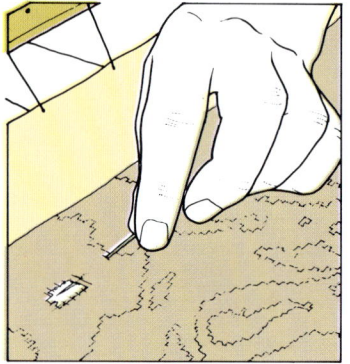

Einziehen neuer Fäden Wenn Fäden des Stickgrundes fehlen, müssen sie vor dem Besticken ersetzt werden. Man zieht die Nadel mit dem passenden Garn durch das Stützgewebe und das alte Gewebe hindurch, die vorher auf den Stickrahmen gespannt wurden. Die neuen Fäden sollten auf jeden Fall mit dem Fadenlauf der ursprünglichen Kett- und Schußfäden übereinstimmen.

Löcher flicken Bei einem größeren Loch muß ein in Struktur und Gewicht zum Stoff passender Flicken eingesetzt werden. Der Flicken wird auf die Rückseite des Stickgrundes fadengerade aufgenäht. Diese Methode hat den Nachteil, daß das Gewebe an der Flickstelle dicker wird.

Ausbessern schadhafter Stellen bei Petit-point-Stickereien

Schadhafte Petit-point-Stickerei (Detail)

Der Stickgrund wird auf einem vorgewaschenen Leinenstützgewebe befestigt. Die fehlenden Stellen können dann von der Vorderseite des Gewebes her neu bestickt werden. Man verwendet dazu je nach Original Stickwolle, Baumwolle oder Seide in passenden Farben.

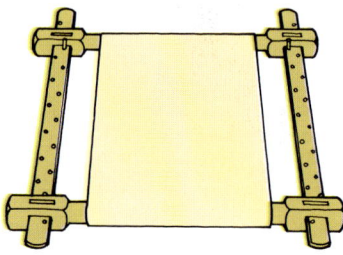

1. Leinen, rundherum ca. 7 cm größer als das zu reparierende Gewebe, wird zugeschnitten und auf dem Stickrahmen befestigt. Achten Sie darauf, daß der Stoff fadengerade gespannt ist. Die Spannung soll rundherum gleich und nicht zu groß sein.

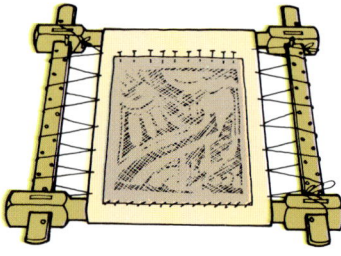

2. Das antike Stück wird mit Nadeln ca. 10 cm unterhalb der Rolle befestigt, der untere Rand mit Knopflochgarn, der obere mit

Stecknadeln auf dem Stützgewebe befestigt, das mit den Seitenrändern des Stickrahmens verspannt wird.

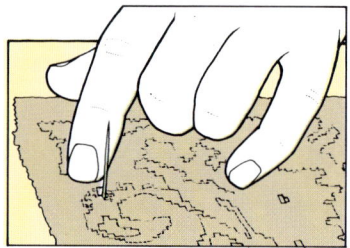

3. Das Fadenende wird verknotet und die Nadel ca. 10 cm von der schadhaften Stelle entfernt durch den Stickgrund gezogen. Der Knoten liegt auf der rechten Seite und wird zum Schluß abgeschnitten.

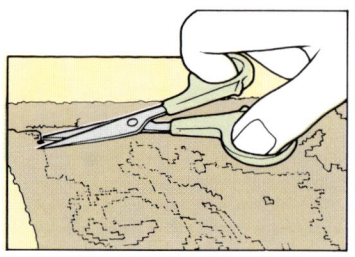

4. Mit den gleichen Stichen wie im Original sticken Sie die fehlende Partie. Danach wird der Faden wieder in 10 cm Entfernung der ausgebesserten Stelle durch den Stickgrund gezogen und an der Oberfläche der Stickerei abgeschnitten. Alle Knoten abschneiden. Die Stickerei vom Rahmen abnehmen.

Petit-point-Stickerei nach der Restaurierung

TEPPICHE

Teppiche sammeln

Der Ursprung der Knüpfteppiche geht auf östliche Nomadenstämme zurück, die für ihre Zelte warme, transportable Fußbodenbeläge brauchten. Erst im 14. Jahrhundert wurden solche Teppiche im Westen bekannt, und es dauerte weitere 400 Jahre, bis sie allgemein verbreitet waren. Teppiche werden nicht nur nach Herkunftsländern, sondern noch genauer nach den Gebieten, nach Marktorten, Dörfern oder Stämmen, in Einzelfällen sogar nach Knüpfern klassifiziert. Eine grobe Einordnung der verschiedenen Arten ist relativ einfach, aber selbst Fachleuten bereitet es Mühe, bestimmte Teppiche eindeutig einer Werkstatt zuzuordnen.

Teppichmuster

Der klassische Orientteppich zeigt ein Zentralmotiv, umrandet von einer oder mehreren Borten. Die Muster können rein abstrakte aber auch stilisierte Darstellungen, wie Blumen, Blätter oder Wolken sein.

Boteh

Gül

Palmette

Wolke

Neben den Einzelmotiven gibt es auch traditionelle Themen. Ein beliebtes persisches Sujet ist die Wiedergabe eines Gartens mit Beeten, Pfaden, Bächen oder Teichen. Ein anderes ist der Baum als Sinnbild ewigen Lebens, der, abhängig vom Herkunftsland, stilisiert oder gegenständlich dargestellt sein kann. Andere Teppiche illustrieren eine Geschichte, ein Gedicht oder zeigen berühmte Gebäude oder Landschaften.

Manchmal diktiert die Funktion eines Teppichs seine Gestaltung. Ein Gebetsteppich z. B. zeigt immer eine Nische (die Darstellung des Nischengiebels einer Moschee). Zur Gebetszeit wird er gen Mekka gerichtet. Westeuropäisches Teppichdesign, wenn es nicht orientalische Muster übernimmt, steht mit seinen heraldischen und floralen Motiven in einer anderen Tradition.

Englischer Teppich (19. Jh.) mit Lilienmuster

Persischer Teppich mit Lebensbaummotiv

Kauftips

● Farbunterschiede bei handgeknüpften Teppichen sind keine Wertminderung, im Gegenteil. Sie entstehen, weil der Teppich aus kleinen Wollpartien gemacht worden ist, die zu verschiedenen Zeiten gefärbt wurden. In der Regel ist dies charakteristisch für Nomadenteppiche, doch versuchen Teppichknüpfer manchmal, diesen Effekt vorzutäuschen.

● Auf der Rückseite des handgeknüpften Teppichs können Sie jeden Knoten sowie das Muster erkennen. Beim maschinell gefertigten Teppich ist das Muster auf der Rückseite nur unklar zu sehen. Handarbeit ist außerdem nie völlig gleichmäßig und zeigt Abweichungen in der Spannung von Kette und Schuß, der Lage der Knoten und der Form der Seitenbefestigung und der Fransen.

Schadensliste

* Einfache Reparatur
** Etwas Erfahrung erforderlich
*** Facharbeit – nicht für Anfänger

*** Ist der Teppich **brüchig oder morsch?** Knicken Sie ihn um; wenn Sie ein Knacken vernehmen, kaufen Sie den Teppich nicht.
** Untersuchen Sie den Teppich durch Hochheben nach kleinen oder größeren **Rissen.** Sie sind nicht immer zu erkennen, wenn er flach auf dem Boden liegt.
** **Kahle Stellen** können nur schwer neu geknüpft werden. Untersuchen Sie den Teppich genau, da kleine Schadstellen manchmal eingefärbt und deshalb nicht sofort zu erkennen sind.

Das Teppichknüpfen

Starke Kettfäden (z. B. fest gezwirnte Wolle oder Ziegenhaar) werden längs über den Webstuhl gespannt und bilden die Basis eines Teppichs. Das Muster entsteht durch das Knüpfen kurzer farbiger Wollfäden auf die Kettfäden. Nach jeder Reihe Knoten werden Schußfäden durch die Kettfäden gewebt und mit Kämmen niedergeschlagen.

Zwei Arten von Knoten werden heute benutzt, der »Gördes«- oder »Türkische« Doppelknoten und der »Senneh«- oder »Persische« Knoten. Beide werden um zwei nebeneinanderliegende Kettfäden geknüpft. Diese klassischen Knoten werden genau übereinandergesetzt, so daß diagonale Begrenzungen im Muster schrittweise gebildet werden.

Bei Teppichen ohne Knoten entsteht das Muster durch farbige Schußfäden. Am Rand eines farbigen Motivs wird der Faden wieder zurückgebracht und nicht weiter über den Teppich geführt. Die ursprünglichste Webart ist die Kelimtechnik (Schlitzweberei): Der Schuß wird einmal über, dann unter der Kette geführt. Bei der Sumaktechnik werden die Schußfäden um Kettfädenpaare gewendet. Da die Windungen sich auf jeder zweiten Reihe in andere Richtung neigen, entsteht ein Fischgrätenmuster.

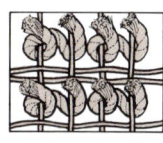

Senneh- oder Persischer Knoten

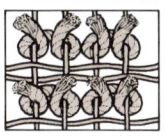

Gördes- oder Türkischer Knoten

Knoten identifizieren Schlagen Sie den Teppich längs eines Kettfadens um, und trennen Sie die Büschel eines Knotens. Wenn darunter ein Kettfaden zum Vorschein kommt, ist es ein Senneh-Knoten. Die Enden eines Gördes-Knotens gehen nicht ganz auseinander, aber man kann sehen, daß der Knoten über beide Kettfäden geht.

Teppiche auslegen und aufhängen

Fast jeder Fußboden eignet sich zum Auslegen alter Teppiche, solange er eben, sauber und trocken ist. Holzböden sollten gut verlegt sein, da Staub in den Fugen den Teppich verschmutzt. Fliesenfußboden darf keine scheuernden Unebenheiten und scharfen Kanten haben. Kleine, auf gebohntem Boden liegende Teppiche müssen durch eine rutschfeste Gummiunterlage (ringsum 2,5 cm kleiner als der Teppich) gesichert werden. Viele Sammler legen Teppiche auf uni Teppichböden.

Pflege ausgelegter Teppiche

Direkter Sonnenbestrahlung ausgesetzte Teppiche regelmäßig drehen, damit sie nicht ungleichmäßig verblassen. Diese Maßnahme vermindert auch einseitige Abnutzung sowie die starke Belastung durch zu schwere Möbel. Benutzen Sie zusätzlich Möbeluntersetzer, um Druckstellen im Flor zu vermeiden. Und stellen Sie das Möbel von Zeit zu Zeit um, damit der Flor sich erholen kann.

Motten legen ihre Eier in dunkle, ungestörte Ecken unter Betten und Schränke. Regelmäßig dort gründlich reinigen! Heben Sie die Teppiche hoch, klopfen Sie sie draußen, um Motteneier zu entfernen; lüften Sie sie dann einige Stunden in der Sonne.

Wohin mit dem Teppich?

Ein Platz vor dem Kamin ist gefährlich; Funken oder herausfallende glühende Kohlen können Schaden verursachen, was Sie durch das Anbringen eines Kamingitters vermeiden können.

Teppiche werden leider gern in Eßecken gelegt. Abgesehen von der Gefahr, den Teppich mit Essen zu verschmutzen, führen Tisch- und Stuhlbeine zu Druckstellen. Wenig benutzte Räume wie z. B. ein Gästezimmer sind für wertvollere Teppiche ideal. Alte Teppiche nie im Badezimmer auslegen, da sie sich auf keinen Fall mit Wasser vollsaugen dürfen.

Teppiche aufhängen

Leichte Teppiche sind ideale Wandbehänge. Hängen Sie sie der Länge nach auf: Die stärkeren Kettfäden sind belastbarer. Hängen Sie Teppiche nie über Heizungen (die austrocknende Wolle wird brüchig) und setzen Sie sie nie direkter Sonnenbestrahlung aus (verblassende Farben).

Ein »Tunnel« für eine Aufhängestange Mit einer gebogenen Nadel nähen Sie 5 cm breites Teppicheinfassungsband auf die Rückseite des Teppichs, gut 10 mm unterhalb der oberen Kante. Je nach Dicke der Stange schlagen Sie das Band breiter oder schmaler ein. Sollte Ihr Teppich breiter als 1,50 m sein, nähen sie das Band in Teilstücken an, schieben die Stange hindurch und bringen in der Mitte noch zusätzliche Halter an.

Werkzeuge

Zur Restaurierung von Teppichen brauchen Sie nur wenige, gängige Werkzeuge, die Sie wahrscheinlich schon haben.

Nadeln Gerade und gebogene Nadeln mit großem Öhr. Bei sehr dicken Wollfäden benötigen Sie einen Nadeleinfädler.

Schere Eine normale Haushaltsschere zum Fransenschneiden. Eine Nagelschere mit gebogener Schneide zum Beschneiden des Flors.

Fingerhut zum Schutz beim Nähen.

Zange zum Durchziehen einer Nadel durch einen sehr dicken, steifen Teppich.

Fön Beschleunigt das Trocknen gereinigter Flächen.

Bügeleisen und Löschpapier zum Aufsaugen von Fettflecken.

Materialien

Teppichshampoo Für handgeknüpfte Teppiche können die meisten Markenteppichshampoos verwendet werden, die zuvor natürlich getestet werden müssen. Am besten sind Produkte, die ein absorbierendes Pulver bilden.

Essig, Salz und Waschmittel werden in einer Lösung mit Wasser zur Fleckentfernung benutzt.

Löschpapier wird aufgebügelt, um Fettflecken aufzusaugen.

Garn Wolle oder Seide zum Teppichknüpfen und zum Ausbessern von Fransen. Versuchen Sie Farbe und Stärke des Fadens genau passend zum Original zu bekommen.

Für Reparaturen des Grundgewebes nehmen Sie starken Baumwollzwirn, den Sie zur leichteren Verarbeitung zuvor mit Bienenwachs einreiben.

Kästchenpapier und wasserfeste Faserschreiber zum Aufzeichnen des Musters.

Teppiche reinigen

Alte Teppiche sind genauso leicht zu reinigen wie neue Teppichböden; und nur bei regelmäßigem Reinigen bleiben sie gut erhalten. Schmutz kann alte Teppiche beschädigen, besonders dann, wenn winzige Sandkörner in den Flor getreten werden, wo sie dann die Fasern des Materials durchschneiden können.

Staub ausklopfen

Schmutz und Staub werden aus kleinen Teppichen entfernt, indem sie über eine Wäscheleine gehängt und mit einem altmodischen Teppichklopfer ausgeklopft werden. Manche Leute benutzen einen Bambusstab, der aber in einem alten Teppich Risse verursachen kann. Ein Teppichklopfer dagegen verteilt den Druck ausreichend. Sammeln Sie lose Fusseln mit einer Kehrmaschine ein.

Große Teppiche reinigen Sie auf beiden Seiten mit dem Staubsauger. Sparen Sie dabei die Fransen aus, da diese sich im Staubsauger verfangen können. Schwere, saugstarke Handstaubsauger können empfindliche Teppiche beschädigen, schonender ist ein Bodenstaubsauger mit Schlauch. Bevor Sie den Teppich wieder hinlegen, entfernen Sie allen Staub von der Auslegefläche.

Teppiche reinigen

Handgeknüpfte Teppiche können von Hand zu Hause gereinigt werden, es sei denn, sie sind wertvoll, empfindlich oder aus Seide und erfordern den Fachmann. Meiden Sie Teppichreinigungen da alte Teppiche beschädigt werden könnten und mieten Sie weder Geräte, die Dampf oder Shampoo erzeugen, noch geben Sie alte Teppiche in die Waschmaschine, da zu langes, zu heißes Einweichen die Struktur des Teppichs ruinieren kann.

Vor dem Reinigen klopfen Sie den Staub heraus und versuchen alle sichtbaren Flecken zu entfernen. Nie vor dem Reinigen reparieren, da die neuen Fäden den Farbtönen des sauberen Teppichs entsprechen sollen. Schadhafte Stellen sollten Sie jedoch vor der Reinigung provisorisch sichern.

Kleine Teppiche legen Sie mit der Florseite nach oben auf den Tisch, größere Teppiche können Sie draußen auslegen, solange es warm und der Boden trocken ist. Bevor Sie ein flüssiges Reinigungsmittel auftragen, testen Sie es, um sicherzugehen, daß die Farben beständig sind und nicht auslaufen. Befeuchten Sie ein weißes Tuch mit der Waschlösung, und reiben Sie vorsichtig über alle Farben, da einige beständig sein

können, andere nicht. Wenn eine Farbe abfärbt, suchen sie einen Fachmann auf; ansonsten können Sie mit der Reinigung des Teppichs beginnen.

Benutzen Sie ein gutes Markenshampoo, das beim Trocknen absorbierendes Pulver bildet, das sie absaugen oder -bürsten. Mischen Sie die Lösung nach Anweisung des Herstellers, aber nehmen Sie nie sehr heißes Wasser. Etwas zusätzlicher Essig läßt die Farben hervortreten. Shampoonieren Sie mit einer weißen Bürste eine kleine Fläche nach der anderen. Bürsten Sie zuerst gegen und dann mit dem Strich. Ist der ganze Teppich gesäubert (die gereinigten Flächen sollen sich überlappen), bürsten sie die ganze Fläche mit dem Strich. Es genügt, die Fransen mit einem in die Lösung getauchten Tuch abzureiben.

Den Teppich flach auslegen und in warmer Umgebung trocknen lassen. Hängen Sie Teppiche nie naß auf, da die Struktur sich dehnen und verziehen kann; Möbel erst auf den ganz getrockneten Teppich stellen. Wenn der Flor sich locker und weich anfühlt, entfernen Sie das Pulver mit Staubsauger oder Bürste.

Flecken entfernen

Wenn Sie etwas verschütten, sollten Sie es sofort aufwischen, damit keine Flecken entstehen. Wenn Sie wissen, daß die Farben auslaufen, verhindern Sie größeren Schaden, indem Sie die betroffene Fläche abtupfen und dann die Reinigung einem Fachmann überlassen. Ansonsten wischen Sie das Verschüttete auf, legen dann ein trockenes Stück Stoff unter die Stelle und reinigen sie mit einem feuchten Schwamm. Achten Sie darauf, daß Sie den Fleck nicht auseinanderreiben. Wenn Sie sicher sind, daß der Teppich sauber ist, trocknen Sie beide Seiten mit einem Fön auf kleiner Stufe.

Alte Flecken entfernen

Schwieriger ist es, alte Flecken zu entfernen, weil Sie nicht immer wissen werden, was sie verursacht hat. Bedenken Sie, daß eine saubere Fläche genauso abstechen kann wie der Fleck. Probieren sie die unten empfohlenen Lösungen, mit der schwächsten beginnend. Testen Sie zuvor an einer unauffälligen Stelle.

Beginnen Sie mit einer Lösung aus ½l warmem Wasser und 2 Eßl. Essig. Das nächste Mittel ist ähnlich, wobei Essig durch Salz ersetzt wird. Läßt sich der Fleck nicht entfernen, geben Sie 1 Eßl. Waschpulver auf ½l warmes Wasser. Sollte der Teppich immer noch Flecken haben, nehmen Sie eine Lösung aus vier Teilen Wasser und einem Teil Teppichshampoo.

Welche Lösung Sie auch verwenden, reiben Sie sie mit weichem, weißen Tuch zur Mitte des Flecks. Spülen Sie mit klarem Wasser nach. Anschließend reiben Sie den Teppich mit sauberen Tüchern ab und fönen ihn beidseitig trocken.

Wachs oder Fett entfernen

Zuerst versuchen Sie soviel wie möglich mit einem stumpfen Messer abzulösen; dann legen Sie auf und unter den Fleck mehrere Löschpapiere und drücken ein warmes Bügeleisen auf.

Teppiche reparieren

Teppiche, die auf dem Boden ausliegen, müssen viel über sich ergehen lassen. Eine regelmäßige Reinigung vermindert Abnutzungserscheinungen; beschädigte oder stark abgenutzte Stellen bedürfen der Reparatur.

Fransen ausbessern

Die vom Webstuhl abgeschnittenen Kettfäden bilden die Fransen eines Teppichs. Sie sind nicht nur dekorativ, sondern haben vor allem die Funktion, den Flor zu schützen. Bei täglichem Gebrauch rollen sich die Fransen oft zusammen oder knicken, so daß sie abbrechen können. Sie sollten abgebrochene Fransen ersetzen, bevor es zu weiteren Schäden kommt. Wählen Sie einen farblich passenden Faden, und legen Sie den Teppich mit der Rückseite nach oben.

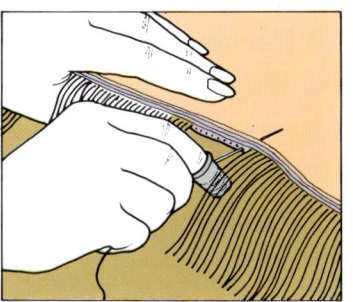

1. Sie stechen die Nadel genau an die Stelle des abgebrochenen Kettfadens und ziehen sie gut 10 mm von der Kante entfernt heraus, den Faden länger als die Franse überstehen lassend.

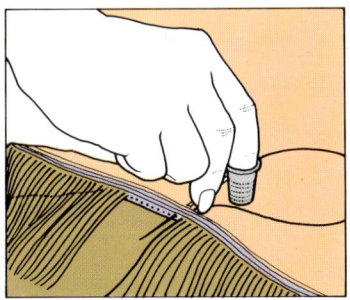

2. Führen Sie die Nadel durch denselben Knoten zurück, genau parallel zum ersten Faden und an den nächsten Kettfaden anschließend.

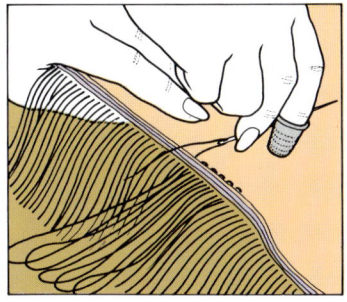

3. Sie wiederholen die Näharbeit, bis alle Fransen ersetzt sind und lange Fadenschlingen am Teppich hängen. Keiner der Stiche sollte auf der Florseite zu sehen sein. Verknoten Sie den Faden, und legen Sie den Teppich so über eine Tischkante, daß die neuen Fransen senkrecht herunterhängen.

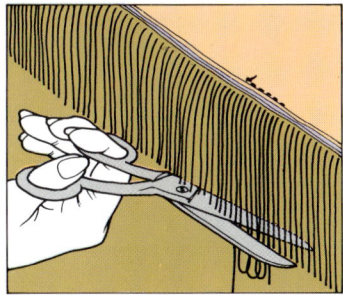

4. Mit einer Schere schneiden sie die Schlingen auf die Länge der restlichen Fransen zurecht. Wenn der Fransenrand geknotet ist, lassen Sie beim Abschneiden eine ausreichende Länge zum Schlingen eines einfachen Knotens. Verknoten Sie die Fransen, stutzen Sie sie auf ihre endgültige Länge.

Kelimenden reparieren

Manche Teppiche haben am unteren und oberen Ende ein Stück Flachgewebe, die sogenannte Kelimborte. Sollten sich deren Schußfäden lösen, müssen Sie die Kante ausbessern, oder der Flor selbst wird Verschleiß ausgesetzt sein. Entfernen Sie zuerst so viele Schußfäden, bis Sie zum ersten unversehrten Faden kommen.

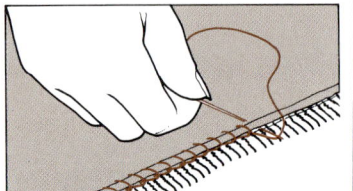

Kelimenden vernähen Sichern Sie die Kante mit Knopflochstichen, der Stich nicht breiter als vier bis fünf Kettfäden. Den Faden nicht zu stark anziehen, sonst verzieht sich das Gewebe, und achten Sie darauf, daß die Stiche vorn nicht zu sehen sind.

Kelimenden ersetzen

Wenn die gesamte Kelimborte sich gelöst hat, entfernen Sie die lockeren Knoten mit einer Nadel, bis zum ersten unversehrten Schußfaden mit fortlaufender Knotenreihe. Die Kante wird wieder mit Knopflochstichen, zwei bis drei Knoten breit, umnäht.

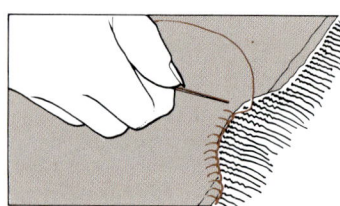

Provisorische Befestigung der Kante Wenn der Schaden sehr groß ist und zu viele Knotenreihen entfernt werden müßten, sichern Sie die Kante so, wie sie verläuft, mit Knopflochstichen. Das sieht zwar nicht so gut aus wie ein gerader Rand, erhält aber den Teppich und verhütet weiteres Lösen, bis Sie das fehlende Stück von einem Fachmann einweben lassen können.

Reparieren der Seitenbefestigung

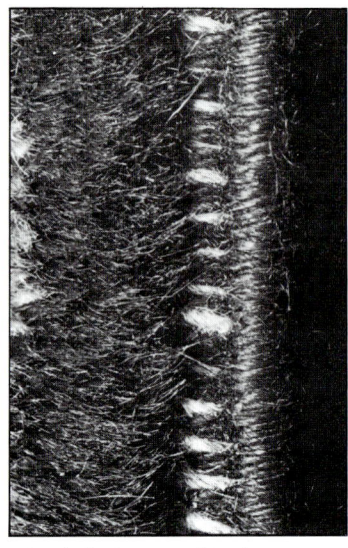

Seitenbefestigung (Schirasi) nennt man die ausgearbeiteten Seitenkanten der meisten handgeknüpften alten Teppiche. Sie entstehen durch das Zusammenbinden mehrerer Kettfäden mit den Schußfäden am Ende jeder Knotenreihe. Oft wird diese Webkante noch umwickelt. Da die Seitenbefestigung dicker als der eigentliche Teppich ist, ist sie besonders gefährdet. Die Umwicklung verschleißt zuerst. Wird sie nicht sofort ersetzt, löst sich bald die ganze Seitenbefestigung auf.

Die Umwicklung ausbessern

Wenn der Schaden an der Seitenbefestigung früh entdeckt wird, kann das fehlende Stück mit passendem Faden ergänzt werden.

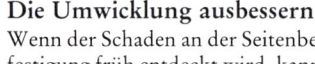

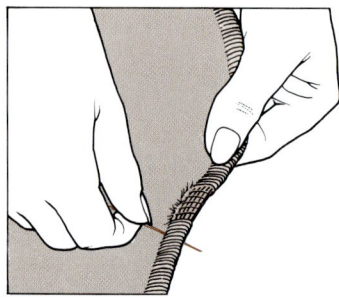

1. Verknoten Sie das Ende eines passenden Woll- oder Seidenfadens, stechen Sie die Nadel von unten in die Seitenbefestigung, knapp neben der beschädigten Stelle.

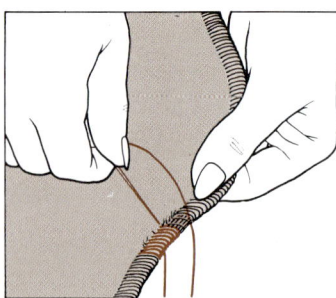

2. Umnähen Sie die Kettfäden mit Plattstichen, nicht dichter als die ursprüngliche Umwicklung. Das Fadenende befestigen Sie, indem Sie die Nadel gut 10 mm vor der neuen Einfassung durch die Seitenbefestigung stechen. Schneiden Sie das Fadenende ab.

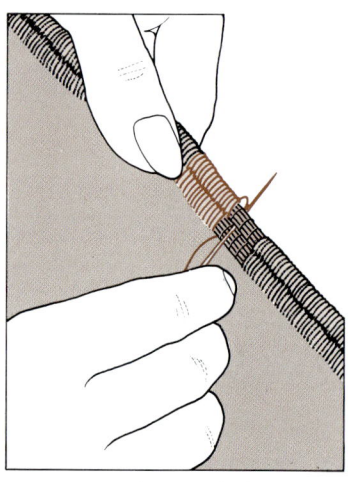

3. Statt normaler Seitenbefestigung (Schritt 1, 2) haben einige Teppiche doppelte Seitenbefestigung. Durch Stiche in Form einer Acht werden die Kettfäden in zwei Bündel unterteilt.

Kettfäden ausbessern

Wenn eine aufgegangene Umwicklung vernachlässigt wird, bricht das Kettfadenbündel. Es muß ersetzt werden, damit die Seitenbefestigung aufgebaut werden kann. Sobald Sie die Kettfäden ausgebessert haben, sollte die Stelle wie zuvor neu umwickelt werden. Zuerst schneiden Sie die beschädigten Fäden dicht an der noch intakten Einfassung ab.

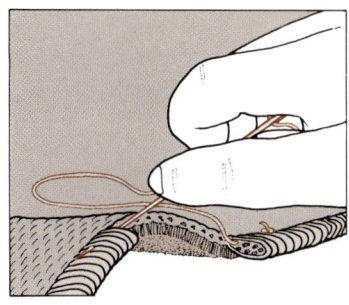

1. Um die Kettfäden zu reparieren, stechen Sie die Nadel mit dem passenden Wollfaden ein Stückchen vor dem fehlenden Abschnitt in die Seitenbefestigung ein. Der Ausstich der Nadel sollte am Ende eines Kettfadens sein.

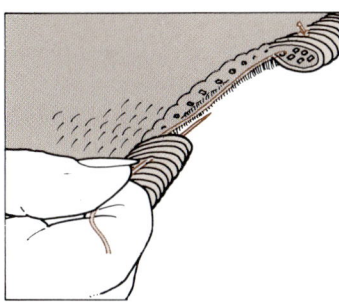

2. Führen Sie die Nadel zum anderen unversehrten Ende der Seitenbefestigung, wobei Sie ins gegenüberliegende Ende des Kettfadens einstechen, und schieben Sie sie noch gut 10 mm durch die intakte Befestigung.

3. Führen Sie die Nadel so wieder zurück, daß sie durch das Ende eines anderen Kettfadens läuft, und verbinden Sie diesen wieder mit dem gegenüberliegenden. Diesen Vorgang wiederholen Sie so lange, bis alle Kettfäden ersetzt sind.

4. Das Anbringen neuer Schußfäden ähnelt der Technik des Fransenerneuerns; die Enden der Schußfäden werden eng um das neue Kettfadenbündel geschlungen. Zuletzt wird eine neue Umwicklung angebracht.

Kahle Stellen ausbessern

Nichts beeinträchtigt das Aussehen eines Teppichs mehr als abgenutzte, kahle Stellen im Flor. Sie können von starker Beanspruchung, Mottenfraß oder Feuer herrühren. In letzterem Fall genügt es vielleicht, die versengten Fäden einfach mit der Schere zu stutzen. Wenn aber der größte Teil des Knotens zerstört ist, müssen Sie in das Grundgewebe neue Knoten knüpfen, um den Schaden zu beheben.

Wenn Ihr Teppich große kahle Stellen hat, müssen diese von einem Fachmann neu eingeknüpft werden. Teppiche mit sehr kompliziertem Muster werden ebenfalls am besten einem Fachmann überlassen. Sobald der Teppich gereinigt ist, wählen Sie sorgfältig einen farblich passenden Faden; selbst ein minimaler Farbunterschied kann später stark auffallen.

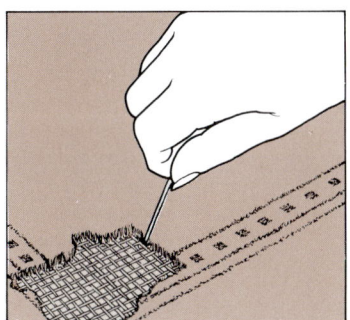

1. Mit einer Nadel ziehen Sie alle Überreste der beschädigten Knoten aus dem Grundgewebe. Begradigen Sie niemals die Ränder der kahlen Stelle, da die Reparatur mit unregelmäßigem Rand weniger auffällt.

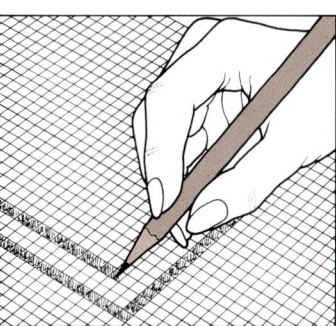

2. Prüfen Sie, mit welchem Knoten der Teppich geknüpft ist (s. S. 203). Wenden Sie den Teppich und zäh-

len auf einer ähnlich gemusterten Fläche die Knotenzahl. Bei einem feinen Teppich nehmen Sie eine Lupe. Übertragen Sie das Muster auf Kästchenpapier oder mit wasserfesten Faserschreibern auf das Grundgewebe.

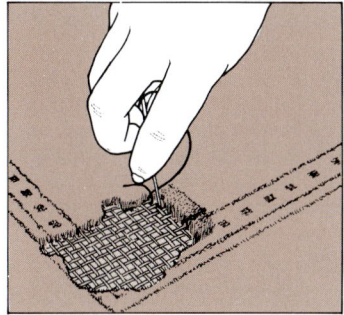

3. Knüpfen Sie Reihe für Reihe. Schneiden Sie jeden Knoten auf eine ausreichende Fadenlänge ab, so daß die Enden etwa 10 mm länger sind als der übrige Flor. Jede fertige Reihe bürsten Sie mit dem Strich, bevor Sie die nächste beginnen.

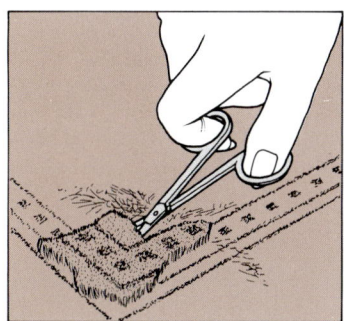

4. Das fertige Stück bügeln Sie von der Rückseite mit einem warmen Bügeleisen. Richten Sie die Fäden mit den Fingern auf, und stutzen Sie die Enden auf die Höhe des Flors.

Ein Loch ausbessern

Wird beschädigter Flor nicht ausgebessert, wetzt sich das Grundgewebe durch: es entsteht ein Loch. Bemerken Sie es, solange es noch klein ist, reparieren Sie es selbst; andernfalls beauftragen Sie einen Fachmann.

Untersuchen Sie Kette und Schuß, damit sie passend ersetzt werden können (können verschiedene Materialien sein). Mit einer Nadel entfernen Sie lose Knoten an den Rändern des Lochs und schneiden dann unregelmäßig verlaufende Ränder gerade. Auf flacher Unterlage liegt die Rückseite des Teppichs vor Ihnen, wenn Sie mit den Kettfäden die Reparatur beginnen.

1. Stechen Sie die Nadel mit Faden ungefähr 10 mm vom Rand des Lochs genau in einer Linie mit dem ersten kaputten Kettfaden ein, Sie überspannen das Loch, stechen am gegenüberliegenden Rand durch

eine Knotenhälfte hindurch bis gut 10 mm hinter den Rand, sie führen die Nadel durch die zweite Knotenhälfte zurück zur anderen Seite des Lochs.

2. Sie wiederholen den Vorgang so lange, bis alle kaputten Kettfäden ersetzt sind.

3. Die Schußfäden ersetzen Sie auf dieselbe Weise, wobei Sie sie auf und-ab durch die Kettfäden weben. Sie knüpfen dann die Stelle wie auf S. 207 beschrieben.

Einen Riß reparieren

Ein Riß in einem Teppich tritt entweder längs der Kett- oder längs der Schußfäden auf. Ein Riß, der diagonal über Kett- und Schußfäden geht, ist sehr viel schwieriger zu reparieren, weil Sie eine Reihe längs und eine Reihe quer nähen müssen.

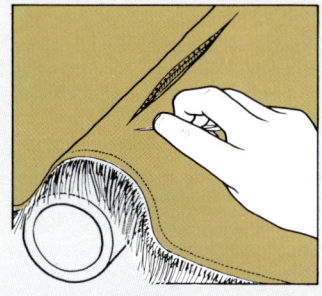

1. Sie drehen den Teppich um, legen unter den Riß eine Papprolle und verbinden die Ränder mit farblich passendem Faden, wobei Sie wie beim Stopfen vorgehen.

Achtung: Seien Sie besonders bei gebrochenen Kettfäden vorsichtig; die Knoten auf beiden Seiten des Risses können sich lösen und müssen dann ersetzt werden.

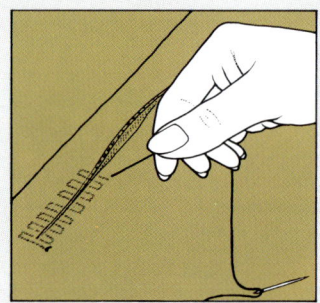

2. Beginnen Sie mit dem Nähen etwas unterhalb des Risses, und nähen Sie über die beschädigte Stelle hinaus, so daß der Faden auf jeder unversehrten Seite gesichert ist.

3. Glätten Sie die Ausbesserung von hinten mit einem warmen Bügeleisen.

Kelims und Sumaks reparieren

Hier werden Löcher geflickt, indem zuerst die Kettfäden ersetzt, dann die Schußfäden eingewebt werden. Wählen Sie farblich passende Fäden aus.

Rand des Lochs und schlingen ihn dann um den entsprechenden Kettfaden.

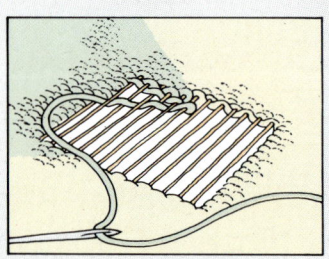

Einen Kelim reparieren Sie ziehen den Faden gut 10 mm durch das unbeschädigte Gewebe am

Einen Sumak reparieren Die zusätzlichen, um Kettfadenpaare geschlungenen Schußfäden (s. S. 203), ziehen Sie nach Fertigung des Grundgewebes ein.

GRUND-
TECHNIKEN

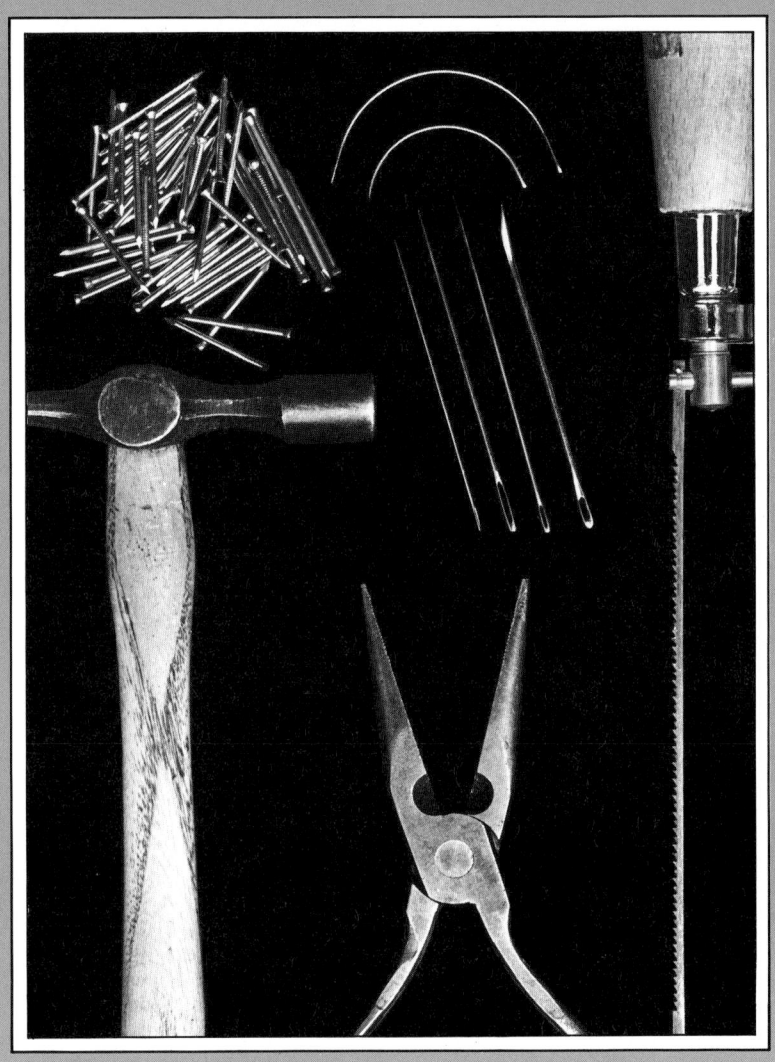

TECHNIKEN DER HOLZBEARBEITUNG

Dieses Kapitel soll die Informationen zum Thema Holzbearbeitung ergänzen. Obwohl die meisten der hier beschriebenen Techniken sich auf die Restaurierung antiker Möbel beziehen, lassen sie sich genauso gut bei der Reparatur sonstiger Holzarbeiten anwenden.

Holz messen und markieren

Zu ersetzende Holzteile werden mit Bleistiftlinien umrissen, oder es wird eine Pause angefertigt. Nach dem Verleimen wird das grob zugesägte neue Stück mit Hobel oder Beitel auf seine endgültigen Dimensionen abgeschabt. Sie können mitunter ein vollkommen neues Stück anfertigen, indem Sie um ein identisches Stück herumzeichnen. Ansonsten müssen Sie messen und anreißen.

Holz mit dem Anschlagwinkel anreißen

Bevor Sie ein quadratisches oder rechteckiges Holzstück anreißen, bestimmen Sie die Schaufläche. Prüfen Sie sie mit dem Lineal auf Unebenheiten, die Sie glatthobeln.
 Prüfen Sie dann die angrenzende Kante mit Anschlagwinkel. Halten Sie dabei den Griff fest gegen das Holz; schauen Sie entlang der Kante, auf der der Winkelschenkel ruht. Hobeln Sie nach Bedarf.
 Bringen Sie auf der Schauseite eine Markierung an, die bis an die Kante reicht. Markieren Sie diese Schaukante mit einem eigenen Zeichen, das sich an die Markierung der Schauseite anschließt. Solche Schaukanten geben jeweils das Maß für die weitere Bearbeitung des Werkstücks.

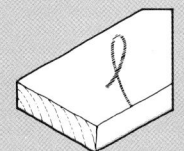

Markieren der Schaufläche

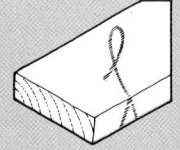

Markieren der Schaukante

Anreißen der Länge

Dazu nehmen Sie ein Lineal. Reißen Sie die Schnittlinien quer zur Maserung mit Anschlagwinkel und Federmesser an. Schraffieren Sie das Abfallholz mit Bleistift. Schneiden Sie es erst bei Bedarf ab, da es die Enden des neuen Teils schützt.

Anreißen einfacher Kurven

Zum Anreißen von Kurven mit kleinem Radius benutzen Sie einen

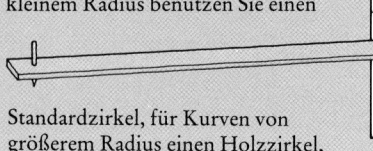

Standardzirkel, für Kurven von größerem Radius einen Holzzirkel, den Sie herstellen, indem Sie eine Holzleiste der erforderlichen Länge an einem Ende mit einem Bleistift

Anwendung eines Holzzirkels

und am anderen mit einem Drehzapfen versehen. Zum Anreißen besonders großer Kurven, deren Radius nicht exakt zu sein braucht, benutzen Sie einen biegsamen Holz- oder Metallstreifen als Führungsschiene. Markieren Sie das Werkstück zur Orientierung, und biegen Sie die Führungsschiene zwischen den Punkten. Von einem Helfer wird die Linie gezogen.
 Für mehrfache Zuschnitte einer komplizierten Form zeichnen Sie diese in Originalgröße auf Karton oder Papier. Pausen Sie sie mit Kohlepapier auf das Holz, bzw. schneiden Sie sie, wenn Sie Karton genommen haben, aus, so daß Sie eine Schablone erhalten.

Mehrfachkurven anreißen

Beispiele sind S-förmige Cabriole-Beine oder die Querleiste eines Ballonrückenstuhls.
 Berücksichtigen Sie beim Zuschneiden des Holzes die Extrempunkte der Kurve. Zeichnen Sie die Form, etwa für ein Cabriole-Bein, auf zwei aneinandergrenzende Flächen. Mittels einer Kartonschablone zeichnen Sie den Umriß auf eine Seite des Holzes. Wenden Sie die Schablone, ziehen Sie auch auf der angrenzenden Holzseite den Umriß nach. Bei einer Querleiste unterscheidet sich die Linienführung der Vorder- meist von der der oberen Seite. Markieren Sie sie einzeln.
 Schneiden Sie die Form mit einer Laubsäge aus; befestigen Sie die Teile wieder mit Klebestreifen, da sie ja die Markierung zum Schneiden der anderen Seite tragen.

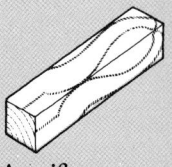

Anreißen des Holzes

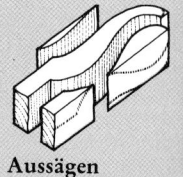

Aussägen der Form

Anreißen zu drechselnder Formen

Wenn Sie ein gedrechseltes Stück kopieren wollen, müssen Sie mit einer Nadelschablone das Profil abnehmen. Beim Ansetzen müssen

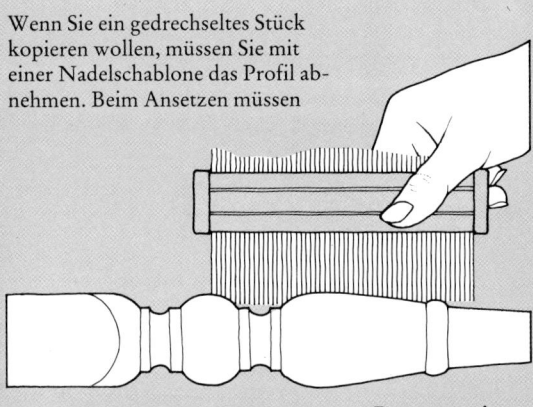

Benutzen einer Nadelschablone

die Nadeln bündig sein. Halten Sie die Nadelschablone entlang der Achse des gedrechselten Stücks, und drücken Sie sie dagegen.

Übertragen Sie das abgenommene Profil auf Karton, um eine Schablone herzustellen. Von langen Teilen nehmen Sie das Profil stückweise ab.

Sie können auch das Profil auf Karton zeichnen, indem Sie das Stück ausmessen. Ziehen Sie auf dem Karton eine Linie, die die Achse des zu drechselnden Teils darstellt. Ausgehend von einem Ende, messen Sie alle Abschnitte des Profils. Ziehen Sie von den übertragenen Meßpunkten Linien im rechten Winkel zur Grundlinie.

Mit einem Tastzirkel messen Sie am Original die Dicke der einzelnen Abschnitte; übertragen Sie diese Maße halbiert auf den Karton. Sie geben die Entfernungen zwischen Grundlinie und Außenrand der Schablone. Verbinden Sie die Punkte, schneiden Sie die Schablone aus. Sie ist das Negativ der Hälf-

Übertragen der Meßpunkte

te der zu drechselnden Form. Mit der Schablone übertragen Sie die Meßpunkte auf den Holzrohling und überprüfen nachher die Form des Drechselteils damit.

Holz sägen

Holz akkurat zu sägen will gelernt sein. Vorausgesetzt, Sie haben die richtige – und auch scharfe – Säge, erfordert das Sägen nicht allzuviel Kraft. Sie müssen den Griff fest packen und den Zeigefinger an der Seite entlangstrecken. Um lange Stücke Holz gerade durchzusägen, nehmen Sie eine Handsäge (siehe S. 198), für kleinere Sägearbeiten eine Bügelsäge. Formen werden mit einer Säge mit sehr feinem Blatt, z. B. einer Laub- oder Stichsäge, ausgesägt.

Abstützen des Werkstücks

Muß ein längeres Brett mit einer Handsäge durchgesägt werden, sollte es auf zwei Böcke gelegt werden. Stützen Sie ein Knie auf das Brett, um es festzuhalten; bringen Sie Ihre Schulter in eine Linie mit dem Sägeschnitt. Wenn Sie mit dem

Längssägen eines Brettes

Fuchsschwanz einen längeren Schnitt machen, sollte ein Ende über einen der Böcke hinausragen. Sägen Sie an diesem Ende etwa 40 cm, ziehen Sie das Brett zurück, sägen Sie zwischen den Böcken weiter. Halten Sie den Schnitt gegebenenfalls mit einem flachen Keil offen.

Wenn Sie auf dem Bock quer sägen, können Sie das Brett mit dem Abfallholz zur Rechten oder Linken auflegen. Wenn Sie Rechtshänder sind und das Abfallholz zur Rechten liegt, können Sie das Brett mit dem Knie festhalten und mit der Linken über die Säge reichen, um das Abfallholz zu stützen.

Beim Absägen eines längeren Stücks ist es besser, den Abfall links zu haben, um ihn halten zu können. Zwingen Sie das Brett zur Rechten am Bock an.

Benutzen des Schraubstocks

Um kurze Stücke mit der Faser zu sägen, spannen Sie sie leicht schräg in den Schraubstock. Setzen Sie die Säge parallel zum Schraubstock an. Sägen Sie bis zur Mitte, und drehen Sie das Stück um, um es durchzusägen. Der Schraubstock wird oft beim Sägen mit Rückensägen benutzt. Spannen Sie das Werkstück in einer bequemen Höhe ein. Als Faustregel gilt: Je dünner das Holz, desto tiefer müssen Sie es in den Schraubstock einspannen. Der Schnitt muß immer senkrecht verlaufen. Deshalb müssen Sie, wenn Sie einen Winkel sägen wollen, das Stück entsprechend schräg einspannen.

Sägen im Schraubstock

Benutzen eines Bankhakens

Benutzen Sie einen Bankhaken bei kleinen Stücken, die sich nur schwer in den Schraubstock spannen lassen, und um Enden gerade abzusägen. Haken Sie das Gerät an der Werkbank ein, oder spannen Sie es in den Schraubstock. Drücken Sie das Werkstück gegen den Stoppklotz der Werkbank.

Sägen mit Hilfe des Bankhakens

Benutzen einer Gehrungsschneidlade

Eine Schneidlade ist eine nützliche Spannvorrichtung beim Sägen. Wenn Sie das Stück Holz in der

Schneiden einer Gehrung

Schneidlade in einem rechten Winkel bzw. in einer Gehrung schneiden wollen, führen Sie diese Arbeit mit einer Rückensäge aus. Beim Zuschneiden von Holz in einer Schneidlade müssen Sie das Werkstück gegen die Anschlagbolzen der Werkbank drücken.

Holz abrichten

Wenn Sie eine Holzfläche abrichten, benutzen Sie einen Hobel, der in seiner Größe der abzurichtenden Fläche entspricht. Ein Putzhobel (siehe S. 100) ist ein gutes Allzweckwerkzeug für größere Flächen. Ein Taschenhobel (siehe S. 100) dagegen eignet sich besser für kleinere Flächen. Spannen Sie das Holzstück so in den Schraubstock, daß Sie in Faserrichtung hobeln können.

Hirnholz abrichten

Es kann schwierig sein, Hirnholz abzurichten, da die Kante, auf die Sie zuhobeln, leicht splittert.

Es gibt mehrere Mittel dagegen. Als erstes benutzen Sie einen scharfen Feinhobel. Zweitens: Hobeln Sie von den Kanten zur Mitte hin. Das Abschrägen der entfernteren Kante bis auf die gewünschte Linie ist eine weitere Hilfe, aber je mehr Sie sich der Linie nähern, desto vorsichtiger müssen Sie sein. Spannen Sie kleinere Stücke zusammen mit etwas Abfallholz in den Schraubstock. Dieses wird splittern, das Werkstück bleibt verschont.

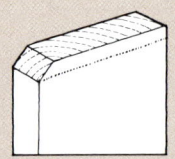

Hobeln einer Abschrägung

Formen einer Kante mit einfachem Profil

Wenn Sie das Glück haben, daß die Standardschneider, die mit dem Kombihobel oder der Handoberfräse erhältlich sind, dasselbe Profil haben wie die zu formende Kante, ist die Arbeit problemlos. Sonst müssen Sie eine andere Methode anwenden. Wenn Sie keinen alten Profilhobel auftreiben können, läßt sich ein flaches Profil mit einem selbstgemachten Kratzstock arbeiten. Zwei L-förmige Stücke aus dickem Sperrholz werden um das Profilmesser geschraubt. Das Messer besteht aus einem entsprechend zugefeilten Metallsägeblatt. Drücken Sie den Griff des Kratzstocks fest an das Werkstück, und ziehen Sie ihn über die Kante.

Bei konkaven Profilen wird die Kante zuerst mit dem Hobel abgeschrägt und dann mit einem Kratzstock mit entsprechendem Messer nachgezogen. Zum Schluß schmirgeln Sie mit einem passend geformten Schleifklotz.

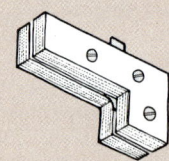

Kratzstock

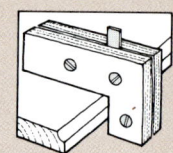

Konkaves Profil

Formen abgerundeter Ecken

Das Von-Hand-Formen eines Profils an einer abgerundeten Ecke ist schwieriger, als ein Profil an einer geraden Kante zu schneiden. Reißen Sie zunächst die Kurve an. Sägen Sie sie mit einer Laubsäge aus (siehe S. 98 f.). Hobeln Sie die Kurve mit einem Ziehklingenhobel (siehe S. 100) sauber nach. Setzen Sie jetzt den Ziehklingenhobel an einer Seite – am Beginn der Kurve – schräg an, und ziehen Sie das Kurvenprofil. Kontrollieren Sie mit dem Auge, ob die Kurve die gewünschte Form annimmt. Benutzen Sie zum Schluß Kratzstock und Schmirgelpapier.

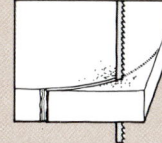

Sägen des Abfallholzes

Ziehen des Kurvenprofils

Schneiden von Falzen und Nuten

Nut und Falz können Sie in Faserrichtung mit einem Grundhobel, Kombihobel oder Universalhobel herstellen (siehe S. 100). Stellen Sie Tiefensteller und Seitenanschlag ein. Fangen Sie an zu hobeln, indem Sie den Hobel vom Ihnen entgegengesetzten Ende zu sich herziehen.

Benutzen Sie beim Kombi- oder Universalhobel zum Querfalzen. Diese Hobel sind mit Vorschneidern vor der Hobelschneide ausgerüstet, die die Faser durchtrennen, damit ein sauberer Schnitt entsteht.

Feine, flache Nuten, etwa für Bandintarsien, können Sie mit dem Kratzstock machen. Wenn Sie quer zur Faser arbeiten, müssen Sie zuerst die Faser durchtrennen, indem Sie mit einem Schneidmaß parallele Schnitte machen.

Eine Nut

Ein Falz

Holzverbindungen

Es gibt viele verschiedene Holzverbindungen. Sollten Sie im Zweifel sein, mit was für einer Sie es zu tun haben bzw. wie sie zu reparieren ist, wenden Sie sich an einen Schreiner.

Schlitz-und-Zapfen-Verbindung

Diese Verbindung wird vielfach bei Stühlen und Tischen benutzt. Ein Zapfen in der Leiste wird in einen Schlitz im Bein eingepaßt. Der Zapfen kann durchgehend sein oder verdeckt.

Die Größe des Zapfens hängt von der Holzdicke und der Lage der Verbindung ab. Im allgemeinen hat der Zapfen ein Drittel der Dicke der Leiste. Er kann so breit wie die Leiste sein, aber wenn diese mit der Oberkante des Beins bündig ist, wird der Zapfen schmaler gemacht. Um ein Verdrehen der Leiste zu verhindern, wird an der Oberkante des Zapfens ein »Schenkel« übriggelassen (Nutzapfen).

Schlitz-und-Zapfen-Verbindung

Nutzapfen

Verdeckte Schlitz-und-Zapfen-Verbindung

Sägen Sie zuerst die Querleiste auf Maß zu. Reißen Sie die Zapfenlänge rundherum an. Sie beträgt im allgemeinen zwei Drittel der Leistenbreite.

Stellen Sie das Zapfenstreichmaß (siehe S. 98) auf die Dicke des Zapfens ein. Bestimmen Sie mit dem Zapfenstreichmaß an der Leiste die Position des Zapfens. Er muß genau in der Mitte sitzen. Ausgehend von der Längenmarkierung ziehen Sie nun zwei Bleistiftlinien ganz um das Ende der Leiste.

Spannen Sie die Leiste schräg von Ihnen weg in den Schraubstock. Setzen Sie die Säge auf der Abfallholzseite der Linien an, und sägen Sie bis zur Längenmarkierung. Drehen Sie die Leiste um, und sägen Sie auf der anderen Seite der Leiste durch. Spannen Sie nun die Leiste senkrecht in den Schraubstock, und führen Sie die Schnitte bis zur Schulterlinie. Befestigen Sie die Leiste an einem Bankhaken (siehe S. 100), und sägen Sie den Abfall an der Schulterlinie ab.

Reißen Sie nun mittels des Streichmaßes den Schlitz gemäß der Zapfendicke an. Zwingen Sie das

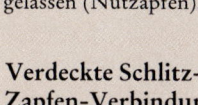

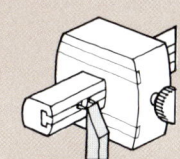

Einstellen des Zapfenstreichmaßes

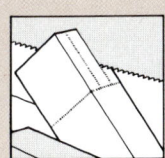

Auf die Schulterlinie durchsägen

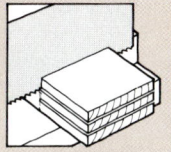

Absägen des Abfallholzes

Bein an die Werkbank. Markieren Sie die Tiefe des Schlitzes mit Klebeband an der Beitelklinge. Stemmen Sie das Abfallholz von der Mitte nach außen aus. Halten Sie den Beitel aufrecht, die abgeschrägte Seite der Klinge zur Mitte des Schlitzes. Stemmen Sie das Holz mit flachen Schnitten aus, wobei Sie zu den Schlitzenden etwa 3 mm Abstand lassen. Stemmen Sie die Enden aus, wenn der Schlitz bis auf den Grund ausgestemmt ist.

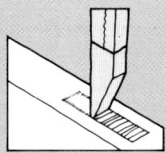

Ausstemmen des Schlitzes

Schneiden eines Nutzapfens

Sie reißen den Zapfen an und schneiden ihn wie beschrieben. Beachten Sie außerdem, daß Sie nicht mehr als drei Viertel der Länge und ein Drittel der Breite des Zapfens absägen.

Auch der Schlitz wird wie beschrieben gemacht, aber reißen Sie den Nutzapfen innerhalb des Schlitzes an. Lassen Sie das Bein etwas überlang, da die Verbindung kurz vor der Kante gemacht wird. Nach dem Verleimen wird das Abfallholz entfernt. Stemmen Sie nun die ganze Breite des Schlitzes bis zum Ansatz des Nutzapfens aus. Danach stemmen Sie den Schlitz nur noch über zwei Drittel der Breite aus.

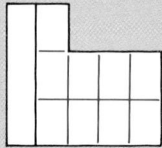

Schneiden des Nutzapfens

Durchgehende Schlitz-und-Zapfen-Verbindung

Sie reißen den Zapfen an und schneiden ihn wie oben, aber etwas überlang. Reißen Sie den Schlitz auf beiden Beinseiten an, und stemmen Sie ihn – von beiden Seiten zur Hälfte – aus. Hobeln Sie das Zapfenende nach dem Verleimen bei.

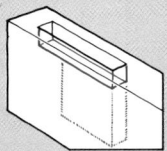

Schlitz für den Nutzapfen

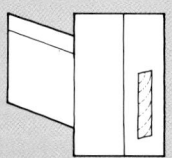

Durchgehende Schlitz-und-Zapfen-Verbindung

Dübelverbindungen

Hartholzzapfen werden in beide Teile geleimt. Sie können für Längs- und für Winkelverbindungen benutzt werden. Dübelverbindungen sind bei modernen Möbeln häufig.

Man findet sie auch an antiken Stühlen, wo die Kurve der Zargen eine Hirnholzfläche entstehen läßt. Holzdübel werden auch bei den Brettern einer Tischplatte verwendet.

Herstellung von Dübeln

Fertige Dübel sind in einigen Größen erhältlich. Um selbst welche

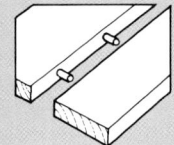

Längsverbindung

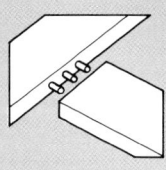

Winkelverbindung

herzustellen, kaufen Sie Dübelholz des erforderlichen Durchmessers. Schneiden Sie die richtige Länge ab, spitzen Sie die Enden leicht zu, bei dünnen Dübeln mit dem Bleistiftspitzer. Sägen Sie der Länge nach einen Schnitt, damit Luft und Leim entweichen können, während die Dübelverbindung eingespannt wird.

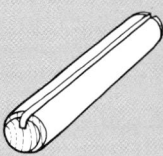

Fertiger Dübel

Verbindung zweier Leisten an der Längsseite

Spannen Sie die Bretter bündig in den Schraubstock. Reißen Sie die Kanten mit Bleistift und Winkel an. Stellen Sie ein Schneidmaß auf die

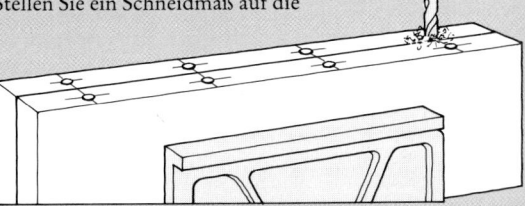

halbe Brettdicke ein, fahren Sie damit über die Linien. Bohren Sie an den Kreuzungspunkten Löcher.

Der Durchmesser der Dübel sollte höchstens die halbe Dicke eines Brettes, die Tiefe der Bohrlöcher etwas mehr als die Hälfte der Dübellänge betragen.

Bohren von Dübellöchern

Gedübelte Winkelverbindung

Reißen Sie die Positionen der Dübellöcher auf der Mittellinie der Hirnholzseite in regelmäßigen Abständen an. Drahtstifte werden halb in die Löcher eingeschlagen, die Köpfe abgezwickt. Legen Sie die Bretter auf einem ebenen Tisch in

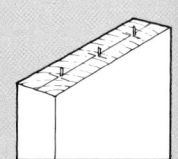

Drahtstifte einschlagen

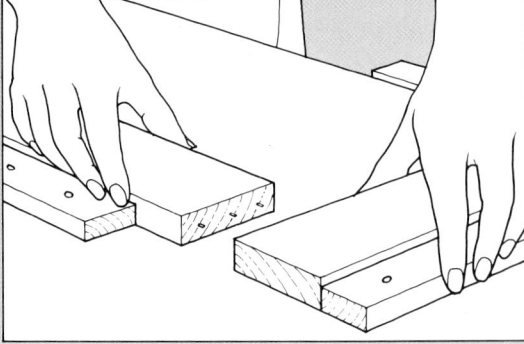

Position, und drücken Sie sie zusammen. Entfernen Sie die Stifte; bohren Sie die Dübellöcher.

Aneinanderdrücken der Teile

Überblattungen

Überblattungen werden benutzt, um Rahmenhölzer zu verbinden. Von beiden Brettern wird so viel ausgeschnitten, daß sie bündig ineinanderpassen. Bei einer Eckverbindung werden die Enden im rechten Winkel zusammengesetzt, bei der Mittelverbindung wird das Ende der Querleiste in die Längsleiste eingesetzt.

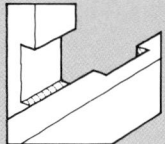

Kreuzüberblattung

Kreuzüberblattung

Die Breite des einen Teils wird auf dem jeweils anderen mit Anschlagwinkel und Messer angerissen. Stellen Sie ein Streichmaß auf die halbe Brettdicke ein, und reißen Sie damit die Tiefe an. Ziehen Sie die Breitenmarkierungen bis auf diese Linie herunter.

Die Begrenzungslinien werden erst mit einem breiten Stecheisen angeschnitten, dann wird im Abfallholz eine Kerbe für die Säge ausgestochen. Die Verbindungsstelle wird in Abständen von 15 bis 18 mm eingesägt und dann von beiden Seiten zur Mitte hin ausgestemmt und schließlich geglättet.

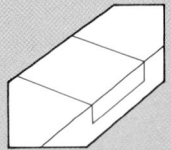

Anreißen der Begrenzungslinien

Endüberblattung

Die gleich dicken Bretter werden nebeneinandergelegt; die Begrenzungslinie wird auf der Fläche der Bretter angerissen, die halbe Dicke der Holzteile durch eine Mittellinie an Kanten und Hirnholzseite. Mit einer Rückensäge wird das Abfallholz ausgesägt.

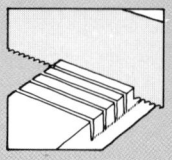

Aussägen

Halbtiefverbindungen

Eine Halbtiefverbindung ist einfacher zu sägen als eine Schlitz- und-Zapfen-Verbindung. Sie wird z. B. beim Verbinden des Stuhlbeins mit der Stuhlzarge benutzt. Die Breite des Beins wird auf der Zarge rundherum angerissen. Das Streichmaß (siehe S. 98 f.) stellen Sie auf ein Viertel der Zargendicke ein und ziehen parallele Linien innerhalb der Breitenmarkierung. Stemmen Sie aus wie unter »Kreuzüberblattung« beschrieben.

Jetzt wird die angestemmte Form der Zarge mit einem Streichmaß (siehe S. 98) auf das Stuhlbein übertragen. Bohren Sie dann von beiden Seiten zur Mitte der Aussparung ein Loch. Mit einer Rückensäge sägen

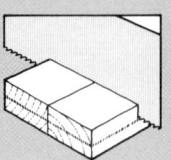

Aussägen des Abfallholzes

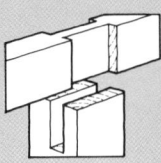

Halbtiefverbindung

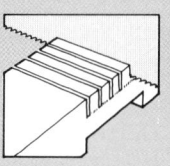

Sägen des Abfallholzes

Sie das Abfallholz entlang den Begrenzungslinien aus. Die Ecken der Verbindung werden mit einem senkrecht gehaltenen Stecheisen gesäubert. Dann wird das Eisen fast senkrecht mit der Fase nach oben gehalten und der Grund nachgeputzt.

Anschäften

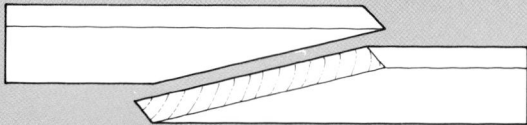

Zwei Längshölzer werden durch eine Schäftung verbunden. Die Schrägen nehmen viel Leim auf, was zu einer stabilen Verbindung führt. Mit dieser Methode lassen sich Flickstücke gut ansetzen.

Spannen Sie die Hölzer nebeneinander in Zwingen ein, um die Schräge zu machen. Hobeln Sie die Schräge in einem Winkel von 22,5 Grad. Nehmen Sie die Zwingen ab, leimen Sie die Schrägflächen zusammen, zwingen Sie sie wieder (zwischen Weichholzklötzen, um Verrutschen zu verhindern) ein.

Eckverbindungen

Profilierte Holzteile werden oft übereck miteinander verbunden, wobei das Hirnholz unsichtbar bleibt.

Reißen Sie an der Außenseite beider Holzteile die Länge an. Markieren Sie auch den Punkt, an dem Sie die Gehrung ansetzen. Dann schneiden Sie in einer Gehrungsschneidlade (siehe S. 100); drücken Sie das Werkstück an die Rückseite der Gehrungsschneidlade an. Der

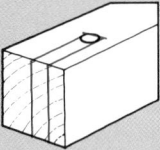

Stuhlbein mit Begrenzungslinien und Bohrloch

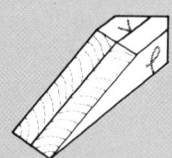

Eine Schäftung

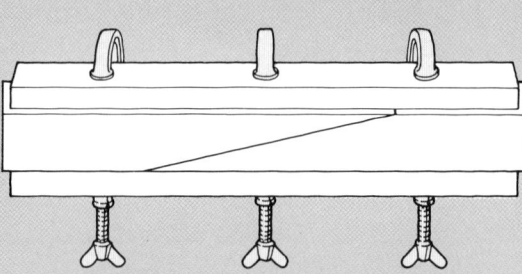

Hobeln einer Schäftung

Einzwingen der verleimten Verbindung

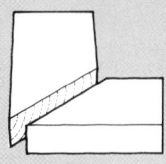

Holzverbindung übereck

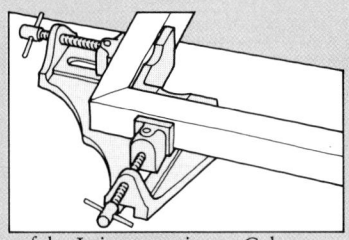

Anwendung eines Rahmenspanners

auf der Leiste angerissene Gehrungspunkt muß genau auf eine der Gehrungslinien abgestimmt werden. Unterlegen Sie die Holzteile mit Abfallholz. Leimen Sie die gesägten Schrägen zusammen, spannen Sie die Teile in einen Gehrungsbzw. Rahmenspanner ein, bis der Leim abgebunden hat.

Nuten

Vertiefungen quer zur Faser, in die Regal- oder Zwischenbretter eingeschoben werden, nennt man Nuten. Eine durchgehende Nut geht über die gesamte Breite des Brettes. Eine verdeckte Nut wird kurz vor der Kante abgesetzt. Bei Schwalbenschwanznuten wird das Zwischenbrett vom hinteren Ende her in die Nut eingeschoben.

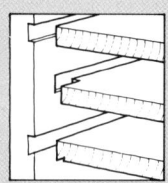

Durchgehende, abgesetzte und Schwalbenschwanznut

Eine durchgehende Nut

Reißen Sie mit Messer und Winkel die Nutbreite an, wobei die Dicke des Regalbretts das Maß angibt. Reißen Sie an beiden Brettkanten mit einem auf eine Tiefe von 3 mm eingestellten Nutstreichmaß die Tiefe der Nut an. Dann ziehen Sie

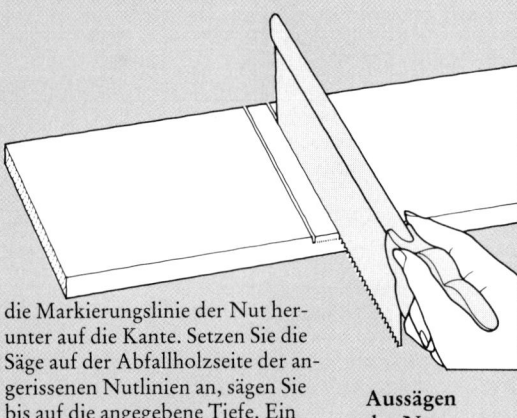

Aussägen der Nut

die Markierungslinie der Nut herunter auf die Kante. Setzen Sie die Säge auf der Abfallholzseite der angerissenen Nutlinien an, sägen Sie bis auf die angegebene Tiefe. Ein mit Zwingen befestigtes Brett kann Ihnen als Führung dienen. Stemmen Sie das Abfallholz zur Mitte hin aus. Ebnen Sie die Nut mit einem Nuthobel.

Eine abgesetzte Nut

Reißen Sie die Nut wie beschrieben an; die Linien hören aber etwa 10 mm vor der Vorderkante auf. Reißen Sie mit dem Nutstreichmaß die Nuttiefe auf der Rückkante des Brettes an. Am vorderen Ende bohren und stemmen Sie nun etwa 5 cm Holz aus. Dann können Sie die Säge ansetzen. Schneiden Sie schließlich an der Vorderseite des einzuschiebenden Brettes so viel Holz aus, daß sich das Brett in die abgesetzte Nutecke einfügt.

Schneiden einer Gratnut

Benutzen Sie die beschriebene Methode, um die Nut anzureißen und eine oder beide Nutlinien – allerdings schräg – auszusägen. Reißen Sie die Nuttiefe auf die Kante oder Kanten des einzuschiebenden Brettes an. Reißen Sie den Winkel der Gratnut (Schwalbenschwanznut) auf beiden Brettkanten an. Sägen und stemmen Sie an den angerissenen Linien die Gratnut aus.

Zinken

Die Zinkung, oft bei Schubladen benutzt, ist eine gute Methode, zwei Holzbretter im rechten Winkel miteinander zu verbinden. Die Verzahnung erlaubt es, verhältnismäßig dünnes Holz zu verwenden, ohne daß die Verbindung an Festigkeit verliert. Bei Schubladen findet man einfaches Zinken auf der Rück- und einfach verdecktes Zinken auf der Vorderseite.

Einfaches Zinken

Schneiden Sie die Teile in der Länge zu. Stellen Sie ein Streichmaß auf die Dicke der Schubladenrückseite ein. Diese Dicke gibt die Tiefe der Brustlinie an, die Sie dann am hinteren Ende der Seitenleisten anreißen. Reißen Sie die Dicke der Seitenleisten an den Enden der Schubladenrückseite an.

Reißen Sie nun an den Seitenleisten die Schwalbenschwänze an. Reißen Sie dazu auf dem Hirnholz 6 mm hinter jeder Kante eine Linie an. Reißen Sie dazwischen in gleichmäßigen Abständen die Markierung für die Schwalbenschwänze an. Deren Breite beträgt 18–25 mm.

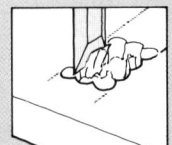

Ausstemmen des Ansatzes für die Säge

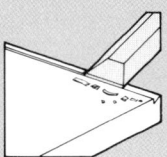

Ausstemmen der Gratnut

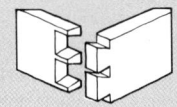

Einfaches Zinken

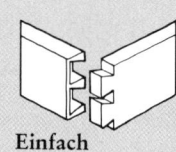

Einfach verdecktes Zinken

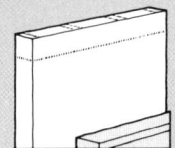

Anreißen der Zinken

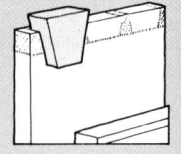

Anreißen der Winkel

Reißen Sie den Winkel der Schwalbenschwänze mit einem einstellbaren Keil oder mit einer Schablone an. Der Winkel beträgt 1 zu 8 bei Hartholz, 1 zu 6 bei Weichholz. Schraffieren Sie das auszusägende Holz, um Irrtümer zu vermeiden. Spannen Sie das Werkstück in einen Schraubstock so schräg ein, daß Sie senkrecht sägen können. Schneiden Sie nun mit einer Schwalbenschwanzsäge bis auf die Brustlinie. Entfernen Sie das Abfallholz zwischen den Schwänzen mit einer Laubsäge, und trimmen Sie die Brustlinie mit dem Stemmeisen.

Klemmen Sie die Rückleiste senkrecht in den Schraubstock. Reißen Sie das Hirnholz mit Kreide an. Legen Sie die Seitenleiste auf das Hirnholz, stützen Sie sie dabei so ab, daß sie im rechten Winkel zur Rückseite ruht. Reißen Sie auf dem Hirnholz der Rückleiste die Zinken an. Ziehen Sie die Linien zur Brustlinie hinunter. Abfallholz schraffieren.

Sägen Sie auf die Brustlinie. Sägen Sie den größten Teil mit der Laubsäge aus, nehmen Sie dann ein Stecheisen. Prüfen Sie, ob die Teile passen. Tragen Sie Leim auf; klopfen Sie die Teile zusammen. Legen Sie zwischen Hammer und Zinken Holz, um den Hammerschlag zu verteilen.

Einfach verdecktes Zinken

Stellen Sie das Streichmaß auf eine Dicke ein, die 6–9 mm weniger beträgt als die Vorderleiste der Schublade. Reißen Sie auf der Innenseite der Vorderleiste an beiden Enden eine Linie an. Reißen Sie an den Vorderenden der Seiten eine Brustlinie an. Stellen Sie das Streichmaß auf die Dicke der Seitenleiste ein, reißen Sie auf der Rückseite der vorderen Schubladenleiste – an beiden Enden – ebenfalls eine Brustlinie. Markieren und schneiden Sie die Zinken wie beschrieben.

Reißen Sie die Schwalbenschwänze an beiden Enden der Vorderleiste an, so daß sie sich den Brustlinien anschließen. Sägen Sie bis auf die Brustlinie. Stemmen Sie das Abfallholz aus – arbeiten Sie in Faserrichtung und quer zur Faser. Verbinden und leimen Sie wie beim einfachen Zinken.

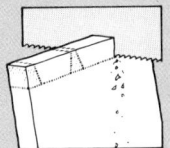

Sägen bis zur Brustlinie

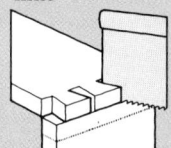

Markieren der Gegenzinken

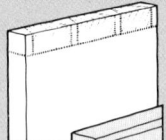

Schraffieren des Abfallholzes

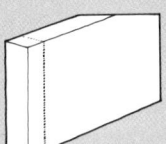

Anreißen der Brustlinie am Seitenteil

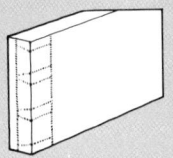

Anreißen der Zinken

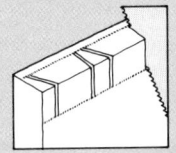

Aussägen

Drechseln

Gedrechselte Teile kommen häufig vor. Bei manchen Möbelstücken ist das Drechseln die wichtigste Technik. Beim Restaurieren eines solchen Stücks müssen Sie eine Holzdrechselbank entweder kaufen oder mieten oder – etwa in einer Schule oder Berufsschule – benutzen dürfen. Eine elektrische Bohrmaschine kann durch Zusatzvorrichtungen in eine kleine Drechselbank umgewandelt werden. Sie ist nur für kleinere Arbeiten geeignet, weshalb eine richtige Holzdrechselbank vorzuziehen ist.

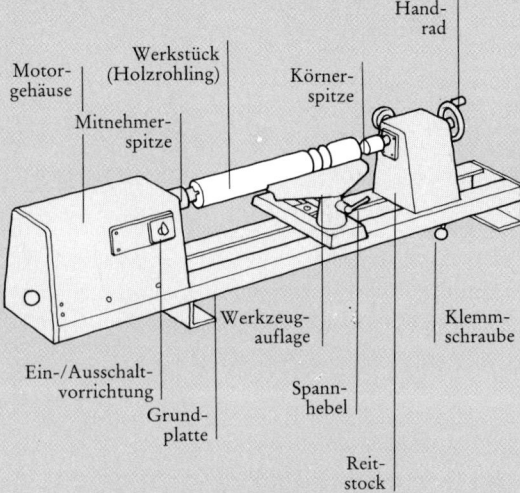

Drechselwerkzeuge

Die gebräuchlichsten Drechselwerkzeuge sind Röhren und Meißel. Es sind Spezialwerkzeuge, mit dem Stecheisen verwandt. Drehmeißel haben beidseitig geschliffene Fasen und eine schräge Schneide. Die Drechslerröhre ist ein Hohleisen mit bogenförmigem Querschnitt. Drechselwerkzeuge werden auf die Werkzeugauflage gelegt und langsam gegen das rotierende Holzstück geführt.

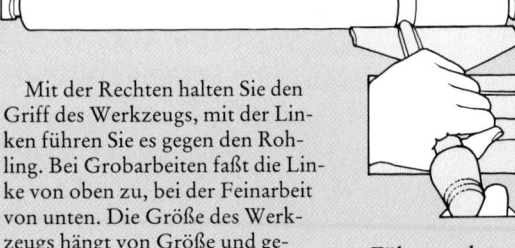

Mit der Rechten halten Sie den Griff des Werkzeugs, mit der Linken führen Sie es gegen den Rohling. Bei Grobarbeiten faßt die Linke von oben zu, bei der Feinarbeit von unten. Die Größe des Werkzeugs hängt von Größe und gewünschter Form des Werkstücks ab.

Führung des Werkzeugs

Sicherheitsmaßnahmen

- Arbeiten Sie bei gutem Licht, vermeiden Sie es, Schatten zu werfen.
- Knöpfen Sie Jacken zu.
- Rollen Sie Hemdsärmel hoch.
- Tragen Sie keine Krawatte.
- Stecken Sie langes Haar zurück.
- Tragen Sie Schutzbrille und Gesichtsschutz – eingeatmeter Holzstaub kann sehr unangenehm sein.
- Führen Sie das Werkzeug sacht.
- Schalten Sie die Drechselbank bei Korrekturen oder Messungen aus.
- Arbeiten Sie beim Schneiden mit niedriger Drehzahl, bei der Formgebung und Oberflächenbearbeitung mit einer höheren.
- Die Werkzeuge müssen stets scharf sein.
- Stellen Sie die Werkzeugauflage nach, wenn das Werkstück kleiner geworden ist; achten Sie darauf, daß der Spannhebel verankert ist.
- Fegen Sie den Fußboden von Zeit zu Zeit; Hobelspäne sind rutschig.

Vorbereiten des Holzes

Der Rohling muß die gewünschte Form ganz umfassen und sollte eine Überlänge von 5 cm haben.

Das Werkstück sollte zunächst im Querschnitt quadratisch sein. An beiden Enden werden sodann die Diagonalen angerissen. Deren Kreuzungspunkt vertiefen Sie mit der Körnerspitze, ziehen mit dem Zirkel einen Kreis, der jeweils alle vier Seiten berührt, und hobeln die Ecken ab, so daß der Querschnitt achteckig wird. An einem Holzende die Linien mit der Rückensäge 2 mm tief einkerben; in die Kerben kommen die Mitnehmerspitzen (mit dem Holzhammer einschlagen).

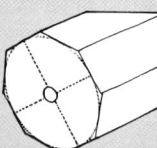

Das Holzstück zum Drehen vorbereiten

Nehmen Sie die Werkzeugauflage herunter, setzen Sie die Mitnehmerspitze in die Antriebsspindel ein. Reitstock vorschieben, bis die Spitze in die Vertiefung paßt; Reitstock und Spindel arretieren. Stellen Sie die Auflage immer so ein, daß sie sich 3 mm oberhalb der Achse des Werkstücks und 3 mm vor dessen Kanten befindet.

Holz zylindrisch andrehen

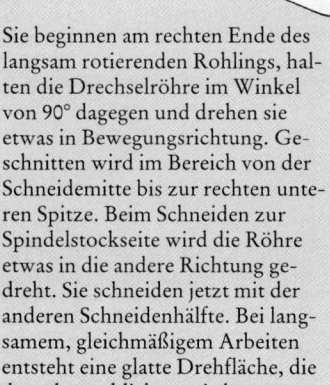

Sie beginnen am rechten Ende des langsam rotierenden Rohlings, halten die Drechselröhre im Winkel von 90° dagegen und drehen sie etwas in Bewegungsrichtung. Geschnitten wird im Bereich von der Schneidemitte bis zur rechten unteren Spitze. Beim Schneiden zur Spindelstockseite wird die Röhre etwas in die andere Richtung gedreht. Sie schneiden jetzt mit der anderen Schneidenhälfte. Bei langsamem, gleichmäßigem Arbeiten entsteht eine glatte Drehfläche, die danach geschlichtet wird.

Benutzen einer Drechselröhre

Schlichten mit dem Drehmeißel

Sie legen den Drehmeißel mit der Kante, an der sich der stumpfe

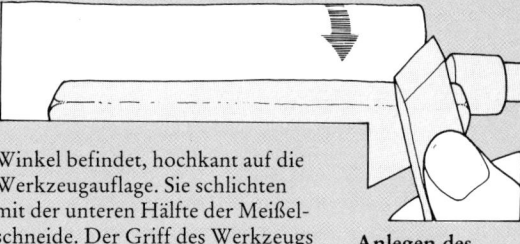

Winkel befindet, hochkant auf die Werkzeugauflage. Sie schlichten mit der unteren Hälfte der Meißelschneide. Der Griff des Werkzeugs muß dazu so weit nach der Seite geneigt werden, daß der Stahl mit

Anlegen des Werkzeugs

dem unteren Teil der Schneide eingreift. Sie führen das Werkzeug in einem langen Arbeitsgang über den Zylinder und zurück.

Ausführen des Schnittes

Grundformen

Die schwellenden und gerundeten Formen an den Beinen und Stegen von Spindelstühlen werden mit der Röhre geschnitten und mit dem Meißel geschlichtet. Arbeiten Sie vom höchsten Punkt ausgehend. Kontrollieren Sie die Form mittels einer Schablone oder nach Augenmaß.

Perlen

Markieren Sie die äußeren Begrenzungen und die Mittellinie, schneiden Sie die Begrenzungen ein. Legen Sie die Fase des Drehmeißels an, und setzen Sie die untere Spitze an der Markierung des Perlenrands an. Drehen Sie den Stahl in den gewünschten Winkel, und schneiden Sie mit der unteren Spitze nach unten. Danach führen Sie den zweiten Schnitt aus.

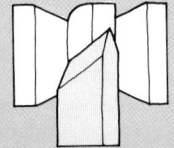

**Runden
der Perle**

Hohlkehle

Setzen Sie die Formröhre fast flach und hoch am Zylinder an. Führen Sie die Schneide ein, und schneiden Sie eine flache Rille ein, in die Sie die Schneidfase sicher einsetzen können. Mit der Formröhre führen Sie eine schaufelnde Bewegung aus und achten darauf, daß die Fase am Holz anliegt. Geschnitten wird nur direkt unter der Schneidenmitte. Anschließend drehen Sie die andere Seite in umgekehrter Reihenfolge aus.

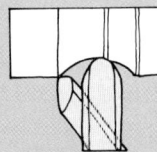

**Schneiden der
Hohlkehle**

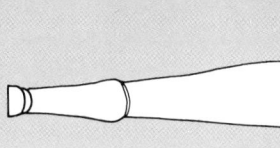

Schleifen

Ist das Werkstück nicht genügend glatt, benötigt es einen Nachschliff. Bei laufendem Werkstück schleifen Sie die rauhen Stellen mit feinem Schleifpapier (Korn 120–180) ab.

**Schleifen mit
Schleifpapier-
streifen**

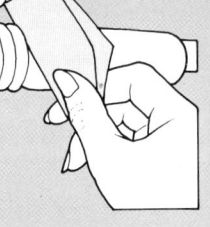

Halten Sie das Schleifpapier mit mäßigem bis mittelstarkem Druck an das Werkstück.

Falten Sie das Schleifpapier, damit Sie in die Rillen zwischen zwei konvexen Formen kommen. Für das Abschleifen von Hohlkehlen umwickeln Sie Holzdübel mit Schleifpapier. Arbeiten Sie von oben her.

Rillen schleifen

Furnierarbeit

Stark beschädigtes Furnier, das nicht mehr ausgebessert werden kann, muß ersetzt werden. Zuerst entfernen Sie die alte Politur (siehe S. 108) und anschließend das Furnier, indem Sie den Leim mit heißen, feuchten Tüchern aufweichen. Ein warmes Bügeleisen auf dem Tuch beschleunigt den Vorgang; Sie können aber auch die Tücher mehrere Tage lang auf dem Furnier lassen. Ziehen Sie das Furnier ab, wischen Sie restlichen Leim, solange er noch weich ist, vom Blindholz. Lassen Sie das Holz trocknen, und schleifen Sie es mit um einen Holzklotz gewickeltem Schleifpapier mittlerer Körnung ab. Entfernen Sie Überreste trockenen Leims, und schleifen Sie die Oberfläche ab, wobei Sie das Schleifpapier diagonal führen. Anschließend stauben Sie die Oberfläche ab.

Grundieren mit Warmleim

Nicht immer muß Blindholz grundiert werden. Bei sehr weichem oder großporigem Holz ist dies jedoch ratsam, ebenso bei neuem Holz. Verwenden Sie Warmleim (Tischlerleim), einen Tierleim, der durch Erwärmen mit Wasser streichbar wird. Er wird mit dem Pinsel aufgetragen und verhindert, daß der spätere Leimauftrag so stark ins Holz eindringt, daß das Furnier nicht haften bleibt.

Warmleim aufbereiten

Warmleim ist in Tafeln und Perlen, die Sie aufquellen müssen, im Handel. Sie benötigen einen Leimtopf – etwa eine Konservenbüchse – und eine größere Büchse für das Wasserbad, ferner einen Gas- oder Elektrokocher. Leimkessel mit Innen- und Außenbehältern sind im Fachhandel erhältlich, manche mit eingebauten Elektroheizgeräten. Füllen Sie den Leimtopf halb mit Perlen, und lassen Sie sie über Nacht in Wasser aufquellen. In die andere Büchse geben Sie Wasser, das Sie erhitzen. Stellen Sie den Leimtopf ins Wasserbad; ab und zu umrühren. Sobald der Leim klumpenfrei ist und leicht vom Pinsel fließt, können Sie ihn verarbeiten. Der Leim muß ständig heiß sein, darf aber nicht kochen. Füllen Sie das Wasserbad wenn nötig nach. Für kleinere Ausbesserungsarbeiten dürfte ein fertiger Weißleim in Tuben oder Dosen sich besser eignen.

Vorbereiten des Furniers

Mit Hilfe eines Lineals und eines scharfen Messers schneiden Sie das Furnier mit einer Zugabe von 1 cm ringsum zu. Bei empfindlichem Furnier machen Sie mehrere leichte Schnitte.

Zierfurniere verziehen sich leicht über der unregelmäßigen Maserung, weshalb sie schwer zu verarbeiten sind. Vor dem Auflegen wird das Furnier zwischen leicht angefeuchteten Brettern gepreßt. Es kann in der Presse bleiben, bis es ausgetrocknet ist, oder – vorausgesetzt, es ist plan und wird sofort aufgelegt – herausgenommen und in feuchtem Zustand verleimt werden.

Fügen

Größere Flächen müssen oft aus einzelnen Furnierstreifen zusammengesetzt werden. Die Furnierstücke werden entweder vor dem Auflegen zusammengefügt und als ein großes Blatt verleimt, oder sie werden einzeln aufgelegt und dann erst passend gefügt.

Fügen vor dem Auflegen

Schneiden Sie die Furnierstücke grob passend zu, und ordnen Sie sie mit der rechten Seite nach oben so an, daß die Maserungen harmonisch verlaufen. Markieren Sie die aneinandergrenzenden Furnierkanten mit Bleistift. Diese Stücke werden jetzt rechts auf rechts aufeinandergelegt – Markierungen beachten – und zwischen gerade Bretter gespannt.

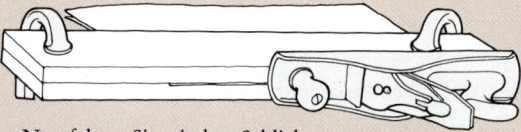

Glatthobeln der Kanten

Nun fahren Sie mit dem Schlichthobel (feine Einstellung) vorsichtig über die Furnierkanten, bis sie sauber sind. Wiederholen Sie diesen

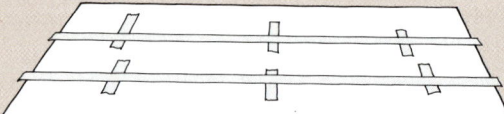

Zusammenkleben der Furniere

Vorgang an den anderen Kanten, wenn mehr als zwei Furnierstücke zusammengesetzt werden.

Verbinden Sie die Stücke auf der rechten Seite mit Fugenpapier. Die gummierte Seite wird über einen leicht feuchten Schwamm gezogen und auf die Fugen geklebt – zuerst kurze Querstreifen zum Halten, dann einer der Länge nach. Das Furnier kann nun aufgelegt werden.

Fügen nach dem Auflegen

Wenn die Stücke nach dem Auflegen paßgerecht gemacht werden

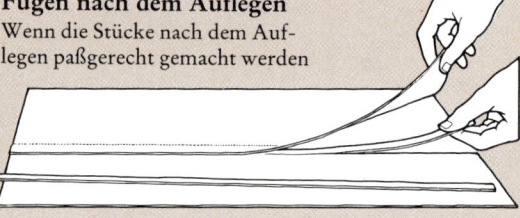

Fügen nach dem Auflegen

sollen, müssen sie einander etwas überlappend auf das Holz geleimt werden. Schneiden Sie längs der Mitte der Überlappung gerade durch beide Furnierstücke; ziehen Sie die Abfallstreifen ab, solange der Leim weich ist. Pressen Sie die Kanten wieder gut an, so daß eine

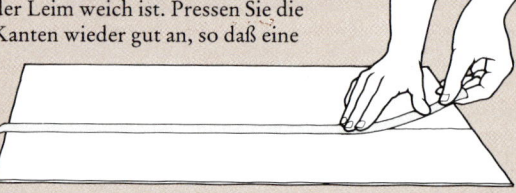

Überkleben der Naht

stumpfe Fuge entsteht (vgl. unten »Auflegen der Furniere«). Überkleben Sie die Naht mit Fugenpapier, damit sie sich nicht verzieht.

Auflegen der Furniere

Zum Auflegen der Furniere von Hand braucht man Tierleim und einen Furnierhammer. Der Leim wird heiß aufgetragen und bindet beim Erkalten ab. Er klebt zuverlässig, ist aber feuchtigkeitsempfindlich.

Vor Arbeitsbeginn sollten Sie alle Materialien zur Hand haben, da Warmleim schnell verarbeitet werden muß; er muß die richtige Konsistenz haben. Sie brauchen einen Pinsel der richtigen Größe, Furnierhammer, Bügeleisen, eine Schüssel mit klarem, heißem Wasser, saubere Tücher und Fugenpapier.

Arbeiten Sie in einem Raum von mindestens 16° C, vermeiden Sie Durchzug, da der Leim sonst zu schnell abbindet. Erwärmen Sie das Blindholz wenn möglich mit dem Bügeleisen, oder stellen Sie es vor einen Elektroheizer.

Auf Blindholz und Furnier tragen Sie gleichmäßig Leim auf, lassen ihn etwas eindicken, legen das Furnier auf und drücken es mit der Hand an. Befeuchten Sie das Furnier mit heißem Wasser, pressen Sie es mit einem Bügeleisen mit niedriger Einstellung fest. Danach drücken Sie es rasch mit dem Furnier-

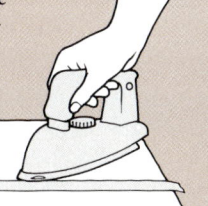

Furnier bügeln

hammer an, wobei Sie im Zickzack von der Mitte zu den Kanten arbeiten. So werden Luft und überschüssiger Leim herausgedrückt, den Sie

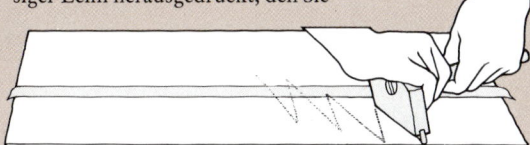

Arbeiten mit dem Furnierhammer

sogleich abwischen. Achten Sie darauf, daß sich das Furnier beim Aufpressen nicht verzieht. Befeuchten Sie es, fahren Sie mit dem warmen Bügeleisen darüber, damit der Leim weich bleibt. Überprüfen Sie die Oberfläche mit der Hand nach Luftblasen: Klopfen Sie sie leicht mit den Fingerspitzen ab. Hohler Klang zeigt eine kleinere Luftblase an, die mit Bügeleisen und Furnierhammer angepreßt wird. Beschneiden Sie die Ränder mit scharfem Messer bis auf 3 mm; nach dem Abbinden hobeln und schmirgeln Sie sie vorsichtig glatt. Das Fugen-

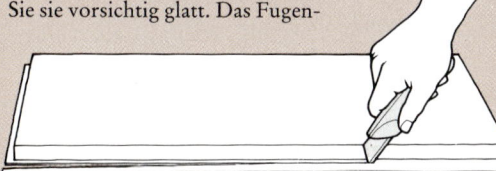

Ränder beischneiden

papier wird mit Wasser eingeweicht und vorsichtig abgeschabt. Die ganz trockene Oberfläche wird abgeschliffen und dann gebeizt, mattiert, lackiert oder poliert.

Furnierpresse

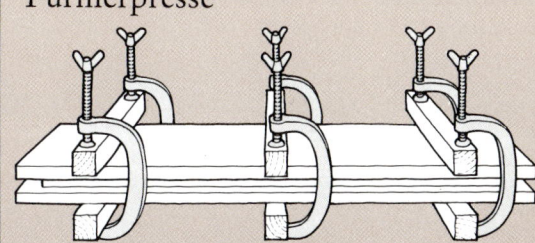

Furnierpresse

Furnier kann statt mit dem Hammer auch durch eine Furnierpresse aufgepreßt werden. Es wird zwischen zwei stabile Sperrholzplatten eingespannt, die oben und unten Zulagen haben. Damit sich der Leim in der Mitte der Fläche nicht stauen kann, zieht man zuerst die mittlere Zwinge und dann die beiden äußeren an.

Sie können Warm- oder PVA-Leim verwenden. Bei ersterem müssen die Holzplatten gut warm sein; PVA-Leim, ein Kaltleim, läßt sich leichter verarbeiten.

Legen Sie Wachspapier zwischen Werkstück und Preßbretter.

Leimfilm

Leimfilm ist eine dünne Schicht hitzeempfindlichen Leims auf Papier. Sie ziehen den Leim vom Papier ab und legen ihn auf das Blindholz. Dann legen Sie das Furnier auf, darüber das Papier, und bügeln das Furnier (Einstellung Seide/Wolle, etwa 140–150° C) auf, von der Mitte nach außen. Anschließend drücken Sie das Furnier zusätzlich mit einem Holzklotz an.

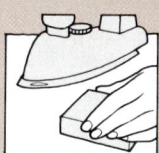

Arbeiten mit Leimfilm

Bandfurnier

Dekorative umlaufende Furnierstreifen nennt man Bandfurnier. Verläuft dessen Maserung rechtwinklig zu der des zentralen Furniers, spricht man von Kreuzbandfurnier.

Stellen Sie ein Schneidmaß auf die Breite des Bandfurniers ein, und schneiden Sie längs der Ränder des neu aufgelegten Furnierblattes. Ziehen Sie die Streifen ab, solange der Leim weich ist. Eventuell müssen Sie ihn mittels feuchter Wärme lösen.

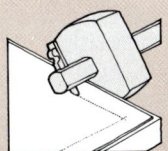

Benutzen des Schneidmaßes

Zuschneiden des Bandfurniers

Sie spannen das Furnier wie auf S. 220 beschrieben zwischen zwei Bretter und hobeln eine Kante vorsichtig ab. Bei einfachem Bandfurnier hobeln Sie die Längskante, beim Kreuzbandfurnier quer zur Maserung. Stellen Sie das Schneidmaß ein (etwas breiter, als das Bandfurnier werden soll). Legen Sie das Furnier bündig auf ein Brett, und schneiden Sie es, indem Sie das Werkzeug mehrmals darüberziehen. Die Furnierstreifen sollen etwas überlang sein.

Bandfurnier schneiden

Bandfurnier aufleimen

Auf Blindholz und Furnierstreifen tragen Sie Warmleim auf. Legen Sie die Furnierstreifen auf (sie werden an den Ecken übereinandergelegt), und klopfen Sie sie mit dem Hammer an, dabei Leiste dazwischenlegen. Dann legen Sie ein Metallineal über die Gehrung. Achten Sie darauf, daß das Metallineal in gleicher Höhe mit der Ecke des Furnierblattes und der Ecke der Holzplatte ist. Beide Furnierstreifen (die Überlappung) zusammen durchschneiden, Abfall entfernen und das Furnier mit dem Hammer anklopfen, dabei Leiste dazwischenlegen. Auf die Fugen kleben Sie bis zum Abbinden des Leims Fugenpapier und glätten die Kanten anschließend mit dem Putzhobel.

Bandfurnier auflegen

Kantenfurnier

Die Kanten werden mit Kantenfurnier beklebt, das genauso geschnitten und aufgelegt wird, jedoch werden die Enden der Streifen jeweils gerade abgeschnitten.

Einlegen von Adern

Häufig werden Adern aus exotischen Edelholzfurnieren eingelegt.

Solche schmalen Streifen können in Vertiefungen einer Massivholzplatte eingelassen sein; man findet sie auch zwischen Furnierblatt und Kreuzbandfurnier.

Wenn eingelegte Adern nicht mehr auszubessern sind, entfernen Sie sie ganz, und ersetzen Sie sie mit dem passenden Furnierholz aus dem Fachhandel. Säubern Sie die Nut, in die die Ader eingelegt wird, mit einem Stechbeitel. Streichen Sie Leim auf die Rückseite des Furnierstreifens, reiben Sie diesen mit dem Furnierhammer ein.

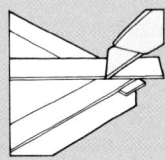

Die Enden gehren

Holzbearbeitungswerkzeuge schleifen

Sehr scharfe Stecheisen und Hobel sind die Voraussetzung für eine gute Holzbearbeitung. Mit ihnen arbeitet man – was merkwürdig klingt – gefahrloser als mit stumpfen Werkzeugen, da zum Schneiden nur wenig Kraft erforderlich ist. Ein stumpfes Werkzeug hingegen kann, wenn es unter Druck wegrutscht, schwere Unfälle verursachen. Stemmwerkzeuge werden zuerst scharfkantig geschliffen und anschließend mit dem Ölstein oder Formstein abgezogen.

Öl- und Formsteine

Ölsteine sind rechteckige natürliche oder künstliche Abziehsteine. Ein Kombinationsstein mit mittlerer Körnung zum Vorschleifen und feiner Körnung zum Nachschleifen ist für den Heimwerker ideal. Beim Kombinationsstein wird zum Abziehen Öl verwendet.

Sie lassen den Abziehstein in einen Massivholzklotz ein. An den Enden des Steins bringen Sie Holzklötze an; somit können Sie das Werkzeug über die ganze Länge des Steins ziehen, außerdem ist dieser geschützt. Der Stein muß schmutz- und staubfrei sein, verschmutzte Poren werden mit Paraffin gereinigt.

Formsteine sind kleine Ölsteine zum Abziehen des feinen, überstehenden Metallrandes (Grat).

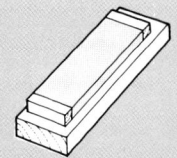

Eingelassener Ölstein

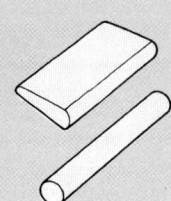

Formstein

Benutzen eines Ölsteins

Stech- und Hobeleisen werden im Winkel von 25 Grad geschliffen, müssen aber noch abgezogen werden, bis die Schneide blank und der Schleifgrat ganz entfernt ist.

Vor dem Abziehen verteilen Sie etwas Petroleum auf den Stein. Dann legen Sie die Fase des Stech- oder Hobeleisens im Schleifwinkel von 30 Grad auf den Abziehstein und führen sie über die ganze Länge des Ölsteins hin und her, bis an der Spiegelseite (der der Schneide gegenüberliegenden Seite) ein feiner überstehender Metallrand (Grat) entsteht. Das Schleifen von Stech- und Hobeleisen ist Übungssache. Es gibt Anlageschlitten, die die

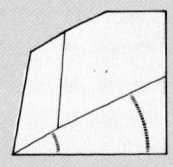

30°   25°

Schleifwinkel und Abziehwinkel

Anlageschlitten

richtige Schleifhaltung ermöglichen und besonders für das Schärfen unhandlicher Schabwerkzeuge zu empfehlen sind. Die angeschliffene Fase muß genau eben ausfallen; sollte sie an einem Ende etwas breiter sein, müssen Sie, falls Sie ohne Anlageschlitten arbeiten, am anderen Ende mehr Druck aufwenden.

Die flache Seite des Eisens, die sogenannte Spiegelseite, und die Fase ziehen Sie abwechselnd auf dem Stein ab, bis der Grat abfällt. Anschließend streichen Sie auf einem glatten, harten Stück Leder Fase und Spiegelseite rückwärts ab, und zwar nur in einer Richtung. So wird das Eisen rasiermesserscharf.

Hohleisen schärfen

Hohleisen mit Innen- und Außenschliff werden mit Ölstein und Formstein abgezogen. Sie werden im Winkel von 25 Grad geschliffen

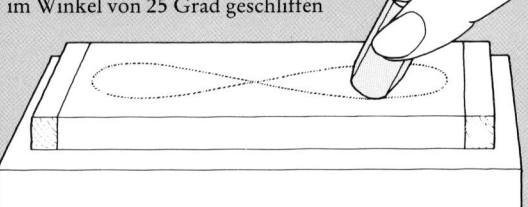

und im Winkel von 30 Grad abgezogen. Die Fase des Eisens wird in einem Winkel von 30 Grad auf den Stein gesetzt und gleichmäßig (eine Acht beschreibend) über die ganze Länge des Steins gerieben. Die Innenseite, wo sich der Grat bildet, wird mit einem kleinen halbrunden eingeölten Abziehstein (Formstein) abgezogen. Dabei wird das Hohleisen nur flach aufliegend über den Abziehstein geführt.

Schärfen eines Hohleisens

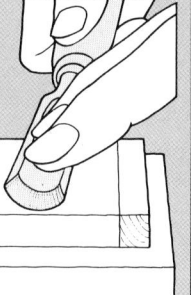

Bei einem Hohleisen mit Innenschliff wird mit einem leicht eingeölten Formstein vorsichtig an der Innenseite gearbeitet. Der dabei entstehende Grat wird entfernt, indem die Außenkante flach über einen Ölstein gerieben wird.

Entfernen des Grates mit dem Ölstein

Schleifen

Wenn Eisen schartig sind oder ihre Form durch häufiges Abziehen verloren haben, müssen sie mit der Schleifscheibe neu geschliffen werden. Ein Elektrobohrer wird mit einer Schleifscheibe und einer Anlage versehen, die die richtige Schleifhaltung (25 Grad) garantiert. Das Eisen muß genau rechtwinklig angeschliffen werden und wird während des Schleifens immer wieder in Wasser getaucht und gekühlt. Bei Eisen mit Innenschliff ist die richtige Schleifhaltung aus der freien Hand nicht zu erreichen, weshalb hier nur ein Spezialschleifrad hilft. Mit einem Formstein kann lediglich die Innenkante abgezogen werden.

Ziehklinge schärfen

Wenn eine Ziehklinge keine Späne, sondern nur Holzpulver produziert, muß sie neu geschärft werden. Die Längskanten der Ziehklinge werden mit einer feinen Flachfeile rechtwinklig gefeilt oder mit dem Ölstein abgezogen. Zum Anziehen des Schneidgrates legt man die Ziehklinge auf die Hobelbank und streicht mit einem leicht eingefetteten Ziehklingenstahl unter Druck einige Male flach über die Fläche. Dadurch werden die Kanten der Ziehklinge etwas verdichtet. Nun rückt man die Ziehklinge über die Hobelkante, hält sie gut fest und streicht mit der Kante des Ziehklingenstahls in flachem Winkel (höchstens 15 Grad) unter kräftigem Druck in einem Zug von der vorderen Ecke der Ziehklinge zum Körper, wodurch der Schneidengrat entsteht. Soll ein Grat an der anderen Längskante aufgerichtet werden, so wiederholt man den oben beschriebenen Vorgang.

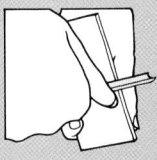

Anziehen des Grates

Schrauben

Schraubenverbindungen beim Möbelbau traten erstmals um 1700 auf; dabei handelte es sich um handgefertigte Holzschrauben. Die ersten Schrauben waren relativ grob, da sie mühevoll mit einer Feile bearbeitet wurden; ihr Gewinde war oft unregelmäßig, wenig konisch und ohne Spitze.

Seit 1851 gibt es die modernen maschinengefertigten Schrauben mit konischem und spitz zulaufendem Gewinde. Ein Möbelstück läßt sich deshalb auch anhand der Schrauben datieren. Eine maschinell gefertigte Schraube in einem alten Möbel ist ein Hinweis darauf, daß das Möbel später repariert worden ist.

Heutzutage gibt es Schrauben aus verschiedenen Materialien und mit unterschiedlichen Köpfen. Der Möbelrestaurator hat es jedoch im allgemeinen bei alten Stücken nur mit Stahl- oder Messingsenkkopfschrauben zu tun. Schrauben unterscheidet man nach Länge, Stärke, Kopfform und Material.

Schrauben

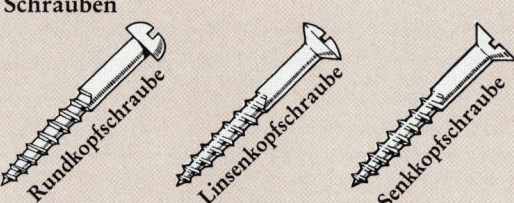

Rundkopfschraube · Linsenkopfschraube · Senkkopfschraube

Schrauben lösen

Benutzen Sie immer genau passenden Schraubenzieher. Damit die Schlitze nicht beschädigt werden, muß die Klinge die richtige Breite und Dicke haben. Ein zu kleiner Schraubenzieher kann abrutschen und Schraubenschlitz und Holz beschädigen, ein zu großer beschädigt beim Drehen das Holz.

Alte Stahlschrauben können festsitzen, weil sie rostig sind. Zum Lockern setzen Sie einen alten Schraubenzieher an und schlagen kurz mit dem Hammer darauf; oft läßt sich die Schraube dann drehen. Nützt es nichts, erhitzen Sie den Kopf mit einem elektrischen Löteisen, wobei sich die Schraube ausdehnt und dann zusammenzieht. Nicht das Holz versengen! Bei allen festsitzenden Schrauben drücken Sie den Schraubenzieher beim Drehen kräftig nach unten. Hilft das nicht, zwingen Sie den Schaft des Schraubenziehers ein, um die Drehkraft zu erhöhen.

Schrauben eindrehen

Wenn Sie eine Schraube ersetzen wollen, müssen Sie Typ, Material und Größe kennen; am besten drehen Sie eine Schraube aus. Ersetzen Sie Messingschrauben nicht durch stählerne, da einige Hölzer auf Stahl mit Fleckenbildung reagieren.

Für alle Schrauben sollte das Loch vorgebohrt werden. Bei kleinen, kurzen Schrauben genügt meistens ein Einstechen mit dem Vorstecher. Größere Schrauben bekommen ein Schaftloch mit dem Durchmesser und der Länge des glatten Schraubenteils und innerhalb dieses Bohrkanals ein zweites Loch, etwas kürzer als die Schraube und mit dem gleichen Durchmesser wie der Kern des Gewindeteils (nur bei Hartholz). In Weichholz bohren Sie bei kleineren und mittleren Schrauben mit etwa ⅔ des Schaftdurchmessers der Schraube und bis zu einer Tiefe von ⅔ der Schraubenlänge. Die Bohrlöcher für Senk- und Linsenkopfschrauben reiben Sie mit einem Versenker (Krauskopf) so weit auf, daß die Oberfläche des Schraubenkopfes bündig liegt.

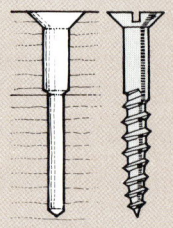

Bohrloch, Schaftloch für Versenkschrauben

Schraubenlöcher verstöpseln

Schrauben mit Senkkopf können bündig in die Holzfläche eingesetzt werden. Soll die Schraube nicht zu sehen sein, z. B. beim Befestigen der Armlehne, versenkt man sie noch tiefer und deckt den Kopf mit einem Holzstöpsel ab.

Schneiden Sie in Holzart, Farbe und Maserung passende Stöpsel entweder mittels eines Spezialaufsatzes an der Bohrmaschine oder aber von Hand. Arbeiten Sie aus einem Stück Holz (etwas breiter als der Durchmesser des zu verstöpselnden Lochs) mit dem Beitel einen leicht konischen Stöpsel heraus. Die Holzfaser muß quer verlaufen. Formen Sie den Stöpsel so weit wie möglich, bevor Sie ihn ganz abtrennen. Leimen Sie ihn ein, und hobeln Sie ihn bei, wenn der Leim abgebunden hat.

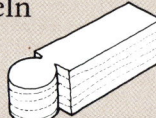

Einen Holzstöpsel schneiden

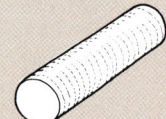

Gedrechselter Holzstöpsel

TECHNIKEN DER METALLBEARBEITUNG

Dieses Kapitel soll die Informationen des Kapitels über Metallwaren (siehe S. 53 ff.) vervollständigen. Außerdem ist es eine nützliche Ergänzung zum Kapitel über Schmuck (S. 74 ff.).

Metall abmessen und schneiden

Sie müssen die Schnittkanten des Metalls vorher anreißen, um einen möglichst präzisen Schnitt zu bekommen.

Geschnitten wird mit einer Blechschere, einer Lochsäge oder einer Metallsäge, je nach Beschaffenheit des Werkstücks.

Metall abmessen

Nehmen Sie einen Anschlagwinkel aus Metall, um Blech abzumessen. Metallwinkel sind dünn, so daß Sie genauere Meßdaten bekommen. Im Gegensatz zum Anschlagwinkel aus Holz nutzen sich die Kanten nicht ab, wenn Sie das Werkzeug als Lineal verwenden.

Zum Messen des Umfangs runder Teile eignet sich ein Rollbandmaß. Für sehr präzise Messungen benutzen Sie eine Schieblehre. Sie können damit Innen- und Außenmessungen vornehmen.

Messen eines runden Teils

Reißen Sie Hilfslinien mit Bleistift an. Allerdings heben sich Bleistiftlinien von manchen Oberflächen kaum ab; nehmen Sie dann Filzstift. Ziehen Sie die Linien, die geschnitten werden sollen, mit einer spitzen Reißnadel, die Sie wie einen Bleistift am Lineal entlangziehen.

Beim Anreißen von Linien auf zylindrischen Werkstücken hilft ein Papierstreifen. Schneiden Sie ihn sauber mit Messer und Lineal zu. Wickeln Sie ihn akkurat um das Werkstück, befestigen Sie ihn mit Klebeband, reißen Sie die Linie an.

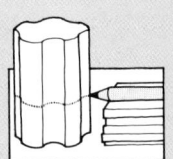

Hilfskonstruktion zum Anreißen

Zum Anreißen von Linien an einem unregelmäßigen Werkstück stellen Sie dieses auf ein Brett. Auf daneben bis zur erforderlichen Höhe gestapelte Holz- oder Pappstücke legen Sie einen Bleistift. Halten Sie ihn fest, drehen Sie das Werkstück gegen die Spitze. Nehmen Sie für Bögen und Kreise einen Zirkel, decken Sie den Mittelpunkt mit Klebeband ab, damit auf dem Metall kein Einstich zu sehen ist.

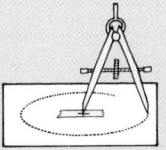

Anreißen mit dem Zirkel

Metall schneiden

Benutzen Sie eine Blechschere für gerade Kanten oder große Kreise in dünnem Metall. Tragen Sie Schutzhandschuhe. Setzen Sie das Werkstück tief in die Schere. Schneiden Sie nicht in einem durch; das würde das Metall verzerren. Drehen Sie das Werkstück, während Sie Kreise schneiden.

Metall sägen

Für Arbeiten wie das Ausschneiden dünner Messingeinlagen nehmen Sie eine Lochsäge. Reiben Sie die Form auf Papier durch, kleben Sie dieses auf das Metall, und sägen Sie die Form aus. Zum Aussägen von Innenschnitten müssen Sie Ansatzlöcher bohren.

Sägen Sie große Abschnitte und stärkeres Metall mit einer Metallsäge. Das Sägeblatt der Standardsäge ist an beiden Enden mit einem Spannkloben befestigt. Normalerweise ist das Sägeblatt mit dem Sägebogen verankert. Mittels der Spannkloben kann es für tiefe Schnitte um 90° gedreht werden. Die Sägeblätter sind in verschiedenen Längen und mit verschiedener Zahnung erhältlich. Ein Blatt mit feinster Zahnung ist für sehr dünne Bleche geeignet. Nehmen Sie ein mittelfeines Sägeblatt für harte Metalle und ein grobes für größere Werkstücke oder weiche Metalle.

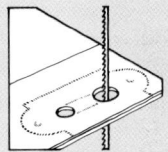

Sägen einer eingeschlossenen Form

Spannen Sie das Werkstück fest in einen Schraubstock mit Filzschutzbacken. Sägen Sie dicht an den Backen, um Vibration zu verhindern. Für runde Werkstücke machen Sie passende Weichholzzulagen.

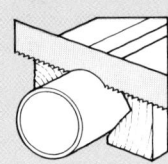

Sägen eines Rohres

Metall feilen

Feilen werden verwendet, um Metall passend zu machen, zu formen und zu glätten. Es gibt einhiebige und Doppelhiebfeilen. Bei Feilen mit einfachem Hieb verlaufen die Feilenzähne in einer Richtung schräg über das Blatt. Bei den doppelhiebigen verläuft eine zweite Reihe Feilenzähne in entgegengesetzter Richtung. Feilen mit Doppelhieb werden für schnelle, grobe Arbeiten verwendet, einhiebige für Präzisionsarbeit. Wie bei Sägen bestimmt die Anzahl der Zähne auch bei Feilen die Feinheit. Benutzen Sie feine Feilen zum Schlichten und für dünnes Metall, grobe Feilen zum Aufrauhen und für weiche Metalle. Die mittelgrobe Feile ist für allgemeine Feilarbeiten gedacht.

Feilen gibt es in verschiedenen Formen. Flache eignen sich für ebene Flächen, halbrunde zum Feilen von Innenkurven, Rundfeilen zum Feilen kleinerer Löcher und drei- und vierkantige Feilen zum Feilen anderer Formen und Aussägungen.

Arbeiten mit Feilen

Spannen Sie das Werkstück fest in den Schraubstock ein, um Vibration zu verhindern. Längere Werkstücke bekommen passende Holzzulagen. In der rechten Hand halten Sie das Heft, in der linken die Spitze der Feile. Ziehen Sie die Feile quer und längs über das Metall, um es zu schlichten. Halten Sie die Feile dabei parallel zur Werkbank und in einem Winkel von etwa 30° zum Werkstück. Überprüfen Sie mit einem Lineal die Oberfläche des Werkstücks auf Unebenheiten.

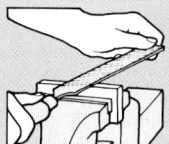

Halten der Feile

Ziehen Sie zum Schluß die Feile fest mit beiden Händen quer zur Längsrichtung über das Werkstück, um die Feilenspuren zu entfernen. Arbeiten Sie mit gleichmäßigem Druck, um die Kante nicht zu höhlen oder zu runden.

Mit einer Drahtbürste reinigen Sie die Feilenzähne von Spänen, weil diese das Werkstück verkratzen und die Feile abrutschen lassen. Entfernen Sie hartnäckige Späne mit einem spitzen Gegenstand. Vor Gebrauch in die Zahnung geriebene Kreide hilft die Feile sauberzuhalten.

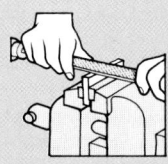

Abschließendes Feilen

Löten

Löten ist eine Technik, mittels deren zwischen zwei Metallteilen eine feste, wasserdichte und elektrisch leitende Verbindung hergestellt wird. Das Lötmittel ist eine Legierung, die bei Hitze schmilzt und beim Abkühlen wieder erstarrt. Die Anteile der verschiedenen Metalle bestimmen Festigkeit, Härte, Schmelzpunkt und Fließeigenschaften. Weichlote bestehen hauptsächlich aus Zinn und Blei. Hartlote enthalten Silber und Messing; sie werden manchmal Silberlote genannt. Weichlote schmelzen bei wesentlich niedrigeren Temperaturen (183° C–250° C) als Hartlote (610° C–850° C).

Beim Löten mit Messing müssen extrem hohe Temperaturen (850° C–1 000° C) angewendet werden.

Flußmittel

Das A und O einer festen Lötung sind eine gründliche Reinigung der Teile und genügend Hitze, um das Lot zu schmelzen. Wenn das Metall beim Erhitzen oxydiert, fließt das Lot nicht und bleibt nicht richtig haften. Benutzen Sie deshalb ein Flußmittel.

Aktives Flußmittel ist eine Säure, die die Oberfläche des Metalls chemisch reinigt. Dieses Mittel ist normalerweise als Flüssigkeit erhältlich und wird aufgepinselt. Diese Flußmittel sind korrosiv, so daß die Lötstelle anschließend mit Wasser gereinigt werden muß. Sonst beginnt das Metall zu rosten. Sie sind trotzdem einfacher zu handhaben als die »passiven« und beugen erfolgreich Oxydierung vor.

Das gängigste passive Flußmittel ist eine Harzpaste. Passive Flußmittel werden im allgemeinen verwendet, wenn die Lötstelle sich nicht gut abspülen läßt. Da diese Flußmittel nicht aktiv Oxydschichten entfernen, sondern lediglich die Luftzufuhr an das Metall verhindern, müssen Sie das Metall zuvor gründlich reinigen. Mit Feile, Schmirgelpapier oder Stahlwolle machen Sie es blitzblank; berühren Sie die gereinigte Fläche nicht mehr mit den Fingern.

Weichlöten

Vor dem Löten muß der Gegenstand mit Lötkolben oder -lampe erhitzt werden. Benutzen Sie beim Löten von Drähten oder Zinnblech den Lötkolben, zum Erhitzen größerer Werkstücke die Lötlampe.

Manche Lötkolben werden auf dem Ofen vorgeheizt. Es gibt auch elektrische. Diese sind am besten, da ihre Hitze konstant ist. Der Lötkolben muß das Werkstück auf eine über dem Schmelzpunkt des Lots liegende Temperatur erhitzen können. Je größer er ist, desto mehr Wärme kann er speichern. Die Spitze des Lötkolbens ist verkupfert, um die Hitze schnell aufzunehmen und abzugeben. Ist die Spitze im Verhältnis zur Lötstelle zu klein, verliert sich die Hitze zu schnell, und das Lötzinn fließt nicht. Sieht das Lot, wenn es ans Werkstück kommt, kristallisch aus, so ist der Lötkolben nicht heiß genug.

Vor Gebrauch muß die Kolbenspitze mit einer Zinnschicht bedeckt sein. Reinigen Sie das Kupfer auf Hochglanz, erhitzen Sie es auf den Schmelzpunkt des Lötzinns, tauchen Sie die Spitze in das Flußmittel, halten Sie sie gegen das Lötzinn. Reinigen Sie die verzinnte Spitze ab und zu in aktivem Flußmittel.

Eine Weichlötung

Reinigen Sie die beiden Teile, tragen Sie Flußmittel auf. Halten Sie die Fuge mit Zwingen oder Gewichten zusammen. Erhitzen Sie die Lötstelle mit dem Lötkolben. Halten Sie das Lötzinn gleichzeitig gegen Kolbenspitze und Werkstück. Das Lötzinn schmilzt und fließt in die Fuge. Bei längeren Lötnähten sollten Sie das Lötzinn mit dem Kolben entlang der Naht ziehen.

Bei schweren Objekten können Sie zunächst die Ränder der Teile verzinnen. Reinigen Sie das Metall, tragen Sie Flußmittel auf, erhitzen Sie die Hälften, tragen Sie das Lötzinn auf. Meist fließt es von allein, u. U. müssen Sie es mit einem Stück Draht verteilen. Lassen Sie es erstarren, tragen Sie dünn Flußmittel auf. Bringen Sie die Hälften aneinander, erhitzen Sie das Werkstück, damit das Lot schmilzt und die Naht schließt.

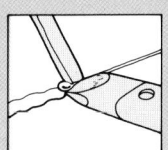

Löten

Hartlöten

Hartlote gibt es in diversen Stärken und Farben. Sie haben auch unterschiedliche Schmelzpunkte (alle höher als bei Weichloten); man braucht eine Lötlampe.

Beim Löten mit Hartloten höheren Schmelzpunktes empfiehlt sich Borax als Flußmittel. Für die Hartlote mit relativ niedrigem Schmelzpunkt sind jeweils Spezialflußmittel in Pulverform erhältlich. Es wird mit Wasser zu einer Paste angerührt. Reinigen Sie die Fuge, bevor Sie eine dünne Schicht Flußmittel aufbringen.

Erhitzen des Werkstücks

Erhitzen Sie das Metall mit einer Lötlampe. Bei kleineren Arbeiten können Sie die Hitze durch eine Stichlampe von Butan und Sauerstoff erzeugen. Das Metall muß heiß sein, damit das Lot fließt. Bauen Sie, um die Hitze zu halten, Schamottestein um das Werkstück. Nach Reinigung und Flußmittelauftrag setzen Sie die Teile zusammen, wenn nötig mit Draht. Größere Stücke sollten Sie zuerst bei langer Flamme erhitzen, um Verzerrungen zu vermeiden.

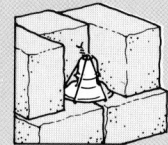

Aufstellen des Werkstücks

Eine Hartlötung

Stellen Sie die Flamme auf eine Länge von etwa 10 cm ein. Die Flamme sollte drei Farben haben: Ein kleiner, weißer Kegel in der Mitte sollte von einem blauen, längeren Flammenkegel umgeben sein; die äußere Flamme sollte von transparentem Blau sein. Mit dem dunkelblauen Flammenkegel wird das Werkstück erhitzt.

Erhitzen Sie die Lötfuge auf Rotglut. Tauchen Sie den Lötstab in Flußmittel, und halten Sie ihn an die Fuge. Ziehen Sie ihn über die Fuge, hinter der Flamme her. Manche Lötstäbe sind schon mit einem Flußmittel versehen, so daß die Lötstelle unmittelbar vor dem Lötvorgang gereinigt wird.

Für kleine Lötungen legen Sie ein Stück Lötmetall auf die Fuge und erhitzen diese. Das Lötmetall fließt hinein, wenn die richtige Temperatur erreicht ist.

Entfernen Sie Flußmittelreste, glätten Sie die Naht mit Feile und Schmirgelpapier.

NÄHARBEIT

Auf den folgenden Seiten geben wir einige Anleitungen zum Nähen und Sticken, die als Ergänzung zum Kapitel »Textilien« (S. 190 ff.) gedacht sind. Auch für Polster- und Lederarbeiten (S. 134 ff., S. 174 ff.) können sich diese zusätzlichen Informationen als nützlich erweisen.

Allgemeines

Das Ausbessern alter Textilien, Polstermöbel und Lederarbeiten erfordert wie jede Näharbeit Geduld, Sorgfalt und Übung sowie ausreichende Grundkenntnisse. Falls nötig, üben Sie auf Stoffresten möglichst derselben Stärke und Beschaffenheit wie das auszubessernde Gewebe.

Allgemeine Nähtips

Die Wahl der richtigen Nadel richtet sich immer nach dem, was Sie zu nähen haben: So brauchen Sie für Perlenstickerei eine feine Spezialnadel, für Petit-point-Stickerei eine Gobelinnadel mit stumpfer Spitze und großem Öhr. Wenn Sie alte Textilien ausbessern, z. B. aufgegangene Nähte reparieren, stechen Sie die Nadel in die vorgestochenen Löcher. Geht das nicht, so stechen Sie immer zwischen die Fäden, nicht in sie hinein, weil sie dadurch kaputtgehen. Mit einer Lupe nähen Sie akkurater.

Wählen Sie farblich passenden Naturfaden, keinen Synthetikfaden. Bei Baumwollgarn ist es gleichgültig, von welchem Ende Sie es einfädeln, nicht bei Wollgarn. Dies fühlt sich in einer Richtung viel rauher an als in der anderen. Fädeln Sie es stets so ein, daß es sich, wenn Sie von der Nadel weg daran entlangstreichen, glatt anfühlt. Arbeiten Sie nicht mit einem zu langen Faden, er verheddert sich nur. Der Faden sollte nicht länger als 40 cm sein.

Nähanfang

Am Anfang befestigen Sie das Fadenende mit einem provisorischen Knoten auf der rechten Seite des Stoffs, in kleiner Entfernung von der Flickstelle. Nach der Reparatur schneiden Sie den Knoten einfach ab, da die fertigen Stiche gut halten. Achten Sie darauf, daß alle Stiche gleichmäßig straff sind; zu lockere oder zu feste Stiche können den Stoff beschädigen.

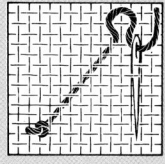

Nähanfang

Stichglossar

Diese kleine Auswahl an Stichen bezieht sich auf die Näh-, Polster- und Petit-point-Arbeiten, die in diesem Buch behandelt werden. Weitere Anleitungen entnehmen Sie einem Handarbeitsbuch.

Vorstich
Über und unter dem Stoff Stiche in gleicher Länge ausführen.

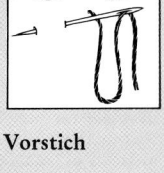

Vorstich

Steppstich
Von der linken Seite des Stoffs einstechend, machen Sie zuerst einen Stich nach hinten und dann einen nach vorn, so daß die Nadel eine Stichlänge vor dem ersten Einstich herauskommt.

Steppstich

Anlegetechnik
Sie legen den Hauptfaden auf die Stoffvorderseite und überfangen ihn mit dünnerem Faden in gleichmäßigen Abständen. Beim Anlegen mit doppeltem Faden wird der dünne Faden jeweils fest angezogen.

Überfangstich   **Anlegen mit doppeltem Faden**

Perlen aufsticken
Stechen Sie von der linken Seite durch den Stoff, fädeln Sie die Perle auf, führen Sie die Nadel dicht neben dem Einstich wieder auf die linke Seite.

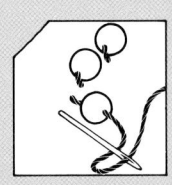

Perlen nähen

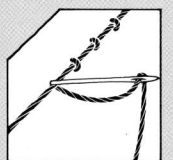

Florentiner Stich

Dieser Stich besteht aus regelmäßig versetzten Plattstichen in auf- und absteigenden Reihen.

Senkrechter Gobelinstich

Der senkrechte Gobelinstich kann über einen oder mehrere Gewebefäden gestickt werden. Stiche gleicher Länge werden in gerader Reihe nebeneinandergesetzt.

Halbstich

Dieser beliebte Gobelinstich – ein halber Kreuzstich – neigt dazu, den Stickgrund zu verziehen, da die Fäden auf der Rückseite lange Diagonalen bilden.

Korbflechtstich

Dieser Stich wird in diagonalen Reihen gestickt. Die folgenden Reihen werden versetzt zwischen die vorherigen Stiche gearbeitet. Auf der Rückseite verläuft der Faden abwechselnd in einer Reihe senkrecht, in der nächsten waagerecht.

Backsteinstich

Bei dieser Form des Plattstichs wird in versetzten Reihen gearbeitet. Der Stich wird über eine gleichbleibende Zahl von Gewebefäden ausgeführt, damit die Stickerei ausgewogen wirkt.

Kreuzstich

Arbeiten Sie erst ein Kreuz, bevor Sie mit dem nächsten beginnen. Die oben liegenden Fäden sollten stets gleich ausgerichtet sein – in der Abbildung verlaufen sie von links unten nach rechts oben.

Plattstich

Dieser einfache Grundstich, mit einem dünnen Garn auf zweifädigem Stramin ausgeführt, bildet häufig die Grundlage für weitere dekorative Zierstiche.

Florentiner Stich

Senkrechter Gobelinstich

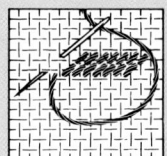

Halbstich

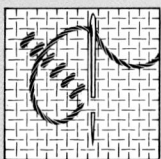

Korbflechtstich

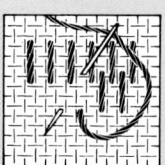

Backsteinstich

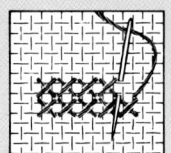

Kreuzstich

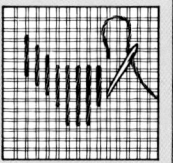

Plattstich

Doppelter Kreuzstich

Der doppelte Kreuzstich, wie ein Stern aussehend, besteht aus zwei übereinandergestickten Kreuzen. Arbeiten Sie zuerst das schräge, dann das stehende Kreuz.

Schritt 1   **Schritt 2**

Samt- oder Plüschstich

Dieser Stich, auf zweifädigem Stramin mit dickem Wollgarn ausgeführt, besteht aus Schlingen, die später aufgeschnitten den Flor bilden. Jeder Stich geht – wenn Sie von links nach rechts arbeiten – von links unten über ein Fadenkreuz nach rechts oben und auf der Rückseite wieder zum Anfang zurück. Den Faden legen Sie in eine Schlinge, die Nadel führen Sie nach oben rechts und senkrecht unter demselben horizontalen Gewebefaden durch, dann über das Fadenkreuz nach links oben und auf der Rückseite wieder nach rechts unten. Ziehen Sie den Faden fest, um die Schlinge zu sichern.

Schritt 1

Schritt 2

Schling- oder Leiterstich

Mit diesem Stich schließt der Polsterer Nähte und befestigt Keder.

Nachdem Sie auf der einen Nahthälfte den Faden mit einem Schlaufknoten gesichert haben, nehmen Sie die gegenüberliegende Stoffkante 2 mm hinter dem Knoten auf. Stechen Sie auf dieser Seite der Naht nach 10 mm wieder aus. Nun stechen Sie 2 mm nach dem Ausstich in die andere Saumkante ein und nach 10 mm wieder aus. Nach jedem 5. oder 6. Stich ziehen Sie den Faden stramm.

Am Ende schlingen Sie den Faden mehrmals um die Nadel und ziehen dann durch. Ziehen Sie den Knoten fest, und vernähen Sie den Faden, bevor Sie ihn abschneiden.

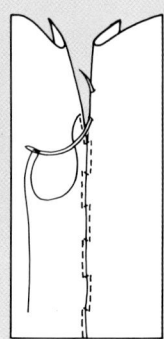

Schling- oder Leiterstich

Keder erneuern

Die wulstige Kante an manchen Polstermöbeln nennt man Keder. Sie weist meist zuerst Verschleißerscheinungen auf. Keder können erneuert werden, solange der übrige Bezug noch in gutem Zustand ist.

Befestigen Sie den Bezugsstoff mit Steckern an der Polsterschicht. Schneiden Sie die Naht, mit der der Keder gehalten wird, vorsichtig mit einer Schere auf, ohne in den Stoff zu schneiden. Entfernen Sie den Keder.

Keder

Den Stoff für den neuen Keder sollten Sie in diagonalen Streifen (schräg zum Fadenlauf) zuschneiden. Der Keder läßt sich dann leichter um die Ecken legen. Schneiden Sie eine ausreichende Zahl 4 cm breiter Schrägstreifen zu. Legen Sie die Streifenenden rechts auf rechts im rechten Winkel aufeinander, achten Sie dabei auf den Fadenlauf, und nähen Sie die Streifen zusammen (mit 10 mm breiter Nahtzugabe). Bügeln Sie die Nähte auseinander, und schneiden Sie überstehende Stoffteile ab.

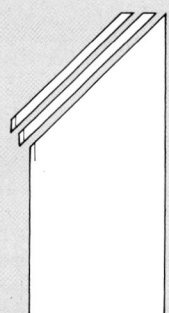

Schrägstreifen schneiden

Schrägstreifen rechts auf rechts zusammennähen

Kaufen Sie Schnureinlage derselben Stärke wie die entfernte, und legen Sie sie längs der Mitte auf die linke Seite des Schrägstreifens; falten Sie diesen über der Schnur zusammen, und nähen Sie dann mit der Hand oder mit einem Reißverschlußfuß der Nähmaschine dicht entlang der eingelegten Schnur. Stecken Sie den Saum des Keders in die Polsternaht, und schließen Sie diese mit Schlingstichen, wobei Sie zugleich den eingesteckten Saum des Keders dicht entlang der Schnur erfassen.

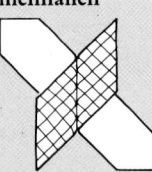

Nähte auseinanderbügeln

Polsterknoten

Mehrere sehr häufig beim Polstern verwendete Knoten sind hier abgebildet, um Sie mit der Technik vertraut zu machen.

Einfacher Knoten

Sehr häufig verwendeter Grundknoten für einfache Befestigungen.

Doppelter Knoten

Eine Stichreihe wird oft mit einem doppelten Knoten gesichert. Machen Sie zwei einfache Knoten übereinander.

Schlaufknoten

Machen Sie diesen am Beginn einer Stichreihe. Wenn Sie die Schlaufen gemacht haben, ziehen Sie das Ende, das durch die Nadel läuft, fest.

Schifferknoten

Zur sicheren Befestigung von Schnürfäden an Sprungfedern.

Bohne

Zum Schnüren der Sprungfedern; hält nur unter Spannung.

Einfacher Knoten

Doppelter Knoten

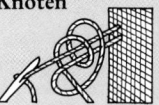

Schlaufknoten

Schifferknoten

Bohne

Leder nähen

Dickes Leder wird mit Sattlerstichen genäht. Wir nehmen an, daß Sie alte Sachen reparieren, an denen eine Naht aufgegangen ist.

Im Fachhandel kaufen Sie passenden Zwirn und zwei Sattlernadeln. Schneiden Sie ein Stück Faden ab, nicht länger als Ihr ausgestreckter Arm. Wachsen Sie ihn ein, indem Sie ihn über einen Block Bienenwachs ziehen. Fädeln Sie an beiden Fadenenden eine Nadel ein; sichern Sie diese, indem Sie sie durch den Faden stechen und das Fadenende durchziehen.

Beginnen Sie zwei oder drei Stiche vor der Schadstelle, um so den alten Faden zu sichern. Arbeiten Sie auf sich zu, stechen Sie beide Nadeln gleichzeitig durch dasselbe Loch, wobei die rechte Nadel stets über der linken liegen muß. Nähen Sie längs des Saums, und ziehen Sie den Zwirn nach jedem Stich fest. Am Ende nähen Sie ein paar Stiche zurück und schneiden die Fadenenden ab.

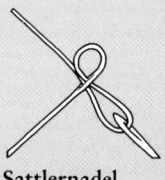

Sattlernadel einfädeln

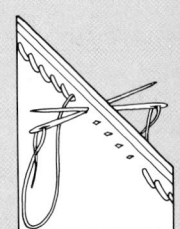

Leder nähen

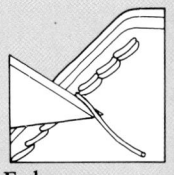

Faden versäubern

ANHANG

Sicherheit im Heim

Die Sicherung Ihres Heims ist wichtig – wenn Sie in Ihre Antiquitäten Zeit und Geld investiert haben, werden Sie nicht wollen, daß sie gestohlen werden. An allen Türen und Fenstern sollten Sie passende Schlösser anbringen, vielleicht sogar eine Alarmanlage. Vergewissern Sie sich, daß Sie eine genügend hohe Versicherung haben, die Diebstahl und Schäden abdeckt.

Schlösser und andere Sicherungen

Zuerst sollten Sie an Türen und Fenstern Schlösser anbringen. Eingangstüren sollten zusätzlich zum Schloß mit einem starken Türriegel versehen werden. Bringen Sie oben und unten an der Tür Riegel an, die Sie mit einem abziehbaren Schlüssel verschließen. Terrassentüren sollten ebenfalls mit Riegeln versehen werden. Feste oder verschiebbare Metallgitter an Fenstern und Glastüren sind angeraten, besonders, wenn Ihr Haus abgelegen ist.

Alle Erdgeschoßfenster und auch obere, die über Abflußrohre, Gartenmauern oder Flachdächer zu erreichen sind, müssen mit Fensterschlössern oder Riegeln mit abziehbaren Schlüsseln versehen werden. Schließen Sie Ihren Werkzeug- und Geräteschuppen ab, damit Einbrecher nicht mit Hilfe des Werkzeugs ins Haus können. Schließen Sie auch Leitern weg.

Bringen Sie an der Eingangstür einen Spion an, so daß Sie, ohne die Tür zu öffnen, sehen können, wer klingelt. Und bringen Sie an der Innenseite der Tür eine starke Sicherheitskette an.

Safes

Es lohnt sich, einen Wandsafe zu installieren, wenn Sie kleine, wertvolle Antiquitäten besitzen – etwa eine Schmuckkollektion. Die meisten Haussafes haben ungefähr die Größe eines Backsteins und werden in eine Innenwand einzementiert. Als eine billige Alternative können Sie eine Sicherheitsbox kaufen, die als Doppelwandsteckdose getarnt ist.

Die meisten Safes sind mit zusätzlichen Sicherheitsvorkehrungen ausgestattet, die sie vor Bohrern oder Lötlampen schützen, falls sie von einem Dieb entdeckt werden.

Alarmanlagen

Es gibt zwei Arten Alarmsysteme. Passive Alarmsysteme bestehen aus verschiedenen Fallen und Observationsvorrichtungen, die sofort Alarm auslösen, sollte ein Eindringling im Haus sie berühren. Rundumsysteme lösen Alarm aus, wenn jemand an Fenstern und Türen herumhantiert. Der Dieb soll davon abgeschreckt werden, in Ihr Haus auch nur einzudringen. Bei Rundumsystemen werden meist zusätzlich einige passive Fallen eingebaut für den Fall, daß Sie vergessen, das Rundumsystem ordnungsgemäß einzuschalten.

Die meisten Alarmsysteme lösen eine Glocke oder Sirene aus und verlassen sich somit darauf, daß Nachbarn oder Passanten die Polizei rufen. Einige Systeme können direkt mit der Polizeidienststelle oder mit einer Überwachungszentrale, die für Sie die Polizei benachrichtigt, verkabelt werden. So ein System ist natürlich wirksamer, aber auch kostspieliger, da Sie für den Überwachungsdienst eine Gebühr entrichten müssen.

Die meisten Alarmanlagen sind an das Stromnetz angeschlossen und haben zur Verstärkung Batterien, sollte der Strom ausfallen. Einige Systeme jedoch sind nur batteriebetrieben. Vergessen Sie nicht, die Batterien regelmäßig zu ersetzen.

Versicherung

Eine normale Hausratversicherung wird ausreichen, solange Sie sie jährlich erneuern. Sollte bei einem Schadensersatzanspruch der Sachverständige feststellen, daß Sie unterversichert sind, werden Sie nur einen Prozentsatz des Gesamtwertes der verlorenen Stücke bekommen. Besonders wertvolle Stücke sollten in der Versicherungspolice extra aufgeführt werden. Eventuell brauchen Sie von einem Fachmann eine schriftliche Taxierung Ihrer Antiquitäten. Bitten Sie Ihre Versicherungsgesellschaft um Rat. Für jedes Stück, das Sie außer Haus nehmen, z. B. Schmuck, schließen Sie eine Versicherung ab, die alle Risiken deckt.

Machen Sie von Ihren Antiquitäten Farbfotos, und bewahren Sie diese zusammen mit einer genauen Beschreibung der Stücke auf. Im Falle eines Diebstahls können diese Informationen durch die Polizei weitergegeben werden, um die Wertgegenstände sicherzustellen. Wenn Ihre Antiquitäten unglücklicherweise bei einem Brand zu Schaden kommen, kann eine Kopie des Dokuments, die anderswo – in einem Depot bei einer Bank, bei Verwandten – aufbewahrt ist, bei der Schadenskalkulation von unermeßlichem Wert sein. Hinterlegen Sie das Dokument ohne Ihre Adresse, falls an dem Aufbewahrungsort eingebrochen wird.

Register

Danksagung und Fotonachweis

Danksagung der Autoren:

Ein Buch über ein so umfassendes Thema wie die Restaurierung von Antiquitäten hätte ohne die Hilfe kompetenter Fachleute, die über einzelne Gebiete besser als wir Bescheid wissen, nicht geschrieben werden können. Folgenden professionellen und Hobbyrestauratoren, mit denen zusammenzuarbeiten ein Vergnügen war, sind wir für Ratschläge zu Dank verpflichtet:

JEAN BRIDGEMAN, Keramiken
ROBIN HARRIS, Metallwaren
   und Feuerwaffen
SHIRLEY HARRIS, Schmuck
RICHARD GROOM, Uhren
DOROTHY GATES, Polstern
TONY und KATE HANDLEY,
   Rohr und Binsen
P. F. DYKE, Musikinstrumente
ELIZABETH HOWARD, Bücher
ANTHONY CROSS, Druck-
   graphik und Zeichnungen
PETER SMITH, Gemälde
JOHN LAWSON, Leder
JUDITH MORE, Textilien

Wir danken auch den folgenden Personen, Gesellschaften und Herstellern für ihre Unterstützung: H. S. Walsh & Son Ltd, Rustins Ltd, Len Stiles Musical Instruments Ltd, J. Thibouville-Lamy & Co. Ltd, Picreator Enterprises Ltd, A. Bell & Co. Ltd, Jean O'Grady, Les und Olive Harris, Cray Pharmaceuticals.

Folgende Personen und Institutionen haben uns Antiquitäten zur fotografischen Reproduktion zur Verfügung gestellt, wofür wir ihnen danken: Robin und Shirley Harris, Peter und Lol Matterson, Kate Handley, Judith More, Jemima Dunne, Caroline Oakes, Christopher Dorling, Alan Buckingham, Stuart Jackman, Jonathan Hilton, Roger Bristow, Debbie Rhodes, Crowthers of Syon Lodge, Park Galleries of Finchley, Warwick Leadley Gallery of Greenwich.

Schließlich danken wir auch den Mitarbeitern des Verlags.

Dorling Kindersley dankt Miss Bartlett von der Royal School of Needlework, Buck and Ryan, J. Shiner & Sons Wholesalers, Falkiner Fine Paper, Hampton Court Conservation Centre, Robert Douwma Prints and Maps Ltd, Warwick Leadley Gallery, Lindy Harold of Crowthers, Françoise Sanze of Townsends, Valerie und Kate von Grapevine Porcelain Restorers und Phelps of Twickenham, die Materialien und Objekte zur fotografischen Reproduktion zur Verfügung stellten, ferner Simon Adams, Debbie Rhodes und John Wainwright für Ratschläge zur Gestaltung des Buches.

Fotonachweis

Alle Fotos: Martin Dohrn, außer:
The Bridgeman Art Library:
S. 16 o. r., 17 o. r., o. l., 19 u., 41, 44 u. l., 55 o., 56, 61, 72 o., 97, 121 u., 146, 161, 163 o. l., 174 u., 202 u. l., u. r.
Bristol City Museum and Art Gallery: S. 46
Philip Dowell: Umschlagvorderseite, S. 17 u. l.
Hampton Court Conservation Centre: S. 199 o. l.
Nick Harris: S. 22 u. l., 25 o. l., 26 o. l., 27 u. r., 28 o. l., 30 o. M., 31 u. l., 34 o. l., 35 u. r., 38 o. l., u. r., 42 M., o. r., 43 u. M.
House of Steel Antiques: S. 60
Jane Kasmin: S. 193 u. r.
Tessa Musgrave: S. 36, 37
Ian O'Leary: S. 2, 6–14
Royal Doulton Tableware Ltd: S. 16 u. M.
Mr. und Mrs. John Savage: S. 164 o. r.
Hugh Schermuly: S. 39, 85
Spink and Son Ltd: S. 79 u. r.
Victoria and Albert Museum: S. 17 u. r., 54, 55 u., 72 u.

Illustrationen: Robin Harris und David Day

Designentwurf: Albert Jackson